CODE CIVIL

PAR DEMANDES ET RÉPONSES

TOME I

Tout exemplaire non revêtu de la signature de M. Prosper Rambaud et de l'un des éditeurs sera réputé contrefait.

Tous Droits de traduction réservés par l'auteur.

7529-83. — CORBEIL. Typ. et stér. CRÉTÉ.

CODE CIVIL

PAR

DEMANDES ET RÉPONSES

PAR

PROSPER RAMBAUD

DOCTEUR EN DROIT, RÉPÉTITEUR DE DROIT

SIXIÈME ÉDITION

MISE AU COURANT DES DERNIÈRES DISPOSITIONS LÉGISLATIVES

TOME PREMIER

COMPRENANT LES MATIÈRES DU PREMIER EXAMEN

(Articles 1 à 710)

PARIS

DELAMOTTE FILS ET Cie	CHEVALIER-MARESCQ
LIBRAIRES-ÉDITEURS	LIBRAIRE-ÉDITEUR
53, QUAI DES GRANDS-AUGUSTINS, 53	20, RUE SOUFFLOT, 20

1884

AVIS AU LECTEUR

Lorsque ce livre fut publié pour la première fois, un des plus éminents professeurs de la Faculté de droit de Paris, M. Valette, voulut bien l'honorer de son patronage. Ceux qui ont connu ce grand jurisconsulte savent quelle bonté sans limite s'alliait, chez lui, à une droiture, à une fermeté antique, à une science juridique qui a exercé une influence si considérable.

La mort est venue l'enlever à cet enseignement du Droit qu'il avait préféré à toutes les dignités. Mais on comprendra que nous n'ayions rien voulu changer à la forme de la préface qui va suivre, et qui, en même temps qu'elle explique la méthode adoptée par nous, est un juste hommage de reconnaissance à la mémoire vénérée de M. Valette

a

PRÉFACE DE LA DEUXIÈME ÉDITION

A M. VALETTE

PROFESSEUR A LA FACULTÉ DE DROIT DE PARIS

Vous avez bien voulu, mon honoré et savant maître, accepter l'hommage de ce travail; ce qui est pour lui une sorte de patronage. Cet encouragement que vous lui avez donné, vos conseils, vos critiques, votre bienveillance, ont été d'un grand prix pour moi. Je m'honore d'avoir à vous en remercier publiquement.

Ainsi que je vous l'ai exposé, ce livre n'est pas destiné à remplacer les cours; il doit servir, au contraire, à leur donner plus d'attrait et plus d'utilité, en y préparant l'esprit des jeunes gens. Il facilite la connaissance du droit; mais il n'a pas été fait pour dispenser d'une étude

plus complète et plus étendue. Je me suis inspiré de cette
maxime de Bacon « que les jeunes gens et les débutants
doivent être préparés par des livres élémentaires, avant
d'aborder l'étude approfondie du droit. » *Præparandi sunt
juvenes et novitii ad scientiam et ardua juris altius et
commodius haurienda et imbibenda, per institutiones.* —
Ces livres élémentaires, ajoutait Bacon, doivent être clairs
et faciles : ils doivent parcourir toutes les parties du
droit ; ne rien omettre d'important, et observer sur tous
les points une juste proportion.

C'est ainsi qu'un savant jurisconsulte, qui eut l'honneur
d'être chargé de l'enseignement du droit criminel à la
Faculté de Paris, M. Le Sellyer, appréciait ce livre
lorsqu'il parut, il y a deux ans, pour la première fois :
« Le livre de M. Rambaud, écrivait-il dans la *Revue biblio-
graphique de droit*, est l'application de la règle tracée par
Bacon. Il est clair, il parcourt tout le droit civil, ne garde
le silence sur aucune partie, ne s'étend pas trop sur
d'autres, présente de toutes un choix succinct ; et lorsque
le *juvenis*, le *novitius*, ce sont les expressions de Bacon,
qui se le sera assimilé, commencera l'étude approfondie
du corps des lois, rien ne sera entièrement nouveau pour
lui, tout lui aura été enseigné par avance dans une proportion exacte et mesurée. Ainsi préparé par ce livre
substantiel et élémentaire, il pourra, plus à fond et avec
plus de facilité, puiser la science du droit et se pénétrer
de ses notions les plus ardues. »

Voué depuis longtemps à l'enseignement du droit,

j'apprécie autant que personne le mérite des traités qui ont été déjà publiés sur le Code civil. Mais je sais par expérience combien est dangereuse pour les débutants la multiplicité des détails qu'on y rencontre, et quelles difficultés ils éprouvent à reconnaître, dans un sujet traité avec trop de développements, les principes qui le dominent et qui forment un corps de doctrine. C'est dans cette pensée que je me suis efforcé de leur offrir un livre vraiment élémentaire, renfermant la substance de l'enseignement officiel, et destiné tout à la fois à préparer aux cours et à faciliter les examens, convaincu que la notion claire et bien ordonnée des éléments du droit est éminemment propre à éveiller dans l'intelligence une noble curiosité, à faire naître le goût et l'attrait d'une étude plus approfondie.

Voilà pourquoi, mon honoré et savant maître, j'ai recherché vos suffrages. Votre enseignement, que tant de générations ont recueilli avec empressement, votre autorité doctrinale qui a tant contribué à maintenir l'antique renommée de le Faculté de Paris, me faisaient désirer d'autant plus de les obtenir, que je suis attaché à cette Faculté par le lien d'une profonde reconnaissance pour mes anciens maîtres.

Il me reste maintenant à dire quelques mots sur la méthode que j'ai employée.

Suivant l'exemple de M. Pigeau, une des gloires de la Faculté de Paris, j'ai adopté la forme de demandes et réponses. M. Pigeau motivait ainsi l'adoption de cette forme : « J'ai préféré, dit-il dans son *Introduction à la procédure civile*, la forme par demandes et par réponses à la forme ordinaire, conseillée par plusieurs personnes, parce qu'elle est plus propre à inculquer les principes dans la mémoire; que, d'ailleurs, la plupart des étudiants s'examinant entre eux pour se préparer à l'examen sur la procédure, cette forme est plus commode pour leur faciliter cet exercice. »

Je puis donc invoquer en faveur de ma méthode l'opinion de M. Pigeau, comme j'ai, sous d'autres rapports, celle de Bacon. Toutefois, j'ai cru devoir apporter quelques modifications à cette méthode, en évitant de multiplier les demandes, et en ayant soin de les formuler, autant que possible, d'une façon brève et concise, de manière à ce qu'elles signalent à l'attention du lecteur les points importants de la matière, sans tomber dans des redites oiseuses et puériles.

J'ai suivi l'ordre et les divisions du Code. En tête de chaque titre, j'ai placé une exposition du sujet; mais je l'ai faite, à dessein, très sommaire. J'ai indiqué, sous l'énoncé de chaque chapitre, les articles du Code qui s'y réfèrent; et j'ai ensuite cité successivement chacun des articles à la suite des réponses qui en forment le commentaire. Dans les questions controversées, j'ai exposé brièvement les systèmes les plus autorisés.

L'ouvrage forme trois volumes qui embrassent tout le droit civil, et qui comprennent chacun la matière d'un examen.

Outre les changements et les additions opérés dans le cours de l'ouvrage, on trouvera, dans cette édition, des renvois aux auteurs les plus suivis et aux décisions les plus importantes de la jurisprudence.

Prosper RAMBAUD,

DOCTEUR EN DROIT, RÉPÉTITEUR DE DROIT.

28, rue de Condé, Paris.

INTRODUCTION

Avant d'aborder l'étude de notre droit civil, nous devons présenter quelques notions préliminaires sur le droit considéré d'une manière générale, et sur les origines du droit français.

§ I. — *Notions préliminaires sur le droit.*

Qu'est-ce que la loi ?
La loi est une règle de conduite établie par une autorité supérieure à laquelle on est tenu d'obéir.

Les lois sont naturelles ou positives.

Les lois *naturelles* sont celles qui viennent de Dieu et qui se manifestent par les lumières de la raison. — Les lois naturelles sont générales et immuables, parce que la nature de l'homme est la même dans tous les temps et dans tous les lieux. Elles se composent de quelques règles primordiales et supérieures, qui gouvernent nos rapports avec nos semblables : par exemple, ne nuire à personne, attribuer à chacun ce qui lui appartient, respecter ses père et mère et leur obéir, élever ses enfants.

Les lois *positives* sont celles que les hommes ont établies eux-mêmes, afin de régler d'une manière pratique et appropriée aux nécessités sociales leurs droits et leurs devoirs réciproques. — Ces règles sont variables suivant les temps et les lieux ; mais elles présentent cependant un fonds commun. Elles forment le véritable objet de l'enseignement du droit.

La loi naturelle dérive de la morale ; mais elle a une application moins étendue, et c'est ce qui l'en distingue. Ainsi la mo-

1

rale enseigne à l'homme ses devoirs envers Dieu, envers lui-même et envers ses semblables, tandis que la loi naturelle se borne à lui faire connaître ses devoirs envers ses semblables.

Les lois positives peuvent-elles s'écarter de la loi naturelle ?

Autant que possible, les lois positives, c'est-à-dire les règles établies par les hommes, doivent se conformer à la loi naturelle : cependant il arrive quelquefois que des considérations d'ordre public ou d'intérêt général obligent le législateur à s'en écarter. — Effectivement, les lois positives ont pour objet l'utilité avec la justice : il en résulte qu'elles doivent être appropriées à la situation locale, aux intérêts du commerce et du voisinage, au climat, aux productions naturelles du pays, au génie du peuple, à ses usages, et à mille autres circonstances ; en sorte qu'elles ne sauraient être égales pour toutes les nations et pour tous les temps, ni être assujetties à des règles invariables.

En résumé, les lois positives ne doivent s'écarter de la loi naturelle qu'autant que les nécessités sociales, l'intérêt général le demandent. Ainsi l'ordre public exige qu'une loi qui vient d'être promulguée par l'autorité législative soit immédiatement applicable à tous les citoyens, même à ceux qui auraient pu en ignorer l'existence. C'est pourquoi les lois nouvelles sont réputées connues de tous, et sont par conséquent obligatoires pour tous, dès qu'elles ont été promulguées et publiées. Et cependant, si l'on s'en tenait exclusivement à la loi naturelle, on ne devrait appliquer les lois nouvelles à un citoyen qu'autant qu'il a pu les connaître réellement.

Comment divise-t-on les lois ?

Les lois sont impératives, prohibitives ou facultatives.

Elles sont *impératives*, lorsqu'elles commandent une action : par exemple, lorsqu'elles font un devoir aux père et mère de nourrir, entretenir et élever leurs enfants.

Elles sont *prohibitives*, lorsqu'elles défendent une action : par exemple, lorsqu'elles s'opposent à ce qu'un époux puisse contracter un second mariage avant la dissolution du premier.

Elles sont *facultatives*, lorsqu'elles se bornent à reconnaître aux particuliers certains droits dont ils peuvent, à leur gré, user ou ne pas user : par exemple, lorsqu'elles leur reconnaissent le droit de tester, de faire une donation, de contracter mariage.

Qu'est-ce que la jurisprudence?

Chez les Romains, le mot *jurisprudence* signifiait la science du droit, *juris prudentia*. Telle est la définition donnée par Justinien dans les Instituts.

Mais cette expression est prise maintenant dans un autre sens, pour désigner la manière de juger qui se manifeste dans la pratique, l'interprétation donnée à la loi par les tribunaux pour résoudre les questions controversées. C'est ainsi que l'on dit : « la jurisprudence de la Cour de Paris, de la Cour d'Orléans, de la Cour de cassation », pour exprimer l'interprétation donnée à la loi par ces tribunaux dans une question débattue. — Dans un autre sens, qui se rapproche beaucoup du précédent, le mot *jurisprudence* sert à exprimer une interprétation de la loi généralement admise dans la pratique. Dans ce dernier sens, on oppose assez souvent la *jurisprudence*, c'est-à-dire l'ensemble des décisions judiciaires sur un point débattu, à la *doctrine*, c'est-à-dire à l'opinion généralement adoptée par les auteurs. La jurisprudence est ainsi l'application pratique de la loi, opposée à l'enseignement théorique (1).

Qu'est-ce que le droit?

On peut considérer le droit à deux points de vue : au point de vue de la science et au point de vue de l'application.

Considéré comme science, le droit est la connaissance des règles données à l'homme pour se diriger dans ses rapports avec ses semblables au point de vue du juste et de l'injuste. C'est, en d'autres termes, la connaissance des règles qui servent à discerner ce qui est ordonné, ce qui est permis et ce qui est défendu.

Considéré au point de vue de l'application, le droit est l'ensemble des règles établies dans chaque société par l'autorité publique et dont l'observation est garantie par elle.

A mesure que les rapports sociaux se sont développés, le droit, qui est destiné à les régler, a pris lui-même une plus grande étendue : il s'est alors divisé en plusieurs branches, que nous allons indiquer (2).

(1) Voy. Valette, *Cours de Code civil*, p. 4.
(2) Voy. Oudot, *Essais philosophiques*, p. 64 et suiv.

Comment se divise le droit ?

Le droit se divise en trois classifications principales, savoir : — 1° en droit naturel et droit positif ; — 2° en droit écrit et droit non écrit ; — 3° en droit public et droit privé.

Nous avons déjà signalé les différences qui existent entre le droit *naturel* et le droit *positif*. — Au reste, la distinction établie sous ce rapport ne présente qu'un intérêt purement scientifique. Effectivement, les prescriptions qui dérivent de la loi naturelle ne sont en général obligatoires que pour la conscience, et elles ne peuvent donner lieu à un recours en justice qu'autant qu'elles ont été confirmées et sanctionnées par le droit civil. Cependant les tribunaux ont quelquefois à rechercher s'il y a dans une convention une clause contraire à la morale, et par suite au droit naturel.

Le droit *écrit* est celui qui a été promulgué expressément par la puissance publique chargée de la confection des lois. Il n'y a pas à distinguer, d'ailleurs, s'il a été constaté ou non par l'écriture. Le droit *non écrit* est celui qui s'est introduit tacitement et qui a été manifesté par la coutume. Peu importe également qu'il ait été constaté ou non par l'écriture. — Au surplus, la distinction entre ces deux espèces de droit, qui avait une certaine importance chez les Romains et dans notre ancienne législation, a perdu une grande partie de son intérêt depuis que les coutumes ont cessé d'être comptées parmi les sources de notre droit.

Le droit *public* est celui qui règle les rapports des particuliers avec l'État, ou de l'État avec les autres nations. — Le droit *privé* est celui qui règle les rapports des particuliers entre eux.

A la différence des précédents, la distinction établie entre le droit public et le droit privé est fort importante. Ces deux branches de notre législation comprennent chacune de nombreuses subdivisions.

Quelles sont les subdivisions du droit public et du droit privé ?

Le droit public comprend :

1° Le droit *international* ou *droit des gens*, qui règle les rapports des nations entre elles, en les considérant comme des individus, *jus inter gentes*, comme disaient les Romains ;

2° Le droit *constitutionnel*, qui règle l'organisation de la puis-

sance publique et les principes généraux qui doivent la diriger, tels que la liberté de la presse, le droit de vote et d'éligibilité ;

3° Le droit *administratif*, qui comprend, dans tous leurs détails, les rapports de l'État avec les particuliers, par exemple, en
matière de douanes, d'impôts, de voirie ;

4° Le droit *pénal* et d'*instruction criminelle*, qui détermine
quelles sont les infractions punissables et les peines qui y sont
appliquées, et quels sont les tribunaux compétents pour prononcer les condamnations.

D'autre part, le droit privé comprend :

1° La *procédure civile*, qui détermine quelles sont les règles à
suivre pour faire valoir ses droits en justice ;

2° Le droit *commercial*, qui traite de tout ce qui a spécialement
rapport au commerce ;

3° Le droit *civil*, qui règle les rapports des particuliers entre
eux dans la généralité des cas, c'est-à-dire dans toutes les
matières qui n'ont pas été expressément réservées à une autre
branche de législation. — Le droit civil préside à l'organisation
de la famille et de la propriété ; il régit les intérêts les plus importants de l'homme.

Quelles sont les diverses significations du mot « droit »?

Le mot *droit* a plusieurs significations. — Ainsi on l'emploie
pour exprimer :

La législation d'un peuple : par exemple, le *droit romain*, le
droit français ;

Un ensemble de lois d'une certaine espèce : par exemple, le
droit commercial, le *droit pénal*.

Une faculté légale qui appartient à une personne vis-à-vis des
autres hommes; par exemple, le *droit d'acquérir*, le *droit de contracter mariage*, le *droit de faire un testament*.

Comme synonyme de lois, par exemple quand on dit : *le droit
est quelquefois contraire à l'équité*.

On entend ici par *équité*, une sorte de perception du juste et de
l'injuste qui provient de l'éducation première, de la direction
de l'esprit, des exemples qu'on a eus sous les yeux. Dans des cas
très rares, les juges peuvent recourir à l'équité pour suppléer
au silence de la loi. Mais l'équité ne saurait être introduite dans

la pratique des tribunaux quand il existe des dispositions formelles de la loi (1).

§ II. — *Des origines du droit français.*

Comment divise-t-on le droit français au point de vue de ses origines?

On peut diviser le droit français au point de vue de ses origines en trois périodes, qui sont : 1° le *droit ancien*, qui a régi la France depuis l'établissement de la monarchie jusqu'au 17 juin 1789, époque où les états généraux, convoqués par Louis XVI, se constituèrent en Assemblée nationale ; 2° le *droit intermédiaire*, qui a régi la France depuis 1789 jusqu'en 1804, époque de la promulgation du Code ; 3° le *droit nouveau*, qui est en vigueur depuis le 31 mars 1804, époque de la promulgation du Code.

Quelles étaient les sources du droit ancien?

Les sources du droit ancien étaient : les coutumes, le droit romain, les ordonnances royales, les décisions des états généraux et les arrêts des parlements.

I. *Des coutumes et du droit romain.* — Les coutumes sont des lois qui n'ont pas été établies par la puissance publique, mais qui se sont introduites par le consentement tacite du peuple, c'est-à-dire par l'usage général et persévérant qu'on en a fait.

Les coutumes et le droit romain formaient les deux sources les plus importantes du droit. Elles étaient, suivant les lieux, préférées l'une à l'autre. Dans les provinces du Nord, on s'attachait principalement aux coutumes ; de là le nom de *pays coutumiers* qui leur était donné. Dans les provinces du Midi, où la domination romaine avait laissé de fortes empreintes, on suivait, au contraire, le droit romain plutôt que les coutumes ; ce qui a fait appeler ces provinces *pays de droit écrit* (2).

Les coutumes étaient divisées en coutumes générales et coutumes locales. On appelait coutumes *générales* celles qui étaient suivies par toute une province, et coutumes *locales* celles qui s'appliquaient spécialement à une ville ou à un village. — Sous

(1) Valette, *Cours de Code civil*, p. 3.
(2) Klimrath, *Travaux sur l'histoire du droit français*, recueillis et publiés par M. Warkœnig. 1843, t. II, p. 221.

Henri II, on comptait environ 60 coutumes générales et 300 coutumes locales.

A l'origine, les coutumes n'étaient pas constatées par écrit. Manifestées par un usage constant et uniforme, elles se transmettaient par tradition de générations en générations. Mais lorsqu'elles se furent multipliées, il devint nécessaire de les mettre en ordre et de constater leur existence au moyen de l'écriture. — Sous Charles VII, une ordonnance royale décida que toutes les coutumes seraient écrites et mises en ordre dans chaque province par les jurisconsultes de la province, puis examinées par le parlement du ressort et par le grand Conseil. Cette rédaction ne put être achevée que cent ans plus tard, sous Henri II.

II. *Des ordonnances royales.* — Les ordonnances royales étaient des injonctions adressées par le souverain à ses sujets. Ces injonctions prenaient diverses dénominations suivant l'objet qu'elles avaient en vue. Ainsi on les appelait :

Ordonnances proprement dites, lorsqu'elles étaient rendues par voie de disposition générale ;

Édits, lorsqu'elles procédaient par voie de disposition particulière et qu'elles étaient relatives à un point spécial ;

Déclarations, lorsqu'elles étaient destinées à interpréter des édits ou des ordonnances précédemment rendues, ou à en régler l'application ;

Lettres patentes, lorsqu'elles se référaient à la concession d'un privilège, ou lorsqu'elles étaient rendues pour ordonner aux tribunaux d'avoir à exécuter un arrêt du conseil d'État. — On leur donnait le nom de *patentes* parce qu'elles étaient ouvertes, à la différence des lettres de cachet qui étaient closes.

A l'origine, les ordonnances royales étaient obligatoires par le seul effet de la volonté du roi. Effectivement, le pouvoir législatif appartenait alors au roi, et celui-ci l'exerçait sans partage, si ce n'est dans le cas où les états généraux étaient assemblés, ce qui arrivait très rarement. — C'est ce qu'exprimait la formule suivante, placée en tête des actes législatifs : « *A ces causes, de l'avis de notre Conseil et de notre pleine autorité ;* » et cette autre formule, non moins absolue, qui les terminait : « *Tel est notre bon plaisir.* »

Mais, dans la suite, les parlements ayant été institués, l'usage s'introduisit de leur soumettre les ordonnances royales pour les faire enregistrer ; et l'on finit par regarder cette formalité comme nécessaire pour rendre la loi obligatoire. — Ainsi les parlements se montraient-ils unanimes à refuser d'enregistrer une ordonnance, cette ordonnance ne pouvait recevoir aucune exécution. Certains parlements avaient-ils consenti à l'enregis- trer, tandis que d'autres s'y étaient refusés, l'ordonnance n'était obligatoire que dans le ressort des premiers.

Pour vaincre la résistance des parlements, le roi leur adres- sait des *lettres de jussion*, portant ordre d'enregistrer les actes qui leur étaient déférés. Si cet ordre était méconnu, il convoquait un *lit de justice*, c'est-à-dire une séance solennelle qu'il prési- dait et dirigeait lui-même, assisté de la force publique. Si enfin le parlement ne se rendait pas à cette dernière injonction, on l'emprisonnait ou on l'exilait, et il finissait le plus souvent par se soumettre.

III. *Des états généraux.* — Les états généraux, qui commen- cèrent à former un corps politique sous le règne de Philippe le Bel, étaient des assemblées composées des trois ordres de la na- tion : le clergé, la noblesse et le tiers-état.

Leurs attributions étaient mal définies : elles consistaient prin- cipalement à délibérer sur l'impôt et sur la réforme des lois. — Au reste, la royauté, qui n'avait pas tardé à en prendre ombrage, ne les convoquait qu'à de rares intervalles, ce qui ne leur per- mettait pas d'exercer une influence législative bien efficace.

Certaines provinces avaient, en outre, des *états provinciaux*, chargés de régler leur administration intérieure, et notamment de fixer la quotité d'impôts qui étaient à la charge de la province.

IV. *Des parlements.* — Les parlements étaient des cours souve- raines et permanentes chargées de rendre la justice au nom du roi dans un ressort déterminé. De même que les états généraux, ils avaient été institués par Philippe le Bel. On en comptait douze dans le royaume, en y comprenant celui de Paris.

Les parlements n'avaient à l'origine que des attributions pu- rement judiciaires. Ils étaient chargés de trancher les difficultés qui s'élevaient entre les particuliers, d'appliquer la loi, mais non point de la faire. — Toutefois, comme le principe de la sépara- tion des pouvoirs n'était pas alors rigoureusement appliqué, on leur reconnaissait, en outre, certaines fonctions législatives, qui consistaient :

1° A rendre exécutoires les ordonnances royales en les enre-
gistrant, ou à adresser des remontrances au roi lorsque ces
ordonnances leur paraissaient injustes ;

2° A modifier l'application des lois établies, en statuant par voie
de disposition générale et réglementaire sur les contestations
qui leur étaient soumises, c'est-à-dire en rendant des arrêts qui
faisaient loi pour l'avenir dans toute l'étendue de leur ressort.
— Ces arrêts étaient rendus en audience solennelle : on les
appelait *arrêts de règlements*. Ils faisaient loi non seulement
pour l'affaire à propos de laquelle ils avaient été prononcés,
mais encore pour toutes les autres affaires de même nature qui
pourraient se présenter à l'avenir dans le ressort du parlement
qui avait statué.

Quelles étaient les sources du droit intermédiaire ?

On a vu que, sous l'ancienne monarchie française, les lois éma-
naient principalement du roi. Mais, à partir de 1789, on reconnut
que le vote de la loi devait appartenir à une assemblée de députés représentant la nation. C'était l'application de la fameuse
division des pouvoirs publics, dont parle Montesquieu, en trois
branches : *pouvoir législatif, pouvoir exécutif* et *pouvoir judiciaire*.

Le *pouvoir législatif* est celui qui est principalement chargé
du vote des lois. Il peut appartenir, soit à une assemblée unique,
soit à deux assemblées d'une origine différente et qui se servent
mutuellement de contre-poids. Ces assemblées partagent habituellement avec le pouvoir exécutif le *droit d'initiative*, c'est-à-
dire le droit de présenter les lois. En second lieu, elles ont le
droit d'amendement, c'est-à-dire le droit de modifier les projets
de lois qui leur sont présentés. Enfin elles ont exclusivement le
droit de vote.

Quant au *pouvoir exécutif*, ses fonctions consistent à présenter
les projets de loi, et à les promulguer lorsqu'ils ont été adoptés
et convertis en lois par l'Assemblée législative. Il a aussi, et
c'est là sa fonction la plus importante, le pouvoir de faire des
actes de souveraineté et d'administration.

Enfin le *pouvoir judiciaire* consiste à appliquer les lois existan-
tes ; mais les décisions des magistrats ne les lient plus pour
l'avenir, ainsi que cela avait lieu dans notre ancien droit, et ces
décisions n'ont plus d'effet qu'entre les parties en cause.

Ces notions préliminaires exposées, revenons aux sources du

droit intermédiaire. Pour cela, nous devons dire quelques mots des différents pouvoirs qui se sont succédé depuis 1789 jusqu'en 1804, ainsi que des constitutions qui ont été en vigueur durant cette période. — Ces différents pouvoirs sont :

1° L'Assemblée nationale. — Du 5 mai 1789, au 30 septembre 1791 ;

2° L'Assemblée législative. — Du 1er octobre 1791, au 21 septembre 1792 ;

3° La Convention. — Du 21 septembre 1792, au 26 octobre 1795 ;

4° Le Directoire. — Du 26 octobre 1795, au 19 novembre 1799 ;

5° Le Consulat. — Du 19 novembre 1799, au 18 mai 1804.

Durant cette période, quatre constitutions furent successivement décrétées, savoir :

La Constitution de 1791 ;

La Constitution de 1793 ;

La Constitution de l'an III ;

La Constitution de l'an VIII.

De l'Assemblée nationale. — Les états généraux ayant été convoqués par Louis XVI, les députés du tiers-état, qui, à eux seuls, étaient aussi nombreux que les députés de la noblesse et du clergé réunis, réclamèrent le vote *par tête* qui devait leur donner un pouvoir égal à celui des deux autres ordres, au lieu du vote *par ordre*, qui avait été jusqu'alors en usage. Après une longue résistance, ils parvinrent à entraîner quelques membres du clergé, et ils se constituèrent aussitôt en Assemblée nationale. — Le 27 juin 1789, après sept mois de luttes, tous les députés dissidents consentirent, sur l'avis même du roi, à se réunir à cette Assemblée.

Les travaux de l'Assemblée nationale, qu'on a aussi appelée *Assemblée constituante,* peuvent être considérés sous deux rapports : d'une part, elle commença la destruction du régime féodal en abolissant les dîmes, les privilèges, les jurandes, la vénalité des offices. — D'autre part, elle s'efforça d'établir les bases d'un nouvel ordre de choses et l'on doit à son initiative : la défense publique et libre des accusés, le droit de n'être pas soustrait à ses juges naturels, l'adoucissement de la législation criminelle, l'égalité de tous devant la loi, et enfin l'unité et l'indivisibilité de la France.

Bien avant 1789, des jurisconsultes avaient réclamé l'unité de législation, et les rois de France ne cessèrent de tendre vers ce résultat. Mais cette unité était bien difficile à établir alors, à cause des différences de mœurs, de langage et de races qui existaient d'une province à l'autre. L'Assemblée nationale fit disparaître ces obstacles. Mais elle n'eut pas le temps de rédiger un code général du droit civil, et elle ne put que déclarer expressément que l'Assemblée qui lui succéderait aurait le devoir d'y procéder. Avant de se séparer, elle décréta la première de nos constitutions écrites. Cette constitution est connue sous le nom de Constitution de 1791.

De la Constitution de 1791. — La Constitution de 1791 établissait une monarchie représentative, basée sur la pondération des pouvoirs publics. — L'Assemblée et le roi étaient appelés à concourir à la confection de la loi : l'Assemblée en la proposant et en la décrétant, le roi en la sanctionnant. — Celui-ci avait un délai de deux mois pour approuver ou pour rejeter la loi. S'il l'approuvait, sa sanction la rendait aussitôt définitive et complète. S'il la rejetait, son refus, qu'on désignait sous le nom de *veto*, avait un effet suspensif. — Après l'avoir exprimé, le roi devait dissoudre immédiatement l'Assemblée et en convoquer une nouvelle, devant laquelle le projet de loi était présenté une seconde fois. Si la nouvelle Assemblée décrétait également la loi, le roi faisait appel à une troisième Assemblée ; et, si cette dernière se prononçait comme les deux précédentes, le *veto* du roi cessait de produire son effet suspensif et la loi devenait définitive, nonobstant l'absence de sanction.

En résumé, le roi pouvait suspendre, au moyen de son droit de *veto*, l'existence d'une loi votée par l'Assemblée. Mais son pouvoir n'allait pas jusqu'à l'anéantir, et elle finissait par devenir définitive lorsqu'elle avait été proposée et décrétée par les deux législatures suivantes.

Promulguée le 14 septembre 1791, la Constitution de 1791 cessa, en fait, d'être en vigueur le 21 septembre 1792, époque où la Convention supprima la royauté et proclama la République. Mais ce ne fut que le 24 juin 1793 qu'une nouvelle Constitution lui fut substituée.

De l'Assemblée législative. — L'Assemblée législative succéda à l'Assemblée nationale ou constituante le 30 septembre 1791. On lui donna le nom de *législative*, parce que sa mission con-

sistait uniquement à exercer un pouvoir législatif dans les
limites indiquées par la Constitution de 1791; tandis que l'Assemblée nationale avait réuni dans ses mains le pouvoir législatif
et le pouvoir constituant, c'est-à-dire le pouvoir de faire des lois
et celui de régler la forme et le fonctionnement du gouvernement.

L'Assemblée législative tint sa première séance le 1er octobre
1791, et sa dernière le 20 septembre 1792.

Ainsi que nous l'avons dit, l'Assemblée législative avait été
chargée de rédiger un code général du droit civil. Mais les
événements politiques l'en empêchèrent, et les travaux de cette
assemblée ont laissé peu de traces dans notre législation intermédiaire. Nous devons néanmoins à son initiative les lois qui
ont établi le divorce, aboli les substitutions, et fixé la majorité à
l'âge de 21 ans.

Les événements les plus importants qui eurent lieu sous l'Assemblée législative sont : la déclaration de guerre à l'Autriche,
la journée du 10 août 1792, la déchéance du roi et son emprisonnement, la convocation d'une Convention nationale.

De la Convention nationale. — Le 21 septembre 1792 la session
de l'Assemblée législative fut déclarée close, et la Convention
fut appelée à lui succéder. Le jour même, elle tint sa première
séance. Sa session, plus longue que celle des assemblées précédentes, ne se termina que le 26 octobre 1795.

La Convention avait d'ailleurs des pouvoirs beaucoup plus
étendus que les assemblées précédentes. Ainsi elle possédait en
même temps le *pouvoir constituant*, c'est-à-dire le pouvoir de
modifier la constitution, de la supprimer et de la remplacer par
une autre; le *pouvoir législatif;* et enfin le *pouvoir exécutif*,
qu'elle faisait exercer par des comités de sûreté générale et de
salut public dont les membres étaient pris dans son sein.

Quant à ses travaux, ils peuvent, comme ceux de l'Assemblée
nationale, être considérés à deux points de vue. D'une part, elle
décréta plusieurs lois civiles importantes, notamment celle du
7 nivôse an II sur les successions, et celle du 9 messidor an III
sur le régime hypothécaire. — D'autre part, elle proclama
l'abolition de la royauté et l'établissement d'un calendrier républicain, et fit deux constitutions : l'une en 1793, qui consistait à
soumettre les lois à l'approbation du peuple, convoqué dans
toutes les communes de la république, et qui ne fut jamais

appliquée; l'autre en 1796, qui est connue sous le nom de Constitution de l'an III.

Le lendemain de son installation, la Convention nationale avait proclamé l'établissement de la République. Le premier jour de la République data du 22 septembre 1792. C'est de ce jour que commença l'année d'après le calendrier républicain.

Le calendrier républicain était fondé sur le système décimal. Il comprenait 12 mois de 30 jours et 5 jours complémentaires. Chaque mois était subdivisé en trois décades de 10 jours. Chaque jour était de 10 heures. — Les noms des mois étaient tirés des diverses saisons et périodes de l'année. Ils s'appelaient : vendémiaire, brumaire, frimaire, nivôse, pluviôse, ventôse, germinal, floréal, prairial, messidor, thermidor, fructidor.

Le calendrier républicain a été en usage jusqu'au 1er janvier 1806.

De la Constitution de l'an III. — La Constitution de l'an III, qui organisa le régime connu sous le nom de Directoire, sépara les pouvoirs législatif et exécutif, qui avaient été concentrés entre les mains de la Convention. Cette Constitution établissait :

1° Un pouvoir législatif, composé de deux conseils : le premier, appelé *Conseil des Cinq-Cents*, avait mandat de proposer les lois ; le second, appelé *Conseil des Anciens*, parce que chacun de ses membres devait être âgé de quarante ans au moins, était chargé de les décréter. Ainsi, le Conseil des Cinq-Cents avait le droit d'initiative, et le Conseil des Anciens le droit de vote.

2° Un pouvoir exécutif, composé de cinq membres appelés Directeurs, élus par les deux conseils, et chargés de faire exécuter les lois.

Inauguré le 26 octobre 1795, le Directoire resta en vigueur jusqu'au 9 novembre 1799. — Le droit intermédiaire lui est redevable de la loi du 15 germinal an VI sur la contrainte par corps, et de celle du 11 brumaire an VII sur les hypothèques.

De la Constitution de l'an VIII. — A la suite du coup d'État du 18 brumaire, le Directoire fut supprimé et remplacé par le Consulat.

Lucien, frère du général Bonaparte, ayant rassemblé les débris des deux conseils, leur fit nommer une double commission, composée de vingt-cinq membres chacune, et chargée d'établir les bases d'un nouveau gouvernement. — Ces deux commissions rédigèrent en commun la fameuse Constitution de l'an VIII, sous l'empire de laquelle a été proclamé le Code civil.

Cette Constitution établissait :

1° Un pouvoir exécutif, composé de trois consuls, élus pour dix ans. — Le premier consul, Bonaparte, promulguait les lois et nommait seul les agents du pouvoir exécutif; les deux autres consuls avaient seulement voix consultative.

2° Un Conseil d'État, divisé en cinq sections et délibérant tantôt en sections tantôt en assemblée générale, sous la présidence du premier Consul. — Les membres du Conseil d'État étaient nommés par le premier Consul : au point de vue législatif, leurs attributions consistaient à préparer et à rédiger les projets de loi qui devaient être proposés à l'adoption du Corps législatif. Ils avaient, en outre, des attributions administratives et contentieuses.

3° Un Tribunat, composé de cent membres nommés par le peuple. Le Tribunat discutait les projets de loi préparés par le Conseil d'État, et émettait un vote à la suite duquel il proposait au Corps législatif de rejeter ou d'approuver la loi.

4° Un Corps législatif, dont les membres étaient également nommés par le peuple, et dont la fonction consistait à adopter ou à rejeter, sans les discuter, les projets de loi proposés par le premier Consul et rédigés par le Conseil d'État.

5° Un Sénat conservateur, chargé d'examiner les lois votées par le Corps législatif au point de vue de leur constitutionnalité.

Voici comment l'on procédait :

Le gouvernement, qui avait seul le droit d'initiative, faisait préparer le projet de loi par le Conseil d'État. Le projet était d'abord arrêté par la section de législation, puis discuté en assemblée générale du Conseil d'État et voté article par article. Quand un nombre d'articles suffisant était préparé, on les envoyait, sous forme de projets de lois, au Corps législatif, qui en ordonnait la communication au Tribunat. — Le Tribunat émettait un vote pour l'adoption ou le rejet du projet de loi ; puis il déléguait trois de ses membres pour défendre le vote qu'il avait émis. — Après avoir entendu contradictoirement les trois orateurs du Conseil d'État et les trois membres du Tribunat, le Corps législatif prononçait l'adoption ou le rejet de loi.

La loi votée par le Corps législatif était ensuite présentée au

Sénat, qui avait un délai de dix jours pour l'annuler si elle était contraire à la Constitution. Ce délai expiré, la loi existait définitivement ; mais elle ne devenait obligatoire que lorsqu'elle avait été promulguée par le premier Consul. La Constitution décidait que cette promulgation aurait lieu nécessairement le dixième jour du décret.

Toutefois, à partir du 10 germinal an X, une modification importante fut apportée à la procédure suivie jusqu'alors. On décida que les sections de législation du Conseil d'État et du Tribunat se réuniraient pour délibérer en commun sur les projets de lois présentés par le gouvernement. Dès lors, les projets de lois étant l'œuvre commune du Conseil d'État et du Tribunat, cette dernière assemblée n'eut plus à en proposer le rejet au Corps législatif (1).

Quelles sont les sources du droit nouveau ?

Les sources du droit nouveau comprennent :

1° Les dispositions antérieures au Code civil qui n'ont pas été abrogées par celui-ci ;

2° Le Code civil, et les différents Codes qui furent ensuite promulgués ;

3° Les lois particulières qui ont été promulguées postérieurement à ces différents Codes.

Les différents Codes qui ont été promulgués depuis le Code civil sont : 1° le Code de *procédure civile*, promulgué en 1806 ; 2° les Codes *pénal* et d'*instruction criminelle*, qui furent rendus exécutoires à partir du 1er janvier 1811.

Quant aux principales lois postérieures au Code civil, nous nous bornerons à citer : la loi du 3 septembre 1807, qui a déterminé le taux légal de l'intérêt ; — la loi du 8 mai 1816, qui a aboli le divorce ; — la loi du 14 juillet 1819, qui a permis à tous les étrangers indistinctement de recueillir les donations et successions qui leur adviennent ; — les lois des 29 avril 1845, 11 juillet 1847, et 10 juin 1854, qui établissent différentes servitudes relatives aux eaux ; — la loi du 31 mai 1854, qui a fait disparaître la mort civile ; — la loi du 31 mars 1855, qui a rétabli la transcription hypothécaire ; — et enfin la loi du 22 juillet 1867, qui a aboli la contrainte par corps.

(1) Voy. Valette, *Cours de Code civil*, p. 12.

Comment a-t-on procédé à la confection du Code ?

Par un arrêté du 24 thermidor an VIII (12 août 1800), le premier consul, Bonaparte, institua une commission chargée de rédiger un avant-projet de Code civil. — Cette commission était composée de quatre membres : MM. *Tronchet, Portalis, Bigot de Préameneu* et *Malleville.*

Le travail de cette commission fut d'abord communiqué à la Cour de cassation et aux tribunaux d'appel, qui furent invités à y joindre leurs observations. Puis il fut soumis à la section de législation du Conseil d'État, qui y introduisit plusieurs modifications. Chaque projet de loi définitivement arrêté par cette section fut ensuite discuté en Assemblée générale du Conseil d'État et communiqué au Tribunat, qui en proposa l'adoption ou le rejet au Corps législatif. — Mais, à partir du 10 germinal an X, on voulut éviter que le Tribunat ne proposât le rejet des projets de loi, et il fut arrêté, comme on l'a vu précédemment, que chaque projet de loi serait communiqué par la section de législation du Conseil d'État à la section correspondante du Tribunat et que l'on discuterait ensemble les modifications proposées. Dès lors, il n'y eut plus de propositions de rejet.

Trente-six lois, non compris le titre préliminaire, furent ainsi successivement décrétées, puis promulguées le dixième jour de leur émission. Chacune d'elles fut insérée séparément dans un recueil officiel des lois françaises, appelé *Bulletin des lois,* et devint exécutoire à partir de sa promulgation particulière. — Lorsque l'œuvre fut achevée, la loi du 29 ventôse an XII réunit toutes ces lois en un seul corps, sous le titre de *Code civil des Français,* et en fit de nouveau la promulgation, en les promulguant alors toutes ensemble.

En 1807, le Code civil reçut le nom de *Code Napoléon ;* en 1816, il reprit la dénomination de *Code civil,* qu'il a aujourd'hui, après avoir repris pendant plusieurs années, sous le second empire, le nom de *Code Napoléon.*

Le mot *Code* signifie un recueil de lois classées dans un ordre méthodique. — On peut donc définir le Code civil : un recueil de lois, ayant pour objet l'organisation de la famille et de la propriété, qui, après avoir été successivement décrétées et promulguées, ont été réunies en un seul corps de lois et classées dans un ordre méthodique.

Comment se divise le Code civil ?

Le Code civil se divise en un titre préliminaire et en trois livres.

Le titre préliminaire établit des règles générales relativement à la publication, aux effets et à l'application des lois.

Le premier livre traite des personnes. — Il comprend onze titres.

Le second livre traite des biens. — Il comprend quatre titres.

Le troisième livre traite des différentes manières d'acquérir la propriété. — Il comprend vingt titres.

Chaque titre renferme une loi. — Les titres sont divisés en chapitres, les chapitres en sections, et quelquefois les sections en paragraphes.

En outre, le texte de la loi est renfermé dans une seule série de numéros pour tous les articles. Le Code comprend 2281 articles, portant chacun un numéro.

Au reste, il ne faut pas croire que les différents titres dont se compose le Code y aient été insérés suivant l'ordre de leurs dates respectives. Le classement n'en a été fait suivant l'ordre des matières, qu'après qu'ils eurent été successivement promulgués.

La législation antérieure au Code civil est-elle complètement abrogée ?

Non; la législation antérieure au Code civil n'a pas été complètement abrogée. — En effet, la loi organique du Code dit : « A partir de la promulgation du Code, les lois romaines, les ordonnances, les coutumes, les arrêts de règlement cesseront d'avoir force de loi *dans les matières qui font l'objet du Code.* » D'où l'on peut conclure que la législation antérieure au Code est encore applicable *sur les points qui n'ont pas été modifiés par le Code ou par des lois postérieures.* — Il en est de même des dispositions du droit intermédiaire qui n'ont pas été abrogées par le nouveau droit.

Quelles sont les modifications apportées au pouvoir législatif depuis la promulgation du Code ?

Au moment de la promulgation du Code, l'exercice du pouvoir législatif était réglé, comme on l'a vu, par la Constitution de l'an VIII. — A l'avènement du premier empire, il y eut deux modifications à la Constitution : 1° le Tribunat fut supprimé par

un sénatus-consulte du 19 août 1807 ; 2° le Sénat perdit le droit
d'annuler pour cause d'inconstitutionnalité les lois qui lui
avaient été déférées, et il n'eut plus que la faculté de proposer à
l'Empereur de ne pas promulguer la loi, sauf à celui-ci à adhérer
à sa proposition, ou à passer outre.

Mais, dans la suite, des modifications beaucoup plus importantes furent apportées au pouvoir législatif par les diverses
constitutions qui furent successivement promulguées, telles que
les Chartes de 1814 et de 1830, la Constitution de 1848, celle de
1852, et enfin celle de 1875, qui nous régit actuellement.

Charte de 1814. — Suivant la Charte de 1814, qui inaugura le
rétablissement de la branche aînée des Bourbons, le pouvoir
législatif appartenait concurremment au Roi, à la Chambre des
députés et à la Chambre des pairs. Les attributions du Roi, en
cette matière, étaient importantes. D'abord, il avait seul le droit
de proposer la loi : les Chambres n'avaient à cet égard qu'une
faculté, celle de supplier le Roi de proposer une loi sur un objet
déterminé, celui-ci restant d'ailleurs le maître de donner suite
au projet qui lui est présenté, ou de le rejeter. Les propositions
de loi pouvaient d'ailleurs être portées, au gré du Roi, soit à la
Chambre des pairs, soit à la Chambre des députés. Les Chambres
avaient le pouvoir de faire des additions ou amendements aux
projets de lois qui leur étaient adressés. Ces projets n'étaient
convertis en lois que s'ils avaient été adoptés par l'une et l'autre
Chambre.

Mais la loi qui avait été votée par les deux Chambres n'était
pas encore complète : il fallait de plus qu'elle eût été sanctionnée par le Roi, c'est-à-dire approuvée par lui. La sanction
royale était nécessaire non seulement lorsque la loi présentée
par le Roi avait été modifiée par les Chambres, mais même lorsqu'elle avait été votée par elles telle qu'elle leur avait été
présentée.

La loi votée par les deux Chambres et sanctionnée par le Roi
était définitivement formée; mais elle n'était pas encore obligatoire. Pour devenir obligatoire, pour être appelée à produire
son effet, il fallait de plus qu'elle eût été promulguée par le Roi.
On a vu que, sous la Constitution de l'an VIII, le premier Consul
était tenu de promulguer la loi dix jours après qu'elle avait été
décrétée par le Corps législatif. Mais, sous la Charte de 1814, le

Roi restait le maître de promulguer la loi quand il le voulait, et même de ne pas la promulguer.

Ainsi la prérogative royale comprenait tout à la fois, en matière législative, le droit d'initiative, le droit de sanction et le droit de promulgation. Aux Chambres étaient réservés les droits d'amendement et de vote. C'était là un gouvernement *représentatif*, où l'autorité prenait sa source dans la personne du Roi; et non un gouvernement *parlementaire*, où l'autorité se partage entre le souverain et les assemblées.

Sous la Charte de 1830, le pouvoir législatif était également exercé par le Roi et par les deux Chambres. Mais le droit d'initiative n'appartenait plus exclusivement au Roi. Il partageait avec chacune des deux Chambres le pouvoir de proposer les lois.

Constitution de 1848. — D'après la Constitution du 4 novembre 1848, qui inaugura la seconde République, le pouvoir législatif était réservé à une Assemblée unique et le pouvoir exécutif à un président de la République française.

Le droit de proposer les lois appartenait concurremment, soit à l'Assemblée nationale, soit au président de la République qui l'exerçait par ses ministres. Sauf les cas d'urgence, aucun projet de loi ne pouvait être voté définitivement par l'Assemblée nationale qu'après trois délibérations successives, à trois jours d'intervalle au moins.

La loi était formée dès qu'elle avait été décrétée par l'Assemblée, sans avoir besoin d'être sanctionnée par le président de la République. Celui-ci était tenu de promulguer la loi dans le délai d'un mois à partir du jour où elle avait été décrétée, et, en cas d'urgence, dans le délai de trois jours. — A défaut de promulgation par le président de la République, il y était pourvu par le président de l'Assemblée nationale.

Constitution de 1852. — D'après la Constitution du 14 juin 1852, le pouvoir législatif était exercé collectivement par l'Empereur, le Corps législatif et le Sénat.

L'Empereur avait seul l'initiative des lois, il faisait rédiger les projets de lois par le Conseil d'État, et les communiquait au Corps législatif. — Le Corps législatif nommait une commission chargée de faire un rapport sur la loi. Le rapport était lu en séance publique. Vingt-quatre heures après cette lecture, la discussion pouvait commencer. La défense de la loi devant la Chambre était confiée au président du Conseil d'État, ou à des conseillers d'État désignés par l'Empereur.

Une fois votée par le Corps législatif, la loi passait à l'examen du Sénat, qui pouvait s'opposer à sa promulgation lorsqu'elle lui paraissait inconstitutionnelle.

La promulgation et la sanction des lois et des sénatus-consultes étaient faites par l'Empereur ; mais il n'était assujetti à cet égard à aucun délai, et par suite la loi ne devenait exécutoire qu'à sa volonté.

Dans la suite, la Constitution de 1852 reçut des modifications importantes, notamment par le sénatus-consulte de 1870.

Organisation actuelle des pouvoirs publics. — L'organisation actuelle des pouvoirs publics a été réglée par les lois des 25 février 1875 et 16 juillet 1875.

Aux termes de la loi du 25 février 1875, le pouvoir exécutif est exercé par un président de la République nommé pour sept ans, à la majorité absolue des suffrages, par le Sénat et par la Chambre des députés réunis en Assemblée nationale.

Le président de la République a l'initiative des lois concurremment avec les membres des deux Chambres. Il les promulgue dans les délais fixés par la Constitution de 1848. — Il dispose de la force armée, nomme à tous les emplois, et a le droit de grâce. Chacun de ses actes doit être contre-signé par un ministre.

Le pouvoir législatif est exercé par deux Assemblées : la Chambre des députés et le Sénat. La Chambre des députés est nommée par le suffrage universel. Le Sénat comprend 75 membres inamovibles nommés par l'Assemblée nationale, et 225 sénateurs élus par des collèges spéciaux d'électeurs.

Les lois de finances doivent être présentées à la Chambre des députés et votées par elle en premier lieu.

Les deux Chambres doivent être réunies en session cinq mois au moins chaque année. Les séances sont publiques.

Les projets de lois ne peuvent être convertis en lois définitives qu'autant qu'ils ont été adoptés par les deux Chambres.

CODE CIVIL

PAR DEMANDES ET RÉPONSES

TITRE PRÉLIMINAIRE

De la publication, des effets et de l'application des lois

DÉCRÉTÉ LE 5 MARS 1803. — PROMULGUÉ LE 15 DU MÊME MOIS.

Articles 1 à 6.

Les règles qui sont exposées dans ce titre ne sont pas spéciales aux lois civiles : elles s'appliquent à toutes les lois, quel que soit leur objet. Néanmoins, le législateur les a placées avec raison en tête du Code civil, parce qu'il constitue la partie la plus importante de notre législation.

Le titre préliminaire contient les articles 1 à 6. — Pour plus de clarté, nous l'avons divisé en trois paragraphes relatifs : 1° à la promulgation et à la publication des lois ; 2° à leurs effets ; 3° à leur application.

§ I. — *De la promulgation et de la publication des lois.*

A quelles conditions les lois sont-elles obligatoires ?

Pour que les lois existent, pour qu'elles soient définitivement formées, il suffit qu'elles aient été décrétées par une Assemblée investie du pouvoir législatif. — Mais de ce que les lois existent, de ce qu'elles sont formées, il ne s'ensuit pas qu'elles soient immédiatement exécutoires. Pour qu'elles produisent leur effet, pour qu'elles deviennent exécutoires et obligatoires, il faut de plus que l'exécution en ait été ordonnée, et que cet ordre ait été porté à la connaissance de tous au moyen de la publication.

Ainsi pour qu'une loi soit formée et pour qu'elle devienne exécutoire et obligatoire, il y a quatre opérations indispensables. Il faut : — 1° que la loi ait été présentée ; 2° qu'elle ait été votée ; 3° qu'elle ait été promulguée; 4° qu'elle ait été publiée.

Parmi ces diverses opérations, nous omettons à dessein de citer la *sanction*, qui concourait autrefois à la formation de la loi, mais qui n'y concourt plus aujourd'hui. Au reste, le Code omet également de la mentionner ; car la Constitution de l'an VIII, sous l'empire de laquelle il a été promulgué, ne l'avait pas maintenue. La loi une fois votée par le corps législatif devenait exécutoire de droit dix jours après le décret. (Art. 1er.)

Qu'est-ce que la sanction d'une loi ?

On appelle ordinairement *sanction d'une loi*, la disposition par laquelle le législateur, pour déterminer plus fortement à obéir à la loi, édicte une peine contre ceux qui la violent. — Mais ici, dans la langue constitutionnelle, ce mot de *sanction* est pris dans un sens tout différent, pour exprimer l'approbation donnée par le chef de l'État à une loi votée par une Assemblée. On a vu, en effet, que sous l'empire de la Constitution de 1791, ainsi que sous les Chartes de 1814 et de 1830, les projets de lois qui avaient été adoptés par les Assemblées ne se convertissaient en lois définitives qu'après avoir été solennellement approuvés par le Roi. Cette approbation ou sanction avait lieu par la signature du Roi et l'apposition du sceau royal au bas de la loi.

La nécessité d'une sanction disparut en 1848, lors de l'avènement de la seconde République. — Sous la Constitution de 1852, elle se confondit avec la promulgation. L'Empereur ayant le pouvoir de promulguer la loi quand il voulait, on regarda la sanction comme une formalité inutile. — Aujourd'hui, de même que sous les Constitutions de l'an VIII et de 1848, la sanction a complètement disparu.

Qu'est-ce que la promulgation de la loi ?

La promulgation de la loi est l'acte par lequel le chef du pouvoir exécutif atteste l'existence de la loi et enjoint à tous les Français de l'observer.

Suivant la Constitution de l'an VIII, le premier Consul était tenu de faire la promulgation de la loi dix jours après qu'elle avait été votée. Comme l'a remarqué M. Valette, c'est une très ancienne idée que de charger le pouvoir exécutif d'attester l'existence de la loi ; et cela se comprend très bien : car c'est lui qui a la mission de faire exécuter les lois, et qui se trouve en rapports constants avec les citoyens, par l'intermédiaire des ministres et de toute la hiérarchie des fonctionnaires.

La promulgation, émanant du pouvoir exécutif, présente sous ce rapport un point de ressemblance avec la sanction. Mais il faut se garder cependant de confondre ces deux actes. — D'abord, la sanction se réfère à la formation de la loi, elle concourt à son existence ; tandis que la promulgation se rapporte à son effet extérieur, à son exécution. A l'époque où la sanction était nécessaire, la loi n'existait qu'après avoir été sanctionnée et elle n'était exécutoire qu'après avoir été promulguée. — En second lieu, la sanction était de la part du souverain un acte législatif ; tandis que la promulgation rentre dans les attributions qui lui appartiennent plus spécialement comme chef du pouvoir exécutif.

Voyons maintenant comment s'opère la promulgation, par quel acte elle se manifeste.

Comment s'opère la promulgation ?

La promulgation, avons-nous dit, est une sorte d'injonction adressée aux sujets par le chef du pouvoir exécutif, pour les obliger à observer la loi nouvelle. Mais cette injonction n'a pas lieu directement et en termes formels : le législateur la fait résulter de l'accomplissement d'un acte. — Quant à la nature de cet acte il faut distinguer suivant les époques.

1° *Lors de la confection du Code*, la promulgation consistait dans l'expiration d'un délai de dix jours, à compter du jour où la loi avait été décrétée par l'Assemblée. Ainsi lorsqu'une loi avait été décrétée le 5 mars, elle devait être nécessairement promulguée le 15 du même mois. — Et comme on connaissait le décret par les discussions publiques qui l'avaient précédé, on était, par là, averti d'avance du jour où la promulgation aurait lieu.

2° *Sous la Charte de* 1814, la promulgation cessa d'être invariablement fixée au dixième jour du décret ; elle ne dépendit plus que de la volonté du Roi, qui eut le droit de sanctionner et de promulguer les lois quand il le voulait. Dès lors, il devint nécessaire de recourir à un autre mode de promulgation ; car on ne pouvait plus savoir à l'avance, comme sous l'empire de la Constitution de l'an VIII, le jour de la promulgation. — Une ordonnance du 27 novembre 1816 décida que la promulgation d'une loi serait considérée comme faite du jour où la loi aurait été insérée dans le *Bulletin des lois*. Cette insertion devait être constatée à la chancellerie sur un registre spécial (1).

3° *Enfin, d'après un décret du gouvernement de la défense nationale,* en date du 5 novembre 1870, rédigé par M. Valette, la promulgation des lois et des décrets résulte de leur insertion au *Journal officiel* de la République française ou au *Bulletin des lois.* Comme l'a remarqué M. Gabriel Demante, dans un article très intéressant publié dans la *Revue critique de législation,* c'est là une complication très grande que la coexistence de deux modes de publication des actes législatifs. On ne peut l'expliquer que par cette circonstance que le gouvernement en résidence à Paris avait une délégation en province, ce qui nécessitait deux promulgations distinctes. (Art. 1er. — Décret du 5 nov. 1870.)

Qu'est-ce que la publication ?

La publication est le fait par lequel l'existence et la promulgation de la loi sont portés à la connaissance de tous les Français.

Ainsi que nous l'avons observé, la loi qui a été promulguée est exécutoire, c'est-à-dire qu'elle est apte à produire son effet. Mais elle ne le produit, en fait, que lorsqu'il s'est écoulé un temps suffisant pour que les citoyens aient pu connaître l'accomplissement de la promulgation. — Ainsi la loi est exécutoire après avoir été promulguée; mais elle n'oblige réellement qu'après avoir, en outre, été publiée.

Voyons maintenant comment s'opère la publication.

Comment s'opère la publication ?

Le fait de la publication, c'est-à-dire le moyen par lequel la loi est portée à la connaissance de tous les Français, n'a pas toujours été le même. A cet égard, il faut distinguer les modes de publication antérieurs au Code, le système du Code, et celui du décret du 5 novembre 1870.

I. *Modes de publication antérieurs au Code.*—Dans notre ancienne législation, la publication s'opérait au moyen de l'enregistrement de la loi par les parlements ; seulement, dans certains ressorts,

---

(1) Le *Bulletin* des lois est la collection officielle des lois qui ont été promulguées depuis le 22 prairial an II. Il se divise en séries correspondant aux différents gouvernements de la France. Chaque série comprend plusieurs bulletins ou cahiers, et chaque cahier est divisé en numéros d'ordre, qui indiquent la place où se trouve la loi ou le décret que l'on cherche.

la loi devait, en outre, être adressée aux sénéchaussées et bailliages, qui en faisaient lecture en audience publique.

Plus tard, l'Assemblée nationale décida que la loi serait envoyée aux tribunaux, aux corps administratifs et aux municipalités, qui, après l'avoir fait transcrire sur leur registre, en donneraient lecture et la feraient afficher.

La Convention, voulant donner encore plus de réalité à la publication, ordonna que la loi nouvelle serait insérée dans un recueil spécial, appelé *Bulletin des lois;* que ce recueil serait adressé aux autorités constituées, et qu'il en serait, dans chaque lieu, donné lecture au peuple assemblé à son de trompe ou de tambour.

La loi du 12 vendémiaire an IV décréta qu'il n'y aurait plus lecture publique, affichage, annonce de la loi à son de trompe ou de tambour; que la loi serait seulement insérée au *Bulletin des lois*, et qu'elle serait réputée connue dans chaque département à partir du jour où le *Bulletin* serait parvenu au chef-lieu. Elle remplaçait ainsi la publication réelle et effective de la loi par une publication fictive. — Tel est, sauf quelques modifications, le système suivi par le Code.

II. *Système du Code.* — D'après le Code, la publication a lieu par le seul fait de l'expiration d'un certain délai, à compter du jour de la promulgation. Passé ce délai, les citoyens sont réputés connaître la promulgation de la loi, et ils sont traités comme s'ils la connaissaient effectivement. — Dans le lieu où siège le gouvernement, la loi est réputée connue un jour franc après sa promulgation. Dans les départements, il faut ajouter à ce délai d'un jour franc autant de jours qu'il y a de fois dix myriamètres de distance entre la capitale et le chef-lieu du département. — Le point de départ du délai de publication commence à partir de la remise que le directeur de l'imprimerie de la république fait au ministère de la justice d'un exemplaire du *Bulletin officiel* contenant la nouvelle loi.

L'expression d'un *jour franc* signifie qu'il ne faut pas tenir compte du jour de la promulgation. Ainsi une loi promulguée le lundi n'est réputée connue que le mercredi dans le lieu où siège le gouvernement.

III. *Système du décret du 5 novembre 1870.* — Aux termes de ce décret, les lois sont réputées publiées, à Paris, un jour franc après la promulgation, et partout ailleurs, dans l'étendue de chaque arrondissement, un'jour franc après que le *Journal officiel* qui les contient sera parvenu au chef-lieu de cet arrondissement.

L'article 3 du même décret ajoute que les préfets et sous-préfets prendront les mesures nécessaires pour que les actes législatifs soient imprimés et affichés partout où besoin sera. C'est la reproduction des règles établies par les ordonnances de 1816 et de 1817.

Au surplus, le décret du 5 novembre 1870 n'ayant trait qu'à la promulgation faite par le *Journal officiel*, il s'ensuit que les actes insérés uniquement au *Bulletin des lois* restent toujours soumis au délai des distances établi par le Code. C'est là un résultat bizarre, et qu'il serait désirable de voir cesser en adoptant un régime unique sur les effets de chacune des deux promulgations. (Art. 1er du Code. — Décret du 5 novembre 1870.)

Peut-on invoquer l'ignorance de la loi ?

Non ; on ne peut pas en général invoquer l'ignorance de la loi. C'est ce qu'exprime la maxime : *Nul n'est censé ignorer la loi.* En effet, l'administration de la justice serait trop entravée et l'application des lois trop difficile, si les particuliers pouvaient se soustraire à l'effet d'une disposition nouvelle sous prétexte d'ignorance, cette ignorance fût-elle d'ailleurs excusable.

Toutefois, la présomption que *nul n'est censé ignorer la loi* n'est réellement invincible, que lorsqu'on l'oppose individuellement aux particuliers. Tout le monde convient que les délais de publication pourraient être augmentés dans le cas où une circonstance de force majeure, telle qu'une inondation, un blocus ou l'investissement d'une ville par une armée ennemie, aurait rendu impossible toute communication régulière entre la capitale et certaines portions du territoire. — Au surplus, le décret du 5 novembre 1870 contient à cet égard une innovation importante. Il décide que les tribunaux pourront admettre l'exception d'ignorance alléguée par les contrevenants, si la contravention a eu lieu dans le délai de trois jours francs à partir de la promulgation.

§ II. — *De la non-rétroactivité des lois.*

Les lois ont-elles des effets rétroactifs ?

Non ; c'est une règle fondamentale que les lois n'ont pas d'effets rétroactifs. Les lois nouvelles, à moins d'une disposition contraire, ne règlent que les faits accomplis depuis leur promulgation.

Au reste, cette règle du Code que *la loi ne dispose que pour l'avenir* n'ayant pasété reproduite dans la Constitution, on en conclut que la loi qui recevrait un effet rétroactif ne serait pas inconstitutionnelle. Ce serait peut-être une mauvaise loi, mais elle n'en serait pas moins obligatoire. Il en serait différemment si le principe de la non-rétroactivité des lois avait été inscrit dans la Constitution. Le législateur aurait été tenu de s'y conformer, puisque ses pouvoirs ne peuvent s'exercer que dans les limites tracées par la Constitution.

Le principe de la non-rétroactivité des lois est d'ailleurs conforme à la raison et à l'équité. A la raison, car la loi étant une règle de conduite, il en résulte nécessairement qu'elle ne peut commander ou défendre quelque chose que pour l'avenir. A l'équité, car il est essentiellement équitable qu'un droit légitimement acquis sous l'empire de la loi actuelle ne puisse pas être anéanti par l'effet d'une loi postérieure, ou qu'un acte qui était licite au moment où il a été accompli ne soit pas considéré plus tard comme illicite. Autrement, il n'y aurait plus rien de stable : l'état des personnes, leur fortune, leur considération seraient continuellement en question ; la société ne serait pas possible.

Voyons maintenant de quelle manière notre principe est appliqué. (Art. 2.)

Comment se règle l'application du principe de la non-rétroactivité des lois ?

Pour déterminer l'application du principe de la non-rétroactivité des lois, il faut tenir compte de deux considérations. D'une part, il est rationnel et équitable que la loi nouvelle ne porte pas atteinte aux droits légitimement acquis sous l'empire d'une loi précédente et qu'elle ne revienne pas sur des faits accomplis; mais, d'autre part, il faut considérer que toute loi nouvelle est présumée meilleure que celle qu'elle remplace.

C'est par la combinaison de ces deux idées que se règle l'application de notre principe. En conséquence, il faut décider : — 1° que la loi nouvelle ne peut pas porter atteinte aux faits accomplis, aux droits réellement acquis au moment de sa promulgation ; — 2° mais qu'elle produit son effet à l'égard des droits qui sont éventuels et des faits qui sont simplement en expectative au moment de sa promulgation.

On entend par droits *acquis*, les droits qui sont entrés dans le patrimoine d'une personne, qu'elle peut regarder comme lui appartenant d'une manière définitive, et qu'on ne saurait lui enlever sans injustice. Il n'y a pas à distinguer, d'ailleurs, si ces droits sont purs et simples, ou s'ils sont à terme ou sous condition ; car le terme n'empêche pas l'acte de produire immédiatement son effet, et la condition, qui vient à se réaliser, rétroagit au jour du contrat. — Par contre, les droits *éventuels* sont ceux qui peuvent entrer dans le patrimoine d'une personne, mais qui n'y sont point encore entrés; qui peuvent lui appartenir dans l'avenir, mais qui ne lui appartiennent pas encore. Tels sont les droits d'un héritier présomptif sur une succession non encore ouverte.

D'autre part, on entend par *faits accomplis*, des faits entièrement achevés, de manière qu'on puisse regarder comme définitivement assurés les avantages qui en découlent. — Au contraire, les *simples expectatives* sont des espérances, des attentes très faibles résultant d'un droit qui pourra exister mais qui n'existe pas encore, ou d'un fait qui est possible mais qui n'est pas encore réalisé. On peut ranger au nombre des simples expectatives l'espérance du légataire tant que le testateur vit, ou l'attente du possesseur qui est en voie de prescrire mais qui n'a pas encore achevé le temps nécessaire pour la prescription (1).

Ainsi, tout en respectant les droits acquis, la loi nouvelle produira immédiatement son effet par rapport aux droits à venir et aux faits qui ne sont pas entièrement accomplis. — C'est ce que nous allons voir plus amplement en parcourant successivement les différentes classes de lois. Pour cela, nous distinguerons :

1° Les lois qui régissent l'état et la capacité des personnes;

2° Celles qui sont relatives à la propriété et à ses divers démembrements ;

3° Celles qui règlent la forme, la preuve et l'interprétation des actes ;

4° Celles qui concernent la procédure ;

5° Les lois pénales.

(1) Blondeau, *De l'effet rétroactif des lois.* — Valette, *sur Proudhon*, 1, p. 21 — Duvergier, *Revue de droit français et étranger*, 1845, t. II, p. 1 et suiv.

I. *De la non-rétroactivité en ce qui concerne les lois qui régissent l'état et la capacité des personnes.* — Les lois qui régissent l'état et la capacité des personnes n'ont aucun effet rétroactif en ce qui touche les droits acquis, ou en ce qui concerne les faits accomplis sous l'empire des lois antérieures. Mais elles peuvent modifier la capacité des personnes pour l'avenir, parce que la capacité de faire tel ou tel acte ne constitue pas un droit acquis.
— Supposons, par exemple, qu'une loi nouvelle vienne à disposer que nul ne pourra désormais se marier avant d'avoir atteint l'âge de vingt ans accomplis : la fille qui est âgée de plus de 15 ans et de moins de 20 ans, perdra la faculté qu'elle avait auparavant de pouvoir se marier. Mais la femme qui s'est mariée à l'âge de 15 ans accomplis avant la promulgation de la nouvelle loi, n'aura pas à en souffrir, et son mariage conservera toute sa validité. Pareillement, la loi qui reculerait l'époque de la majorité serait immédiatement applicable ; car elle ne ferait qu'enlever pour l'avenir l'aptitude à faire certains actes, par exemple, à contracter. Mais quant aux actes faits antérieurement pendant la majorité, ils demeureraient valables.

II. *De la non-rétroactivité en ce qui concerne les lois relatives à la propriété et à ses démembrements.* — Les mêmes règles sont applicables aux lois relatives à la propriété et à ses divers démembrements, tels que l'usufruit, les servitudes. Ainsi la loi qui supprimerait un mode d'acquérir n'empêcherait pas pour cela la propriété, l'usufruit, la servitude d'avoir été régulièrement acquis auparavant, suivant ce mode. — Pareillement, les lois relatives aux créances et aux obligations ne sauraient avoir un effet rétroactif. Ainsi la loi qui abaisserait le taux des intérêts n'empêcherait pas les prêteurs de continuer à exiger les intérêts stipulés à l'origine.

III. *De la non-rétroactivité en ce qui concerne les lois relatives à la forme, à la preuve et à l'interprétation des actes.* — Les lois qui règlent la forme, la preuve et l'interprétation des actes n'ont jamais d'effet rétroactif. On suit à leur égard la maxime ancienne : *Tempus regit actum.* — Effectivement, les personnes qui ont accompli un acte s'en sont référées à la loi existante au moment de la passation de [l'acte, pour tout ce qui concerne sa forme, la manière de le prouver et l'interprétation qu'il doit recevoir. Elles ont, par conséquent, acquis le droit d'avoir tous les bénéfices de cette loi, et l'on ne pourrait les leur ravir sans injustice. — Ainsi la preuve par témoins est admise en principe pour toutes les créances dont le montant ne dépasse pas 150 francs. La loi qui interdirait l'emploi de cette preuve à l'avenir n'empêcherait pas d'établir par témoins l'existence des obligations contractées sous l'empire de la loi précédente. En effet, le créancier avait un droit acquis à prouver sa créance par témoins, et c'est parce qu'il avait confiance dans ce droit qu'il ne s'est pas procuré de preuve écrite.

IV. *De la non-rétroactivité en ce qui concerne les lois qui règlent la procédure.*—A l'inverse des lois précédentes, les lois qui règlent la procédure ont des effets rétroactifs. — En effet, la procédure n'est pas autre chose que la marche à suivre pour arriver à la constatation d'un droit. Et comme la marche à suivre pour arriver à la constatation d'un droit ne touche pas au droit lui-même, on peut sans injustice y appliquer des dispositions nouvelles. On le peut d'autant mieux que les lois nouvelles étant présumées meilleures que celles qu'elles remplacent, les parties tireront un avantage des modifications apportées à la procédure. — Ainsi, une loi vient-elle à abréger des délais de citation ou d'ajournement, on l'appliquera immédiatement pour toutes les contestations qui viendraient à s'élever, lors même que ces contestations surgiraient à l'occasion d'un fait accompli ou d'un droit acquis antérieurement à la promulgation de la loi.

V. *De la non-rétroactivité en ce qui concerne les lois pénales.* — Les lois pénales, comme les autres lois, n'ont pas d'effets rétroactifs, en ce sens qu'on ne peut pas appliquer à des faits antérieurs une loi punissant un acte qui n'était pas punissable auparavant, ou augmentant la pénalité qui le frappait. Mais la loi nouvelle devient applicable au contraire aux faits antérieurs, si la pénalité est adoucie ou supprimée. Qui pourrait s'en plaindre en effet ? Ce n'est pas le condamné, dont la peine est diminuée. Ce n'est pas même la société, puisque la peine antérieure a été reconnue exagérée ou inutile (1).

Ce n'est pas tout. Aux termes d'un arrêt de la cour de cassation du 1er octobre 1813, il a été décidé que si un délit avait été commis sous l'empire d'une certaine législation, abrogée

(1) Bertauld, *Cours de droit pénal*, p. 153. — Trébutien, *Cours élément. de droit criminel*, t. I, p. 81 à 83. — Valette, *Cours de Code civil*, p. 26, 27.

par une loi plus douce, à laquelle avait ensuite succédé une loi plus rigoureuse, il fallait appliquer la loi intermédiaire, c'est-à-dire la loi la plus douce.

Quel est l'objet des lois ?

Les lois ont pour objet, tantôt de protéger l'ordre public, tantôt d'organiser la possession et la transmission des biens, tantôt de régler l'état et la capacité des personnes. — En conséquence, on les divise en trois catégories, savoir :

1° Les lois de police et de sûreté ;

2° Les lois ou statuts réels ;

3° Les lois ou statuts personnels.

I. *Lois de police et de sûreté.* — Les lois de police et de sûreté, qu'on appelle aussi *lois pénales*, sont celles qui établissent des peines contre tout attentat aux personnes et aux propriétés.

Les lois pénales, dit le Code, obligent toutes les personnes qui habitent le territoire, sans distinction entre les Français et les étrangers. — Cette disposition est facile à justifier : en effet, comme les lois pénales ont pour objet d'assurer la tranquillité de l'État et la sécurité des habitants, il faut nécessairement qu'elles puissent prévenir ou réprimer tous les faits qui seraient de nature à y porter atteinte, quels qu'en soient les auteurs. D'ailleurs, ces lois protègent les étrangers qui se trouvent en France comme les Français eux-mêmes, et il est bien juste qu'ils y soient également soumis.

II. *Des lois réelles.* — Les lois réelles sont celles qui s'appliquent aux biens. — Telles sont les lois qui régissent les contrats et celles qui concernent la propriété et ses démembrements, comme l'usufruit, l'usage, l'habitation, les servitudes réelles.

Les lois réelles régissent tous les immeubles situés en France, lors même que ces immeubles appartiennent à des étrangers ; car aucune portion du territoire ne doit être soustraite au pouvoir du souverain.

III. *Des lois personnelles.* — Les lois personnelles sont celles qui règlent l'état et la capacité des personnes. — Telles sont les lois qui ont rapport au mariage, à la puissance paternelle, à la tutelle, à la filiation, etc.

Les lois personnelles n'obligent que les Français, mais elles les suivent partout où ils se trouvent, même en pays étranger. —

Ainsi pour que le mariage contracté à l'étranger par un Français soit valable en France, il faut que toutes les conditions d'âge, de consentement, etc., exigées par la loi française aient été remplies. (Art. 3.)

N'est-il pas quelquefois assez difficile de reconnaître si une loi est réelle ou si elle est personnelle ?

Oui; il est quelquefois assez difficile de reconnaître si une loi est réelle ou si elle est personnelle ; car une loi ne peut guère s'occuper des personnes sans faire mention des biens, et, réciproquement, elle ne peut guère s'occuper des biens sans faire mention des personnes. Pour s'assurer du caractère de la loi, il faut examiner quel est l'objet qu'elle a *principalement* et *immédiatement* en vue, quel est le but *essentiel* et *final* que le législateur lui a assigné. — A-t-elle immédiatement et principalement rapport à l'état et à la condition des personnes, elle est une loi *personnelle*, alors même qu'elle s'occupe accessoirement des biens. Ainsi les dispositions relatives à l'administration des biens du mineur appartiennent au statut personnel, parce qu'elles sont contenues dans une loi qui a immédiatement et principalement rapport à l'état des mineurs. — Au contraire, la loi a-t-elle immédiatement et principalement rapport aux biens, elle est une loi *réelle*, alors même qu'elle s'occupe accessoirement des personnes. Ainsi les dispositions relatives aux droits de succession des enfants naturels appartiennent au statut réel, parce qu'elles sont contenues dans une loi qui a immédiatement et principalement pour objet la dévolution des biens héréditaires.

Qu'est-ce que la règle « locus regit actum » ?

La règle *locus regit actum* s'applique à la forme extérieure des actes passés par les Français, et non pas à leur état et à leur capacité. — Suivant cette règle, les actes passés par un Français à l'étranger sont valables en France, pourvu qu'ils aient été faits suivant les formes usitées dans le pays.

Ainsi pour qu'un acte passsé par un Français à l'étranger soit valable en France, il faut que les deux règles précédentes aient été observées, savoir: — 1° que l'acte ait été passé conformément à la règle *locus regit actum*, c'est-à-dire qu'il ait été fait suivant la forme usitée dans le pays; — 2° que toutes les conditions prescrites par la loi française pour pouvoir l'accomplir aient été remplies.

Comment sont régis l'état et la capacité des étrangers qui se trouvent en France?

Le Code ne s'est pas formellement expliqué à cet égard. Mais on admet généralement que l'état et la capacité des étrangers qui se trouvent en France doivent être régis par les lois personnelles de leur pays, puisque l'état et la capacité des Français qui se trouvent à l'étranger sont régis par les lois françaises.

Toutefois, quelques auteurs sont d'avis qu'il ne faut pas appliquer aux étrangers la loi personnelle de leur pays dans deux hypothèses:

1° Lorsque leur loi consacre un état contraire à l'ordre public et aux bonnes mœurs. — Ainsi, les étrangers qui se trouvent en France ne seraient pas admis à invoquer les dispositions établies dans leur pays en faveur de la polygamie.

2° Lorsque leur loi est de nature à nuire aux intérêts des Français. — Ainsi, nos tribunaux ne permettraient pas l'annulation d'un contrat passé entre un étranger âgé de plus de 21 ans et cependant incapable de contracter suivant la loi de son pays, et un Français qui l'aurait cru capable de contracter (1).

Les meubles possédés par des étrangers sont-ils régis par la loi française ou par la loi étrangère?

Bien que l'article 3 ne fasse mention que des immeubles, tout le monde est d'accord pour reconnaître que les meubles, *considérés individuellement*, sont régis par la loi française. — En effet, le système contraire enlèverait toute sécurité aux contrats passés entre Français et étrangers et présenterait dans la pratique des inconvénients très nombreux, puisqu'il empêcherait l'application de nos lois sur les privilèges, sur la saisie, sur la prescription, etc., par rapport aux meubles possédés par les étrangers.

Mais quant aux meubles, *considérés comme universalités*, c'est-à-dire comme pouvant faire l'objet de legs ou de donations universels ou à titre universel, les auteurs ne sont pas d'accord.

Suivant les uns, il faut appliquer la loi française; car toutes les choses corporelles qui sont en France doivent être assujetties à la souveraineté française. C'est ce qui résulte implicitement de l'article 3, qui, sous la dénomination d'immeubles, comprend

(1) Valette, *sur Proudhon*, t. 1, p. 82. — Demolombe, t. 1, n° 68. — Marcadé, t. 1, n° 76. — Cass. 25 mai 1868.

3

tous les biens corporels quelconques. — Suivant les autres, il convient, au contraire, d'appliquer la loi étrangère ; car la règle en vigueur dans notre ancien droit *mobilia ossibus personæ inhærent*, suivant laquelle les meubles étaient régis par la loi personnelle de leur possesseur, n'a pas été abrogée par le Code. Seulement, il ne faut l'appliquer qu'autant qu'il n'en résulte pas de préjudice pour un Français. — Cette dernière opinion nous paraît préférable (1).

§ III. — *De l'application et de l'interprétation des lois.*

Quelles sont les règles établies par le Code relativement à l'application des lois ?

Les règles principales établies par le Code relativement à l'application des lois sont les suivantes :

1° Il est enjoint aux juges de toujours prononcer sur les différends qui leur sont soumis ;

2° Il leur est expressément défendu de statuer par voie de disposition générale et réglementaire ;

3° Les particuliers peuvent faire toutes conventions qui ne sont pas contraires à l'ordre public et aux bonnes mœurs. (Art. 4 5, 6.)

1. *Ils doivent toujours prononcer sur les differends qui leur sont soumis.* —L'article 4 prescrit aux juges de toujours statuer sur les contestations qui leur sont soumises, sans pouvoir prétendre que cela leur est trop difficile, ou que la loi ne prévoit pas positivement le cas qu'ils ont à juger. S'ils refusent de répondre aux requêtes qui leur sont adressées régulièrement par le ministère d'avoués, ou de juger les affaires qui leur sont soumises, ils se rendent coupables d'un délit connu sous le nom de *déni de justice*, qui, aux termes de l'article 135 du Code pénal, les rend passibles d'une amende de 200 à 500 francs, avec interdiction de toute fonction publique pendant cinq ans.

En cas de silence, d'obscurité ou d'insuffisance de la loi, les juges doivent déduire la solution des principes généraux du droit, ou, à défaut, décider d'après leurs lumières naturelles.

_____

(1) Demangeat, *Revue pratique*, t. I, p. 63. — Demolombe, t. I, nᵒˢ 75 et suiv. —Marcadé, t. I, nᵒ 78.

Mais cette règle n'est applicable qu'en matière civile. — En matière pénale, ils ne doivent prononcer une condamnation qu'en vertu d'un texte précis de la loi.

II. *Il leur est défendu de prononcer par voie de disposition générale et réglementaire.* — On appelle dispositions *générales et réglementaires,* celles par lesquelles un tribunal, statuant sur une affaire qui lui est soumise, décide qu'à l'avenir il statuera de la même manière dans toutes les affaires identiques.

Nos anciens parlements avaient le pouvoir de rendre des dispositions de cette nature. Mais il n'en est pas de même aujourd'hui; les tribunaux ne peuvent plus se lier pour l'avenir, et rendre des décisions obligatoires pour les personnes qui n'ont pas été parties au procès. — La raison en est d'abord que la Constitution établit une distinction entre les pouvoirs législatif et judiciaire. Or les décisions générales et réglementaires sont de véritables lois ; et, comme telles, elles rentrent dans les attributions du pouvoir législatif. Quant au pouvoir judiciaire, il est chargé uniquement de faire l'application des règles générales, formulées par le législateur, aux faits particuliers qui lui sont soumis et qui sont déjà accomplis.

Une autre considération, non moins pressante, a dû faire interdire aux juges de prononcer des décisions réglementaires. Effectivement, si chaque tribunal pouvait rendre des décisions obligatoires pour l'avenir dans toute l'étendue de son ressort, il y aurait bientôt autant de législations particulières qu'il y a d'interprétations différentes à donner aux lois, et l'on reviendrait ainsi aux coutumes de notre ancien droit. — En restreignant l'autorité des jugements à des faits particuliers et déjà accomplis, le législateur n'empêche pas, sans doute, que les lois ne soient interprétées diversement; mais il empêche que les diverses interprétations qui en sont données ne deviennent des règles générales et obligatoires.

III. *Les particuliers peuvent faire toutes conventions qui ne sont pas contraires à l'ordre public et aux bonnes mœurs.* — Cette règle de l'article 6, que toutes conventions sont permises aux particuliers, pourvu qu'elles ne soient pas contraires à l'ordre public et aux bonnes mœurs, est extrêmement importante. Il en résulte, en effet, que la loi sanctionne et garantit toutes les conventions passées entre particuliers; que toutes ces conventions sont obligatoires pour les contractants, sous la seule condition de ne rien renfermer de contraire à la morale et à l'ordre public.

Le législateur n'a pas défini et limité le sens et la portée de ces mots *ordre public* et *bonnes mœurs*, et l'on conçoit d'ailleurs qu'il lui aurait été difficile d'indiquer par avance les conventions qui y seraient contraires. C'est donc aux juges qu'il appartient en général d'apprécier la moralité des conventions. — Toutefois, par exception, certaines conventions ont été prévues et prohibées par le législateur comme étant de nature à porter atteinte à l'ordre public et aux bonnes mœurs. Telle est notamment la convention relative à une succession non encore ouverte.

Au reste, nous devons faire observer que la condition illicite ou immorale insérée dans un contrat ne conduit pas toujours au même résultat. — A-t-elle été placée dans un contrat à titre onéreux, tel que vente, échange, louage, elle entraîne la nullité du contrat, parce que chacune des parties est également en faute de l'avoir acceptée. — Au contraire, est-elle contenue dans un contrat à titre gratuit, le contrat reçoit son exécution et la condition seule est réputée non avenue. En effet, celle des parties à qui la libéralité a été faite n'a pas été en mesure de discuter librement les conditions qui lui ont été imposées ; elle a dû les accepter sous peine de perdre les avantages de la libéralité (1).

Comment les lois sont-elles interprétées ?

L'interprétation des lois a lieu par voie de doctrine ou par voie d'autorité.

L'interprétation par *voie de doctrine* est celle qui émane des jurisconsultes. — Elle n'a aucune force obligatoire ; mais elle est de nature à exercer une influence morale souvent considérable.

L'interprétation par *voie d'autorité* est celle qui émane, soit du juge, soit du législateur. — Lorsqu'elle émane du juge, elle a un caractère d'individualité, et elle n'est obligatoire que pour les faits actuels sur lesquels le juge se prononce. — Lorsqu'elle émane du législateur, elle a, au contraire, un caractère de généralité, et elle est obligatoire pour tous les faits de même nature,

(1) Voy. Marcadé, t. I, n°ˢ 94, 95.

présents et à venir, qui s'y rapportent. Au fond, c'est plutôt une loi nouvelle que l'interprétation d'une loi ancienne.

Dans notre ancien droit, l'interprétation des lois était faite par les parlements, au moyen des arrêts de règlement, qui étaient rendus toutes chambres assemblées. Ces règlements, faits sous le bon plaisir du roi, aussi longtemps qu'il n'ordonnait rien de contraire, étaient destinés à tenir lieu de lois dans le ressort du parlement qui les faisait.

Depuis la révolution, l'interprétation de la loi fut soumise successivement à divers régimes. On déclara d'abord que l'interprétation de la loi devait être attribuée exclusivement au pouvoir qui l'avait établie, conformément à la maxime : *Hujus est interpretari cujus est condere.* — Mais ce système avait un vice radical, en ce que le corps législatif manquait trop souvent des loisirs nécessaires pour donner la déclaration interprétative qu'on attendait de lui ; ce qui entraînait une suspension indéfinie des procès, puisque personne ne pouvait plus les trancher.

Pour échapper à ces graves inconvénients, on décida que l'interprétation des lois appartiendrait au gouvernement, statuant à la suite d'une délibération du Conseil d'État. Mais alors l'interprétation, ainsi donnée dans la forme des règlements d'administration publique, n'avait point le caractère d'une loi, que le pouvoir législatif aurait seul pu lui conférer. C'était une interprétation judiciaire, destinée uniquement à mettre fin au procès actuellement pendant, et non à régir dans l'avenir tous les cas analogues.

Vers la fin de la Restauration, une loi du 30 juillet 1828 rendit au pouvoir législatif le droit d'interpréter les lois par voie réglementaire. — Mais, afin d'éviter que les procès ne restassent en suspens, on décida : 1° que lorsque la Cour de cassation aurait successivement cassé deux arrêts ou jugements en dernier ressort rendus sur une affaire, le jugement de l'affaire serait renvoyé à une Cour royale, qui devrait prononcer toutes chambres réunies et dont l'arrêt ne pourrait plus être attaqué sur le même point et par les mêmes moyens ; 2° que dans la session législative suivante une loi interprétative devrait être présentée.

Ce régime était de nature à affaiblir l'autorité de la Cour de cassation, puisque l'avis d'une Cour d'appel pouvait prévaloir sur le sien. La loi du 1er avril 1837, qui est encore en vigueur au-

jourd'hui, vint changer cet ordre de choses en attribuant à la
Cour de cassation un pouvoir réglementaire.

Quel est le pouvoir d'interprétation accordé à la Cour de cassation ?

Nous avons dit que la loi du 1er avril 1837 avait attribué à la
Cour de cassation un pouvoir d'interprétation. Mais ce pouvoir
n'est pas général, et il ne s'exerce que dans une hypothèse spéciale qu'on verra tout à l'heure.

Nous devons expliquer d'abord que la Cour de cassation est
une autorité unique, placée au sommet de la hiérarchie judiciaire, chargée de surveiller l'application des lois par les tribunaux inférieurs et de casser les décisions émanées d'eux qui
y seraient contraires. C'est en cela seulement que consiste sa
juridiction. — Elle n'a pas à apprécier les faits, ni à vider les
différends : après avoir cassé les décisions contraires à la loi,
elle renvoie les parties devant de nouveaux juges, qui examineront une seconde fois l'affaire et statueront sur le fond du débat.

Mais il peut arriver que le second jugement soit entaché de
la même erreur de droit que le précédent, et qu'il y ait lieu
alors de former un nouveau pourvoi devant la Cour de cassation.
Celle-ci cassera, dans ce cas, le second jugement, comme elle a
cassé le premier ; et renverra les parties devant un troisième
tribunal pour statuer au fond. — Seulement, elle décidera alors,
et c'est en cela que consiste son pouvoir réglementaire, que les
juges saisis en dernier lieu n'auront à apprécier que la question
de fait ; qu'ils devront se borner à examiner si les allégations des
parties sont exactes, et qu'ils seront tenus de se conformer à sa
doctrine quant aux conséquences juridiques à tirer du fait.

Lorsque la Cour de cassation est ainsi appelée à statuer par
voie de disposition réglementaire, elle le fait en audience solennelle et toutes les chambres réunies.

LIVRE PREMIER

DES PERSONNES

Conformément à l'ordre suivi par le Code, nous traiterons dans ce premier livre :

LIVRE I, TITRE I

De la jouissance et de la privation des droits civils.

DÉCRÉTÉ LE 8 MARS 1803. — PROMULGUÉ LE 18 DU MÊME MOIS.

Dans ce titre, le législateur détermine quelles sont les personnes qui jouissent des droits civils dans toute leur étendue, et quelles sont celles qui ont à subir des restrictions à ces mêmes droits, soit à raison de leur qualité d'étrangers, soit à raison des condamnations qu'elles ont subies. Et comme la jouissance des droits civils, dans toute leur étendue, n'appartient qu'aux Français, nous aurons à examiner quelles personnes sont françaises.

Suivant l'ordre du Code, nous diviserons notre titre en deux chapitres et nous traiterons successivement :

Chap. I. — De la jouissance des droits civils.

· Chap. II. — De la privation des droits civils par suite de condamnations judiciaires.

CHAPITRE PREMIER

DE LA JOUISSANCE DES DROITS CIVILS.

Articles 7 à 16.

Pour plus de clarté, nous avons divisé ce chapitre en deux paragraphes, dans lesquels nous examinerons successivement : 1° quels sont les droits qui appartiennent aux Français ; 2° quels sont ceux qui appartiennent aux étrangers qui se trouvent en France.

§ I. — *Des droits qui appartiennent aux Français.*

Quelle est l'étymologie du mot personne ?

Le mot *personne* est tiré du latin *persona*, qui signifiait chez les Romains, masque, figure, rôle d'acteur. Il désigne ici l'homme considéré au point de vue des diverses qualités qu'il a dans la société. — Au point de vue juridique, on entend par *personne*, tout être capable d'avoir des droits et des devoirs.

Du reste, la qualité de personne n'appartient pas seulement aux particuliers : elle est encore attribuée à certaines collections d'individus, telles que l'État, les départements, les communes, les sociétés commerciales, qui peuvent avoir des biens et contracter des engagements. Ces collections d'individus forment ce qu'on appelle des *personnes morales*, et elles jouent, à certains égards, dans la société le rôle d'un particulier.

On distingue deux classes de personnes, savoir : 1° les personnes *capables*, c'est-à-dire celles qui peuvent exercer elles-mêmes leurs droits et leurs devoirs ; 2° les personnes *incapables*, c'est-à-dire celles qui, ainsi qu'on le verra tout à l'heure, ont besoin qu'une autre personne exerce en leur nom et à leur profit leurs droits et leurs devoirs.

Quels sont les droits qu'une personne peut avoir ?

Les droits sont des facultés que la loi accorde aux personnes. Ils sont politiques, publics et civils.

Les droits *politiques* sont les facultés qui appartiennent aux citoyens par rapport à l'État, et par lesquels ils participent à l'exercice de la puissance publique. Tels sont les droits d'être électeurs et éligibles, d'exercer des emplois publics, etc. — Les droits politiques n'appartiennent qu'aux citoyens : par conséquent, ils n'appartiennent ni aux étrangers, ni aux femmes, qui n'ont jamais la qualité de citoyens, ni même aux mineurs. En outre, certains droits, tels, par exemple, que les droits de vote et d'éligibilité, ne peuvent être exercés que moyennant des conditions de domicile déterminées par la loi constitutionnelle.

Les droits *publics* sont également des facultés qui appartiennent aux particuliers par rapport à l'État, mais qui, à la différence des droits politiques, n'impliquent pas une participation à la puissance publique. Tels sont les droits de réunion, la liberté de la presse, la liberté de conscience. Et comme les droits publics n'impliquent pas, ainsi que nous venons de le dire, une participation à la puissance publique, il en résulte qu'ils appartiennent non seulement aux citoyens, mais encore à tous les Français en général, tels que les femmes et les mineurs, et même aux étrangers (1).

Les droits *civils* sont les facultés que la loi confère aux personnes dans leurs rapports privés avec les autres personnes. Tels sont les droits de puissance maritale et paternelle, ceux de contracter, d'acquérir, d'aliéner, de succéder. Dans cette acception, ils comprennent tout ce qui concerne les rapports des particuliers entre eux, c'est-à-dire l'ensemble des droits privés.

(1) Voy. M. Demangeat, *Histoire de la condition civile des étrangers en France*, p. 293 et suiv.

Qu'est-ce que la jouissance, et l'exercice des droits civils ?

La jouissance des droits civils est l'aptitude légale à l'acquisition de ces mêmes droits. Elle consiste à les posséder et à en retirer tous les avantages qu'ils comportent.

L'exercice des droits civils est la faculté qu'ont les personnes d'exercer elles-mêmes les droits qui leur appartiennent. Pour avoir l'exercice de ses droits civils, il faut pouvoir en user soi-même, accomplir soi-même tous les actes qui sont nécessaires à leur mise en exercice.

Peut-on avoir la jouissance des droits civils sans en avoir l'exercice ?

Oui ; il y a des personnes qui ont la jouissance des droits civils et qui n'en ont pas cependant l'exercice. Tels sont les mineurs et les interdits, et même les femmes mariées, dans une certaine mesure. — Pour obvier à l'incapacité de ces personnes et afin d'empêcher que le défaut d'exercice de leurs droits ne leur soit nuisible, le législateur les met sous la protection d'un tuteur, chargé de les protéger et d'accomplir pour eux et en leur nom les actes nécessaires.

Toutefois, il existe certains droits qui, par exception, ne peuvent être exercés que par ceux-là mêmes qui en ont la jouissance. Tels sont les droits de contracter mariage ou de disposer de ses biens par testament. Il en résulte que les personnes qui n'ont pas l'exercice de ces droits sont, en fait, privées de leur jouissance, et ne peuvent pas en retirer les avantages qu'ils comportent.

A qui appartiennent la jouissance et l'exercice des droits civils ?

La jouissance des droits civils appartient également à tous les Français, sans distinction d'âge ni de sexe. Ainsi, la qualité de Français suffit pour conférer à tous, sans aucune exception, les mêmes droits et les mêmes devoirs.

L'exercice des droits civils appartient également à tous les Français. — Mais ici il faut faire exception pour toutes les personnes que la loi a déclarées incapables, et qui sont, comme nous l'avons déjà dit, les mineurs, les interdits, les femmes mariées et les individus qui ont encouru certaines condamnations.

Voyons maintenant comment on reconnaît qu'un individu

est Français. Et ici nous distinguerons ceux qui naissent Français, et ceux qui le deviennent après leur naissance. (Art 7, 8.)

Quels sont ceux qui sont Français par la naissance ?

On est Français par la naissance lorsqu'on est né de parents français, quel que soit d'ailleurs le lieu de naissance.

Dans notre ancienne législation, on était Français par la naissance non seulement lorsqu'on était né de parents français, mais encore lorsqu'on était né de parents étrangers sur le territoire français. — En un mot, on naissait Français de deux manières : 1° par l'origine; 2° par le lieu de naissance. Aujourd'hui, on ne s'attache plus qu'à l'origine.

Toutefois, dans le projet primitif du Code, l'article 9, qui établit ce principe, attribuait également la nationalité au lieu de naissance. Ainsi, d'après ce projet, tout individu né en France était Français. Mais, dans le cours de la discussion, on convint qu'il était préférable de s'attacher à l'origine, et l'on admit seulement que le fait d'être né en France conférerait une aptitude spéciale à devenir Français. Dans la suite, des lois postérieures au Code attachèrent même, sous condition résolutoire, la nationalité française au fait d'être né en France dans les trois cas suivants :

Aux termes du décret du 19 janvier 1811, concernant les enfants trouvés et abandonnés, l'enfant né en France de père et mère inconnus est réputé Français jusqu'à preuve contraire, c'est-à-dire jusqu'à ce qu'on ait prouvé qu'il appartient à des parents étrangers, et il est soumis, en cette qualité, au service des armées de terre et de mer.

Aux termes de la loi du 7 février 1851, l'enfant né en France d'un étranger *qui lui-même y est né*, et l'enfant *né en France* d'un père qui avait eu autrefois la qualité de Français sont réputés Français; sauf le droit qui leur est réservé de réclamer la nationalité étrangère dans l'année de leur majorité (Art. 9, 10.) (1).

Les enfants légitimes suivent-ils la condition de leur père ou celle de leur mère ?

Avant de répondre à cette question, il faut démontrer que la condition des père et mère légitimes peut être différente. — Si

(1) Voy. sur les effets de la naissance en France, M. Beudant, *Revue critique de législation*, t. IX, p. 57.

l'on s'en référait uniquement au sens littéral des articles 12 et 19, aux termes desquels la femme qui se marie *suit* la condition de son mari, une pareille hypothèse serait inadmissible. Mais tout le monde convient que ces expressions ne doivent pas être prises à la lettre : elles veulent dire que la femme qui se marie prend la condition qu'a son mari au moment du mariage, et non pas qu'elle doive nécessairement conserver la même condition que lui pendant toute la durée de l'union conjugale. Au contraire, il arrivera quelquefois que le mari sera déchu de la qualité de Français qu'il avait au moment du mariage, tandis que la femme conservera la sienne. Les deux époux auront alors des conditions différentes.

Dans cette hypothèse, il faut décider que l'enfant légitime suivra la condition de son père. Le Code, il est vrai, ne s'est pas expliqué à cet égard; mais tout le monde en convient. Effectivement, il en était ainsi dans notre ancienne législation, et le silence du Code prouve qu'il a adopté la même doctrine (1).

Les enfants naturels suivent-ils la condition de leur père ou celle de leur mère ?

Il faut distinguer :

Lorsque les enfants naturels n'ont été reconnus que par un seul de leurs parents, ils suivent la condition de celui qui les a reconnus, quel qu'il soit.

Lorsqu'ils ont été reconnus, au contraire, tout à la fois par leur père et par leur mère, ils suivent la condition du père. — Il est vrai que le Code a également omis de s'expliquer à cet égard, mais on n'en est pas moins d'accord pour admettre cette solution. Effectivement, elle découle logiquement des règles qui régissent la puissance paternelle à l'égard des enfants naturels, et qui font donner à l'enfant le nom de son père plutôt que celui de sa mère.

Nous devons cependant remarquer qu'il en était différemment dans notre ancienne législation, où l'on suivait la maxime romaine *partus ventrem sequitur*. Suivant cette maxime, les enfants nés hors mariage suivaient la condition de leur mère. Au reste, il ne pouvait pas en être autrement chez les Romains,

---

(1) Pothier, *Traité des personnes*, tit, 2, sect. 1.

puisque la puissance paternelle et la parenté civile n'existaient qu'à l'égard des enfants légitimes (1).

A quel moment la nationalité de l'enfant se détermine-t-elle ?

En principe, la nationalité de l'enfant se détermine au moment de la conception lorsqu'il suit la condition de son père, et au moment de la naissance lorsqu'il suit celle de sa mère.

Mais l'application de ce principe est tempérée par l'application de cette autre règle *infans conceptus pro nato habetur, quoties de ejus commodis agitur*. Selon cette règle, l'enfant est considéré comme né dès le moment de sa conception, toutes les fois que cela est de nature à lui procurer un avantage. Dans l'espèce, il faudra lui accorder la qualité de Français lorsque le parent dont il suit la condition a été Français à un moment quelconque de la grossesse.

Quelles sont, en résumé, les personnes qui sont françaises par la naissance ?

En résumé, sont Français par la naissance:

1° Les enfants légitimes nés d'un père français, en quelque lieu que ce soit.

2° Les enfants naturels reconnus par un père français, ou ceux reconnus par une mère française lorsqu'ils n'ont été reconnus que par celle-ci.

3° Les enfants nés en France de parents restés inconnus.

4° Enfin, d'après la loi du 7 février 1851, les enfants nés en France d'un étranger qui y était né lui-même, ou d'un père qui avait eu autrefois la qualité de Français ; sauf le droit qui leur appartient de réclamer la nationalité étrangère dans l'année de leur majorité, telle qu'elle est fixée par la loi française, soit devant l'autorité municipale du lieu de leur résidence, soit devant les agents diplomatiques ou consulaires accrédités en France par le gouvernement étranger. — Toutefois, la loi de 1851 a été modifiée sur ce point par la loi du 16 décembre 1874, aux termes de laquelle l'enfant né en France d'un étranger qui lui-même y est né, ne peut réclamer la qualité d'étranger qu'à la condition de justifier, au moyen d'une attestation de son gouvernement, qu'il a conservé sa nationalité d'origine.

(1) *En ce sens :* Valette, Marcadé, Demangeat, *sur Félix*, t. I, p. 54. — L'opinion contraire a cependant été soutenue par Mourlon.

D'après la même loi du 16 décembre 1874, les jeunes gens qui se trouvent dans ce cas peuvent, soit s'engager volontairement, soit contracter l'engagement conditionnel d'un an, soit entrer dans les écoles du gouvernement, en déclarant qu'ils renoncent à réclamer la qualité d'étranger dans l'année de leur majorité. — Cette déclaration ne peut être faite qu'avec le consentement du père ou de la mère, ou, à leur défaut, du conseil de famille. — Le but moral de cette loi est d'empêcher l'étranger de se soustraire au service militaire en France et dans son pays.

L'enfant qui prétend être né de parents français est-il tenu de prouver leur qualité de français?

Non; l'enfant qui prétend être né de parents français n'est pas obligé d'en fournir la preuve proprement dite : il devra seulement établir que ses parents étaient en possession d'état de la qualité de Français, c'est-à-dire qu'ils supportaient les charges et qu'ils jouissaient des avantages attachés à cette qualité. Au reste, la présomption favorable qui résulte de cette possession d'état n'est pas invincible et l'on peut lui opposer la preuve contraire.

Comment devient-on Français par un fait postérieur à la naissance ?

On devient Français par un fait postérieur à la naissance de trois manières :

1° Par le bienfait de la loi ;

2° Par la naturalisation ;

3° Par l'annexion à la France d'un territoire étranger.

On entend ici par *bienfait de la loi*, une disposition spéciale, au moyen de laquelle certains étrangers acquièrent la qualité de Français plus facilement qu'ils ne pourraient le faire en se conformant aux règles suivies pour la naturalisation, qui est la voie de droit commun.

Quelles sont les personnes qui deviennent Françaises par le bienfait de la loi ?

Deviennent Français par le bienfait de la loi :

1° La femme étrangère qui épouse un Français ;

2° L'enfant *né à l'étranger* d'un père qui avait perdu la qualité de Français au moment de sa naissance ;

3° L'enfant né en France d'un étranger *qui n'y est pas né lui-même ;*

4° L'enfant né en France ou à l'étranger d'un père qui s'est fait naturaliser français depuis sa naissance (1);

Nous rappellerons que, suivant la loi du 7 février 1851, les enfants qui sont nés en France, soit d'un ex-Français, soit d'un étranger qui y était né lui-même, sont Français de *plein droit*.

(Art. 9, 10, 12. — Loi du 7 février 1851.)

Quelles sont les formalités à accomplir dans le cas où l'on veut devenir Français par le bienfait de la loi ?

Il faut distinguer :

1° La femme étrangère qui épouse un Français devient Française par le seul fait de son mariage, et sans avoir à accomplir aucune formalité. Il lui suffit d'invoquer la disposition édictée en sa faveur.

2° L'enfant qui est né à l'étranger d'un ex-Français ne peut obtenir la qualité de Français qu'aux deux conditions suivantes :

Il doit : 1° déclarer à la municipalité du lieu de sa résidence actuelle ou future son intention de se fixer en France; 2° y établir réellement son domicile dans l'année qui suit sa déclaration. Il peut faire cette déclaration à tout âge après sa majorité.

3° L'enfant né en France d'un étranger qui n'y est pas né lui-même ne peut également obtenir la qualité de Français qu'en accomplissant les conditions précédentes. Mais, en outre, il doit faire sa déclaration dans l'année de sa majorité, à moins qu'il n'ait servi dans l'armée française ou qu'il n'ait satisfait à la loi du recrutement (2).

4° Enfin l'enfant né à l'étranger d'un père naturalisé Français depuis sa naissance et pendant sa minorité, obtient la qualité de Français en se conformant aux mêmes dispositions. — S'il était majeur lors de la naturalisation de son père, il ne pourra faire sa déclaration que dans l'année de la naturalisation de celui-ci, quand bien même il aurait servi dans l'armée française ou satisfait à la loi du recrutement.

La majorité dont il est ici question est-elle la majorité française? Le Code ne s'est pas expliqué à cet égard. Plusieurs auteurs soutiennent qu'il a entendu parler de la majorité étrangère, parce que, disent-ils, l'enfant est resté étranger tant

(1) Une loi du 29 novembre 1881 a donné à cet enfant les plus grandes facilités pour entrer dans l'armée ou dans les écoles du gouvernement.

(2) Aux termes de la loi du 16 décembre 1874, il doit en outre justifier qu'il a conservé sa nationalité d'origine.

qu'il n'a pas accompli les formalités qui doivent lui attribuer la qualité de Français ; d'où la conséquence que, durant cette période, son état et sa capacité doivent être régis, non par la loi française mais par celle de son pays. — Cette doctrine nous paraît plus spécieuse que fondée. Effectivement, c'est ici la loi française qui parle, et lorsqu'elle parle de majorité, il est rationnel de supposer qu'elle entend se référer à la majorité telle qu'elle l'a établie. D'ailleurs, s'il s'agissait ici de la majorité fixée par la loi étrangère, il y aurait autant de règles spéciales sur l'époque de la majorité que de législations étrangères (Art. 9, 10, 12. —Lois de 1849 et de 1851.)

Quelles sont les personnes qui deviennent Françaises par la naturalisation ?

Tous les étrangers en général peuvent devenir Français au moyen de la naturalisation. La naturalisation est, en effet, la voie ordinaire par laquelle on obtient la nationalité française.

D'après la Constitution de l'an VIII, tout étranger pouvait devenir Français après dix ans de résidence en France, pourvu qu'étant majeur il ait déclaré s'y fixer. — Le Code s'est référé sur ce point à la Constitution ; mais il décide, en outre, que l'étranger aura la jouissance de tous les droits civils pendant sa résidence, s'il a été autorisé par le gouvernement à établir son domicile en France.

La législation du Code a été complétée par deux lois de 1849 et de 1867.

Aux termes de la loi du 11 décembre 1849, la naturalisation n'est accordée qu'après une enquête faite par le gouvernement sur la moralité de l'étranger et un avis favorable du Conseil d'État. — Sous l'empire de cette loi, on distinguait deux sortes de naturalisation : la grande naturalisation et la petite naturalisation. — La grande naturalisation ne pouvait être accordée que par une loi, mais elle conférait en même temps tous les droits politiques et tous les droits civils. — La *petite* naturalisasion résultait simplement d'un décret du pouvoir exécutif ; mais elle ne procurait que la jouissance et l'exercice des droits civils.

Depuis la loi de 1867, on ne reconnaît plus qu'une seule naturalisation : elle est prononcée simplement par décret du chef du pouvoir exécutif, et elle confère tout à la fois les droits civils et les droits politiques.

A quelles conditions les étrangers peuvent-ils actuellement obtenir leur naturalisation ?

Depuis la loi du 29 juin 1867, les étrangers doivent pour obtenir la naturalisation française :

1° Avoir été autorisés à résider en France ;

2° Y avoir effectivement résidé depuis trois ans au moins, à partir de l'autorisation qu'ils ont reçue ;

3° Être âgés de vingt-cinq ans.

Toutefois, la loi de 1867 réduit le stage de résidence en France à une seule année, en faveur des étrangers qui ont rendu à la France des services importants.

En outre, cette même loi accorde, dans certains cas, la naturalisation à des étrangers qui n'ont jamais résidé en France. Ainsi elle décide que le séjour en pays étranger pour l'exercice d'une fonction conférée par le gouvernement français tiendra lieu de résidence en France.

La naturalisation est prononcée par un décret du président de la République rendu sur le rapport du ministre de la justice, le conseil d'Etat entendu (1).

Les étrangers établis en France sans esprit de retour deviennent-ils Français par le fait d'une longue résidence ?

Cette question, qui pouvait être controversée sous l'empire du Code, a été tranchée par les lois du 25 Mars 1849, du 11 décembre de la même année, et du 7 février 1851. Il résulte de ces lois : — 1° que l'étranger né en France d'un étranger qui n'y est point né lui-même, reste étranger, s'il ne déclare pas sa volonté de devenir Français ; — 2° que celui qui est né en France d'un étranger qui lui-même y était né, est Français, sauf le droit qu'il a d'opter pour une nationalité étrangère ; — 3° que l'étranger qui n'est point né en France reste étranger, tant qu'il n'a pas été expressément naturalisé Français. — Conséquemment, quelle que soit la durée de leur résidence en France, les étrangers n'obtiennent point par là la qualité de Français.

Quels sont ceux qui deviennent Français par l'annexion ?

Tous les habitants d'un pays annexé à la France deviennent Français par le seul fait de cette annexion, et sans avoir à accomplir aucune formalité. — Peu importe que l'annexion provienne d'une

(1) Voyez sur cette question le *Traité théorique et pratique de la naturalisation* de M. Daniel de Folleville, doyen de la faculté de droit de Douai.

cession amiable ou qu'elle soit la conséquence de la conquête.

Ordinairement, on accorde un certain délai aux habitants du pays annexé pour déclarer s'ils veulent conserver leur nationalité d'origine, en allant s'établir sur le territoire de leur ancienne patrie.

Quelles différences y a-t-il entre les diverses manières d'acquérir la qualité de Français ?

La qualité de Français, avons-nous dit, s'obtient en premier lieu par la naissance. — Et, en outre, elle peut être acquise postérieurement à la naissance, de trois manières : — 1° par le bienfait de la loi ; — 2° par la naturalisation ; — 3° par l'annexion. — Or, il y a entre ces modes d'acquisition de la qualité de Français les différences suivantes :

Celui qui est Français *par la naissance*, a cette qualité de plein droit, sans avoir à accomplir aucune formalité.

Celui qui devient Français *par le bienfait de la loi*, obtient cette qualité en vertu d'une disposition de la loi et indépendamment de toute décision du gouvernement français, mais il est tenu ordinairement d'accomplir certaines formalités.

Celui qui devient Français *par la naturalisation*, n'obtient cette qualité qu'avec l'agrément du gouvernement français, qui peut, à son gré, accorder ou refuser le décret de naturalisation. — En outre, il est assujetti à une résidence d'une certaine durée.

Enfin celui qui devient Français *par l'annexion*, obtient cette qualité de plein droit, et en vertu d'un fait qui ne provient pas uniquement de sa volonté.

§ II. — *Des droits qui appartiennent aux étrangers.*

Ne distingue-t-on pas deux classes d'étrangers ?

Oui ; on distingue deux classes d'étrangers, savoir :

1° Les étrangers ordinaires, c'est-à-dire ceux qui se trouvent en France, ou qui y résident, sans avoir obtenu une autorisation du gouvernement français ;

2° Les étrangers privilégiés, c'est-à-dire ceux qui se trouvent en France avec l'autorisation du gouvernement français (1).

(1) Ni la durée, ni les conditions d'une simple résidence en France d'un étranger, ne peuvent suppléer à l'autorisation du gouvernement. Tribunal Seine, 16 décembre 1879.

Les uns et les autres n'ont pas la jouissance des droits civiques et politiques et ne peuvent être ni électeurs ni éligibles. — Quant aux droits civils, les étrangers autorisés à résider en France en jouissent de la même manière que les Français, tandis que les étrangers ordinaires sont assujettis à certaines restrictions et ont une condition inférieure, sous certains rapports, à celle des Français.

Occupons-nous d'abord de la condition des étrangers ordinaires. (Art. 13.) (1).

Quelle était la condition des étrangers ordinaires dans notre ancienne législation ?

Dans notre ancienne législation, les étrangers ordinaires étaient frappés de la double incapacité d'acquérir ou de transmettre par succession légitime ou testamentaire.

En conséquence, leurs biens étaient dévolus à l'État lorsqu'ils ne laissaient pas après leur mort des enfants ayant acquis la qualité de Français. S'il y avait tout à la fois des enfants devenus Français par leur naissance en France et des enfants étrangers, ces derniers étaient admis à venir à la succession de leur père en concurrence avec les enfants nés en France. Mais, lorsque l'étranger laissait des parents français autres que ses enfants, ils étaient exclus de sa succession. — L'ensemble des dispositions concernant les étrangers s'appelait droit *d'aubaine, alibi natus.* Mais on donnait plus spécialement cette dénomination au droit qui appartenait à l'État de recueillir leur succession.

Au reste, les étrangers ordinaires pouvaient acquérir et transmettre des biens par donation, vente, échange, et généralement faire tous actes à titre onéreux. Ils pouvaient également contracter mariage en France, et y exercer la puissance maritale et paternelle. — En résumé, ils ne subissaient qu'une privation partielle des droits civils : mais cette privation n'en était pas moins fort rigoureuse, puisqu'elle s'appliquait à des droits aussi importants qu'à ceux d'acquérir ou de transmettre des biens par succession légitime ou testamentaire.

Sous l'empire des idées de fraternité universelle qui étaient alors en faveur, l'Assemblée nationale abolit le droit d'aubaine ainsi que le droit de *détraction* qui l'avait remplacé quelque

(1) Voyez sur cette question une étude intéressante de M. Daniel de Folleville : *De la condition juridique des étrangers en France.*

temps avant l'année 1789. — Durant toute la période du droit intermédiaire, les étrangers jouirent sans aucune restriction de tous les droits civils.

Le droit de détraction consistait dans la retenue d'un dixième, au profit de l'État, sur la valeur des successions qui étaient échues aux étrangers.

Quelle était la condition des étrangers ordinaires sous la législation du Code ?

Les législateurs du Code revinrent sur les concessions qui avaient été faites aux étrangers par l'Assemblée nationale. — Ils décidèrent : 1° que tous les étrangers indistinctement auraient la jouissance de la généralité des droits civils ; 2° que quelques autres droits civils ne leur appartiendraient que s'ils étaient accordés aux Français dans leur pays, en vertu d'un traité passé entre leur gouvernement et le nôtre. C'est ce qu'on appela le *principe de réciprocité.*

Comme on le voit, ce principe ne visait pas tous les droits civils, mais seulement certains droits. — Ainsi était-il question de contracter mariage ou de faire des actes à titre onéreux, la réciprocité n'était pas nécessaire : ces droits, qui appartenaient aux étrangers dans notre ancienne législation, leur étaient laissés sans condition par le Code. Dans d'autres cas, au contraire, les étrangers devaient invoquer la réciprocité, soit pour obtenir la jouissance d'un droit, soit pour échapper à certaines dispositions rigoureuses qui les concernaient. — Ainsi, ils devaient l'invoquer :

1° Pour recueillir et transmettre des biens par donation, ou par succession testamentaire ou légitime ;

2° Pour obtenir le bénéfice de la cession de biens ;

3° Pour conserver la garantie résultant de la règle *Actor sequitur forum rei ;*

4° Pour échapper à l'emploi de la contrainte par corps dans les cas où elle n'atteignait le débiteur qu'à raison de sa qualité d'étranger ;

5° Pour se soustraire à l'obligation de fournir la caution *judicatum solvi.*

Au reste, pour que les étrangers soient admis à invoquer la réciprocité dans les cas que nous venons d'exprimer, il ne suffit pas que les droits auxquels elle se réfère existent, en, fait au profit des Français dans leur pays, ou qu'ils leur soient accordés par les lois en vigueur. Il faut, de plus, qu'il y ait eu un accord entre leur gouvernement et le nôtre relativement à la concession de ces droits dans les deux États. — Effectivement, la réciprocité peut présenter des inconvénients comme elle a des avantages, et il est rationnel de ne l'appliquer en France que si elle a été consentie expréssement par le gouvernement français (Art. ii).

Quelle est actuellement la condition civile des étrangers ordinaires ?

Depuis la promulgation du Code civil, plusieurs modifications .avorables ont été introduites en faveur des étrangers ordinaires par les lois du 14 juillet 1819 et du 22 juillet 1867.

La loi du 14 juillet 1819 abrogea les articles 726 et 912 du Code civil, qui ne permettaient aux étrangers de recueillir des successions ou des donations que sous la condition de réciprocité. Elle décida que tous les étrangers, indistinctement, auraient la faculté d'acquérir à titre gratuit, quelle que fût leur nationalité. — Au reste, cette loi avait été établie dans un but purement économique, afin d'attirer les capitaux étrangers, en assurant aux personnes qui acquéraient des immeubles en France la faculté de les transmettre à leurs parents ou à leurs amis même étrangers.

La loi du 22 juillet 1867 abolit, au moins en général, l'emploi de la contrainte par corps, en ne la laissant subsister qu'en matière criminelle, correctionnelle et de police. Avant cette loi, la situation de l'étranger débiteur était bien plus rigoureuse que celle du Français débiteur. — Il était de droit commun contraignable par corps pour toute dette égale à 150 francs ; il pouvait être incarcéré en vertu d'une simple ordonnance du président du tribunal ; enfin il n'avait pas la faculté de se soustraire à la contrainte par corps au moyen de la cession de biens. — Au contraire, le débiteur français n'était contraignable en matière civile que dans des cas exceptionnels, et seulement pour une dette égale à 300 francs au moins ; il ne devait être incarcéré qu'en vertu d'un jugement, et il avait la possibilité d'échapper à la contrainte par corps en faisant abandon de ses biens à ses créanciers.

Après les deux lois du 14 juillet 1819 et du 22 juillet 1867,

le principe de réciprocité a donc perdu une partie de son intérêt, et la condition des étrangers s'est beaucoup rapprochée de
celle des Français en ce qui concerne les droits privés. — Ainsi,
ils peuvent : 1° acquérir et transmettre des biens par succession légitime ou testamentaire ; 2° devenir propriétaire de biens
situés en France, et par voie de conséquence acquérir tous démembrements de la propriété, tels que droits d'usufruit et de
servitude, et faire tous actes d'aliénation ; 3° être créanciers
d'un Français, et par voie de conséquence agir en justice et faire
tous les actes nécessaires à la conservation et au paiement de
leur créance ; 4° contracter mariage avec des Français.

Tous ces droits n'ont pas été, il est vrai, accordés expressément et directement aux étrangers par le législateur. A part le
droit d'acquérir et de transmettre des biens par succession légitime ou testamentaire, ainsi que par donation, qui résulte
expressément de la loi de 1819, les autres droits ont été reconnus plutôt qu'établis par le Code. Mais il n'en est pas moins
certain qu'ils appartiennent aux étrangers. Effectivement, si le
Code ne s'est pas exprimé à cet égard d'une manière plus expli-
cite, c'est parce que les étrangers possédaient déjà ces droits
dans notre ancienne législation. Il n'y avait qu'à constater qu'ils
continuaient à leur appartenir, et c'est ce que les rédacteurs
du Code ont fait dans les articles 12, 14, 15 et 16, dans lesquels
il est question d'étrangers agissant, soit comme propriétaires de
biens situés en France, soit comme créanciers d'un Français,
soit comme époux d'une femme française.

En dehors des droits privés dont nous venons de parler, il en
existe quelques-uns, tels que ceux de tutelle et d'adoption,
dont il n'est pas question dans le Code relativement aux étrangers. On verra plus loin s'il convient de leur attribuer ces droits
sans aucune condition, ou s'ils doivent être subordonnés à la
condition de réciprocité. Quoi qu'il en soit, depuis les lois de
1819 et de 1867, la condition de réciprocité reste encore applicable aux étrangers dans deux hypothèses : 1° pour leur procurer le bénéfice de la règle *Actor sequitur forum rei ;* pour les
soustraire à l'obligation de fournir la caution *judicatum solvi.*

En quoi consiste la règle actor sequitur forum rei ?

En principe, toute action personnelle ou réelle mobilière doit
être portée devant le tribunal du domicile du défendeur. C'est

ce qu'expriment les mots : *Actor sequitur forum rei, le demandeur suit le tribunal du défendeur.* — Cette règle de procédure acquiert une grave importance dans le cas où le créancier et le débiteur sont domiciliés à une grande distance l'un de l'autre. Elle met les incommodités du déplacement à la charge du demandeur, et en même temps elle empêche que le défendeur ne puisse être contraint d'abandonner ses affaires à l'improviste, pour aller répondre dans un lieu éloigné à une demande qui sera peut-être mal fondée.

Le Code refuse le bénéfice de cette règle à l'étranger. S'il n'exécute pas volontairement l'obligation dont il est tenu, son créancier peut le poursuivre devant les tribunaux français. - Et il n'y a pas à distinguer si l'étranger réside ou non en France, s'il y a ou non contracté son obligation, si le Français lui-même est ou n'est pas domicilié en France, et enfin quelle est la cause de l'obligation. La règle du Code est absolue et elle s'applique dans tous les cas, à moins que l'étranger ne puisse invoquer en sa faveur le bénéfice de la réciprocité. — Au reste, le Code n'indique pas quel est le tribunal français compétent ; mais on convient généralement que c'est celui du domicile du Français qui intente le procès.

Par contre, le Code accorde aux créanciers étrangers le droit de traduire leurs débiteurs français devant les tribunaux français, à raison des obligations qu'ils auraient contractées envers eux, et alors même que ces obligations auraient été consenties en pays étranger (1).

Que faudrait-il décider lorsque deux étrangers ont à plaider en France? Le Code n'a pas prévu expressément ce cas ; mais la question est résolue, suivant quelques distinctions, par les règles générales qui régissent l'organisation des personnes et de la propriété. — Ainsi, lorsque la contestation soulevée entre deux étrangers a pour objet la propriété d'un immeuble, les tribunaux français sont compétents, puisque aux termes de l'article 59 du Code de procédure civile, le juge compétent est alors celui de la situation de l'immeuble. — Ils seront également compétents en matière de délits et de quasi-délits commis en France, et même en général en matière de contrats et de quasi-

(1) Un tribunal français ne peut pas interpréter des contrats passés à l'étranger dans la forme du pays. Trib., Seine, 21 mai 1879.

contrats intervenus en France. — Mais, à l'inverse, les questions d'état ou les engagements formés hors du territoire français devront être jugés par les tribunaux étrangers (1). (Art. 14, 15.)

En quoi consiste la caution judicatum solvi ?

Comme on vient de le voir, les étrangers ont le droit de former en France des demandes judiciaires. Mais cette faculté ne leur est accordée que sous la condition de fournir, lorsque le défendeur le requiert, un répondant solvable qui garantisse le paiement des frais et des dommages-intérêts qui seraient prononcés au profit de celui-ci. — Cette caution est connue sous le nom de caution *judicatum solvi*.

La caution doit être exigée dès le début du procès, sinon le Français serait réputé y avoir renoncé. En outre, elle ne peut être exigée que lorsque l'étranger est demandeur en première instance. En effet, s'il formait appel après avoir été poursuivi et condamné par une première juridiction, il n'en conserverait pas moins, au fond, la qualité de défendeur. Quant à l'étranger qui ne fait que se défendre contre les poursuites dirigées contre lui, il n'a pas à fournir de caution, car il aurait été trop rigoureux de l'empêcher de répondre à des poursuites.

La caution *judicatum solvi* a pour but d'assurer une protection efficace aux intérêts de nos nationaux, en empêchant que l'étranger qui leur a suscité un procès injuste ne puisse se soustraire trop facilement au payement des condamnations pécuniaires qui seraient prononcées à sa charge, en abandonnant le territoire français.

La caution peut être exigée des étrangers en toutes matières autres que celles de commerce, et devant les tribunaux de répression comme devant les tribunaux civils. Ainsi l'étranger qui actionne un Français en réparation de dommage causé par son délit devra la fournir, comme s'il agissait en demandant l'exécution d'un engagement contracté par le Français.

Par exception, les étrangers sont dispensés de fournir la caution *judicatum solvi :*

1° Lorsqu'ils intentent une action commerciale. — Effectivement, la nécessité de fournir caution serait de nature à entraver

(1) Valette, *Cours de Code civil*, p. 75. C Paris, 20 mars 1879. — L'étranger qui a accepté   juridicton française en première instance, ne peut pas nvoquer en appel l'incompétence de cette juridiction. Cass., 5 mars 1879.

les affaires commerciales ; car si les étrangers éprouvaient des difficultés à poursuivre les Français en France, ils ne voudraient traiter avec eux qu'au comptant ;

2° Lorsqu'ils justifient avoir en France des immeubles suffisants pour garantir le paiement des condamnations pécuniaires qui pourraient être prononcées contre eux ;

3° Lorsqu'ils ont consigné une somme reconnue suffisante par le tribunal, en vue d'assurer la même garantie ;

4° Lorsqu'ils peuvent invoquer en leur faveur le principe de réciprocité. (Art. 11, 16.)

Ici se présentent plusieurs questions controversées.

L'étranger demandeur est-il tenu de fournir caution quand il a pour adversaire un autre étranger ?

Comme nous l'avons expliqué précédemment, il peut arriver que les étrangers aient à plaider ensemble devant un tribunal français, soit, par exemple, à raison de la propriété d'un immeuble situé en France, soit à raison de délits ou de quasidélits. — Dans ce cas, l'étranger défendeur pourra-t-il exiger la caution *judicatum solvi ?*

Un premier système admet l'affirmative, en se fondant sur deux motifs. — D'abord l'article 16 oblige en termes généraux l'étranger demandeur à fournir caution, sans distinguer si le défendeur est Français ou étranger. En second lieu, cette doctrine était admise dans notre ancienne jurisprudence et le Code se serait expliqué s'il avait entendu l'abolir.

Mais l'opinion contraire a néanmoins prévalu. Effectivement, les dispositions de notre chapitre, prises dans leur ensemble, témoignent clairement qu'il s'agit uniquement ici de protéger les Français. On ajoute que si, dans notre ancien droit, l'étranger défendeur pouvait exiger une caution, c'était à la condition de se soumettre à en fournir une lui-même au demandeur (1).

Les étrangers ont-ils la jouissance de tous les droits civils en général, à l'exception de ceux qui ne leur ont été accordés que sous la condition de réciprocité ?

Sur ce point, nous trouvons également deux systèmes. Mais avant de les exposer, il importe de montrer l'intérêt pratique de la question. Elle présente de l'intérêt par rapport à certains droits que le Code n'accorde ni ne refuse aux étrangers, tels que

(1) Valette, *Cours de Code civil, loco citato.*

les droits de puissance maritale et paternelle, ainsi que ceux d'adoption. Les rédacteurs du Code se sont tus absolument en ce qui concerne la jouissance de ces droits par les étrangers. Ils n'ont rien exprimé qui puisse faire préjuger s'il faut les leur accorder ou les leur refuser. — Or, il est évident qu'on leur attribuera ces droits si l'on admet qu'ils jouissent de tous ceux qui ne leur ont pas été expressément retirés, et qu'on les leur refusera au contraire si l'on est d'avis qu'ils n'ont que les droits qui leur ont été expressément accordés. — Cela posé, examinons les deux systèmes.

Suivant le premier, les étrangers n'ont que les droits qui leur ont été expressément accordés sous la condition de réciprocité. Cela résulte formellement du texte des articles 8 et 13, qui n'attribuent la jouissance des droits civils qu'aux Français ou aux étrangers autorisés à résider en France ; 2° de celui de l'article 11, qui décide que les étrangers n'auront la jouissance des droits civils en général que s'ils peuvent invoquer la condition de réciprocité ; 3° de la rubrique du deuxième chapitre de notre titre, intitulé *privation des droits civils*, qui suppose que les Français qui sont devenus étrangers ont perdu la généralité des droits civils (1).

Ce système doit être rejeté, parce qu'il conduirait à des conséquences qui ne paraissent guère admissibles. — Effectivement, si l'on admettait que les étrangers n'ont que les droits qui leur ont été expressément accordés, il faudrait en conclure non seulement qu'ils ne possèdent pas les droits de puissance maritale et paternelle, à l'égard desquels le Code a gardé le silence ; mais encore qu'ils n'ont aucun de ces autres droits que notre législation ne fait que leur reconnaître implicitement sans les accorder expressément, et qu'ainsi ils ne peuvent pas acquérir à titre onéreux, obliger les Français envers eux, agir en justice devant les tribunaux français, se marier. Il faudrait décider, en un mot, que, sans la condition de réciprocité, les étrangers ordinaires n'ont absolument aucun droit civil, sauf celui d'acquérir à titre gratuit que la loi de 1819 leur réserve expressément. Il en résulterait que leur condition serait aujourd'hui plus rigoureuse qu'elle ne l'était sous notre ancienne législation. — D'après cette

(1) *Sic :* Demolombe, I, n. 240 et suiv.

interprétation, les articles 8, 11 et 13 ne seraient que des dispositions provisoires dont on s'était réservé de déterminer la portée dans chaque matière spéciale. C'est ainsi que les articles 726 et 912 ont réglé les droits des étrangers en matière de successions et de donations ; que l'article 905 du Code de procédure civile a réglé leurs droits par rapport à la cession de biens.

Le second système nous paraît préférable. Nous en concluons que les étrangers ont en principe la jouissance de tous les droits civils sans aucune condition de réciprocité ; et que cette condition n'est exigée que pour les cas où elle a été spécialement établie (1).

Quelles différences y a-t-il actuellement entre la condition des étrangers ordinaires et celle des Français ?

En adoptant le second système, la condition des étrangers ordinaires diffère encore de celle des Français sous les rapports suivants :

1° Ils ne peuvent pas invoquer en leur faveur la règle *actor sequitur forum rei*, hors le cas de réciprocité ;

2° Ils sont assujettis à fournir la caution *judicatum solvi*, hors le même cas de réciprocité ;

3° Leur état et leur capacité sont régis par les lois personnelles de leur pays ;

4° Ils n'ont pas la jouissance des droits politiques;

5° Ils ne peuvent être témoins dans les actes notariés, puisque la loi de ventôse an XI n'admet pour témoins que des citoyens français. Par contre, on convient généralement qu'ils peuvent être témoins dans les actes de l'état civil, car l'article 37 du Code civil n'exige pas de la part des témoins qui figurent dans ces actes la condition de nationalité.

6° Enfin une pratique constante leur refuse le droit d'être tuteurs, subrogé-tuteurs ou membres d'un conseil de famille, ces fonctions étant considérées en quelque sorte comme des charges publiques. (Art. 11, 12, 15, 16, — Lois de 1819 et de 1867.)

Quelles différences y a-t-il entre la condition des étrangers privilégiés et celle des Français ?

La condition des étrangers privilégiés, c'est-à-dire des étran-

(1) *Sic :* Valette, *Cours de Code civil,* p. 67 et suiv. — Demangeat, *Histoire de la condition civile des étrangers en France,* p. 254 et suiv. — Voy. aussi M. Siméon dans sa *communication officielle du projet au Tribunat.*

gers qui ont été autorisés à résider en France, diffère de celle
des Français sous les rapports suivants :

1° Ils peuvent être privés de la jouissance des droits civils en
vertu d'une simple décision du gouvernement français ; tandis
que les Français ne peuvent être privés de leurs droits que dans
les cas prévus par la loi ;

2° Ils perdent également la jouissance des droits civils par le
seul fait qu'ils ont formé un établissement hors de France, alors
même qu'ils ont conservé l'esprit de retour ; tandis que les
Français ne perdent la jouissance des droits civils que lorsqu'ils
ont formé un établissement à l'étranger sans esprit de retour ;

3° Leur état et leur capacité sont régis par les lois personnel
les de leur pays ; tandis que l'état et la capacité des Français
sont régis par les lois françaises ;

4° Enfin ils n'ont pas la jouissance des droits politiques ; tandis qu'elle appartient à tous les Français mâles et majeurs

**L'autorisation de résider en France ne s'applique-t-elle qu'à
la personne qui l'a demandée ?**

En principe, l'autorisation de résider en France est toute personnelle et elle ne produit son effet que par rapport à la personne qui l'a demandée (1). — Toutefois, les étrangers peuvent
obtenir une autorisation de résider qui comprenne toutes les
personnes de leur famille, et même leurs domestiques ; mais ils
doivent alors indiquer dans leur demande d'autorisation le nom
et l'individualité de chacune des personnes qui y sont comprises.

CHAPITRE DEUXIÈME

DE LA PRIVATION DES DROITS CIVILS.

Articles 17 à 33.

On encourt la privation des droits civils dans deux cas : —
1° par la perte de la qualité de Français ; 2° par l'effet de certaines condamnations.

(1) Voy. cependant Demante, I, p. 83.

SECTION I

PRIVATION DES DROITS PAR LA PERTE DE LA QUALITÉ DE FRANÇAIS.

Comment se perd la qualité de Français ?

La qualité de Français se perd de cinq manières, savoir :

1° Par la naturalisation acquise en pays étranger ;

2° Par l'acceptation de fonctions publiques à l'étranger ;

3° Par l'établissement fait en pays étranger sans esprit de retour ;

4° Par le mariage d'une femme française avec un étranger ;

5° Par l'acceptation de service militaire à l'étranger, ou l'affiliation à une corporation militaire étrangère. (Art. 17, 19, 21.)

Pourquoi la naturalisation acquise en pays étranger entraîne-t-elle la perte de la qualité de Français ?

Si la naturalisation acquise en pays étranger entraîne la perte de la qualité de Français, c'est en conséquence de ce principe, aussi simple que rationnel, qu'on ne peut pas avoir deux patries en même temps. — Effectivement, dans bien des cas, il y aurait incompatibilité entre les devoirs qui résultent de la qualité de Français et ceux qui dérivent de la nationalité étrangère.

Au surplus, la naturalisation étrangère n'entraîne la perte de la qualité de Français que lorsqu'elle est définitivement acquise : tant qu'on ne fait que la solliciter, on reste Français. — Il en est de même lorsque la naturalisation en pays étranger a été imposée par la loi étrangère, ou lorsqu'elle résulte des circonstances, par exemple, d'un séjour prolongé à l'étranger pendant un certain temps, sans qu'on ait eu la volonté de renoncer à la nationalité française.

La denization fait-elle perdre sa qualité au Français à qui elle est accordée ?

Non ; suivant un arrêt de la Cour de cassation, rendu à la date du 19 janvier 1819, la denization qui serait accordée à un Français par le gouvernement anglais n'entraînerait pas la perte de la qualité de Français.

Effectivement, la denization diffère singulièrement de la naturalisation proprement dite : elle ne confère pas la nationalité anglaise, et elle ne fait qu'autoriser à avoir son domicile en Angleterre. Or, comme l'autorisation d'être domicilié en France ne fait pas perdre leur nationalité aux étrangers qui l'ont obtenue, on en conclut que l'autorisation accordée à un Français d'avoir son domicile en Angleterre, ne doit pas entraîner la perte de sa qualité de Français. De plus, elle résulte d'une simple décision ministérielle; tandis que la naturalisation proprement dite exige un bill du Parlement. — Il est vrai que le Français qui a été autorisé à fixer son domicile en Angleterre et à y exercer une partie des droits civils, doit prêter un serment d'allégeance à la reine d'Angleterre; mais ce serment n'est qu'une mesure de police et de sûreté intérieure.

La naturalisation acquise en pays étranger n'est-elle pas susceptible d'entraîner, dans certains cas, des déchéances rigoureuses?

Oui. Lorsque la naturalisation a été acquise en pays étranger *avec l'autorisation du gouvernement français*, elle ne produit pas d'autre effet, à l'égard du Français qui l'a obtenue, que de lui donner la condition d'un étranger ordinaire. Et comme, depuis la loi de 1819, les étrangers ordinaires peuvent recueillir et transmettre des biens par donation ou succession, il en résulte que l'ex-Français qui s'est fait naturaliser avec l'autorisation du gouvernement conserve tous ses droits de succession en France.

Mais, lorsque la naturalisation étrangère a été acquise en pays étranger *sans autorisation du gouvernement français*, elle n'a pas seulement pour effet de placer le Français qui l'a obtenue dans la condition des étrangers : un décret impérial du 26 août 1811, auquel la jurisprudence a toujours reconnu une force légale, lui fait encourir, en outre, des déchéances exceptionnelles, qui lui sont infligées à titre de peine. — Aux termes de ce décret, les Français qui, sans y avoir été autorisés, se sont fait naturaliser à l'étranger ou ont accepté des fonctions publiques étrangères étaient punis de la confiscation des biens et de l'incapacité de recueillir une succession. La confiscation des biens ayant été supprimée par la Charte de 1814, il ne reste plus que l'incapacité de recueillir les successions qui pourraient échoir en France à l'ex-Français. Et comme cette incapacité est infligée à l'ex-Français à titre de peine, pour avoir contrevenu aux prescriptions de la loi en se faisant naturaliser sans autorisation, et non point seulement parce qu'il est devenu étranger, il ne peut pas invoquer le bénéfice de la loi de 1819, qui a autorisé ces derniers à recueillir des biens par succession. (Décret du 26 août 1811.)

L'acceptation de fonctions publiques à l'étranger entraîne-t-elle, dans tous les cas, la perte de la qualité de Français?

Non; l'acceptation de fonctions publiques à l'étranger n'entraîne la perte de la qualité de Français qu'autant qu'on a accepté ces fonctions sans autorisation du gouvernement français. — Effectivement, le Français qui n'accepte des fonctions publiques en pays étranger qu'après avoir obtenu cette autorisation, montre par là qu'il veut rester attaché à sa patrie et accomplir tous ses devoirs envers elle.

Le décret du 26 août 1811, dont nous venons de parler, prononçait également la peine de la confiscation contre les Français qui avaient accepté des fonctions publiques d'une puissance étrangère sans l'autorisation du gouvernement français et les déclarait en outre incapables de succéder. La peine de la confiscation ne les frappe plus depuis son abolition par la Charte de 1814; mais il faut décider, comme précédemment, qu'ils sont restés incapables de succéder.

Quelles sont les fonctions publiques acceptées à l'étranger qui seraient de nature à entraîner la perte de la qualité de Français?

Ce sont d'abord évidemment toutes les fonctions qui impliquent une certaine participation à l'exercice de la puissance publique étrangère, par exemple, les fonctions de ministre, général, magistrat. En outre, un avis du conseil d'État du 21 janvier 1812, inséré au Bulletin des lois, y soumet les Français qui auraient accepté à l'étranger un titre héréditaire, tel que duc, comte, baron, ou qui auraient accepté un service quelconque près d'un prince étranger, par exemple, une fonction de chambellan. — Par contre, nous pensons, avec M. Valette, que l'acceptation de fonctions non prévues par le décret précité, telles que l'acceptation d'une chaire de professeur, d'une charge de médecin dans un établissement public n'entraînent pas la perte de la qualité de Français.

Dans la première édition du Code, l'article 17 prononçait également la perte de la qualité de Français par suite de l'affiliation à toute corporation étrangère exigeant des distinctions de naissance. — Mais cette disposition a été supprimée en 1807. (Art. 17.)

Comment peut-on reconnaître qu'un établissement fait en pays étranger a été formé sans esprit de retour ?

En principe, le Français qui a formé un établissement en pays étranger est présumé avoir conservé l'esprit de retour. C'est donc à la personne qui lui conteste la qualité de Français, par exemple, dans le but de l'obliger à fournir la caution *judicatum solvi*, à fournir la preuve du contraire. — La loi n'a pas indiqué quels sont les faits à alléguer pour fournir cette preuve. Elle s'en réfère, sur ce point, à l'appréciation des juges. Seulement, afin d'encourager la fondation des établissements commerciaux à l'étranger, qui contribuent puissamment à la prospérité publique, elle décide qu'un établissement de commerce, quel que soit son mportance et sa durée, ne peut jamais faire présumer la perte de l'esprit de retour. Pour prouver l'absence de l'esprit de retour, il faudra s'attacher à des faits étrangers à l'établissement commercial (1).

Suivant une opinion assez accréditée, la femme du Français qui s'est établi à l'étranger sans esprit de retour ne perd pas, comme son mari, la nationalité française. (Art. 17.)

Quelle est la condition civile des personnes qui ont perdu la qualité de Français ?

Sauf le cas prévu par le décret du 26 août 1811, les personnes qui ont perdu la qualité de Français sont considérées par la loi comme étant devenues des étrangers ordinaires. En conséquence, elles jouissent de tous les droits accordés aux étrangers, et subissent les dispositions exceptionnelles qui leur sont imposées. — Seulement, il importe de remarquer que les ex-Français ne peuvent pas, comme les étrangers ordinaires, être relevés de ces dispositions exceptionnelles par l'application du principe de réciprocité. Effectivement, la loi française se borne à déclarer qu'ils ont perdu la qualité de Français, mais elle ne leur reconnaît aucune nationalité distincte. Ainsi elle ne reconnaît pas la nationalité anglaise à l'ex-Français qui s'est fait naturaliser en Angleterre, la nationalité russe à l'ex-Français qui a pris du service en Russie.

Peut-on recouvrer la qualité de Français ?

Oui ; le Français qui a perdu sa qualité de Français peut la re

(1) Demante, I, n. 34 *bis*. — Aubry et Rau, sur Zachariæ, I, p. 241.

couvrer. Il la recouvre avec plus ou moins de facilité selon la manière dont il l'a perdue. Ainsi :

1° La femme qui a perdu sa qualité de Française en se mariant avec un étranger, la recouvre par le seul fait de la mort de son mari, si elle réside en France au moment de la dissolution de son mariage. La loi l'oblige seulement à déclarer sa volonté de s'y fixer. Si elle ne réside pas en France au moment de la dissolution de son mariage, il suffit qu'elle y rentre et qu'elle déclare vouloir s'y fixer. — Elle est donc affranchie de l'autorisation à obtenir pour résider en France et des trois ans de stage qui sont imposés aux étrangers ordinaires.

2° Le Français qui a perdu sa qualité de Français, soit par une naturalisation acquise en pays étranger, soit par l'acceptation de fonctions publiques à l'étranger, soit par un établissement formé en pays étranger, peut la recouvrer à la seule condition de rentrer en France avec l'autorisation du gouvernement, en déclarant qu'il veut s'y fixer et qu'il renonce à toute distinction contraire à la loi française. — Il est affranchi des trois ans de stage imposés aux étrangers qui veulent obtenir la qualité de Français.

3° Le Français qui a perdu sa qualité de Français par l'acceptation de service militaire à l'étranger, ou par l'affiliation à une corporation militaire étrangère, peut également la recouvrer. Mais il la recouvre plus difficilement qu'un étranger ordinaire. — Ainsi il doit d'abord obtenir l'autorisation de rentrer en France, puis ensuite y résider pendant trois années au moins, sans préjudice des peines criminelles qu'il encourt lorsqu'il a porté les armes contre la France. — Toutefois, les dispositions du Code sur ce point ont été modifiées par le décret du 26 août 1811. Aux termes de ce décret, les Français qui ont perdu leur qualité par l'acceptation de service militaire à l'étranger peuvent recouvrer la nationalité française en obtenant du chef de l'Etat des *lettres de relief*, ce qui les dispense des trois années de résidence. (Art. 10, 18, 19, 20, 21.)

La réintégration dans la qualité de Français a-t-elle des effets rétroactifs ?

Non ; l'ex-Français qui a recouvré sa nationalité ne peut s'en prévaloir que pour l'avenir, et les déchéances qu'il a encourues durant la période où il a cessé d'être Français sont irrévocables Au reste, à part le cas de naturalisation étrangère sans autori-

sation du gouvernement français, la question de non-rétroactivité n'offre plus aujourd'hui qu'un intérêt purement théorique, depuis que la loi de 1819 a permis aux étrangers ordinaires
de recueillir des biens par donation ou succession. — Effectivement, les ci-devant Français n'ont plus alors intérêt à ce que
leur réintégration ait un effet rétroactif, puisqu'ils n'ont pas été
privés des droits qui se sont ouverts à leur profit pendant leur
déchéance. (Art. 20.)

SECTION II

PRIVATION DES DROITS PAR L'EFFET DE CERTAINES CONDAMNATIONS.

**Quelles sont les déchéances établies par la loi à titre de
peines?**

On vient de voir que la privation partielle des droits civils
peut résulter de la perte de la qualité de Français. Il est également une autre cause de la privation des droits civils : c'est
celle qui résulte de certaines condamnations judiciaires. —
D'après le droit pénal, combiné ici avec le droit civil, il faut distinguer trois états principaux d'incapacités résultant de condamnations judiciaires, savoir :

L'interdiction légale ;

La dégradation civique ;

La mort civile.

Cette dernière incapacité a d'ailleurs été abolie par la loi du
31 mai 1854, et remplacée par une déchéance qui comprend
tout à la fois l'interdiction légale, la dégradation civique et des
incapacités spéciales qu'on verra plus loin. — Par contre, outre les trois déchéances dont nous allons nous occuper et qui
sont encourues par le seul fait de certaines condamnations, les
tribunaux correctionnels peuvent ordonner que le coupable
sera privé de l'exercice de certains droits civiques, civils ou de
famille.

Le Code civil ne s'occupe ici que de la mort civile. C'est donc
au Code pénal que nous aurons à nous référer pour les règles
relatives à l'interdiction légale et à la dégradation civique.
Aussi, avant d'aller plus loin, nous devons exposer très sommairement quelques règles du droit pénal dont la connaissance
est indispensable à notre sujet.

Les infractions à la loi pénale se divisent en trois classes, savoir :

1° Les contraventions de simple police, qui sont de la compétence des tribunaux de simple police, c'est-à-dire des juges de paix, et dont nous n'avons pas d'ailleurs à nous occuper ici, parce qu'elles ne font encourir aucune incapacité ;

2° Les délits correctionnels, qui sont de la compétence des tribunaux de police correctionnelle, et qui peuvent donner lieu à un emprisonnement de six jours à cinq ans et à une amende dépassant 15 francs ;

3° Les crimes, qui sont de la compétence des cours d'assises, et qui peuvent donner lieu aux peines suivantes : la mort, les travaux forcés à perpétuité, la déportation dans une enceinte fortifiée, la déportation simple, les travaux forcés à temps, la détention, la réclusion, le bannissement et la dégradation civique.

Parmi les peines criminelles, on fait plusieurs distinctions. — Ainsi les unes sont à la fois afflictives et infamantes ; les autres, tels que le bannissement et la dégradation civique, sont infamantes seulement. Les unes sont de droit commun ; les autres, telles que la déportation, la détention et le bannissement, sont des peines politiques. Enfin les unes, telles que la mort, les travaux forcés à perpétuité, la déportation, la dégradation civique, sont perpétuelles ; les autres, telles que les travaux forcés à temps, la détention, la réclusion, sont temporaires. — Cette dernière distinction entre les peines criminelles perpétuelles et les peines criminelles temporaires est la plus importante au point de vue qui nous occupe.

Cela posé, de même qu'il existe divers degrés dans les peines, de même aussi les incapacités établies par la loi sont plus ou moins graves suivant l'importance des peines auxquelles elles sont attachées. Ainsi l'interdiction légale, qui est l'incapacité la plus faible, est encourue pour toute peine à un emprisonnement d'une année au moins. Elle peut donc être la conséquence d'une peine purement correctionnelle, puisque les peines correctionnelles vont de six jours à cinq ans. A plus forte raison, elle est également la conséquence de toute peine criminelle. — La dégradation civique, qui vient en second lieu, est encourue à la suite de toute peine criminelle. Dans ce cas alors, et en supposant d'ailleurs qu'il s'agit d'une peine criminelle temporaire, le condamné est frappé tout à la fois : 1° de l'interdiction légale, comme ayant encouru une peine supérieure à une année d'emprisonnement ; 2° de la dégradation civique, comme ayant encouru une peine criminelle. Dans quelques cas, il est vrai, la dégradation civique est encourue comme peine principale, et alors elle est seule encourue sans être accompagnée de l'interdiction légale. — Enfin la mort civile, ou plutôt les déchéances qui l'ont remplacée depuis la loi de 1854, sont encourues à la suite de toute condamnation à une peine criminelle perpétuelle, et alors dans ce cas le condamné est frappé tout à la fois : 1° de l'interdiction légale et de la dégradation civique, comme ayant encouru une peine criminelle ; 2° des déchéances spéciales qui ont remplacé la mort civile, comme ayant encouru une peine criminelle *perpétuelle*. Ces déchéances consistent dans l'incapacité de disposer ou de recevoir par donation ou par testament si ce n'est pour cause d'aliments, et dans la nullité du testament fait par le condamné avant sa condamnation.

Ces notions préliminaires exposées, nous allons maintenant passer successivement en revue chacune des trois incapacités.

En quoi consiste l'interdiction légale?

Ainsi que nous l'avons dit, l'interdiction légale est encourue par toute personne condamnée à une année d'emprisonnement au moins. — Elle est une peine purement accessoire, en ce sens qu'elle est attachée de plein droit à l'exécution de la peine principale, sans que les juges aient besoin de la prononcer. Elle est une peine tantôt temporaire tantôt perpétuelle, en ce sens qu'elle frappe le condamné pendant toute la durée de la peine principale, et que par conséquent elle devient temporaire si celle-ci est une peine temporaire, et perpétuelle si elle est une peine perpétuelle.

Quant aux effets de l'interdiction légale, ils consistent à enlever au condamné l'exercice de tous ses droits civils, mais sans lui en retirer la jouissance. En conséquence, le condamné est mis en tutelle, et il ne peut plus figurer en personne dans es actes qui l'intéressent. — Toutefois, comme la loi n'a entendu lui enlever que l'exercice de ses droits civils, mais non pas la jouissance de ces mêmes droits, il en résulte qu'il conserve certains droits, tels que ceux de contracter mariage, de faire son testament, dont on ne pouvait lui enlever l'exercice sans lui en retirer par cela même la jouissance.

Le tuteur chargé d'administrer les biens de l'interdit légal est nommé, comme pour l'interdit judiciaire, par une délibération du conseil de famille. A l'expiration de la peine, il doit rendre compte de sa gestion à l'interdit, ou, s'il est mort pendant la durée de sa peine, à ses héritiers.

En quoi consiste la dégradation civique ?

La dégradation civique est encourue, comme on le sait, par toute personne condamnée à une peine criminelle; et de plus elle est quelquefois appliquée comme peine principale. A la dif-férence de l'interdiction légale, qui est tantôt temporaire tantôt perpétuelle, suivant la nature de la peine principale à laquelle elle est attachée, la dégradation civique est perpétuelle de sa nature, et elle ne peut cesser qu'accidentellement par la grâce, l'amnistie, la réhabilitation ou la révision de la condamnation.

Quant aux effets de la dégradation civique, ils consistent à enlever au condamné la jouissance comme l'exercice de tous les droits politiques et civiques, ainsi que de plusieurs droits de famille énumérés dans l'article 34 du Code pénal. Le condamné qui a encouru la dégradation civique ne peut plus être ni élec-teur ni éligible. Il ne peut plus remplir les fonctions de juré ou d'expert, il n'est plus admis à servir de témoin en justice. Il ne peut plus être appelé à une tutelle, ni faire partie d'un conseil de famille, si ce n'est pour ses propres enfants. Enfin, il est privé du droit de port d'armes et du droit d'ouvrir une école.

Comme on le voit, la dégradation civique enlève la jouissance même, et non pas seulement l'exercice des droits. C'est pour-quoi la loi la considère comme une peine plus grave que l'inter-diction légale, qui n'enlève au condamné que l'exercice de ses droits civils. De plus, elle a tous les caractères d'une véritable peine, tandis que l'interdiction légale peut être envisagée comme une mesure destinée à pourvoir à l'administration des biens du condamné, aussi bien que comme une peine. — Tou-tefois si, dans l'ordre hiérarchique des déchéances, la dégrada-tion civique est une déchéance plus grave que l'interdiction lé-gale, celle-ci est de nature à affecter plus rigoureusement le condamné. Sans doute, elle ne le prive que de l'exercice de ses

droits civils ; mais, comme il s'agit de l'exercice des droits auxquels il est le plus attaché et dont il a le plus à faire usage, elle
lui sera plus pénible à supporter que la dégradation civique,
qui ne l'atteint que dans son moral.

**A partir de quel moment la dégradation civique et l'inter-
diction légale sont-elles encourues ?**

A cet égard, il faut établir une distinction :

Lorsque la condamnation a été *contradictoire*, c'est-à-dire
lorsqu'elle a eu lieu en présence de l'accusé, la dégradation
civique et l'interdiction légale sont encourues à partir du jour
où la condamnation est devenue irrévocable, c'est-à-dire à partir
du jour où on ne peut plus y former ni opposition ni appel.
C'est en effet à partir de ce moment que la peine principale est
réputée commencer.

Lorsque la condamnation a eu lieu *par contumace*, c'est-à-
dire hors de la personne de l'accusé, qui s'est dérobé aux recherches de la justice, la dégradation civique et l'interdiction
légale sont encourues à partir de l'exécution par effigie. — Toutefois l'interdiction légale n'est encourue qu'en partie, en ce
sens que le condamné perd, il est vrai, la gestion de ses biens,
qui sont placés sous séquestre et régis par l'administration de
l'enregistrement et des domaines, mais il n'est pas encore mis
en tutelle (1).

L'exécution par effigie consistait autrefois dans l'exécution
publique de l'image ou de l'effigie du condamné, au bas de
laquelle on inscrivait le jugement de condamnation. — Elle a
lieu aujourd'hui par la publicité donnée à la condamnation, et
cette publicité résulte : 1° de l'insertion d'un extrait du jugement de condamnation dans un journal du département du
dernier domicile du condamné ; 2° de l'affiche de la condamnation à la porte du prétoire de la cour d'assises, à celle du dernier domicile du condamné, et enfin à celle de la maison
commune du chef-lieu de l'arrondissement où le crime a été
commis.

**Comment la dégradation civique et l'interdiction légale
peuvent-elles cesser ?**

Ainsi que nous l'avons dit précédemment, l'interdiction légale

(1) *Sic :* Bertauld, *Cours de Droit pénal*, p. 274 et 275. — Boitard, *sur l'art.*
20, *Code pénal.*

est une peine tantôt temporaire et tantôt perpétuelle. Elle cesse donc à l'expiration de la peine principale à laquelle elle est attachée, ou par la prescription de cette peine. En outre, elle peut prendre fin accidentellement par l'amnistie, par la grâce, par la révision de la condamnation.

Quant à la dégradation civique, comme elle est une peine perpétuelle de sa nature, elle ne peut cesser que d'une manière accidentelle, par l'amnistie, par la réhabilitation ou par la révision de la condamnation.

En ce qui concerne la révision de la condamnation, nous ferons observer que toute condamnation par contumace est sujette à révision, par cela précisément qu'elle a eu lieu en l'absence de l'accusé, lorsqu'il est mis en présence de la justice, soit par une comparution volontaire, soit par l'effet de sa capture, avant qu'il se soit écoulé vingt ans depuis la condamnation. — On a voulu par là concilier autant que possible l'intérêt de la société, qui demandait à ce que la justice ne restât pas désarmée par suite de la disparition de l'accusé, avec les devoirs de l'humanité, qui commandaient de ne pas prononcer une condamnation irrévocable contre un accusé qui n'a pas été défendu.

En conséquence, la loi décide que toute condamnation par contumace sera anéantie de plein droit, lorsque le condamné a comparu volontairement en justice ou a été repris pendant les vingt ans qui suivent le prononcé de la condamnation, et qu'il y aura lieu à procéder à de nouveaux débats, en présence de l'accusé. — Par suite, la comparution volontaire ou forcée du condamné par contumace fait nécessairement cesser la dégradation civique, soit qu'elle ait été prononcée comme peine principale, soit qu'elle ait été encourue comme peine accessoire, pourvu que la comparution du condamné ait eu lieu avant l'expiration des vingt ans depuis la condamnation. Passé ce délai de vingt ans, la condamnation par contumace devient irrévocable comme si elle avait été contradictoire.

Il en est de même pour l'interdiction légale encourue à la suite d'une condamnation par contumace.

Examinons maintenant l'état d'incapacité qui résultait autrefois de la mort civile, et qui résulte actuellement des déchéances qui l'ont remplacée depuis la loi du 31 mai 1854.

**En quoi consistent les déchéances prononcées par la loi
de 1854 ?**

On sait que la mort civile a été abolie par la loi du 31 mai
1854, et qu'elle a été remplacée par certaines déchéances. On
verra tout à l'heure quels étaient les effets de la mort civile, et
en quoi consistent les déchéances qui l'ont remplacée. Nous devons remarquer tout d'abord que ces dernières sont appliquées,
comme était appliquée la mort civile, à toute condamnation à
une peine criminelle perpétuelle. — Ainsi elles sont encourues :
1° par les condamnés à la peine de mort ; 2° par les condamnés
à la peine des travaux forcés à perpétuité.

Quant aux condamnés à la déportation, qui sont également
frappés d'une peine criminelle perpétuelle, ils avaient déjà été
exonérés de la mort civile par une loi du 8 juin 1850, et, depuis
cette loi, ils n'étaient plus soumis qu'à la dégradation civique et
à l'interdiction légale. D'où nous pouvons conclure, avec M. Valette, qu'en dehors de ces deux déchéances, ils ne sont pas assujettis aux dispositions particulières qui ont plus spécialement
remplacé la mort civile.

Voyons maintenant quels étaient les effets de la mort civile,
et quelles sont les déchéances qut l'ont remplacée.

I. *Des effets de la mort civile.* — La mort civile était, suivant
l'énergique expression romaine, une sorte de *capitis deminutio*,
qui enlevait au condamné sa condition civile tout entière, de
telle sorte qu'il devait être considéré comme mort aux yeux de
la société, et qu'on ne lui laissait que les moyens de pourvoir à
son existence matérielle. L'individu frappé de mort civile perdait la jouissance de tous ses droits civils ; il devenait incapable
de contracter mariage, et même le mariage contracté par lui
précédemment était rompu ; les enfants qu'il pouvait avoir
dans la suite avec son conjoint étaient considérés comme des
bâtards ; il n'exerçait plus aucune puissance maritale ou paternelle ; sa succession était ouverte au profit de ses héritiers ;
enfin il devenait incapable de succéder ou de recevoir par donation ou par testament, si ce n'est pour cause d'aliments. Tout
au plus lui permettait-on d'acquérir d'autres biens par son travail ; et, s'il en acquérait, ces biens appartenaient à l'État par
droit de déshérence.

Tels étaient les effets rigoureux de la mort civile. Aussi avait-il été question à plusieurs reprises de la supprimer, et la loi du 8 juin 1850 était entrée dans cette voie en la faisant disparaître pour la déportation. En 1851, un projet de loi rédigé en ce sens avait été présenté à l'Assemblée nationale par M. Demante, quand les événements de 1852 vinrent tout arrêter. La loi du 31 mai 1854 réalisa le projet de M. Demante, et la mort civile fut remplacée par des déchéances moins sévères.

II. *Des déchéances de la loi de* 1854. — En abolissant la mort civile, la loi de 1854 y a substitué une pénalité qui comprend à la fois plusieurs déchéances, savoir : l'interdiction légale, la dégradation civique, et l'incapacité de disposer ou de recevoir, soit par donation soit par testament, si ce n'est pour cause d'aliments, et en outre la nullité du testament fait par le condamné même antérieurement à sa condamnation,

Ces trois déchéances, qu'on connaît sous le nom de déchéances de la loi de 1854, remplacent actuellement la mort civile, et elles sont attachées aux mêmes peines principales, c'est-à-dire à toute condamnation à la peine de mort et à la peine des travaux forcés à perpétuité.

On remarquera, qu'à la différence de l'interdiction, qui n'enlève que l'exercice des droits civils, il y a ici une privation de la jouissance, c'est-à-dire du fond même du droit, en ce qui concerne la faculté de disposer ou de recevoir par donation ou par testament, et que cette déchéance continuerait de subsister quand même la peine matérielle serait prescrite, ou quand même il en aurait été fait remise par la grâce. (Art. 22, 23, 24, 25, 33. — Loi de 1854.)

Comment sont appliquées les déchéances de la loi de 1854 ?
Pour l'application de ces déchéances, il faut distinguer, comme nous l'avons fait précédemment, si la condamnation à la peine principale à laquelle elles sont attachées a été contradictoire, ou si elle a eu lieu par contumace.

I. *Cas où la condamnation a été contradictoire.* — Lorsque la condamnation à la peine principale a été contradictoire, c'est-à-dire lorsqu'elle a été rendue contre l'accusé présent et assisté d'un défenseur, les déchéances de la loi de 1854 sont encourues au moment de l'exécution réelle de la peine, ou au moment de l'exécution par effigie si l'accusé qui était présent au moment du procès s'est évadé depuis l'arrêt de condamnation.

L'exécution réelle de la peine consiste dans l'application qui
en est faite. Ainsi elle a lieu : pour une condamnation à la
peine de mort, par la décapitation ; pour une condamnation aux
travaux forcés à perpétuité, par l'entrée au bagne.

L'exécution par effigie consiste, comme on le sait, dans la
publication de la condamnation par affiches et par insertions
dans un journal. Au reste, l'exécution par effigie aura lieu
bien rarement dans le cas d'une condamnation contradictoire :
il faudrait supposer pour cela que l'accusé, qui était présent
au moment de la condamnation, a pris la fuite dans le court
intervalle qui la sépare de l'exécution de la peine.

On remarquera que, de même que la mort civile, les déchéances de la loi de 1854 sont encourues à partir de l'exécution de
la peine principale à laquelle elles sont attachées, et non point
à partir de la condamnation. — La raison en est que ces déchéances ne sont pas la conséquence immédiate de la condamnation, mais de l'application de la peine. La condamnation
fait naître la peine ; la peine, à son tour, fait naître les déchéances. Celle-ci sont donc un accessoire de la peine, et il en
résulte qu'elles doivent être encourues après son application.

Voyons maintement le cas où la condamnation a eu lieu par
contumace.

II. *Cas où la condamnation a eu lieu par contumace.* — Lorsque la condamnation a eu lieu par contumace, la culpabilité
de l'accusé, bien que probable, n'est pas certaine, parce qu'il
n'a pas été en mesure d'opposer ses moyens de défense. Mais
comme l'action de la justice ne doit pas être arrêtée par le
fait de l'accusé, la procédure criminelle suit son cours : seulement alors, au lieu de frapper immédiatement et irrévocablement le coupable, la loi use de plusieurs tempéraments. —
Ainsi elle divise le temps qui suit la condamnation en trois
périodes :

La première commence au jour de l'exécution par effigie et
dure cinq ans.

La seconde commence à l'expiration de ces cinq ans et dure
quinze ans. — Elle se termine par conséquent lorsqu'il s'est
écoulé vingt ans depuis la condamnation et l'exécution par
effigie.

La troisième commence à l'expiration des vingt ans depuis la condamnation et dure jusqu'à la mort du condamné. (Art. 26.)

Quel est l'état des condamnés par contumace durant ces diverses périodes ?

Pour pouvoir apprécier quel est l'état des condamnés par contumace durant ces diverses périodes, il est nécessaire d'examiner séparément chacune d'elles.

I. *Première période.* — Durant la première période, c'est-à-dire durant les cinq premières années à partir de l'exécution par effigie, les condamnés par contumace conservent la jouissance des droits civils; mais ils en perdent l'exercice. Leurs biens ne cessent pas de leur appartenir; mais ils sont placés sous séquestre et régis par l'administration de l'enregistrement et des domaines. Si les condamnés viennent à décéder durant cet intervalle, leur testament doit être exécuté; car, aux termes de l'article **31**, ils sont réputés morts dans l'intégrité de leurs droits.

Si, durant le délai spécial de cinq années, le condamné se présente ou est arrêté, les déchéances de la loi de 1854 n'ont donc pas été encourues, du moins en ce qui concerne la perte de la jouissance des droits civils, et le procès recommence toutes choses étant entières.

II. *Deuxième période.* — Après l'expiration de ces cinq ans, commence la seconde période, qui part de la sixième année depuis l'exécution par effigie jusqu'à la vingtième année. Durant cette période, le condamné encourt les déchéances de la loi de 1854, comme il encourait la mort civile avant qu'elle eût été remplacée par ces déchéances. — Mais, comme il est de règle que les condamnations par contumace sont anéanties si le condamné est mis entre les mains de la justice avant l'expiration des vingt ans depuis la condamnation, les déchéances de la loi de 1854 ne le frappent pas irrévocablement, et elles s'évanouissent en même temps que la peine principale, si, durant cet intervalle, il vient à comparaître devant la justice; sauf à renaître s'il est de nouveau condamné à une peine criminelle perpétuelle.

Que faut-il décider si l'accusé est acquitté, ou condamné à une peine inférieure n'emportant pas les déchéances de la loi de 1854 ? Avant cette loi, la mort civile, une fois encourue, avait produit des effets définitifs dans le passé, et il en résultait pour les tiers des droits acquis et irrévocables. Ainsi on ne rendait pas au condamné sa succession qui avait été dévolue à ses héritiers, ou les donations et legs qui lui étaient échus pendant la mort civile; son mariage restait dissous. — Mais nous pensons, avec M. Valette, qu'il en est différemment pour les déchéances qui ont remplacé la mort civile. En effet, l'article 30 du Code, qui maintenait pour le passé les effets de la mort civile encourue, n'est pas applicable par analogie aux déchéances qui l'ont remplacée ; car la loi de 1854 a organisé une situation toute nouvelle, et elle ne dit rien de semblable. Or, on sait qu'en matière pénale tout est de droit très étroit. Il faut en conclure que la comparution du condamné fait évanouir tous les effets attachés à ces déchéances, aussi bien dans le passé que dans l'avenir.

Arrivons maintenant à la troisième période.

III. *Troisième période*. — Lorsqu'il s'est écoulé vingt ans à partir de la condamnation par contumace, cette condamnation acquiert toute la force des condamnations contradictoires, et elle devient irrévocable comme ces dernières. Effectivement, les peines criminelles se prescrivent par vingt ans, à partir du jugement qui les a prononcées. Or, la peine principale une fois prescrite, c'est-à-dire réputée accomplie, il n'y a pas à revenir sur la condamnation qui l'a fait naître. En conséquence, les déchéances qui y sont attachées demeurent irrévocablement fixées sur la tête du condamné, et elles ne peuvent cesser qu'exceptionnellement par l'amnistie. (Art. 27, 28, 29, 30, 31, 32.)

Quels sont les droits que conservent les condamnés qui ont encouru les déchéances de la loi de 1854 ?

On a vu précédemment que, dans la pensée des rédacteurs du Code civil, la mort civile devait, autant que possible, être comme l'image de la mort naturelle, de telle sorte que le condamné était absolument dépouillé de tous ses droits civils, et ne conservait que le droit de faire les actes nécessaires pour soutenir son existence matérielle. Mais depuis que la mort civile a été remplacée par les déchéances de la loi de 1854, les condamnés à la peine de mort et à la peine des travaux forcés à perpétuité, tout en subissant de graves incapacités, n'encourent cependant qu'une privation partielle de leurs droits. — Ainsi ils conservent :

1° La propriété des biens qu'ils possédaient au moment de leur condamnation. — Mais ils sont privés du pouvoir de les administrer, d'en toucher les revenus, et d'en disposer à titre gratuit par donation entre vifs ou par testament.

2° Le droit d'acquérir de nouveaux biens à titre onéreux ou par succession *ab intestat*. — Mais s'ils conservent le fond du droit, c'est-à-dire la jouissance du droit, quant aux acquisitions à titre onéreux ou par succession *ab intestat*, ils n'en ont pas l'exercice, ils ne peuvent pas faire eux-mêmes et personnellement les actes nécessaires à ces acquisitions, et ces actes sont faits en leur nom par des personnes chargées de les représenter. — On sait aussi qu'ils perdent absolument le droit d'acquérir de nouveaux biens à titre gratuit par donation entre vifs ou par testament, si ce n'est pour cause d'aliments. Et ici ils ne perdent pas seulement l'exercice, mais la jouissance même du droit, c'est-à-dire qu'ils ne peuvent recueillir des biens à titre gratuit ni par eux-mêmes, ni par l'intermédiaire de leurs représentants (1).

3° La faculté de transmettre à leurs héritiers *ab intestat* les biens qu'ils laissent à leur décès. — Mais, comme on le sait, s'ils peuvent transmettre leurs biens à leurs héritiers *ab intestat*, ils ne peuvent pas les transmettre par donation ou par testament, et même le testament qu'ils auraient fait antérieurement à leur condamnation est nul pour cause d'indignité.

4° La faculté de contracter mariage.

Par contre, les condamnés qui ont encouru les déchéances de la loi de 1854 perdent la jouissance de tous les droits politiques, publics et de famille; et, comme on l'a vu, la jouissance du droit de disposer ou de recevoir par donation ou par testament, si ce n'est pour cause d'aliments. Le testament qu'ils auraient fait, même antérieurement à leur condamnation, n'est pas maintenu. — De plus, ils perdent, comme on l'a vu, l'exercice de tous les droits privés dont ils ont conservé la jouissance.

Quelles sont les faveurs qui peuvent être accordées aux condamnés ?

Aux termes de l'article 4 de la loi du 31 mai 1854, le gou-

(1) Berthauld, *Questions controversées sur la loi du* 31 *mai* 1854, p. 7. — Ortolan, n. 1553.

vernement peut apporter quelques adoucissements à la condition des condamnés.

Ainsi il peut les relever en tout ou en partie de l'incapacité
de disposer ou de recevoir, soit par donation entre vifs, soit
par testament.

En outre, il peut leur accorder l'exercice, dans le lieu
d'exécution de leur peine, de tout ou partie des droits civils
dont ils ont été privés par l'interdiction légale. — Seulement,
les actes qu'ils feront ne peuvent concerner que les biens
qu'ils ont acquis à titre onéreux depuis leur condamnation.

Enfin, d'autres adoucissements peuvent être apportés par rapport à l'application de la peine principale qu'ils ont encourue.

LIVRE I, TITRE ·II

Des actes de l'état civil.

DÉCRÉTÉ LE 11 MARS 1803. — PROMULGUÉ LE 21 DU MÊME MOIS.

Les actes de l'état civil sont destinés à constater les droits qui appartiennent aux personnes. Cette constatation est nécessaire, parce que les personnes ont des droits plus ou moins étendus suivant qu'elles sont majeures ou mineures, mariées ou non mariées, issues d'un mariage légitime ou nées de père et mère naturels.

Conformément à l'ordre du Code, nous avons divisé notre titre de la manière suivante :

CHAPITRE PREMIER

DISPOSITIONS GÉNÉRALES.

Articles 34 à 54.

Qu'entend-on par actes de l'état civil ?

On entend par *acte,* un événement qui s'est accompli ; ou bien, et c'est dans ce sens que nous l'entendons ici, un écrit destiné à constater un événement. — Ainsi on appelle *acte de naissance,* l'écrit qui constate qu'une naissance a eu lieu.

On entend par *état civil,* l'ensemble des qualités qui constituent la condition d'une personne dans la société.

La condition d'une personne dans la société varie suivant

qu'elle est majeure ou mineure, émancipée ou non, mariée ou non mariée, enfant légitime ou naturel. — Ces diverses qualités modifient les droits et les devoirs des personnes.

Enfin on appelle *actes de l'état civil*, les écrits publics au moyen desquels on constate certains événements qui sont de nature à faire naître des droits et des devoirs, et par cela même à modifier la condition civile des personnes.

Quels sont les événements qui doivent être constatés au moyen des actes de l'état civil?

Les événements qui doivent être constatés au moyen des actes de l'état civil sont :

1° Les naissances ;

2° Les mariages ;

3° Les décès ;

4° Les légitimations d'enfants naturels ;

5° Les reconnaissances d'enfants naturels;

6° Les adoptions ;

7° Les émancipations ;

8° Les interdictions.

Parmi ces faits, les trois premiers présentent un grand intérêt. Il importe qu'ils soient bien constatés, afin qu'on puisse savoir, par exemple, si telle personne est en âge de contracter, si elle est enfant légitime, si elle est mariée, si elle est décédée.

De quelle manière les événements dont nous venons de parler sont-ils constatés?

Il faut distinguer.

1° Les naissances, les mariages et les décès sont constatés sur des registres spéciaux, établis à cet effet dans chaque commune, et appelés *registres de l'état civil*. — Ces registres sont tenus par des fonctionnaires institués également dans chaque commune, et appelés *officiers de l'état civil*.

2° Les reconnaissances d'enfant naturel, les légitimations et les adoptions sont également constatées sur les mêmes registres et par les mêmes fonctionnaires; et comme ces trois faits modifient la filiation établie par l'acte de naissance, on a soin de les mentionner, en outre, en marge de cet acte.

3° Les émancipations et les interdictions sont constatées par les greffiers sur les registres des justices de paix et des tribunaux civils. — On a craint, sans doute, de surcharger la tenue des registres de l'état civil en y insérant ces derniers faits.

Par qui les actes de l'état civil étaient-ils tenus dans notre ancien droit?

Dans notre ancien droit, la tenue des registres sur lesquels on inscrivait les naissances, mariages et décès avait été confiée aux curés des paroisses.

Mais, à l'origine, ces inscriptions avaient lieu uniquement pour assurer l'exécution des lois canoniques qui les prescrivaient, et elles n'étaient pas considérées comme des actes authentiques, destinés à faire foi en justice. Ce fut seulement sous le règne de François Ier, en 1539, que l'ordonnance de *Villers-Cotterets* leur attribua ce caractère, au moins dans certains cas. — Cette ordonnance décida que les registres des paroisses feraient pleine foi pour les naissances et décès des ecclésiastiques pourvus de bénéfices, collèges ou monastères.

Sous Henri III, en 1579, l'ordonnance de *Villers-Cotterets* fut complétée par une autre ordonnance, appelée ordonnance de *Blois*, qui conféra aux curés des paroisses le pouvoir de tenir registre des naissances, mariages et décès de toutes personnes, et enjoignit aux greffiers de se faire remettre en dépôt aux greffes un double de ces registres. — Dans la suite, d'autres ordonnances vinrent tracer des règles très sages, et qui pour la plupart ont passé dans le Code, sur la tenue et l'autorité des registres.

En 1679, l'édit de Nantes confia aux ministres protestants la tenue des registres de l'état civil pour leurs coreligionnaires; mais cet édit ne tarda pas à être révoqué. — La révocation de l'édit de Nantes, qui eut lieu en 1685, obligea les protestants à se faire baptiser par les prêtres catholiques, sous peine de ne pas avoir d'état civil, ni d'enfants légitimes.

Louis XVI rendit aux protestants leur culte et leur état civil, et il en confia la tenue aux officiers de justice de leur domicile.

En même temps, les curés des paroisses continuaient à tenir les registres de l'état civil pour les actes qui concernaient les catholiques domiciliés dans leur paroisse. Ils restèrent chargés de la tenue des registres jusqu'en 1792. — A cette époque, le principe de la liberté des cultes et de la séparation des pouvoirs civils et religieux ayant prévalu, on décida que l'état civil des personnes ne serait plus assujetti aux règles canoniques. En conséquence, les municipalités reçurent le mandat d'inscrire les actes pour tous les Français, sans aucune distinction de culte. — Enfin la loi du 28 pluviôse an VIII, en chargea définitivement les maires et leurs adjoints.

Quelles sont les personnes qui figurent dans les actes de l'état civil?

Les personnes qui figurent dans les actes de l'état civil sont :

1° Les comparants ;

2° Les témoins ;

3° L'officier de l'état civil.

On appelle *comparants* ou *déclarants*, les personnes qui font connaître à l'officier de l'état civil les faits qui doivent être constatés et inscrits sur les registres. — Les comparants ou déclarants sont plus spécialement désignés sous le nom de *parties*, lorsque l'acte qu'il s'agit de dresser les concerne personnellement. C'est ce qui a lieu dans l'acte de mariage.

On appelle *témoins*, les personnes qui accompagnent les comparants pour certifier leur identité et la sincérité de leurs déclarations. Les témoins servent également à confirmer, par leur signature apposée dans l'acte, les attestations de l'officier de l'état civil. — Par exception, leur présence n'est pas nécessaire pour la confection des actes de décès.

On appelle *officier de l'état civil* et quelquefois *officier public*, le fonctionnaire chargé de recevoir les déclarations des parties, de les attester et de rédiger l'acte qui les constate. — Les officiers de l'état civil sont les maires et adjoints, et, à leur défaut, le premier conseiller municipal inscrit au tableau, puis le second, et ainsi de suite. (Art. 39.)

Quel est l'officier de l'état civil compétent pour rédiger les actes?

Les actes de l'état civil ne peuvent pas être rédigés par tout officier de l'état civil, mais par celui-là seul que la loi a déclaré compétent à cet effet, c'est-à-dire par l'officier de l'état civil du lieu où l'événement qu'il s'agit de constater a été accompli. — C'est en effet une règle essentielle et sans laquelle il y aurait confusion de pouvoirs, que les fonctionnaires publics ne peuvent agir en cette qualité que dans le lieu où ils exercent leurs fonctions.

La compétence des officiers de l'état civil est donc territoriale; elle ne peut s'exercer que dans la commune où ils remplissent leurs fonctions. Ainsi un maire ne peut pas dresser un acte de l'état civil hors de sa commune, alors même que l'acte concerne un de ses administrés. — Toutefois, on convient généralement que l'acte pourrait être maintenu s'il avait été dressé par erreur et si l'erreur était excusable : par exemple, si les comparants s'étaient présentés de bonne foi à l'officier de l'état civil d'une commune voisine du lieu de leur domicile, en croyant être domiciliés sur le territoire de cette commune.

Que doivent énoncer les actes de l'état civil ?

Les actes de l'état civil doivent énoncer :

1° L'année, le jour et l'heure de leur confection;

2° Les prénoms, noms, âge, profession et domicile de toutes les personnes qui y sont dénommées.

L'énonciation de la date est facile à justifier. Effectivement, il existe certains actes, tels que la naissance et l'adoption, qui doivent être dressés dans un délai déterminé, passé lequel il n'est plus permis de les rédiger. Or, pour qu'on puisse prouver que ces délais ont été observés, il faut nécessairement que l'acte porte mention du jour où il a été reçu. — D'autre part, les actes sont susceptibles d'être attaqués comme faux : dans ce cas, l'énonciation de la date peut encore servir à prouver la fausseté de l'acte attaqué. Ainsi, elle peut établir qu'une personne indiquée dans l'acte comme comparant ou comme témoin ne se trouvait pas sur les lieux au moment où il a été rédigé (1). (Art. 34.)

L'officier de l'état civil doit-il insérer dans l'acte toutes les déclarations qui lui sont faites par les comparants?

Non; aux termes de l'article 35, les officiers de l'état civil ne peuvent rien insérer dans les actes qu'ils reçoivent, soit par note, soit par énonciation quelconque, que ce qui doit être déclaré par les comparants. De là, deux règles importantes :

1° L'officier de l'état civil ne doit pas insérer dans l'acte qu'il rédige des déclarations qui lui ont été faites par les comparants, mais que la loi ne lui prescrit pas d'y insérer;

2° Il ne doit pas non plus insérer dans l'acte qu'il rédige des

(1) Les actes publics ne peuvent être rédigés en France en langue étrangère, mais ils ne sont pas nuls si cette prescription de la loi a été violée. Cass.. 22 janvier 1879.

déclarations que la loi prescrivait aux comparants de faire, mais
que ceux-ci n'ont pas faites.

Ces deux règles sont faciles à justifier.

D'abord, en ce qui concerne la première, il faut considérer
que la déclaration des comparants n'offre pas toutes les garanties
de sincérité qu'on pourrait désirer. Elle manque absolument de
solennité et de contrôle. On l'admet cependant parce qu'il serait
pratiquement très difficile de faire emploi d'un autre mode de
preuve ; mais alors on ne l'admet que pour certains faits déterminés à l'avance et qui ne peuvent guère donner lieu à de fausses
déclarations. En dehors de ces faits, elle doit être impitoyable-
ment rejetée, parce qu'elle ferait préjuger des droits pour lesquels il existe d'autres moyens de preuve.

Quant à la seconde règle, il est bien évident que ce serait
nuire à la sincérité des actes et leur enlever toute force por-
bante, que de permettre à l'officier de l'état civil d'attester que
des déclarations lui ont été faites par les comparants, lorsque ces
déclarations ne lui ont pas été réellement faites. Si les comparants
ne veulent pas s'expliquer sur un fait qui doit être énoncé dans
l'acte, l'officier de l'état civil fera donc bien de se refuser à le
dresser. (Art. 35.)

**Les parties intéressées sont-elles tenues de comparaître en
personne ?**

Non ; les parties intéressées, et il faut entendre ici par *parties
intéressées* celles qui sont chargées par la loi de faire une déclaration, ne sont pas, sauf le cas où il s'agit de dresser un acte de
mariage, obligées de comparaître en personne (1). La loi les autorise à se faire représenter par un mandataire : seulement, il
faut que la procuration qui sera donnée à celui-ci soit spéciale
et authentique. Il faut qu'elle soit *spéciale*, c'est-à-dire qu'elle
ne concerne que l'acte de l'état civil à dresser ; et qu'elle soit
authentique, c'est-à-dire qu'elle ait été rédigée par un notaire,
dans la forme ordinaire des actes notariés. (Art. 36.)

**Quelles sont les conditions imposées aux comparants et aux
témoins ?**

En général, aucune condition d'âge ni de sexe n'est imposée

_____

(1) Aucune loi formelle n'est venue défendre les mariages par procureurs,
qui étaient permis autrefois. Mais cette prohibition résulte assez de l'esprit
de la loi.

aux *comparants*. Ainsi la naissance d'un enfant peut être déclarée par une femme qui a assisté à l'accouchement, ou par un mineur qui est le père de l'enfant. — La raison en est bien simple : quelles personnes pouvait-on appeler à figurer comme comparants dans les actes de l'état civil, si ce n'est celles-là même qui ont été présentes lors de l'événement qu'il s'agit de constater. Or, on ne pouvait pas exiger par avance que les personnes qui seraient présentes lors de l'événement eussent telles ou telles conditions d'âge, de sexe ou de nationalité. L'officier de l'état civil vérifiera d'ailleurs l'exactitude des faits qui lui sont rapportés dans les points les plus importants, puisque le nouveau-né lui sera présenté s'il s'agit d'une naissance, et qu'il constatera le décès s'il s'agit d'un acte de décès.

Quant *aux témoins*, la loi exige qu'ils soient mâles et majeurs; mais elle ne demande pas d'autres conditions. Ainsi elle ne tient compte, ni de leur parenté avec les parties ou l'officier de l'état civil, ni de leur nationalité, ni du lieu où ils sont domiciliés. — Sous ces divers rapports, ils diffèrent des témoins requis pour les actes notariés, qui doivent être Français, domiciliés dans l'arrondissement, et n'avoir aucun lien de parenté avec les parties ou le notaire.

La raison de cette différence repose sur deux motifs. Et d'abord, dans les actes de l'état civil, la parenté des témoins avec les parties ou avec l'officier de l'état civil ne présente pas d'inconvénients, parce que le fait qu'ils viennent certifier est ordinairement un fait contraire à leurs intérêts. Ainsi, la naissance, le mariage, la reconnaissance d'un enfant naturel, l'adoption, sont plutôt susceptibles de nuire que de profiter aux parents des parties, et l'on ne doit pas douter de la sincérité de leur témoignage lorsqu'ils en attestent l'existence. Au contraire, dans les actes notariés, les parents des parties sont souvent intéressés à faire reconnaître comme vraie une convention qui n'a jamais existé, mais qui est favorable à un parent auquel ils sont appelés à succéder. C'est donc avec raison que la loi suspecte leur témoignage.

En second lieu, comme certains actes de l'état civil doivent être rédigés dans un délai très court, le législateur a dû laisser aux parties les plus grandes facilités pour se procurer des témoins. Cette considération n'existe pas relativement aux actes notariés : les contractants ont le temps et les facilités nécessaires pour se procurer des témoins. (Art. 37.)

Quelles sont les conditions requises de la part de l'officier de l'état civil?

Les conditions requises de la part de l'officier de l'état civil sont : d'abord d'être compétent, comme nous l'avons dit, c'est-à-dire d'exercer ses fonctions dans la commune où s'est accompli l'événement qu'il s'agit de constater ; — de n'être ni partie ni témoin dans l'acte qu'il reçoit comme fonctionnaire public, car ce sont là des rôles qui doivent rester distincts ; — de se borner à relater dans les actes ce qui lui est déclaré, sauf à provoquer au besoin par ses questions la déclaration des faits que l'acte doit constater ; — de ne mentionner que les faits que la loi lui a prescrit d'insérer dans l'acte. Ainsi il ne doit pas indiquer dans l'acte de décès le genre de mort de l'individu décédé ; et, pareillement, il ne doit pas mentionner une filiation adultérine ou incestueuse dans l'acte de naissance.

Après avoir entendu les déclarations des comparants, l'officier de l'état civil rédige l'acte. Puis il en donne lecture et il le signe, ainsi que les comparants et les témoins. Il doit être mentionné dans l'acte que la lecture en a été faite. — Si l'un des comparants ou des témoins n'avait pu signer l'acte, la cause qui l'a empêché devra y être relatée.

L'acte de l'état civil une fois dressé, il ne peut plus être rien changé qu'en vertu d'un jugement (Art. 35, 38, 39.)

Quelles sont les conditions exigées pour assurer la conservation des actes de l'état civil ?

Afin d'assurer la conservation des actes de l'état civil, la loi exige :

1° Qu'ils soient inscrits sur des registres, et non pas comme les actes notariés sur des feuilles volantes ; qui seraient plus exposées au danger d'être perdues.

2° Que les registres sur lesquels l'inscription doit être faite soient tenus en double, c'est-à-dire que le même acte soit porté sur deux registres ; ce qui diminue également les chances de perte ou de destruction.

3° Que chaque double des registres soit placé dans un lieu différent : l'un aux archives de la commune, l'autre au greffe du tribunal de l'arrondissement ; ce qui éloigne tout danger de perte par incendie, au moins dans la plupart des cas.

4° Que les procurations, ainsi que toutes les autres pièces qui auraient été représentées pour la rédaction d'un acte, demeurent annexées à celui des doubles qui doit être déposé au greffe du tribunal. (Art. 40, 43, 44.)

Quelles sont les conditions exigées pour prévenir la suppression ou la falsification des actes?

Afin d'empêcher la suppression, l'altération ou la falsification des actes de l'état civil, la loi exige :

1° Que les feuilles des registres soient cotées depuis la première jusqu'à la dernière, et qu'elles soient paraphées par le président du tribunal de l'arrondissement, ou par un juge commis à cet effet.

2° Que les actes soient rédigés sans interlignes ni surcharges, sans abréviations ni chiffres, et qu'ils soient inscrits les uns à la suite des autres et sans blancs; que les ratures et les renvois soient signés par toutes les personnes qui ont concouru à l'acte. — Ces dispositions empêcheront qu'on ne puisse ajouter ou retrancher à la teneur des actes après qu'ils ont été inscrits, ou que l'on ne puisse intercaler après coup des actes qui n'ont pas été portés sur les registres au moment où ils auraient dû l'être.

3° Que les registres soient clos et arrêtés à la fin de chaque année par l'officier de l'état civil, qui, en outre, dans le mois de cette clôture, devra déposer l'un des doubles au greffe du tribunal, et remettre l'autre dans les archives de la commune.

Le président du tribunal ou le juge commis à cet effet cote les registres en mettant sur chaque feuille son numéro d'ordre en toutes lettres; ce qui empêche qu'on ne puisse ajouter des feuillets aux registres ou en retrancher. Il met son paraphe sur chaque feuille, pour empêcher qu'on ne puisse en changer aucune. (Art. 41, 42, 43.)

N'y a-t-il qu'un seul registre pour inscrire les naissances, mariages et décès?

A l'origine, il n'y avait qu'un seul registre qui servait en même temps à l'inscription de tous les actes. La loi de 1792 en établit trois : un pour les naissances, un pour les mariages, un pour les décès. Actuellement, on fait une distinction : les communes d'une faible importance n'ont qu'un seul registre, qui contient en même temps les naissances, mariages et décès; les communes plus importantes en ont trois.

Dans tous les cas, les registres, quel que soit leur nombre, sont tenus doubles. Chacun des doubles porte les mêmes signatures et a la même force probante.

Les actes de l'état civil sont-ils publics ?

Oui ; les actes de l'état civil sont publics. Toute personne peut en prendre connaissance et s'en faire délivrer des extraits.

Il en est différemment des actes notariés. Comme ils n'ont trait qu'aux affaires privées des parties, la loi du 25 ventôse an XI *sur le notariat* défend aux notaires d'en délivrer des copies à d'autres personnes qu'aux parties intéressées, ou à leurs héritiers ou ayant cause, sans une ordonnance du juge.

Ainsi donc toute personne peut se faire délivrer des extraits des actes de l'état civil, soit que ces actes se réfèrent à la personne même qui en demande les extraits, soit qu'ils concernent des tiers. — Et par ces expressions *extraits* des actes de l'état civil, il ne faut pas entendre des copies destinées à relater sommairement les énonciations les plus importantes des actes. Ce sont des copies littérales, entièrement conformes à l'acte qu'elles concernent. — Ces copies sont extraites des registres de l'état civil : de là le nom d'*extraits* qui leur a été donné.

Les extraits sont délivrés, soit par le maire de la commune où l'acte a été fait, soit par le greffier du tribunal de première instance de l'arrondissement. (Art. 45.)

Quelle est la force probante des extraits ?

Les extraits des actes de l'état civil ont la même force probante que les registres. Ils font foi, comme ceux-ci, jusqu'à inscription de faux relativement aux faits que l'officier de l'état civil affirme avoir vu et entendu. Mais, pour avoir cette force probante, ils doivent réunir les conditions suivantes. Il faut :

1° Qu'ils aient été délivrés par l'officier de l'état civil ou par le greffier du tribunal qui sont les dépositaires légaux des registres ;

2° Qu'ils soient certifiés et affirmés conformes aux registres par l'officier de l'état civil ou par le greffier ;

3° Qu'ils soient signés par celui d'entre eux qui en fait la délivrance ;

4° Que la signature ait été légalisée, c'est-à-dire reconnue exacte par le président du tribunal civil de l'arrondissement ou par le juge de paix du canton. — Il en est différemment des actes notariés, qui ne doivent être légalisés que lorsque l'acte doit servir hors du ressort de la Cour d'appel s'il s'agit d'un notaire de première classe, ou bien hors du département s'il s'agit d'un notaire de seconde ou de troisième classe.

Ces conditions étant remplies, les extraits des actes de l'état civil font foi, dit l'article 45, jusqu'à inscription de faux. (Art. 45. Loi du 2 mai 1861.)

Qu'entend-on en disant que les extraits font foi jusqu'à inscription de faux ?

En disant que les extraits des actes de l'état civil font foi jusqu'à inscription de faux, en entend par là que tout le monde doit les tenir pour exacts et conformes à la vérité ; en sorte que celui qui les produit n'a pas à en prouver la sincérité, et que c'est au contraire à la personne qui les attaque à fournir la preuve qu'ils ne sont pas sincères ; ce qu'elle ne peut faire qu'au moyen d'une procédure exceptionnelle, appelée *inscription de faux*.

L'inscription de faux est, comme son nom l'indique, une procédure tendant à prouver la fausseté d'un acte authentique. — Afin de donner plus d'autorité aux actes publics, le législateur a voulu qu'on ne pût pas les attaquer à la légère et par toutes sortes de moyens. En conséquence, il a rendu l'inscription de faux difficile et périlleuse pour celui qui l'entreprend. Ainsi il prononce contre lui une amende de 300 francs au moins s'il vient à succomber dans sa demande, sans préjudice des dommages-intérêts qui peuvent être réclamés par l'officier de l'état civil qui a rédigé l'acte attaqué (1).

Est-il toujours nécessaire de prendre la voie de l'inscription de faux pour attaquer les déclarations contenues dans un acte de l'état civil ?

A cet égard, il y a une distinction importante à faire entre les déclarations qui émanent de l'officier de l'état civil et celles qui émanent des comparants.

S'agit-il des déclarations qui émanent directement de l'officier de l'état civil, on ne peut les attaquer que par la voie de l'inscription de faux. — Les déclarations contenues dans l'acte émanent directement de l'officier de l'état civil, lorsqu'elles portent affir-

(1) Voy. C. de procédure, art. 214 et suiv.: *Du faux incident civil.*

mation d'un fait qu'il a lui-même vu ou entendu : par exemple, quand il affirme que tel jour, à telle heure, les comparants se sont présentés devant lui et lui ont déclaré le fait relaté dans l'acte. — Afin d'assurer, autant que possible, la sincérité des déclarations qui émanent de l'officier de l'état civil, la loi prononce contre lui une peine très rigoureuse, celle des travaux forcés à perpétuité dans le cas où il se rendrait coupable d'une allégation mensongère. Et comme il n'a d'ailleurs aucun intérêt à mentir, son affirmation sera presque toujours conforme à la vérité.

S'agit-il, au contraire, des déclarations qui émanent des comparants, on pourra les attaquer par toute espèce de preuves. Les déclarations émanent des comparants lorsqu'ils affirment un fait qui est à leur connaissance et que l'officier de l'état civil se borne à constater suivant leur déclaration : par exemple, quand ils certifient que l'enfant qu'ils présentent est issu de tel père et qu'il est né tel jour. — Comme la sincérité de leurs déclarations n'est pas aussi énergiquement assurée que celle des déclarations de l'officier de l'état civil, la loi se borne à les tenir pour probables, sans les regarder comme certaines. En conséquence, elle autorise les intéressés à établir par toute espèce de moyens de preuve, même par témoins et par de simples présomptions, qu'elles sont contraires à la vérité (1).

Les faits relatifs à l'état civil peuvent-ils être prouvés par d'autres moyens que l'inscription sur les registres ?

En principe, les faits relatifs à l'état civil des personnes ne peuvent être établis que par l'inscription sur les registres de l'état civil. Mais cette règle reçoit une exception dans deux cas :

1° Lorsqu'il n'a pas existé de registres ou qu'ils ont été tenus irrégulièrement;

2° Lorsque les registres ont été perdus ou détruits en totalité ou en partie.

Le cas d'inexistence ou de destruction des registres est exprimé par l'article 46 ; d'où la dénomination de règle de l'article 46, qui lui est donnée.

Dans cette hypothèse, la personne qui invoque l'inexistence ou

(1) Voy. cependant les objections élevées contre cette doctrine par M. Berthauld, *Questions et exceptions préjudicielles*, p. 36 et suiv.

la destruction des registres, pour pouvoir établir une naissance, un mariage ou un décès autrement que par la voie ordinaire, doit fournir deux sortes de preuves. — Elle démontrera d'abord que les registres n'ont pas existé, ou qu'ils ont été perdus ou détruits. — Puis, une fois cette circonstance établie, elle prouvera que les naissances, mariages et décès qu'elle veut faire constater ont eu lieu.

La preuve de l'inexistence ou de la perte des registres peut être faite tant par titres que par témoins. — Elle résultera le plus souvent de la déclaration de l'officier de l'état civil, ou d'un procès-verbal constatant qu'après recherches faites il a été reconnu que les registres de la commune n'existaient pas au moment où le fait s'est passé, ou qu'ils ont été perdus depuis.

Quant à la preuve des naissances, mariages ou décès qu'on prétend avoir existé, elle se fera tant par les registres et papiers domestiques émanés des père et mère décédés que par témoins. — Si le tribunal l'exige, la preuve devra être faite par l'emploi simultané de ces deux moyens. C'est ce qui résulte du texte de l'article 46, ainsi conçu : « Les naissances, mariages et décès *pourront* être prouvés tant par les registres et papiers des père et mère décédés que par témoins. »

On a voulu trouver dans ces derniers mots « des père et mère décédés » un sens restrictif, d'où il résulterait que les registres et papiers domestiques des père et mère *vivants* ne pourraient pas servir de preuve. — Mais cette opinion est généralement rejetée, et c'est avec raison. Effectivement, l'article 46 autorise les juges à se contenter d'une simple preuve par témoins, si cette preuve leur paraît suffisante. Or il est de règle que tout fait qui peut être prouvé par témoins, sans aucune condition préalable, peut être établi également par tout autre mode de preuve et même par de simples présomptions. Conséquemment, les juges peuvent admettre comme preuves suffisantes les énonciations ou indications contenues, soit dans les registres et papiers des père et mère *décédés*, soit dans ceux des père et mère *vivants*, et même dans ceux de toute autre personne.

Mais, dira-t-on, pourquoi l'article 46 ne mentionne-t-il que les papiers des père et mère *décédés* ? — A cela, il y avait deux raisons. D'abord, lorsque les père et mère sont vivants, il paraît à la fois plus logique et plus sûr de les faire comparaître comme témoins, plutôt que de s'en référer à leurs écrits. Les déclarations qu'ils feront de vive voix, en présence du tribunal, seront plus graves, plus précises, plus concluantes que celles qu'ils auraient pu consigner dans des écrits privés. Puis, dans ce même cas d'existence des père et mère, les déclarations consignées sur leurs registres et papiers domestiques n'ont pas autant de force probante que s'ils étaient morts, parce que ces déclarations peuvent avoir été faites après coup, pour les besoins de la cause.

Dans quels cas les actes de l'état civil faits en pays étrangers sont-ils valables en France ?

Les actes de l'état civil faits en pays étranger sont valables en France dans deux cas :

1° Lorsqu'ils ont été rédigés suivant la forme en usage dans le pays où ils ont été passés. C'est ce qu'exprime la règle *locus regit actum*. — Au reste, cette règle ne vise que la forme extérieure des actes ; il faut, en outre, que les Français qui les accomplissent réunissent toutes les conditions de capacité exigées par la loi française.

2° Lorsqu'ils ont été rédigés par les agents diplomatiques ou par les consuls français.

Les agents diplomatiques et les consuls français sont-ils compétents au sujet des mariages contractés à l'étranger entre Français et étrangers? Un arrêt célèbre de la Cour de cassation, dit arrêt *Summaripa*, en date du 10 août 1819, a tranché la question dans le sens de la négative. — D'après la doctrine consacrée par cet arrêt, les agents diplomatiques et les consuls français ne sont compétents que si l'acte passé à l'étranger ne concerne que des Français. Ainsi le mariage qui aurait été contracté en pays étranger entre un Français et une étrangère ne pourrait être célébré que par l'officier public du pays. En effet, l'agent diplomatique français n'est compétent que par rapport aux Français; tandis que l'officier public étranger est tout à la fois compétent, par rapport à l'étrangère à cause de sa nationalité, et par rapport au Français à cause de la règle *locus regit actum*. (Art. 47, 48.)

Certains actes de l'état civil ne servent-ils pas à modifier d'autres actes antérieurs ?

Oui; certains actes de l'état civil, tels que ceux qui constatent la reconnaissance, la légitimation, l'adoption, se rattachent à l'acte de naissance et lui font subir des modifications importantes. — Le Code s'occupe ici principalement de l'acte qui constate la reconnaissance d'un enfant naturel, lorsque la reconnaissance a lieu postérieurement à l'acte de naissance. — Dans ce cas, la reconnaissance doit être inscrite, à sa date, sur les deux registres, et, en outre, elle doit être mentionnée en marge de l'acte de naissance précédemment inscrit.

L'officier de l'état civil fera cette mention sur les deux registres si la reconnaissance a eu lieu dans l'année de la naissance. Dans le cas contraire, il se bornera à porter la mention sur le registre qui se trouve déposé aux archives de la commune, et il en avertira le procureur de la république, qui veillera à ce que la même mention soit inscrite par le greffier du tribunal civil sur le registre qui a été déposé au greffe. (Art. 49.)

Les irrégularités ou les omissions contenues dans un acte de l'état civil entraînent-elles la nullité de l'acte ?

Non; l'irrégularité d'un acte de l'état civil ne rend pas cet acte nul. Effectivement, il aurait été injuste de rendre les particuliers responsables des erreurs qui proviennent uniquement du fait de l'officier de l'état civil, et qui sont imputables à son ignorance, à sa négligence ou à sa mauvaise foi. — Il en est encore différemment à cet égard des actes notariés, qui sont nuls dans leur entier et qui ne peuvent produire aucun effet, s'ils sont entachés d'un vice de forme dans les cas où la loi exige la solennité de l'acte, comme en matière de donation, de contrat de mariage, d'hypothèque, de testament public. La raison en est que, lorsqu'il s'agit de faire rédiger les actes notariés, les parties intéressées peuvent s'adresser à un notaire de leur choix, tandis que les actes de l'état civil ne peuvent être rédigés que par l'officier de l'état civil déclaré compétent par la loi. En outre, les notaires offrent des garanties professionnelles de capacité et de solvabilité qui permettent aux parties lésées par leur fait d'exercer un recours efficace pour se faire indemniser, tandis qu'on ne pouvait pas exiger des garanties analogues de la part des officiers de l'état civil.

Toutefois, si, en droit, les irrégularités ou les omissions qui se rencontreraient dans un acte de l'état civil ne rendent pas cet acte absolument nul et sans effet, il n'en résulte pas moins qu'en fait les erreurs de cette nature peuvent occasionner un grave préjudice aux parties, en laissant subsister dans l'acte des lacunes ou de fausses indications. — Aussi les rédacteurs du Code se sont-ils préoccupés d'assurer, autant que possible, la bonne tenue des registres de l'état civil, en édictant diverses peines contre les officiers de l'état civil qui se rendraient coupables de négligence ou de mauvaise foi.

Quelles sont les peines qui peuvent être encourues par les officiers de l'état civil ?

Les officiers de l'état civil peuvent encourir, à raison de la mauvaise tenue des actes de l'état civil :

1° Une simple condamnation civile à des dommages-intérêts envers les parties ;

2° Une condamnation pénale consistant en une amende et quelquefois en un emprisonnement, sans préjudice des dommages-intérêts envers les parties, s'il y a lieu ;

3° Une condamnation à la peine des travaux forcés à perpétuité, sans préjudice des dommages-intérêts.

I. *Cas d'une simple condamnation civile à des dommages-intérêts.* — Les officiers de l'état civil encourent une simple condamnation civile à des dommages-intérêts envers les parties lorsque les registres ont été altérés ou détruits par des tiers, ou même lorsqu'ils ont été détruits par accident, s'il était établi que l'officier de l'état civil aurait pu les sauver en montrant plus de vigilance.

Ce que la loi punit ici, c'est la simple négligence de l'officier de l'état civil, qui, en sa qualité de dépositaire des registres, est tenu de veiller avec soin à leur conservation. Aussi elle ne le frappe pas d'une peine proprement dite ; elle se borne à le rendre civilement responsable du préjudice causé aux parties, sauf son recours contre les auteurs de la destruction ou de l'altération des registres.

II. *Cas d'une condamnation à l'amende ou à l'emprisonnement.* — Les officiers de l'état civil encourent une condamnation pénale à une amende de 100 francs au plus, sans préjudice des dommages-intérêts, s'il y a lieu, lorsqu'il a été commis par négligence des erreurs ou des omissions, telles qu'une date écrite en chiffres au lieu d'être portée en toutes lettres, l'oubli d'un nom, etc. Ici, il ne s'agit plus d'un simple défaut de surveillance de la part de l'officier de l'état civil, mais d'un fait dont il est lui-même l'auteur. Mais, comme le fait dont il est question provient

de l'inattention et non d'une intention de nuire, les rédacteurs
du Code ont voulu éviter aux officiers de l'état civil la honte
d'être poursuivis devant les tribunaux correctionnels, et ils ont
décidé que l'amende serait prononcée par le tribunal civil.

Mais il est un cas où la loi s'est montrée plus sévère, c'est
lorsqu'il s'agit de l'inscription d'un acte sur une simple feuille volante. Cette inscription constitue un véritable délit correctionnel,
que l'article 192 du Code pénal punit d'un emprisonnement de
un à trois mois et d'une amende de 16 à 200 francs. Dans ce
cas, l'officier de l'état civil devra comparaître devant le tribunal
correctionnel, dont le jugement sera inscrit sur les registres de
l'état civil, pour tenir lieu de l'acte qui aurait dû y être inscrit.

III. *Cas d'une condamnation aux travaux forcés à perpétuité.*
— Enfin les officiers de l'état civil encourent une condamnation
aux travaux forcés à perpétuité, sans préjudice des dommages-
intérêts qui peuvent leur être réclamés par les parties lésées,
lorsqu'ils ont commis volontairement des altérations ou des faux
sur les actes qu'ils étaient chargés de rédiger.

Le procureur de la république est spécialement chargé de la
surveillance des officiers de l'état civil. Il doit, lors du dépôt des
registres au greffe, en vérifier l'état et poursuivre les contraventions et les délits qu'il y a découverts.

Mais le procureur de la république n'est compétent que pour
réclamer l'application de la peine : la demande en rectification
des actes irréguliers doit émaner des parties elles-mêmes. Cette
demande sera formée devant les tribunaux civils, et les parties
auront la faculté de se pourvoir en appel contre la décision des
premiers juges. (Art. 50, 51, 52, 53, 54. — C. p. 145.)

CHAPITRE DEUXIÈME

DES ACTES DE NAISSANCE.

Articles 55 à 62.

Comment sont rédigés les actes de naissance ?
Les actes de naissance servent à constater le lieu de nais-

sance et l'âge des personnes, ainsi que la filiation des enfants légitimes.

Les actes de naissance doivent être rédigés par l'officier de l'état civil du lieu de l'accouchement, conformément aux déclarations qui lui sont faites par les personnes que la loi oblige à les faire.

Suivant notre article, l'enfant *doit être présenté* à l'officier de l'état civil, afin qu'il puisse s'assurer de son existence, de son âge et de son sexe. Toutefois, si le déplacement de l'enfant pouvait mettre sa vie en danger, l'officier de l'état civil devrait se transporter avec ses registres au lieu où il se trouve (1). (Art. 55.)

Dans quel délai les déclarations de naissance doivent-elles être faites ?

Les déclarations de naissance doivent être faites dans un délai de trois jours francs à partir de l'accouchement, en présence de deux témoins.

Si l'officier de l'état civil connaît d'une manière quelconque que l'enfant dont on lui déclare la naissance a plus de trois jours, il doit refuser de l'inscrire sur ses registres. Effectivement, les rectifications relatives aux actes de l'état civil ne peuvent être faites qu'en vertu d'un jugement. Or, s'il est ainsi d'une simple rectification, il doit évidemment en être de même de l'inscription d'un acte après l'expiration des délais fixés pour la faire. — C'est ce qu'a décidé un avis du conseil d'État, du 8 brumaire an XI. (Art. 55.)

Quelles sont les personnes qui doivent déclarer la naissance d'un enfant ?

Les personnes qui doivent déclarer la naissance d'un enfant sont :

1° Le père de l'enfant. — Toutefois, si c'est un enfant naturel, le père n'est obligé de déclarer la naissance que s'il veut le reconnaître immédiatement.

2° A défaut du père, c'est-à-dire si celui-ci est inconnu, s'il est absent ou dans l'impossibilité de faire la déclaration, elle sera faite, soit par le médecin, soit par la sage-femme, soit par la garde-

---

(1) D'après la loi du 20 septembre 1792, l'officier public était tenu, en cas de péril imminent, et sur la réquisition qui lui en était faite, de se transporter dans la maison où était le nouveau né. — Ces expressions du Code « *l'enfant sera présenté à l'officier de l'état civil* » impliquent la même idée.

malade, soit par toute autre personne ayant assisté à l'accouchement.

3° Dans le cas où la mère est accouchée hors de son domicile,
elle sera faite par le maître de la maison où l'accouchement a eu
lieu.

Aussitôt que la déclaration a été faite, l'acte de naissance est
rédigé en présence du déclarant et de deux témoins.

Le Code civil n'avait d'ailleurs attaché aucune sanction à l'o-
bligation de faire la déclaration de naissance dans les trois jours
de l'accouchement. L'article 346 du Code pénal est venu combler cette lacune, en prononçant un emprisonnement de six jours
à six mois et une amende de 16 à 300 francs contre toute personne qui, ayant assisté à l'accouchement, n'a pas fait la déclaration de naissance

Mais cette obligation n'est pas imposée concurremment et solidairement aux personnes que nous avons désignées. Elles ne
doivent l'accomplir que les unes à défaut des autres et dans
l'ordre suivant :

1° Le père n'est tenu de déclarer la naissance que lorsqu'il est
présent et qu'il a assisté à l'accouchement ;

2° Le maître de la maison chez qui la mère est accouchée n'y
est tenu qu'à défaut du père ;

3° Enfin le médecin accoucheur, la sage-femme, ou les personnes qui ont assisté à l'accouchement, n'y sont obligés qu'à
défaut du père et du maître de la maison où a eu lieu l'accouchement. (Art. 56.)

Que doivent énoncer les actes de naissance ?

Les actes de naissance doivent énoncer :

1° Le jour et l'heure de la naissance ;

2° Le lieu de l'accouchement ;

3° Le sexe de l'enfant et les prénoms qui lui seront donnés ;

4° Les prénoms, noms, profession et domicile des père et mère
légitimes de l'enfant et ceux des témoins.

Ces énonciations ont chacune leur utilité. — Celle du jour et
de l'heure de la naissance sert à déterminer l'époque de la majorité de l'enfant ; et, en outre, lorsque la mère a eu deux enfants
jumeaux, quel est celui qui est né le premier. — L'indication du
lieu de l'accouchement est utile pour faire connaître si l'officier
de l'état civil a instrumenté dans le ressort de sa circonscription

7

territoriale. — L'indication du sexe de l'enfant et des prénoms
qui lui seront donnés sert à constater son identité. — Enfin l'indication des prénoms, noms, profession et domicile des
père et mère légitimes de l'enfant est nécessaire pour établir sa
filiation légitime.

En ce qui concerne les prénoms à donner à l'enfant, une loi
du 11 germinal an XI a décidé que les officiers de l'état civil ne
pourraient point inscrire dans l'acte de naissance tous les prénoms qui leurs sont déclarés. Ils ne doivent admettre que ceux
qui sont en usage dans les différents calendriers, et ceux des per-
sonnages connus de l'histoire ancienne. (Art. 57.)

**Quelle énonciation l'officier de l'état civil doit-il faire lors-
qu'on lui présente un enfant mort ?**

L'officier de l'état civil auquel on présente un enfant mort
dont la naissance n'a pas encore été inscrite, rédige, sur le registre des décès, un acte qui constate à la fois la naissance et le
décès. Mais il doit se borner à déclarer dans cet acte que l'enfant
qu'on lui présente est *sans vie*, sans indiquer s'il est mort-né ou
s'il est né vivant et viable.

Pour se rendre compte de cette disposition, il faut savoir
qu'un enfant qui est né vivant et viable est apte à recueillir les
successions qui viendraient à lui échoir pendant sa conception,
et à les transmettre ensuite, en mourant, à ses propres héritiers;
tandis que celui qui est mort-né ne peut recueillir aucun bien,
et se trouve par suite incapable d'en transmettre.

Les héritiers d'un enfant qui n'a pas vécu ont donc un intérêt
considérable à faire reconnaître que l'enfant était né vivant et
viable. Or, c'est précisément à cause de l'importance de ce fait,
que le législateur n'a pas voulu qu'il pût être établi par une
simple déclaration émanée des comparants.

Un exemple montrera quelle est la sagesse de cette disposition.
On sait que les époux ne peuvent hériter l'un de l'autre qu'à défaut de parents jusqu'au douzième degré ; d'autre part, le père
ou la mère survivante sont appelés à recueillir chacun la moitié
des biens de leurs enfants. Cela posé, supposons qu'une veuve,
jusque là sans enfants, accouche dans les neuf mois de la mort de
son mari. L'enfant qui survient, étant réputé légitime, pourra succéder à son père, et, s'il vient à mourir lui-même, il transmettra
à sa mère la moitié des biens qu'il avait recueillis du chef de son

père. Mais il faut pour cela qu'il soit né vivant et viable ; il faut qu'il ait vécu, ne serait-ce que durant l'intervalle de quelques minutes. Dès lors, il est facile de concevoir combien la mère aurait intérêt à provoquer sur ce point une déclaration mensongère de la part des personnes qui ont assisté à l'accouchement si leur déclaration était de nature à faire trancher la question dans le sens qui lui est favorable. C'est donc avec raison que la loi a préféré la laisser en suspens. (Décret du 4 juillet 1806.)

Les noms des père et mère naturels doivent-ils être mentionnés dans l'acte de naissance ?

Ainsi qu'on l'a vu précédemment, les noms des père et mère légitimes doivent être mentionnés dans l'acte de naissance ; car cet acte est destiné à établir la filiation de l'enfant comme son identité. Avant d'examiner s'il faut appliquer cette règle aux père et mère naturels, nous ferons observer que, suivant les articles 62 et 334, la filiation naturelle résulte directement de l'acte de reconnaissance et non point de l'acte de naissance, ou du moins qu'elle n'est établie par celui-ci qu'autant qu'il contient une reconnaissance de paternité ou de maternité faite au moment de la présentation de l'enfant, soit par les parents eux-mêmes, soit par les comparants.

Lorsque les père et mère naturels n'ont pas reconnu l'enfant et qu'ils n'ont pas donné mandat aux comparants de le reconnaître pour eux, tout le monde convient que le nom du père ne doit pas être mentionné dans l'acte, parce que la paternité naturelle ne peut résulter que d'une reconnaissance. — Quant à la question de savoir si celui de la mère peut être mentionné sans qu'elle y ait consenti, elle présente plus de difficultés. Et d'abord deux hypothèses peuvent se présenter : 1° les comparants refusent de faire connaître le nom de la mère ; 2° ils le font connaître.

Examinons chacune de ces hypothèses.

I. *Les comparants refusent de faire connaître le nom de la mère naturelle.* — Habituellement, les officiers de l'état civil exigent que les comparants fassent connaître le nom de la mère naturelle ; à défaut de cette déclaration, ils refusent de dresser l'acte. Mais c'est là une pratique abusive et dangereuse. D'abord, elle est abusive : effectivement, aucune loi n'oblige les comparants à faire connaître le nom de la mère naturelle. Sans doute, l'article 57 décide bien que les noms des père et mère doivent être portés sur l'acte de naissance, mais cet article n'entend parler que des père et mère légitimes. De plus, cette pratique est dangereuse; car elle pousse la mère à l'infanticide, en ne lui permettant pas de cacher son déshonneur.

Concluons-en que les officiers de l'état civil ne doivent pas se refuser à dresser l'acte, lorsque les comparants ne veulent pas faire connaître le nom de la mère naturelle. Ils inscriront alors l'enfant comme né d'une mère inconnue.

Voyons maintenant la seconde hypothèse.

II. *Les comparants font connaître le nom de la mère naturelle, mais sans le consentement de celle-ci.* — L'officier de l'état civil doit-il mentionner le nom de la mère naturelle, lorsque les comparants le font connaître sans le consentement de celle-ci ? Sur ce point, il existe trois systèmes. Suivant le premier, il doit le mentionner ; suivant le second, il ne doit pas mais il peut le mentionner ; suivant le troisième enfin, il ne doit ni ne peut le mentionner sans le consentement de la mère.

Le premier système ne nous paraît pas admissible. Effective-ment, l'article 35 dit formellement que les officiers de l'état ci-vil ne doivent insérer dans les actes qu'ils reçoivent que ce que la loi a prescrit d'y insérer. Or la loi, comme on l'a vu précédem-ment, ne prescrit d'insérer dans l'acte de naissance que les noms des père et mère légitimes. Donc l'officier de l'état civil n'est pas tenu d'y insérer le nom de la mère naturelle (1).

Suivant le second système, l'officier de l'état civil n'est pas tenu de mentionner le nom de la mère naturelle ; mais il peut le faire, s'il le juge à propos. — En effet, il peut tenir compte des déclarations qui, sans être prescrites expressément, rentrent ce-pendant dans l'esprit de la loi. Or, telle est la déclaration du nom de la mère naturelle, parce qu'elle pourra dans la suite servir d'indice à l'enfant et lui faciliter la recherche de la maternité.

Ce système, défendu avec talent par M. Demolombe, est suivi dans la pratique. Mais il ne nous paraît pas tenir suffisam-ment compte de la règle de l'article 35, qui prescrit aux offi-ciers de l'état civil de n'insérer dans l'acte de naissance que les déclarations ordonnées par la loi. Cette règle est trop précise et

(1) *Pour ce système :* **Valette,** *Cours de Code civil,* p. 117 et 118 ; — Merlin, *Quest.* Voy. *Maternité,* p. 290. — Toulier, t. Ier, n. 317. — Duranton, t. Ier, n. 315.

elle a en même temps un caractère trop restrictif, pour laisser supposer que les officiers de l'état civil puissent, au gré de leurs appréciations, mentionner une déclaration qui leur a été faite ou ne pas la mentionner. En un mot, les faits relatés dans les actes de l'état civil doivent s'y trouver parce que la loi le veut, et non point parce que les comparants ont voulu les déclarer et l'officier de l'état civil recevoir leur déclaration (1).

En résumé, l'officier de l'état civil doit mentionner les noms des père et mère de l'enfant :

1° Lorsque l'enfant lui est présenté comme enfant légitime ;

2° Lorsqu'il lui est présenté comme enfant naturel, mais que ses père et mère le reconnaissent expressément, soit en personne soit par mandataire.

Il peut, suivant une opinion généralement admise, mentionner le nom de la mère naturelle, même sans le consentement de celle-ci, lorsque les comparants l'ont fait connaître. — A l'inverse, il ne peut jamais mentionner le nom du père naturel sans son consentement.

Les enfants naturels peuvent-ils être reconnus autrement que par l'acte de naissance ?

Oui ; comme nous l'avons dit plus haut, les enfants naturels qui n'ont pas été reconnus au moment de leur naissance et qui ont été inscrits comme nés de père et mère inconnus, peuvent être reconnus dans la suite, soit par leurs père et mère, soit par l'un d'eux seulement, au moyen d'un acte authentique de reconnaissance passé devant notaire ou dressé par un officier public.

Dans le premier cas, la minute de l'acte qui constate la reconnaissance restera chez le notaire ; dans le second cas, l'acte sera inscrit, à sa date, sur les registres de l'état civil, et il en sera fait mention en marge de l'acte de naissance. (Art. 62.)

Que doit-on faire lorsqu'on trouve un enfant nouveau-né ?

La personne qui trouve un enfant nouveau-né est tenue de le remettre à l'officier de l'état civil, ainsi que les vêtements et autres effets trouvés avec l'enfant, et de déclarer toutes les circonstances du temps et du lieu où il a été trouvé. Cette déclaration servira à déterminer l'individualité de l'enfant et à le faire reconnaître un jour par ses parents. — Aux termes de l'article 347

(1) *Sic :* Berthauld, *Questions et exceptions préjudicielles*, n. 38 et 40. — Ducaurroy, Bonnier et Roustain, I, n. 136.

du Code pénal, la personne qui a négligé de la faire est punie d'une amende de 16 à 300 francs et d'un emprisonnement de six jours à six mois.

L'officier de l'état civil à qui l'enfant est remis dresse un procès-verbal détaillé des déclarations qui sont faites. Ce procès-verbal énonce en outre l'âge apparent de l'enfant, son sexe, les noms qui lui seront donnés, l'autorité à laquelle il sera remis. Il est inscrit sur les registres de l'état civil. (Art. 58.)

Comment sont dressés les actes de naissance relatifs aux enfants qui sont nés pendant un voyage en mer ?

S'il naît un enfant pendant un voyage en mer, l'acte de naissance est dressé dans les vingt-quatre heures et inscrit à la suite du rôle d'équipage, en présence du père, s'il est sur le navire, et de deux témoins, par le capitaine ou patron du navire sur les bâtiments de commerce, et par l'officier d'administration de la marine sur les bâtiments de l'État.

Au premier port où le bâtiment abordera, une expédition en est déposée au bureau de l'inscription maritime, ou, si c'est un port étranger, entre les mains du consul français. En même temps, une autre expédition est adressée au ministre de la marine, qui en envoie une copie, de lui certifiée, à l'officier de l'état civil du domicile des parents de l'enfant pour qu'il l'inscrive sur les registres de la commune.

A l'arrivée du bâtiment dans le lieu de sa destination, le rôle d'équipage est déposé au bureau du préposé de l'inscription maritime, qui envoie une expédition de l'acte de naissance, signée de lui, à l'officier de l'état civil du domicile des parents de l'enfant, qui l'inscrira sur les registres. (Art. 59, 60, 61.)

CHAPITRE TROISIÈME

DES ACTES DE MARIAGE.

Articles 63 à 76.

Ce chapitre traite des formalités qui précèdent et qui accompagnent la célébration du mariage. Suivant l'exemple de plusieurs commentateurs du Code, nous avons pensé qu'il était préférable de renvoyer l'étude des dispositions qui y sont contenues au titre *Du mariage*, où l'on trouvera ainsi, réunies en un seul corps, toutes les questions qui se rattachent à cet acte solennel.

CHAPITRE QUATRIÈME

DES ACTES DE DÉCÈS,

Articles 77 à 87.

Comment sont rédigés les actes de décès ?

Les actes de décès servent à constater le décès d'une personne, ainsi que l'identité de la personne décédée.

Lorsqu'une personne est décédée, l'officier de l'état civil doit se transporter auprès de la personne décédée pour constater le décès ; en pratique, il se fait suppléer par un docteur médecin chargé de le remplacer pour cette vérification.

L'autorisation d'inhumer, c'est-à-dire de procéder à la cérémonie des funérailles, n'est donnée qu'après que cette vérification a eu lieu. — Elle est délivrée sur papier libre, c'est-à-dire sur papier non timbré, et sans frais, par l'officier de l'état civil, qui alors dresse l'acte de décès.

La loi ne fixe aucun délai obligatoire pour la rédaction de l'acte de décès ; mais l'officier de l'état civil sera nécessairement averti dans un délai assez court, puisqu'il faut que son autorisation soit donnée pour l'inhumation, qui ne peut être longtemps retardée.

Quant à l'inhumation elle-même, elle ne peut, aux termes de l'article 358 du Code pénal, avoir lieu que vingt-quatre heures après le décès, sous peine d'un emprisonnement de six jours à six mois et d'une amende de 16 à 50 francs. — Cette disposition préviendra le danger des inhumations anticipées. (Art. 77.)

La loi oblige-t-elle certaines personnes à faire les déclarations de décès ?

Non ; la loi n'oblige pas certaines personnes à faire les déclarations de décès, comme elle y oblige pour les déclarations de naissance. Elle se borne à énoncer que les déclarants doivent être, s'il est possible, les deux plus proches parents ou voisins du défunt, ou, s'il est décédé hors de son domicile, la personne chez laquelle le décès a eu lieu, et un parent ou voisin. Aucune peine n'est prononcée contre ces personnes si elles n'ont pas déclaré le décès, ou si elles ne l'ont déclaré que tardivement.

Cette absence de dispositions pénales tient à plusieurs motifs. D'abord, il n'y avait pas de fraude à prévenir, parce que les parents ou voisins du défunt n'ont en général aucun intérêt à cacher son décès. — En second lieu, la disposition de l'article 77 qui défend de procéder à l'inhumation du cadavre tant que la déclaration du décès n'a pas été faite, a paru suffisante pour assurer l'accomplissement de cette formalité.

Il n'est pas nécessaire d'amener des témoins pour faire la déclaration des actes de décès. Les déclarants sont tout à la fois déclarants et témoins. (Art. 78.)

Que doivent énoncer les actes de décès ?

Les actes de décès doivent énoncer :

1° Les prénoms, nom, âge, profession et domicile de la personne décédée, ainsi que des comparants ;

2° Les prénoms et nom de l'autre époux, si la personne décédée avait été mariée;

3° Les prénoms, nom, âge, profession et domicile des père et mère du défunt, s'il est possible de les connaître;

4° Le lieu de naissance de la personne décédée. (Art. 79.)

Les actes de décès doivent-ils énoncer le jour et l'heure du décès ?

La loi, qui prescrit de mentionner dans les actes de naissance le jour et l'heure de la naissance, n'oblige pas à mentionner dans les actes de décès le jour et l'heure où le décès est arrivé. Or, comme les officiers de l'état civil ne doivent insérer dans les actes qu'ils reçoivent que les faits que la loi leur prescrit d'y insérer, on décide généralement qu'ils ne sont pas tenus de mentionner le jour et l'heure du décès, alors même que les comparants en font la déclaration.

Mais si l'on est généralement d'accord pour décider que les officiers de l'état civil ne sont pas *tenus* de faire cette mention, il en est différemment sur le point de savoir s'ils n'en ont pas la *faculté*. — A cet égard, nous trouvons deux systèmes.

Suivant le premier, il faut admettre l'affirmative. Effectivement, la mention du jour et de l'heure du décès ne pourra nuire sérieusement à personne ; car, en supposant qu'elle se trouve être inexacte, elle serait susceptible d'être combattue par une preuve contraire, parce qu'elle émane des comparants et non point de l'officier public.

Le second système admet la négative, et c'est avec raison. D'abord, puisque les officiers de l'état civil ne peuvent insérer dans les actes qu'ils reçoivent que les faits que la loi leur prescrit d'y insérer, on doit nécessairement tenir la mention du jour et de l'heure du décès pour prohibée, par cela seul qu'elle n'est point prescrite. En second lieu, il y aurait un inconvénient d'autant plus grave à faire cette mention qu'elle pourrait avoir dans certains cas une grande importance, tout en n'offrant pas des garanties de sincérité suffisantes. — C'est ainsi que l'attribution d'une hérédité à telle personne plutôt qu'à telle autre, dépendra quelquefois de la fixation exacte du moment du décès. La déclaration qui serait faite à cet égard par les comparants n'offrirait pas assurément toutes les garanties de sincérité désirables, et cependant elle n'en établirait pas moins une présomption qu'il serait difficile de faire tomber. C'est donc avec raison que le législateur a voulu réserver cette question, en laissant les intéressés dans des conditions égales de preuve (1).

Un exemple fera comprendre notre pensée. Supposons que le père et le fils meurent à la même époque : si le père est mort le premier, le fils a pu recueillir sa succession, et, s'il vient lui-même à mourir, il la transmettra pour partie à sa mère. Dans le cas contraire, la succession sera appréhendée en totalité par les héritiers du mari. On voit par là combien la mère aurait intérêt à faire déclarer le prédécès du père, afin d'établir une présomption conforme à ses prétentions, et qu'il serait ensuite difficile à ses adversaires de faire tomber.

Comment les actes de décès sont-ils dressés en cas de mort dans les hôpitaux ou dans les autres établissements publics ?

En cas de mort dans les hôpitaux ou dans les autres établissements publics, les directeurs de ces établissements doivent en donner avis, dans les vingt-quatre heures, à l'officier de l'état

(1) *En ce sens* : Demolombe, I, 304; Mourlon, I, 300, note.

civil du lieu. Celui-ci se transportera auxdits hospices ou établissements publics pour s'assurer du décès. Il en dressera l'acte d'a-
près les renseignements qu'il aura recueillis, et en adressera
copie à l'officier de l'état civil du dernier domicile de la personne
décédée, qui l'inscrira sur les registres. (Art. 80.)

**Comment les actes de décès sont-ils dressés lorsqu'il y a
soupçon de mort violente ?**

Lorsqu'il y a soupçon de mort violente, l'acte de décès ne peut
être rédigé et l'inhumation ne peut avoir lieu avant qu'un officier
de police, assisté d'un docteur en médecine, n'ait dressé un procès-verbal de l'état du cadavre et des circonstances relatives au
décès, ainsi que des renseignements qu'il aura pu recueillir sur
les prénoms, nom, âge et profession, lieu de naissance et domicile de la personne décédée.

Aussitôt que ce procès-verbal aura été dressé, l'officier de police transmettra les renseignements qu'il contient à l'officier de
l'état civil du lieu du décès. Celui-ci rédigera l'acte de décès et
en enverra copie à l'officier de l'état civil du domicile de la personne décédée, qui l'inscrira sur les registres. (Art. 81, 82.)

**Comment les actes de décès des suppliciés sont-ils ré-
digés ?**

Les actes de décès des suppliciés sont rédigés par l'officier de
l'état civil du lieu du décès, d'après les renseignements qui lui
sont fournis par le greffier criminel sur les prénoms, nom, âge,
profession, lieu de naissance et domicile du supplicié. Une copie
de l'acte de décès est ensuite envoyée à l'officier de l'état civil du
domicile de l'exécuté, qui l'inscrira sur les registres.

Dans l'intérêt de la famille du condamné, la loi décide que
l'acte de décès ne fera pas mention du genre de mort. (Art. 83, 85.)

**Comment les actes de décès sont-ils rédigés en cas de mort
dans les prisons ?**

En cas de mort dans les prisons, les concierges ou gardiens de
la prison doivent en donner avis à l'officier de l'état civil du lieu.
Celui-ci se transportera aussitôt dans les prisons et y rédigera
l'acte de décès d'après les renseignements qui lui seront fournis.
— Il adressera ensuite copie de cet acte à l'officier de l'état civil
du domicile du prisonnier décédé, qui l'inscrira sur ses registres,
sans mentionner que le décès a eu lieu en prison. (Art. 84, 85.)

DES ACTES DE L'ÉTAT CIVIL.   107

Comment les actes de décès sont-ils rédigés en cas de mort pendant un voyage en mer ?

En cas de mórt pendant un voyage en mer, l'acte de décès sera rédigé dans les vingt-quatre heures, en présence de deux témoins, par l'officier d'administration de la marine sur les bâtiments de l'Etat, et par le capitaine sur les bâtiments de commerce.

Au premier port où le bâtiment abordera, l'officier d'administration ou le capitaine qui a rédigé l'acte en déposera deux expéditions, conformément à l'article 60. — Enfin, à l'arrivée dans le lieu de la destination, le rôle d'équipage, sur lequel est inscrit l'acte de décès, sera déposé au bureau du préposé à l'inscription maritime, qui enverra copie de l'acte à l'officier de l'état civil du lieu de la personne décédée, et celui-ci l'inscrira sur les registres. (Art. 86, 87.)

Comment les actes de décès sont-ils rédigés en cas de mort par accident et lorsque le corps n'a pas été retrouvé ?

En cas de mort par accident, par exemple, lorsque des ouvriers ont péri dans une exploitation par l'effet d'éboulements, si les corps sont retrouvés, les officiers de l'État civil doivent se les faire représenter pour dresser procès-verbal de l'accident avant l'inhumation.

S'il y a impossibilité de retrouver les corps, l'officier de l'état civil du lieu dresse procès-verbal de toutes les circonstances de l'événement, et le transmet au procureur de la république. Sur l'autorisation du tribunal, ce procès-verbal est annexé aux registres de l'état civil pour tenir lieu d'acte de décès. (Décret du 3 janvier 1813.)

CHAPITRE CINQUIÈME

DES ACTES DE L'ÉTAT CIVIL CONCERNANT LES MILITAIRES EN CAMPAGNE.

Articles 88 à 98.

La règle « locus regit actum » est-elle applicable aux militaires en campagne ?

Non; la règle *locus regit actum* ne s'applique pas aux militaires en campagne. — Sur la proposition de Napoléon Bonaparte, alors premier consul, les rédacteurs du Code l'ont remplacée pour les militaires par ce principe nouveau : « *Là où est le drapeau, là est la France.* »

Cette formule signifie que la partie du territoire étranger occupée par les armées françaises est soumise à l'autorité française en ce qui concerne la tenue des actes de l'état civil, qui sont alors rédigés dans des formes spéciales et par des officiers militaires désignés à cet effet. — On s'accorde généralement à dire que ces formes spéciales pourraient même être étendues aux militaires qui se trouvent en France et qui font partie d'un corps d'armée qui, par suite des nécessités de la guerre, se trouverait sans communications avec les autorités civiles ordinaires.

En conséquence, les officiers militaires français désignés à cet effet sont compétents pour rédiger les actes concernant les militaires en campagne et les personnes attachées à l'armée, alors même qu'il s'agit du mariage d'un militaire avec une personne du pays occupé (1). (Art. 88.)

Quels sont les officiers militaires qui remplissent les fonctions d'officiers de l'état civil ?

Les fonctions d'officiers de l'état civil sont remplies à l'armée :

1° Dans les corps composés d'un bataillon au moins, par les majors. — Autrefois, par les quartiers-maîtres.

2° Dans les autres corps, par le capitaine commandant.

3° Pour les officiers sans troupes et pour les employés de l'ar-

_____

(1) Voy. sur cette question, Marcadé, t. I, n. 279 et suiv

mée, par les intendants et sous-intendants militaires. — Autrefois, par les inspecteurs aux revues.

Dans chaque corps de troupes, il est tenu un seul registre pour les naissances, mariages et décès relatifs aux individus de ce corps. — Un autre registre est tenu à l'état-major de l'armée pour les actes relatifs aux officiers sans troupes et aux employés de l'armée.

Ces registres doivent être cotés et paraphés, dans chaque corps, par l'officier qui le commande ; et, à l'état-major, par le chef de l'état-major général. (Art. 89, 90, 91).

Quelles sont les formes à observer pour la rédaction des actes ?

A cet égard, il faut distinguer les formes relatives aux actes de naissance, celles relatives aux actes de mariage, et celles relatives aux actes de décès.

I. *Formes des actes de naissance.* — Les déclarations de naissance à l'armée doivent être faites dans les dix jours qui suivent l'accouchement.

Ces déclarations faites, l'officier militaire chargé de la tenue du registre de l'état civil en adresse un extrait à l'officier de l'état civil du dernier domicile du père de l'enfant, ou à celui du dernier domicile de la mère, si le père est inconnu. — Cet extrait doit être adressé dans les dix jours qui suivent la déclaration.

II. *Formes des actes de mariage.* — Les publications de mariage des militaires ou des employés attachés à l'armée sont faites au lieu de leur dernier domicile. — En outre, elles sont mises à l'ordre du jour du corps pour les individus attachés à un corps, et à l'ordre du jour de l'armée pour les officiers sans corps et les employés, vingt-cinq jours avant la célébration du mariage.

Immédiatement après l'inscription sur le registre de l'acte de célébration du mariage, l'officier militaire qui en a la tenue adressera une copie de cet acte à l'officier de l'état civil du dernier domicile des époux.

Notons que les militaires qui font partie de l'armée active ne peuvent se marier sans avoir une autorisation écrite du ministre de la guerre.

III. *Formes des actes de décès.* — Les actes de décès sont dressés dans chaque corps par le major du régiment, et pour les officiers sans corps et les employés attachés à l'armée par les intendants militaires, sur l'attestation de trois témoins. — Un extrait de ces actes est adressé dans les dix jours à l'officier de l'état civil du domicile de la personne décédée.

En cas de décès dans les hôpitaux militaires ambulants ou sédentaires, l'acte est rédigé par le directeur de ces hôpitaux, et envoyé au major du régiment ou à l'intendant militaire de l'armée. Ceux-ci en feront eux-mêmes parvenir une copie à l'officier de l'état civil du dernier domicile de la personne décédée, qui l'inscrira de suite sur les registres. (Art. 92, 93, 94, 95, 96, 97, 98.)

Les officiers militaires sont-ils seuls compétents dans les cas dont il s'agit ici ?

A cet égard, il y a deux systèmes :

Suivant un premier système, soutenu par Merlin, les officiers militaires sont seuls compétents pour les individus qui font partie de l'armée. — Ainsi, par exemple, le militaire en campagne ne peut se marier, ni devant les officiers de l'état civil étrangers ni devant les agents diplomatiques français ; mais seulement devant l'officier militaire français, autorisé par la loi à cet effet. — Ce système est conforme au texte des articles 88 et 89.

Néanmoins le système opposé a triomphé dans la pratique, par la raison qu'il y aurait de sérieuses difficultés à attribuer une compétence exclusive aux officiers militaires. — Supposons, par exemple, qu'une femme attachée à l'armée accouche dans un village occupé par un détachement, l'officier militaire pourrait se trouver à une distance trop éloignée pour rédiger l'acte de naissance, tandis qu'on a sous la main le magistrat ou le curé de l'endroit (1).

Cette solution n'est d'ailleurs applicable aux agents diplomatiques français qu'autant que les actes dont il s'agit ne concernent que des Français.

(1) Valette, *Cours de Code civil*, p. 122.

CHAPITRE SIXIÈME

DE LA RECTIFICATION DES ACTES DE L'ÉTAT CIVIL.

Articles 99 à 101.

Dans quel cas y a-t-il lieu de demander la rectification d'un acte de l'état civil ?

Il y a lieu de demander la rectification d'un acte de l'état civil :

1° Lorsque l'acte ne porte pas toutes les énonciations qui étaient prescrites par la loi. — Par exemple, lorsque le sexe de l'enfant ou les noms des père et mère légitimes n'ont pas été portés sur l'acte de naissance;

2° Lorsque l'acte mentionne, au contraire, des faits qu'il ne devrait pas mentionner. — Par exemple, lorsque le genre de mort est mentionné sur l'acte de décès d'un supplicié.

3° Lorsque l'acte a été altéré après coup, ou lorsqu'il s'y trouve des désignations inexactes de noms ou de prénoms;

4° Lorsque l'acte n'a pas été dressé dans les délais prescrits par la loi. Dans ce cas, l'officier de l'état civil ne peut plus le rédiger, et il faut un jugement en rectification pour y suppléer. — C'est ce qui arrive lorsque l'enfant nouveau-né est présenté après les trois jours de l'accouchement.

De quelle manière la rectification a-t-elle lieu ?

La rectification des actes de l'état civil ne peut avoir lieu que par un jugement. — Le jugement est nécessaire non seulement lorsqu'il faut rectifier les énonciations inexactes ou qui ne devaient pas être portées, mais même lorsqu'on veut simplement faire changer l'orthographe d'un nom ou d'un prénom (1).

La demande en rectification doit être formée par les parties

(1) Toutefois, d'après un avis du conseil d'État, du 30 mars 1808, lorsqu'il s'agit d'un nom mal orthographié dans l'acte de naissance d'un enfant, ou de la suppression d'un ou de plusieurs prénoms de ses père ou mère, il suffira, lorsque cet enfant viendra à se marier, que ses père, mère ou aïeuls, dont le consentement est requis pour le mariage, attestent l'identité. Si les ascendants sont morts, l'identité sera valablement attestée par le conseil de famille si l'enfant est mineur, ou par les quatre témoins du mariage.

intéressées elles-mêmes. — Le ministère public ne peut pas la requérir, ni le tribunal la prononcer d'office. Mais une fois l'instance engagée à la requête des intéressés, le ministère public doit donner ses conclusions.

Bien entendu, on suppose ici qu'il s'agit d'une instance purement civile. Si l'irrégularité de l'acte résultait de la négligence ou de la fraude de l'officier de l'état civil qui l'a rédigé, il y aurait lieu à une action pénale, pourvu d'ailleurs que l'officier de l'état civil fût encore vivant et qu'il n'y ait pas prescription. — Dans ce cas, l'action civile en rectification serait suspendue, à moins qu'il ne s'agisse de suppression d'état, jusqu'à la solution du procès pénal, et le ministère public prendrait en main la poursuite (1). (Art. 99.)

Devant quel tribunal la demande en rectification est-elle portée ?

La demande en rectification doit être portée devant le tribunal de première instance de l'arrondissement de la commune où l'acte a été dressé. — Le jugement rendu par ce tribunal est susceptible d'appel.

Lorsque la partie qui demande la rectification n'a pas d'adversaire, ce qui arrivera, par exemple, lorsqu'elle veut simplement faire rétablir l'omission d'un prénom ou l'orthographe d'un nom, l'action est portée devant les juges au moyen d'une requête. — Lorsque le demandeur se trouve, au contraire, en présence d'un adversaire qui combat sa réclamation, il doit agir par voie d'assignation adressée au défendeur.

Le jugement en rectification produit-il des effets à l'égard des tiers ?

Non ; le jugement en rectification n'est pas susceptible de produire des effets à l'égard des tiers. C'est là une conséquence de la règle générale que la chose jugée ne peut ni nuire ni profiter à ceux qui n'ont pas figuré dans le procès : *res inter alios judicata, alteri neque nocet neque prodest.* — Ainsi le jugement en rectification ne peut être invoqué que par ceux qui en ont formé la demande ou qui s'y sont joints, et il ne peut être opposé qu'à ceux contre lesquels il a été prononcé. (Art. 100.)

(1) Toutefois, une loi du 10 avril 1850 a chargé le ministère public de poursuivre d'office la rectification des actes de l'état civil qui intéressent les *individus notoirement indigents.*

L'application de cette règle aux jugements en rectification ne conduit-elle pas à des résultats assez singuliers ?

Oui. Par exemple, un père de famille a laissé en mourant trois enfants ayant la qualité d'enfants légitimes, savoir : *Primus, Secundus* et *Tertius*. — *Primus* conteste la légitimité de *Tertius* et gagne le procès. *Tertius* est alors considéré comme enfant naturel par rapport à lui ; mais il reste enfant légitime par rapport à son autre frère *Secundus*, qui est resté étranger au procès.

Mais il convient d'ajouter que ce résultat se reproduira très rarement, parce que toutes les parties intéressées sont ordinairement appelées au procès par le demandeur, afin qu'il soit statué vis-à-vis de tous par un seul et même jugement. D'ailleurs, il était impossible d'étendre les effets d'un jugement aux tiers intéressés qui n'ont pas figuré dans l'instance, et qui par suite n'ont pas été en mesure de faire valoir leurs droits, sans porter une grave atteinte aux règles de l'équité.

Comment s'effectue la rectification ordonnée par le jugement ?

Ainsi qu'on l'a vu, les actes de l'état civil dont la rectification a été prononcée par jugement, à la requête d'une des parties intéressées, conservent néanmoins leur effet à l'égard des personnes qui sont restées étrangères au procès. — En conséquence, on laisse subsister sur les registres l'acte dont la rectification a été prononcée, sans y faire aucun changement, sans y rien retrancher ou ajouter.

Une mention du jugement qui ordonne la rectification y est seulement portée en marge, après que ce jugement a été lui-même transcrit par l'officier de l'état civil, à sa date, sur les registres courants. — Toutes les copies de l'acte qui seront délivrées devront porter la mention du jugement en rectification. (Art. 101.)

LIVRE I, TITRE III

Du domicile.

DÉCRÉTÉ LE 14 MARS 1803. — PROMULGUÉ LE 24 DU MÊME MOIS.

Articles 102 à 111.

L'exercice des droits suppose nécessairement des rapports de personne à personne ; en d'autres termes, on ne peut exercer un droit qu'à l'encontre d'une personne. Et, comme il serait souvent impossible de communiquer avec les personnes contre lesquelles on a des droits à faire valoir, à cause de la facilité qu'elles ont de se déplacer à volonté, le législateur, pour obvier à cet inconvénient, les a rattachées à un lieu déterminé où elles sont réputées se trouver toujours. C'est ce lieu qu'on appelle le domicile (1).

Le titre du domicile n'a pas de divisions. Il comprend les articles 102 à 111.

I

Quels sont les effets du domicile ?

Lorsque la France était régie par les coutumes, la détermination exacte du domicile des personnes avait une très grande importance ; car, suivant qu'on était domicilié dans telle ou telle province, on se trouvait soumis à telle ou à telle législation particulière. Depuis la confection du Code, le domicile a perdu une partie de son importance, mais il produit encore certains effets. Ainsi il détermine :

1° La compétence du tribunal en matière d'actions personnelles ou mobilières. — Celui qui réclame une somme d'argent ou une chose mobilière doit porter sa demande devant le tribunal du domicile du défendeur.

2° Le lieu où doivent être notifiés certains actes, tels que les citations, ajournements, sommations, commandements, significations de jugement. — Ces diverses notifications produisent le même effet lorsqu'elles sont faites au domicile de la personne que si elles avaient été faites à la personne elle-même.

(1) Voy. Marcadé, t. I, n. 309.

3° Le lieu où le mariage doit être célébré et où les publications qui le précèdent doivent être faites.

4° Le lieu où s'ouvrent les successions. — Toute succession s'ouvre au domicile du défunt, quel que soit le lieu où il est décédé.

5° Enfin le domicile dans une commune peut procurer certains avantages pécuniaires, tels par exemple, que le partage des bois d'affouage ou de chauffage qui en principe se fait par feu, c'est-à-dire par chef de famille ou de maison ayant un domicile réel et fixe dans la commune (1). (Art. 110.)

Qu'est-ce que le domicile ?

Si on considère le domicile au point de vue abstrait, l'idée qu'il fait naître est celle d'une relation légale établie entre une personne et un lieu où cette personne a son principal établissement, c'est-à-dire où elle a le centre de ses affaires. Envisagé sous un rapport plus pratique, le domicile est le siège juridique d'une personne, le lieu où elle est censée se trouver toujours, aux yeux de la loi, pour l'exercice de certains droits civils.

La pensée de la loi a été d'établir une voie de communication certaine entre les personnes, de telle sorte que la remise des actes effectuée au domicile d'une personne ait le même résultat que la remise effectuée à la personne elle-même.

L'article 102 parle du domicile de *tout Français*, ce qui semble exclure les étrangers du droit d'avoir un domicile en France. — Mais on convient généralement que ces expressions ne doivent pas être entendues dans un sens restrictif, et que les étrangers peuvent avoir en France leur principal établissement, et par suite un véritable domicile. Seulement le fait d'avoir un domicile en France n'équivaut pas à l'autorisation d'y résider, et par suite n'empêche pas les étrangers domiciliés en France d'être traités comme des étrangers ordinaires.

Quelles différences y a-t-il entre le domicile et la résidence ?

Il ne faut pas confondre le domicile avec la résidence. Effectivement le domicile est un lien de droit entre une personne et un lieu, mais ce lien ne suppose pas nécessairement l'idée d'une habitation continue; il peut même, dans certains cas, exister indépendamment de toute habitation. En d'autres termes, il peut

(1) Voy. M. Valette, *Cours de Code civil*, p. 126. — Cass., 31 déc. 1862.

arriver qu'une personne ait son domicile dans un lieu où elle n'habite pas actuellement, et même dans un lieu où elle n'a jamais habité. — C'est ainsi qu'une femme qui se marie acquiert immédiatement un domicile chez son mari, où elle n'est peut-être jamais allée.

La résidence, au contraire, exprime uniquement un fait, le fait de l'habitation. On a une résidence là où on habite, et on ne peut conserver sa résidence qu'en conservant son habitation. — Ainsi résidence signifie habitation, et domicile veut dire rapport légal établi, soit par l'habitation, soit autrement entre la personne et le lieu (1).

Quelles sont les différentes espèces de domicile ?

Le domicile est politique ou civil.

Le domicile *politique* est celui où une personne exerce ses droits politiques et notamment ses droits électoraux. Il s'acquiert par une résidence d'une certaine durée dans la même commune. — Le domicile *civil* est celui où une personne exerce ses droits civils.

Le domicile civil, le seul dont nous ayons à nous occuper ici, se divise en *domicile réel* et *domicile d'élection*.

Le domicile réel se subdivise lui-même en domicile d'origine, domicile volontairement acquis, et domicile établi par la loi.

Qu'est-ce que le domicile réel ?

Le domicile réel est le domicile général, celui de droit commun, celui où l'on est censé se trouver toujours et où doivent être adressées toutes les notifications d'actes qui se font à personne ou à domicile. En un mot, le domicile réel est, suivant l'expression de l'article 102, au lieu où la personne a son principal établissement. — Le domicile d'élection, au contraire, est un domicile exceptionnel, choisi spécialement pour l'exécution d'un acte, pour le règlement d'une affaire déterminée.

Au surplus, ces expressions de l'article 102 « *principal établissement* » n'ont pas ici un sens rigoureusement déterminé.

_____

(1) La loi 7 du C. *de incolis* (X, 39) exprime très bien cette distinction : « *Et in eodem loco singulos habere domicilium non ambigitur, ubi quis larem rerumque ac fortunarum suarum summam constituit; unde non sit discessurus, si nihil avocet; unde cum profectus est, peregrinari videtur: quod si rediit, peregrinari jam destitit.* »

Comme on l'a vu, il faut entendre par principal établissement, le lieu où la personne est présumée se trouver le plus ordinairement; le lieu où elle a le centre de ses affaires et de ses relations.

Le domicile réel peut résulter, avons-nous dit, soit du lieu d'origine de la personne, soit d'une acquisition faite par elle, soit de l'autorité de la loi. Il prend alors, suivant les cas, la dénomination spéciale de domicile d'origine, de domicile acquis, et de domicile conféré par la loi.

I. *Du domicile d'origine.* — Le domicile d'origine est celui que la personne reçoit au moment de sa naissance et qu'elle conserve tant qu'elle n'a pas manifesté l'intention d'en acquérir un autre. — Ainsi le domicile de l'enfant est chez ses parents, et, à défaut de parents, chez les personnes qui l'ont recueilli (1).

II. *Du domicile acquis.* — Le domicile acquis est celui que s'est choisi elle-même une personne devenue majeure, en renonçant volontairement à son domicile d'origine.

L'enfant qui n'est pas majeur ou émancipé n'a pas le droit d'abandonner son domicile d'origine ; il doit rester chez ses parents, ou, à leur défaut, chez les personnes qui l'ont recueilli. — Mais il peut, lorsqu'il est devenu majeur ou lorsqu'il a été émancipé, se choisir un domicile autre que celui de sa famille. C'est ainsi qu'il acquiert volontairement un domicile.

Comment s'opère le changement de domicile ?

Aux termes de l'article 103, le changement de domicile s'opère aux deux conditions suivantes. Il faut :

1° Le fait de l'habitation effectuée dans un lieu différent;

2° L'intention d'y fixer son domicile.

Ainsi la personne qui se propose de changer de domicile doit transporter son habitation, au moins momentanément, dans le lieu qu'elle a choisi à cet effet. En outre, elle doit manifester son intention d'établir dans ce lieu son domicile.

On peut manifester son intention de changer de domicile au

(1) L'enfant d'un soldat, naissant au régiment, n'aurait pas son domicile au régiment, mais au lieu du domicile de ses parents. Marcadé, I, 323.

Un individu né et marié dans une ville qu'il a habité pendant longtemps, et où il est décédé, doit être considéré comme ayant conservé son domicile d'origine dans cette ville, s'il n'est pas prouvé qu'il ait voulu l'abandonner, quand bien même il aurait eu des entreprises commerciales dans une autre ville et y aurait résidé pendant un certain temps. Cass., 28 mai 1879.

moyen d'une double déclaration faite, l'une à la municipalité du domicile que l'on quitte, et l'autre à la municipalité du domicile que l'on veut acquérir. — Mais ces déclarations se font très rarement dans la pratique, et l'intention de changer de domicile résulte le plus souvent des circonstances dans lesquelles s'est opérée l'habitation nouvelle. La loi a laissé aux juges l'appréciation de ces circonstances. Ils auront à examiner, par exemple, quel est le lieu où la personne paye ses contributions personnelles, où elle exerce ses droits, où elle paraît enfin avoir fixé le centre de ses affaires et de ses intérêts. C'est ce qu'exprime très bien un arrêt récent de la cour de Bourges, en date du 18 novembre 1879, réformant un jugement du tribunal de Blanc, du 17 juin 1879. Cet arrêt porte en substance que les circonstances de fait peuvent faire échec à l'effet de la déclaration, si le déclarant après l'avoir fait n'a pas réellement transféré son domicile. (Art. 103, 104, 105.)

Quelles sont les personnes qui acquièrent un domicile par l'effet de la loi ?

Les personnes qui acquièrent un domicile par l'effet de la loi sont :

1° Les fonctionnaires nommés à vie et non révocables, dont le domicile est fixé dans la ville où ils exercent leurs fonctions. — L'acquisition du domicile a lieu aussitôt que la fonction a été acceptée, et par conséquent avant même que le fonctionnaire soit arrivé dans la ville où il doit exercer ses fonctions. Quant à l'acceptation elle-même, elle résulte de la prestation de serment, si le fonctionnaire a un serment à prêter. Mais, comme l'observe M. Valette, on aurait mieux fait d'exiger, pour transférer le domicile, la réunion du fait et de l'intention. L'acceptation des fonctions inamovibles ne laisse aucun doute sur l'intention ; mais il manque le fait, c'est-à-dire l'arrivée réelle du fonctionnaire dans la ville où il doit remplir sa charge. Ainsi en supposant un fonctionnaire qui a prêté serment et qui meurt avant d'être rendu au lieu où il doit exercer ses fonctions, sa succession sera ouverte dans ce lieu, où il n'a jamais habité et où ne se trouve aucun document relatif à ses affaires.

2° Les femmes mariées, dont le domicile est fixé chez leur mari. — Comme la femme mariée doit habiter et vivre avec son mari, on comprend qu'elle n'ait pas d'autre domicile que le sien. Elle acquiert donc un domicile chez son mari par le seul fait du mariage et dès l'instant de sa célébration. — Mais cette règle doit recevoir exception dans le cas de séparation de corps. Le Code, il est vrai, ne s'est pas expliqué à cet égard, mais il en était ainsi dans notre ancienne jurisprudence et il paraît très probable qu'on a entendu maintenir la même règle. Effectivement, la séparation de corps ayant pour effet précisément de faire cesser la cohabitation des époux, on doit en conclure qu'elle fait cesser également la fixation du domicile légal : *cessante causâ cessat effectus* (1).

3° Les mineurs non émancipés et les interdits, dont le domicile est fixé chez leur tuteur. — La loi n'a pas établi de domicile pour les mineurs émancipés, parce qu'ils ont le gouvernement de leur personne et l'administration de leurs biens. Ils peuvent, à leur gré, conserver leur domicile d'origine ou l'établir ailleurs.

4° Les domestiques, majeurs ou émancipés, qui ont leur domicile chez leur maître. — Quant aux ouvriers qui travaillent chez autrui sans y demeurer, ils conservent leur domicile au lieu où se trouve leur principal établissement. (Art. 106, 107, 108, 109.)

Qu'est-ce qu'une fonction à vie et irrévocable ?

Les fonctions publiques peuvent être :

1° *Temporaires* ou *perpétuelles*. Elles sont *temporaires*, lorsqu'elles n'ont été conférées que pour un temps déterminé, comme les fonctions de représentant du peuple. Elles sont *perpétuelles*, lorsqu'elles ont été conférées pour un temps indéterminé, comme les fonctions de procureur de la République.

2° *Révocables*. — Elles sont *révocables*, lorsqu'elles sont sujettes à destitution, comme les fonctions de procureur de la République ou de préfet. — Elles sont *irrévocables*, lorsqu'elles sont indépendantes de l'autorité supérieure, comme les fonctions de juge près les tribunaux de première instance ou de conseiller près les Cours d'appel.

Comme on l'a vu, il n'y a que les fonctions qui sont tout à la fois perpétuelles et irrévocables qui emportent acquisition de domicile dans le lieu où elles sont exercées.

(1) Mais la résidence particulière que peut avoir la femme pendant le procès de séparation de corps, en vertu de l'ordonnance du président du tribunal, ne constitue pas pour elle un domicile proprement dit, puisqu'elle n'y séjourne que provisoirement. Valette, *Cours de Code civil*, p. 134.

Peut-on se trouver sans domicile ?

En droit, on a presque toujours un domicile d'origine, qu'on conserve tant qu'on n'en a pas acquis un autre, et qu'on recouvre aussitôt qu'on a perdu le domicile acquis. L'on ne peut guère trouver d'exception que pour certaines gens menant de père en fils une vie errante, sans avoir nulle part un établissement principal. — Mais si toute personne a généralement un domicile, il peut arriver que le domicile ne soit pas connu des tiers. A cet égard, deux hypothèses peuvent se présenter :

1° Les créanciers connaissent la résidence du débiteur, sans connaître son domicile;

2° Ils ne connaissent ni son domicile ni sa résidence.

Dans les deux cas, le débiteur, bien qu'il ait un domicile d'origine, se trouve, par rapport à ses créanciers, dans la même situation que s'il n'en avait pas. L'article 69 du Code de procédure a prévu la difficulté, et il indique comment les créanciers doivent se comporter dans l'une et l'autre hypothèse.

I. *Cas où les créanciers connaissent la résidence du débiteur sans connaître son domicile.* — Lorsque les créanciers connaissent le lieu où habite leur débiteur sans savoir s'il y a son domicile, la loi leur permet de signifier les actes de poursuite à ce lieu. — En d'autres termes, lorsqu'on ne connaît pas le domicile du débiteur, on peut adresser les actes à sa résidence.

Toutefois il convient d'observer que les actes qui seraient signifiés à la résidence du débiteur, lorsqu'il était facile aux créanciers de connaître son domicile, ne seraient pas valablement signifiés. — Ainsi quand le débiteur est un commerçant qui paye patente dans une ville ou un officier ministériel qui exerce sa charge dans un ressort déterminé, les actes ne seraient pas valablement signifiés s'ils étaient adressés dans un lieu différent de celui où il a ses affaires, par exemple, à sa maison de campagne, parce qu'il ne doit pas souffrir d'une erreur grossière de ses créanciers.

II. *Cas où les créanciers ne connaissent ni le domicile ni la résidence de leur débiteur.* — Lorsque les créanciers ne connaissent ni le domicile ni la résidence du débiteur, ils doivent intenter les poursuites devant le tribunal de leur propre domicile. — Dans ce cas, au lieu de remettre l'assignation, soit à la personne du débiteur, soit à son domicile ou à sa résidence, ils se bornent à en faire afficher une copie à la porte principale de l'auditoire du tribunal et à en adresser une autre copie au procureur de la République.

Pareillement, lorsque le domicile et la résidence d'une personne décédée seront inconnus, la succession pourra s'ouvrir au domicile de l'un des héritiers. (Art. 59. C. pr.)

Peut-on avoir plusieurs domiciles à la fois ?

Non ; on ne peut avoir qu'un seul domicile à la fois. — Effectivement, quand on acquiert un nouveau domicile, on ne peut pas conserver celui qu'on possédait déjà. C'est ce qui résulte des expressions du Code, qui permet de *changer* de domicile, et non pas d'acquérir un second domicile en conservant celui qu'on avait déjà avant l'acquisition (1).

Si, en fait, une personne se trouvait posséder plusieurs établissements, soit dans la même ville, soit dans des lieux différents, de manière à ce qu'on ne puisse pas distinguer facilement quel est le plus important de ces établissements, les créanciers agiraient comme ils peuvent le faire dans l'hypothèse où ils ne connaissent que la résidence du débiteur. Ils feraient parvenir les actes à l'un de ces établissements, quel qu'il soit. (Art. 103.)

Qu'est-ce que le domicile d'élection?

Le domicile d'élection est celui que les parties contractantes ont choisi expressément en vue de l'exécution d'un acte déterminé.

Pour comprendre l'intérêt que les contractants peuvent avoir à faire élection de domicile, il faut se rappeler que le créancier qui veut exercer des poursuites doit porter sa demande devant le tribunal du domicile du débiteur ; ce qui est de nature à lui occasionner des frais et des déplacements dans le cas où celui-ci est domicilié dans un lieu éloigné. — Pour corriger la rigueur de cette règle et pour empêcher qu'elle ne nuise à la facilité des conventions entre personnes domiciliées dans des lieux différents, le législateur a permis aux contractants d'y déroger et de fixer eux-mêmes le lieu où la convention recevra son exécution et où les poursuites qui y seraient relatives devront être exercées. — Supposons, par exemple, qu'une personne domiciliée à Paris ait à prêter une somme d'argent à une autre personne qui a son domicile à Lyon : afin d'éviter les déplacements et les frais qu'entraînerait pour lui l'éloignement du débiteur, le créancier stipu-

(1) Voy. Marcadé, t. I, nᵒˢ 316, 317. — Mourlon, I, 341.

lera que les actes de poursuite qu'il aurait à exercer à l'occasion
de la somme prêtée seront valablement remis à Paris au domicile d'une personne désignée, et que toutes les contestations qui
s'éleveraient seront jugées par le tribunal de la Seine. Cette élection de domicile sera de nature à faciliter le contrat.

L'élection de domicile peut être faite, soit au moment du contrat auquel elle se réfère et par le même acte, soit après le contrat
et par un acte séparé. — L'article 111 ne parle, il est vrai, que de
l'élection de domicile qui est faite dans le contrat, mais on admet
généralement que cet article n'est pas limitatif, qu'il ne fait que
prévoir le cas le plus fréquent sans exclure les autres (1).

L'élection de domicile est-elle toujours facultative ?

En général, l'élection de domicile est purement facultative ·
il dépend des parties de la faire ou de ne pas la faire.

Cependant, la loi la prescrit dans certains cas dans l'intérêt
d'une partie. — Ainsi les parents qui forment opposition à un
mariage sont tenus de faire élection de domicile dans le lieu où le
mariage doit être célébré; ce qui permettra aux époux d'agir
plus promptement et avec moins de frais pour obtenir la mainlevée de l'opposition. — Pareillement, aux termes de l'article
2148, le créancier qui prend une inscription hypothécaire doit
faire élection de domicile dans l'arrondissement où se trouve situé
le bureau des hypothèques.

Quels sont les effets de l'élection de domicile ?

L'élection de domicile comprend deux objets tout à fait distincts : la compétence du tribunal, et la désignation d'une personne chargée de recevoir les actes. Mais on pourrait très bien
ne faire l'élection de domicile que pour l'un de ces deux objets,
par exemple, pour la compétence du tribunal. En d'autres termes, l'élection de domicile peut avoir lieu de deux manières :
soit en désignant tout à la fois une personne chargée de recevoir les actes et un lieu où le contrat devra être exécuté, soit
en désignant simplement un lieu.

I. *Cas où l'on a désigné tout à la fois une personne et un lieu.* —
Dans le cas où l'on a désigné tout à la fois une personne chargée
de recevoir les actes et un lieu où l'obligation devra recevoir son

(1) La simple promesse de payer dans un lieu n'emporte pas élection de domicile dans ce lieu, si ce n'est en matière commerciale, où l'on suppose facilement un domicile élu. Valette, *Cours de Code civil*, p. 141.

exécution, l'élection de domicile produit un double effet : — 1° elle détermine la compétence du tribunal du domicile de la personne désignée ; — 2° elle rend cette personne elle-même capable de représenter la partie pour tout ce qui concerne l'exécution du contrat, et notamment pour les commandements, assignations et significations de jugement qui y sont relatifs.

II. *Cas où l'on a désigné simplement un lieu.* — Dans le cas où l'on a désigné simplement un lieu où l'obligation devra recevoir son exécution, l'élection de domicile ne produit qu'un seul effet, celui de déterminer la compétence du tribunal du lieu de l'élection. — Elle ne dispense pas le créancier d'avoir à adresser les actes au domicile réel du débiteur, conformément à la règle habituelle.

Que doit-on faire lorsque la personne chez laquelle on a élu domicile vient à décéder ?

Lorsque la personne chez laquelle on a élu domicile vient à décéder, l'élection de domicile continue à produire son premier effet, celui de rendre le tribunal du domicile de la personne désignée compétent pour les contestations qui pourraient survenir relativement à l'exécution du contrat. Quant aux actes à recevoir, ils peuvent, comme par le passé, être remis dans la maison où le domicile a été établi, mais seulement s'il s'y trouve quelqu'un pour les recevoir (1). Dans le cas contraire, le créancier doit les adresser, soit au domicile réel du débiteur s'il le connaît, soit à sa résidence, et enfin, à défaut de celle-ci, au parquet du procureur de la république. — Toutefois, si le débiteur avait notifié au créancier une nouvelle élection de domicile chez une autre personne, domiciliée dans le même arrondissement, celui-ci devrait adresser les actes au nouveau domicile d'élection.

A quel moment l'élection de domicile cesse-t-elle de produire son effet ?

En principe, l'élection de domicile cesse de produire son effet lorsque l'acte pour lequel elle a été faite a reçu son exécution pleine et entière. Mais les auteurs ne sont pas d'accord sur le moment précis où l'on doit considérer l'exécution comme complète.

Suivant les uns, l'article 111 ne permet de faire au domicile

_____

(1) Pourvu toutefois que le domicile n'ait pas été établi en considération de la personne, auquel cas il cesserait d'exister par la mort de cette personne. Marcadé, 1, n° 331.

élu que les significations et poursuites relatives à l'obtention du jugement. — Effectivement, l'élection de domicile ne concerne que l'exécution de la convention : or, l'exécution de la convention consiste à obtenir un jugement contre le débiteur qui n'a pas acquitté son obligation. Une fois le jugement obtenu, ce n'est plus la convention mais le jugement lui-même qu'il reste à exécuter, et cette nouvelle exécution rentre dans le droit commun et doit avoir lieu par conséquent au domicile réel (1).

Cette doctrine était exacte en droit romain, où l'obligation disparaissait dès qu'elle avait donné lieu à l'organisation de l'instance devant le juge. Mais il en est bien différemment dans notre législation. Le jugement n'éteint pas la convention qui y a donné lieu et les obligations qui en dérivent : au contraire, il leur donne plus de force. Par conséquent, la signification du jugement se rattache à la convention, elle en est une suite, elle tend à procurer son exécution ; d'où il résulte qu'on doit la faire comme les autres actes au domicile d'élection (2). (Art. 111.)

Peut-on révoquer l'élection de domicile ?

Il faut distinguer :

L'élection de domicile a lieu ordinairement sur la demande du créancier et dans son intérêt. Toutefois, elle peut encore être faite, soit dans l'intérêt du débiteur et sur sa demande, soit dans l'intérêt des deux parties.

Lorsqu'elle a eu lieu dans l'intérêt du créancier seul, celui-ci peut valablement la révoquer, et poursuivre le débiteur devant le tribunal de son domicile réel. — Lorsqu'elle a eu lieu dans l'intérêt du débiteur seul, celui-ci peut également la révoquer, à la charge d'en donner avis au créancier. Enfin, lorsqu'elle a été faite dans l'intérêt commun des parties, le créancier et le débiteur ne peuvent la révoquer que d'un commun accord.

Au surplus, la partie qui a fait élection de domicile chez une personne déterminée aura toujours le droit d'en désigner une autre dans le même lieu ; car l'autre partie ne pourrait se plaindre que les actes aient été signifiés chez une personne plutôt que chez une autre. — Que si l'élection de domicile a eu lieu chez un officier public, comme un notaire, un avoué, le mandat confié à l'officier public passe en général à son successeur.

(1) Duranton, I, n. 379.
(2) Valette, *Cours de Code civil*, p. 141, 142. — Demolombe, I, n. 380.

LIVRE I, TITRE IV

Des absents.

DÉCRÉTÉ LE 15 MARS 1803. — PROMULGUÉ LE 25 DU MÊME MOIS.

On appelle *absent*, l'individu qui a disparu de son domicile et sur l'existence duquel il y a des doutes. — On appelle *non présent*, celui qui est également hors de son domicile mais dont l'existence n'est pas mise en doute.

On voit par là que ce n'est pas la disparition du domicile, mais le doute sur l'existence qui constitue l'état d'absence. Et comme ce doute s'accroît avec le temps, on a distingué trois étatsd'absence.

1° La période de présomption d'absence, pendant laquelle l'absent est présumé exister. — D'où il résulte que les dispositions de la loi ont en vue son propre intérêt et qu'elles se réfèrent à la conservation de ses biens.

2° La période de déclaration d'absence et d'envoi en possession provisoire, pendant laquelle l'absent est présumé décédé. — D'où il résulte que les dispositions de la loi sont prises dans l'intérêt de ses héritiers.

3° La période d'envoi en possession définitive, pendant laquelle le décès de l'absent est considéré comme à peu près certain. — D'où il résulte que les dispositions de la loi ont pour but de régler l'ouverture définitive de sa succession (1).

Conformément à l'ordre du Code, nous traiterons :

CHAP. I. — De la présomption d'absence.

CHAP. II. — De la déclaration d'absence.

CHAP. III. — Des effets de l'absence.

CHAP. IV. — De la surveillance des enfants mineurs dont le père a disparu (2).

(1) Voy. sur les effets de l'absence dans notre ancien droit, M. Valette *Cours de droit civil*, p. 143 et suiv.

(2) Voy. sur le titre de l'absence, Marcadé (t. I, nos 311 et suiv.), qui a approfondi avec soin cette matière, l'une des plus difficiles du Code.

CHAPITRE PREMIER

DE LA PRÉSOMPTION D'ABSENCE.

Articles 112 à 114.

Qu'est-ce que la présomption d'absence ?

La présomption d'absence est l'état d'une personne qui a disparu de son domicile et dont l'existence est sérieusement mise en doute. Mais cet état n'existe juridiquement et ne produit des effets qu'autant que l'absence a été constatée par un jugement, qui ordonne en même temps certaines mesures conservatoires dans l'intérêt de la personne qui a disparu. (Art. 112.)

A quelles conditions le jugement en présomption d'absence peut-il être rendu?

Le jugement en présomption d'absence ne peut être rendu que lorsqu'il y a concours des deux conditions suivantes. Il faut :

1° Que l'existence de la personne qui a disparu soit sérieusement mise en doute ;

2° Que ses biens soient en souffrance et qu'il y ait nécessité de pourvoir à leur administration, en tout ou en partie.

Il résulte de là que le jugement en présomption d'absence ne peut être rendu que dans les cas de nécessité absolue. La loi ne détermine pas quels sont ces cas, ni quelles sont les mesures conservatoires qui devront être prises ; mais elle prescrit aux juges de n'ordonner que celles qui seront strictement et rigoureusement nécessaires. — Ainsi, lorsqu'il y a un bail à passer, l'administrateur nommé par les juges n'aura mandat que pour passer ce bail. S'il y a certains biens en souffrance et que les autres soient en bon état, il ne pourra s'occuper que des premiers. (Ar . 112.)

Quelles sont les personnes qui peuvent former une demande en présomption d'absence ?

A cet égard, il faut observer d'abord que la présomption d'absence et les mesures conservatoires qui en sont la conséquence ne peuvent être prononcées d'office par les juges, lors même que les biens de la personne qui a disparu de son domicile sont en souffrance. Ils ne doivent agir que sur la demande de certaines personnes. — Ces personnes sont :

1° Le ministère public. — En principe, le ministère public ne peut former une demande en matière civile que lorsqu'il s'agit de faire ordonner une mesure d'intérêt général, qui touche à la société dont il est le représentant. — Toutefois, afin de protéger plus efficacement les intérêts des absents, la loi a dérogé ici à cette règle et elle autorise les magistrats du ministère public : 1° à requérir d'office les mesures conservatoires qui leur paraissent nécessaires ; 2° à donner des conclusions sur toutes les demandes qui intéressent les absents.

2° Les parties intéressées, c'est-à-dire toutes les personnes qui ont un intérêt pécuniaire à la conservation des biens de l'absent. — Ce sont d'abord ses *créanciers*, qui ont évidemment intérêt à provoquer des mesures relatives à la conservation du patrimoine de leur débiteur, puisque ce patrimoine garantit le paiement de leurs créances. Et peu importe que leur créance soit à terme ou sous condition, car l'article 1180 leur permet de faire avant l'échéance du terme ou l'avènement de la condition tous les actes conservatoires de leur droit. — Puis nous trouvons ensuite les *co-propriétaires* du présumé absent, les *nu-propriétaires* des biens dont il aurait l'usufruit ou les *usufruitiers* de ceux dont il serait nu-propriétaire, ses *locataires*, *fermiers* ou *métayers*, ou à l'inverse les *propriétaires* d'un immeuble qu'il aurait pris à bail. — Enfin le *conjoint* de l'absent, qui, de même que les créanciers, est évidemment intéressé à la conservation du patrimoine de l'absent, puisque celui-ci est tenu de contribuer aux charges du mariage et de la famille. (Art. 112, 114.)

Les héritiers présomptifs de l'absent peuvent-ils également former une demande en présomption d'absence ?

A cet égard, les auteurs ne sont pas d'accord.

Suivant les uns, il faut admettre la négative. — Effectivement, le droit des héritiers ne prend naissance qu'au décès du *de cujus*. Or, dans l'espèce, le décès de l'absent est possible, mais non probable. Par conséquent, ses héritiers n'ont point un droit né et actuel ; ils ont une simple expectative plutôt qu'un véritable droit.

Mais on répond que si les héritiers de l'absent n'ont pas un droit acquis relativement au patrimoine de celui-ci tant que son existence est présumée, ils ont cependant un droit conditionnel, en ce sens que si l'absence se prolonge au point de faire présumer le décès de l'absent, ils peuvent demander l'envoi en possession provisoire de ses biens. Et comme la loi leur permet de disposer de ce droit conditionnel par testament dès que l'absence a commencé, c'est-à-dire pendant qu'on est encore dans la présomption d'absence, il faut en conclure qu'ils peuvent faire des actes conservatoires, qu'ils sont parties intéressées dans le sens de l'article 112 (1).

Au reste, parmi les héritiers de l'absent, il en est quelques-uns auxquels tout le monde reconnaît le droit de former une demande en présomption d'absence : tels sont les ascendants et les descendants. — En effet, la créance d'aliments que la loi leur accorde cesserait d'être efficace si les biens de celui qui doit la fournir venaient à dépérir. Mais alors, c'est plutôt comme créanciers éventuels qu'à titre d'héritiers qu'ils agissent.

Quel est le tribunal compétent pour constater la présomption d'absence et ordonner des mesures conservatoires ?

Aux termes de l'article 112, c'est le tribunal de première instance qui doit constater la présomption d'absence. Mais cet article omet d'expliquer quel est le tribunal de première instance qui est compétent. De là deux systèmes :

Suivant le premier, dans le cas où les biens de l'absent sont situés dans un arrondissement autre que celui où il a son domicile, il peut y avoir deux jugements à rendre : l'un, pour constater la présomption d'absence, qui serait prononcé par le tribunal du domicile de l'absent ; l'autre, pour ordonner les mesures nécessaires à la conservation des biens, qui serait prononcé par le tribunal de la situation des immeubles. — Par ce moyen, les juges se rendront exactement compte de l'incertitude sur l'existence de l'absent et des mesures conservatoires à prendre (2).

Ce système a vieilli. On observe avec raison que cette manière de procéder aurait le grave inconvénient d'être très coûteuse, et qu'il est bien préférable de faire prononcer par un seul et même jugement sur l'absence et sur les mesures conservatoires à prendre. — Or, quel autre tribunal est plus à même de rendre ce jugement que celui du domicile de l'absent ? S'il donne de ses nou-

(1) *Sic* : Demante, I, 141 *bis*. — Valette, *à son cours*. — Demolombe, II, 26.
(2) Toullier, I, 390.

velles, c'est là qu'on les connaîtra tout d'abord, et qu'on pourra le mieux se rendre compte du degré d'incertitude qui existe par rapport à son existence. Si les biens sont situés dans un arrondissement différent, le tribunal se fera renseigner sur leur état en donnant une commission rogatoire à un des juges du tribunal de la situation des immeubles. — En conséquence, c'est devant le tribunal du domicile de l'absent que doit être portée la demande en présomption d'absence (1).

Le Code n'a-t-il pas une disposition spéciale pour le cas où l'absent serait intéressé dans des comptes, partages ou liquidations ?

Oui. Dans les cas ordinaires, le Code abandonne complètement à l'appréciation des juges le choix des mesures à prendre et des administrateurs à nommer pour représenter l'absent. — Mais il décide que le tribunal devra choisir un notaire, lorsque l'absent est intéressé dans des comptes, partages ou liquidations, parce que ces opérations, étant ordinairement assez compliquées, nécessitent une grande pratique des affaires. — Au reste, il faut évidemment supposer que l'absent n'a pas laissé de procuration pour l'affaire dont il s'agit ; car si le mandataire existe, on n'a pas à désigner un notaire pour le représenter.

Mais il se présente ici une objection : comment le Code peut-il supposer que le présumé absent puisse être intéressé dans des comptes, partages ou liquidations, qui sont des opérations successorales, puisque, d'autre part, l'art. 136 exprime qu'il n'est point apte à succéder, à cause du doute qu'il y a sur son existence? — On répond que la contradiction n'est qu'apparente. En effet, s'il est vrai que l'absent ne puisse pas recueillir une succession, il ne s'ensuit pas qu'il ne puisse pas être intéressé dans des opérations successorales. Cela arrivera, au contraire, dans l'hypothèse où il aurait été appelé à succéder quelque temps avant sa disparition. (Art. 113.)

Les tribunaux peuvent-ils prononcer la présomption d'absence lorsque l'absent a laissé un mandataire ?

En général, les tribunaux n'ont pas à prononcer de jugement en présomption d'absencelorsque l'absent a laissé un mandataire, parce que, dans ce cas, les biens de l'absent n'étant pas

(1) Demante, 1. 212 et 213. — Valette, *à son cours*. — Demolombe, 11, 20. — Voyez cependant Marcadé, I, 342.

en souffrance, il n'est pas nécessaire de pourvoir à leur conservation. — Mais il en serait différemment si les pouvoirs du mandataire ne comprenaient pas tous les biens, ou s'ils étaient limités à certains actes. Dans cette hypothèse, les tribunaux pourront intervenir dans les affaires de l'absent, pour ordonner des mesures que le mandataire ne serait pas autorisé à prendre.

Il en serait de même, à plus forte raison, si les pouvoirs du mandataire étaient expirés.

Comment finit la présomption d'absence ?

La présomption d'absence finit :

1° Par la preuve du décès de l'absent. — La succession est alors dévolue aux personnes qui étaient ses héritiers présomptifs au moment du décès.

2° Par la preuve de son existence. — Dans ce cas, les tribunaux pourront néanmoins maintenir les mesures conservatoires qu'ils ont ordonnées jusqu'au retour de l'absent.

3° Par le jugement de déclaration d'absence.

CHAPITRE DEUXIÈME

DE LA DÉCLARATION D'ABSENCE

Articles 115 à 119.

Qu'est-ce que la déclaration d'absence ?

La déclaration d'absence est l'état d'une personne qui a disparu de son domicile et dont on n'a pas reçu de nouvelles depuis un temps assez long. — Elle fait présumer le décès de l'absent.

De même que la présomption d'absence, la déclaration d'absence ne peut résulter que d'un jugement. Et comme elle est plutôt défavorable qu'utile à l'absent, à qui elle enlève la plus grande partie de ses revenus, le législateur ne permet d'en former la demande qu'après l'expiration d'un certain délai.

Quelles sont les personnes qui peuvent former une demande en déclaration d'absence ?

Aux termes de l'article 115, la demande en déclaration d'ab-

sence peut être formée par toutes les personnes intéressées. —
Comme l'effet du jugement en déclaration d'absence est d'établir la probabilité du décès de l'absent, nous rangerons ici au
nombre des personnes intéressées toutes celles dont les droits
sont subordonnés à cet événement. — ce sont :

1° Les héritiers présomptifs de l'absent (1) ;

2° Son conjoint ;

3° Les personnes auxquelles il aurait fait une donation de biens
à venir ;

4° Ses légataires. — Toutefois, il faut observer que ces derniers
ne peuvent former leur demande en déclaration d'absence
qu'après l'ouverture du testament qui leur confère des droits.
Elle sera faite, sur leur réquisition, par le ministère public.

A l'inverse de ce qui a lieu pour la présomption d'absence, les
créanciers de l'absent et le procureur de la république ne peuvent pas former une demande en déclaration. — Effectivement,
les premiers n'ont rien à gagner à ce que le patrimoine de leur
débiteur soit appréhendé par ses héritiers. Quant au procureur
de la république, la loi lui ayant confié les intérêts de l'absent, il
doit évidemment être opposé à la déclaration d'absence, qui a
pour effet de détourner la plus grande partie de ses revenus au
profit des héritiers et légataires. (Art. 115.)

**Dans quel délai la demande en déclaration d'absence doit-
elle être formée ?**

Il faut distinguer :

Si l'absent a laissé un mandataire, la demande en déclaration
d'absence ne peut être formée que lorsqu'il s'est écoulé dix ans
depuis sa disparition ou ses dernières nouvelles. — S'il n'a pas
laissé de mandataire, elle peut être formée après quatre ans.

Au reste, comme nous le verrons plus loin, le jugement qui
prononce la déclaration d'absence ne doit être rendu par les
juges qu'un an après que la demande a été formée.

Le délai de dix ans doit-il être maintenu lorsque le mandataire
nommé par l'absent n'a pas pu exercer son mandat, ou, lorsqu'il a
cessé de l'exercer? L'article 122 prévoit cette hypothèse, et
décide expressément le maintien du délai. Effectivement, ce que

(1) C'est-à-dire ceux qui étaient ses héritiers présomptifs au jour de la disparition ou des dernières nouvelles, ou bien leurs représentants. Voy. Marcadé, I, n. 351.

l'on a pris en considération ici ce n'est ni la durée de la procuration, ni son résultat quant à la gestion du patrimoine de l'absent; c'est uniquement le fait que l'absent a laissé une procuration. Ce fait explique dans une certaine mesure la longue durée de sa disparition et l'absence de nouvelles. — En conséquence, que la procuration donnée par l'absent ait été acceptée ou non, que dans le cas où elle aurait été acceptée les pouvoirs du mandataire aient cessé ou non à l'expiration des dix ans, ces diverses circonstances n'influent en rien sur la fixation des délais après lesquels la demande peut être formée : le seul fait dont on ait à tenir compte est la constitution du mandataire.

On remarquera que les articles 121 et 122, qui sont relatifs au cas où l'absent a laissé une procuration, ont été maladroitement placés par le Code dans le chapitre III où il est traité des *effets de l'absence*, au lieu de se trouver dans notre chapitre de *ta déclaration d'absence* où nous les avons rétablis. — Cette disposition vicieuse s'explique par les travaux préparatoires du Code. En effet, d'après un projet qui n'a pas été admis, l'existence de la procuration devait retarder, non la déclaration d'absence, mais l'envoi en possession qui en résulte. (Art. 115, 121, 122.)

Quel est le point de départ des délais après lesquels on peut former la demande en déclaration d'absence ?

Le point de départ des quatre ans ou des dix ans après lesquels on peut former la demande en déclaration d'absence commence au jour de la disparition de l'absent, ou des dernières nouvelles, s'il a donné de ses nouvelles. — Il faut observer que le délai commence à partir du jour où les nouvelles ont été *données* par l'absent, et non point à partir du moment où elles ont été *reçues*. Effectivement, c'est à partir du jour où les nouvelles ont été données que l'existence de l'absent est devenue incertaine (1). (Art. 115).

Devant quel tribunal doit-on former la demande en déclaration ?

La demande en déclaration d'absence doit être formée devant le tribunal du domicile de l'absent (2). Celui-ci prononcera

_____

(1) Demante, I, p. 218. — Demolombe, n. 57. — Valette, *sur Proudhon*, I, p. 271.

(2) Le tribunal compétent pour prononcer une déclaration d'absence est celui du dernier domicile ou de la dernière résidence du présumé absent. Trib. Seine, 15 février 1879.

d'abord sur l'admissibilité ou sur le rejet de la demande. S'il prononce qu'elle est admissible, il ordonnera en même temps une enquête pour vérifier s'il est vrai que l'absent n'ait pas donné de ses nouvelles. — L'enquête est suivie non seulement au lieu du domicile de l'absent, mais encore au lieu de sa résidence, s'il avait une résidence qui fût distincte de son domicile. Le procureur de la république y prend part contradictoirement avec les héritiers ou les légataires de l'absent ; il peut y appeler toutes les personnes qui lui paraissent devoir fournir des renseignements utiles.

En outre, le jugement qui prononce sur l'admissibilité de la demande et qui ordonne l'enquête est rendu public au moyen d'une insertion dans le *Journal officiel*, afin de porter les faits à la connaissance de l'absent, s'il est possible, et de le mettre ainsi en demeure de donner de ses nouvelles. (Art. 116, 117, 118.)

Le jugement en déclaration d'absence est-il rendu aussitôt que la demande a été déclarée admissible et que l'enquête a été ordonnée ?

Non ; le jugement qui prononce la déclaration d'absence ne peut être rendu qu'un an après que la demande a été déclarée admissible et que l'enquête a été ordonnée. — Ainsi, la déclaration d'absence n'a jamais lieu que cinq ans ou onze ans après la disparition de l'absent ou l'envoi de ses dernières nouvelles, bien que la demande en puisse être formée dans le délai de quatre ans ou de dix ans.

Cet intervalle d'une année entre l'admission de la demande et le prononcé du jugement définitif permettra aux juges de se renseigner par des enquêtes, et de prononcer en parfaite connaissance de cause. D'autre part, il donnera à l'absent, s'il a été averti des démarches de ses héritiers par la publication dans le *Journal officiel* du jugement qui ordonne l'enquête, le temps de faire parvenir de ses nouvelles. — Au surplus, après avoir prononcé l'admissibilité de la demande, les juges peuvent refuser de rendre un jugement définitif relativement à la déclaration d'absence, quand le décès de l'absent ne leur paraîtra pas suffisamment probable. (Art. 119.)

CHAPITRE TROISIÈME

DES EFFETS DE L'ABSENCE.

Articles 120 à 140.

Ce chapitre est divisé par le Code en trois sections, qui traitent;
1° Des effets de l'absence relativement au patrimoine de l'absent;
— 2° Des effets de l'absence relativement aux successions ouvertes au profit de l'absent; — 3° Des effets de l'absence relativement au mariage de l'absent (1).

SECTION I

DES EFFETS DE L'ABSENCE RELATIVEMENT AU PATRIMOINE DE L'ABSENT.

**Quels sont les effets de l'absence relativement au patrimoine
de l'absent ?**

Comme on le sait, la déclaration d'absence donne ouverture à
tous les droits qui étaient subordonnés au décès de l'absent. En
conséquence, les ayant droit peuvent requérir du tribunal l'envoi en possession provisoire de ses biens, suivant l'ordre et la proportion établis par la loi en matière de succession. — Ordinairement, le même jugement prononce en même temps la déclaration
d'absence et l'envoi en possession provisoire : cependant il arrive
quelquefois que l'envoi est prononcé par un second jugement.

Les envoyés en possession provisoire recueillent tous les biens
que l'absent possédait au moment de sa disparition ou des dernières nouvelles, ainsi que tous les fruits provenant de ces biens
qui ont été capitalisés durant la période de présomption d'absence. Mais ils ne recueillent pas les biens provenant de successions échues au profit de l'absent depuis les dernières nouvelles;
car celui-ci n'a pas pu les recueillir lui-même, parce que son
existence n'était pas certaine (2). (Art. 120)

(1) Les deux premières sections de ce chapitre ne sont pas comprises parmi
les matières du premier examen. Elles rentrent dans le programme du quatrième examen.

(2) L'article 120 présente un vice de rédaction : l'envoi en possession a
toujours lieu aussitôt après la déclaration d'absence, même quand l'absent a
laissé un mandataire.

Quelles sont les personnes qui peuvent demander l'envoi en possession provisoire ?

Les personnes qui peuvent demander l'envoi en possession provisoire sont les mêmes que celles qui peuvent demander la déclaration d'absence. — Ce sont les héritiers présomptifs de l'absent au jour de sa disparition ou des dernières nouvelles, ainsi que les légataires et donataires de biens à venir, s'il y en a.

Si les héritiers présomptifs de l'absent au jour de sa disparition ou des dernières nouvelles sont décédés, leurs héritiers ou leurs légataires universels ou à titre universel les remplacent. — Au reste, si l'on venait à connaître plus tard le décès de l'absent et l'époque précise où il a eu lieu, les envoyés en possession, qui croyaient être les héritiers immédiats de l'absent, pourraient se trouver au second rang des successibles et se voir ainsi primés par d'autres héritiers, ayant la qualité d'héritiers présomptifs à l'époque du décès. Les biens de l'absent leur seraient alors retirés au profit de ces derniers. (Art. 120, 123.)

Que doivent faire les envoyés en possession provisoire au moment de leur entrée en fonctions ?

Les envoyés en possession provisoire sont simplement administrateurs et dépositaires des biens qui leur sont dévolus. En conséquence, ils doivent à leur entrée en possession :

1° Fournir caution ;

2° Faire dresser un inventaire de tous les meubles, en présence du procureur de la république ;

3° Les faire vendre en totalité ou en partie, suivant que le tribunal en ordonnera ;

4° Faire emploi du prix provenant de la vente des meubles, ainsi que des intérêts échus ;

5° Faire constater l'état des immeubles.

Comme ces différents actes conservatoires sont faits dans l'intérêt de l'absent, les frais en seront pris sur ses biens. (Art. 120, 125, 126.)

Quels sont les pouvoirs des envoyés en possession provisoire ?

A cet égard, nous examinerons : les actes de gestion qu'ils peuvent accomplir ; les actions judiciaires qu'ils peuvent exercer ; les fruits qu'ils peuvent retenir en cas de retour de l'absent.

I. *Actes de gestion qu'ils peuvent accomplir.* — Les envoyés en possession ne peuvent accomplir que des actes d'administration.

Ils ne peuvent pas aliéner ou hypothéquer les immeubles, et même aliéner les meubles sans autorisation de justice.

Toutefois, nous devons observer : 1° que les aliénations ou hypothèques qu'ils auraient consenties sur les immeubles sont maintenues s'ils en conservent la propriété ; 2 que les aliénations mobilières qu'ils auraient faites à un acheteur de bonne foi sont également maintenues si celui-ci invoque la maxime, *en fait de meubles la possession vaut titre.*

On remarquera également que les envoyés en possession provisoire ne peuvent pas acquérir par prescription les biens de l'absent, parce qu'ils les détiennent à titre précaire, c'est-à-dire au nom et pour le compte de l'absent, et qu'on ne peut prescrire que les biens qu'on possède pour soi et en son nom. — Mais les tiers peuvent acquérir par prescription les biens de l'absent ; et, réciproquement, l'absent peut prescrire contre les tiers les biens que les envoyés en possession, qui le représentent, auraient possédés en son nom.

II. *Actions qu'ils peuvent exercer, ou qui peuvent être exercées contre eux.* — En leur qualité d'administrateurs, les envoyés en possession provisoire peuvent exercer les actions qui appartenaient à l'absent ; et, pareillement, on peut intenter contre eux les actions qui pouvaient être exercées contre celui-ci. Seulement, comme ils ne sont poursuivis que comme détenteurs des biens de l'absent, on ne peut pas les contraindre à payer au delà de leur valeur. — S'il y a plusieurs envoyés en possession, on agira contre chacun d'eux proportionnellement à la part qu'il a reçue.

III. *Des fruits qu'ils peuvent retenir en cas de retour de l'absent.* — Bien que les envoyés en possession provisoire ne soient que des administrateurs des biens de l'absent, la loi, pour les indemniser de leurs soins, les autorise à retenir : — 1° les quatre cinquièmes des revenus, si l'absence n'a pas duré plus de quinze ans ; — 2° les neuf dixièmes, si elle a duré plus de quinze ans ; — 3° la totalité, si elle a duré au moins trente ans.

Les délais ci-dessus commencent à partir du jour de la disparition de l'absent ou des dernières nouvelles. — Mais la retenue ne se calcule que sur les fruits qui ont été perçus depuis l'envoi en possession, car ceux qu'on a recueillis antérieurement ont dû être capitalisés au profit de l'absent. (Art. 127, 128, 184.)

Comment finit l'envoi en possession provisoire ?

L'envoi en possession provisoire finit :

1° Par le retour de l'absent. — Dans ce cas, les biens lui sont restitués, ainsi que les revenus qui ont été capitalisés à son profit.

2° Par la réception de ses nouvelles. — Dans ce cas, on retombe ordinairement dans la période de présomption d'absence : effectivement, la réception des nouvelles n'empêche pas que l'existence de l'absent ne soit encore douteuse, car il peut être décédé depuis qu'il les a données.

3° Par la preuve de son décès. — Dans ce cas, les biens sont dévolus à ceux qui étaient ses héritiers les plus proches au moment du décès. Ordinairement, ce sont les envoyés en possession eux-mêmes : ils recueillent alors la succession de l'absent d'une manière définitive.

4° Par l'envoi en possession définitive. (Art. 129, 130, 131.

Quels sont les droits du conjoint de l'absent lorsqu'il est marié sous le régime de la communauté ?

En règle générale, la déclaration d'absence produit l'anéantissement des conventions matrimoniales qui existaient entre l'absent et son conjoint. — Mais, comme la continuation de la communauté est susceptible de présenter de grands avantages aux époux, la loi autorise l'époux présent à maintenir ou à dissoudre provisoirement la communauté, à sa volonté. S'il opte pour sa continuation, il empêchera les héritiers de son conjoint d'obtenir l'envoi en possession provisoire sur les biens personnels de celui-ci, ainsi que sur la part qui lui revenait dans l'actif de la communauté.

La raison de cette exception à la règle habituelle vient de ce que, sous le régime de communauté, la communauté est appelée à recueillir les donations et successions mobilières qui échoient à l'un des époux. Par suite, lorsqu'une donation ou succession mobilière est échue à un absent marié sous le régime de la communauté, elle sera recueillie par la communauté si celle-ci a été continuée ; tandis que si elle a été dissoute, elle sera recueillie par ceux qui sont appelés à succéder à défaut de l'absent. Et comme les biens de la communauté sont partagés, lors de sa dissolution, entre les époux ou leurs héritiers, il s'ensuit que l'époux présent peut être intéressé au maintien de la communauté.

Sous les autres régimes, le maintien des conventions matrimoniales ne procurerait à l'époux présent qu'un droit de jouissance, et cet avantage n'a pas été jugé suffisant pour autoriser de
nouvelles dérogations au principe que tous les droits qui sont subordonnés au décès s'ouvrent par la déclaration d'absence.
(Art. 124.)

**La femme commune qui a opté pour la dissolution de la
communauté n'a-t-elle pas alors une seconde option à faire ?**

Oui ; la femme commune qui a opté pour la dissolution de la
communauté a ensuite le droit d'accepter ou de refuser, à son
gré, la part qui lui revient dans la communauté. Mais c'est là un
droit bien différent du premier : effectivement, il se réfère au
partage de la communauté après qu'elle a été dissoute, et la
femme seule peut l'exercer ; au lieu que le droit d'option dont il
est ici question se réfère au maintien ou à la dissolution de la
communauté, et qu'il peut être exercé par l'époux présent, quel
qu'il soit.

Ainsi, la femme mariée sous le régime de communauté a deux
avantages. Elle peut : 1° en cas d'absence de son conjoint, opter
pour le maintien de la communauté ou pour sa dissolution ;
2° puis lorsque la communauté a été dissoute, accepter la part
qui lui revient dans les biens qui la composent ou y renoncer. —
La première option appartient également à chacun des époux
communs ; mais la seconde ne peut être exercée que par la femme.
(Art. 124.)

A quel moment l'époux présent peut-il faire son option ?

L'époux présent peut faire son option à toute époque, aussitôt
que le jugement en déclaration d'absence a été prononcé, car la
loi ne lui fixe aucun délai. — Toutefois, il ne serait plus recevable à la faire s'il avait donné son consentement à l'envoi en possession provisoire des héritiers de son conjoint, parce qu'il aurait
alors accepté tacitement la dissolution de la communauté.

Au reste, l'époux qui a d'abord opté pour le maintien de la
communauté, peut ensuite y renoncer. — Mais, à l'inverse,
l'époux qui a opté pour la dissolution de la communauté ne
peut plus revenir sur sa détermination, par la raison qu'en optant
pour la dissolution de la communauté il a fait passer les biens
aux mains des envoyés en possession, et qu'il ne serait pas juste
qu'il pût les leur retirer.

Quels sont les droits de l'époux qui a demandé le maintien de la communauté ?

L'époux qui a demandé le maintien de la communauté a le pouvoir d'administrer les biens de communauté, et de retenir à son profit une partie des fruits qui en proviennent.

I. *Pouvoir d'administrer*. — Si c'est le mari qui est présent et qui a demandé le maintien de la communauté, il ne fait que conserver les droits qu'il avait déjà comme administrateur de la communauté et des biens personnels de sa femme (1). — Si c'est celle-ci qui est présente et qui a opté pour le maintien de la communauté, elle acquiert, au contraire, des droits qu'elle n'avait pas auparavant, car la loi lui accorde alors des pouvoirs d'administration sur ses biens propres, sur ceux de la communauté, et sur ceux de son mari. Toutefois, elle n'a pas la plénitude des pouvoirs du mari, tant que le décès de ce dernier n'est pas prouvé ; et elle doit recourir à l'autorisation de la justice pour tous les actes autres que ceux de pure administration.

II. *Faculté de retenir une partie des fruits*. — L'époux présent qui a opté pour la continuation de la communauté jouit des mêmes avantages que les envoyés en possession et peut retenir la même quotité de revenus, tant sur les biens personnels de son conjoint que sur la part de celui-ci dans la communauté. En conséquence, il peut conserver les quatre cinquièmes des revenus si l'absence n'a pas duré plus de quinze ans, les neuf dixièmes si elle a duré plus de quinze ans, la totalité enfin si elle a duré au moins trente ans. (Art. 124, 127.)

Que doit faire l'époux présent qui a opté pour le maintien de la communauté ?

L'époux présent qui a opté pour le maintien de la communauté n'est pas tenu de fournir caution, comme les envoyés en possession provisoire ; mais il doit :

1° Faire dresser un inventaire de tous les meubles appartenant à son conjoint, en présence du procureur de la république ou d'un juge de paix requis par celui-ci ;

2° Les faire vendre en totalité ou en partie, suivant que le tribunal en ordonnera ;

3° Faire emploi du prix provenant de la vente des meubles;

(1) Demolombe, II, n. 285; — Aubry et Rau, 4e édition, I, p. 616.

4° Faire constater l'état des immeubles ;

5° Notifier son acceptation aux héritiers présomptifs de l'absent. — Notons que la femme ne peut faire cette notification qu'avec l'autorisation de la justice. (Art. 126.)

Comment se fait le partage de la communauté lorsque l'époux présent a opté pour sa dissolution ?

Lorsque l'époux présent a opté pour la dissolution de la communauté, on partage les biens qui la composent en deux portions égales, dont l'une est dévolue à l'époux présent et l'autre aux héritiers de son conjoint. — Mais alors l'époux présent est traité comme un envoyé en possession provisoire *pour la part qu'il obtient dans les biens de la communauté*, et on l'oblige à fournir caution, soit pour les gains de survie qui auraient été stipulés au profit de l'absent, soit en prévision d'une reconstitution future de la communauté, par suite du retour de l'absent ou de la réception de ses nouvelles (1).

Comment finit le maintien provisoire de la communauté ?

Le maintien provisoire de la communauté finit :

1° Par le changement de volonté de l'époux présent, qui peut y renoncer après l'avoir d'abord acceptée ;

2° Par le retour de l'absent, ou la réception de ses nouvelles ;

3° Par la preuve de son décès, ou par le décès de l'époux présent ;

4° Par l'envoi en possession définitive.

Dans ces différentes hypothèses, la communauté se liquide entre l'époux présent et les héritiers de son conjoint, suivant son état au jour de la disparition ou des dernières nouvelles.

Qu'est-ce que l'envoi en possession définitive ?

L'envoi en possession définitive est l'attribution définitive des biens de l'absent, faite au profit de ses héritiers présomptifs au jour de sa disparition ou de ses dernières nouvelles, ou à leurs représentants, ainsi qu'aux légataires ou donataires, s'il en existe. — Par conséquent, ce sont en général ceux-là mêmes qui ont été investis des biens de l'absent par l'envoi en possession provisoire qui obtiennent également l'envoi en possession définitive. Toutefois il peut arriver que l'envoi en possession définitive soit

---

(1) Dans le cas de retour de l'absent, tous les fruits perçus appartiendront non pas à l'époux administrateur, mais à la communauté. Voy. Demolombe, II, n. 288. — Rodière et Pont, I, n° 876.

réclamé par un héritier présomptif qui avait négligé de se faire envoyer en possession provisoire.

· L'envoi en possession définitive ne peut avoir lieu qu'en vertu d'un jugement rendu par le même tribunal que celui qui a déjà ordonné l'envoi en possession provisoire. — Au reste, ce juge-ment n'a pas besoin d'être précédé d'une enquête. (Art. 129.)

Dans quel délai la demande d'envoi en possession définitive peut-elle être formée ?

La demande d'envoi en possession définitive ne peut être formée que lorque la probabilité du décès a pris un degré de force qui équivaut presque à une certitude. — Or, il paraît à peu près certain que l'absent est décédé :

1º Lorsqu'il s'est écoulé trente ans depuis le jugement en dé-claration d'absence ;

2º Ou lorsqu'il s'est écoulé cent ans depuis la naissance de l'absent.

L'article 129 fait courir les trente ans à partir de l'envoi en possession, provisoire ou de l'option de l'époux présent pour la continuation de la communauté. — Mais il est plus rationnel de compter les trente ans à partir de la déclaration d'absence, car c'est à ce moment que le décès de l'absent commence à devenir probable, et non pas au moment des dispositions qui en sont la suite. (Art. 129.)

Quels sont les effets de l'envoi en possession définitive ?

Le jugement qui ordonne l'envoi en possession définitive con-vertit le droit d'administration des envoyés provisoires en un droit de propriété. — En conséquence, les envoyés définitifs peuvent non seulement acquérir tous les fruits, mais encore con-stituer toutes sortes de droits réels sur les biens de l'absent ; ils peuvent les aliéner, les hypothéquer, en disposer même à titre gratuit.

Quant aux cautions fournies par les envoyés en possession provisoire, elles sont déchargées avant même que la demande d'envoi en possession définitive ait été formée, pourvu que les délais indiqués par la loi pour pouvoir la former soient écou-lés (1).

Voyons maintenant quelles seraient les conséquences, par rap-port aux envoyés en possession définitive, soit du retour de l'ab-

(1) Voy. Demolombe, II, n. 161 ; — Aubry et Rau, 4e édition, I, p. 621.

sent, soit de la preuve de son existence, soit de la preuve de son décès.

I. *Retour de l'absent.* — Si l'absent reparaît, il peut toujours réclamer ses biens aux envoyés en possession provisoire, qui ne sont à son égard que des dépositaires. Mais, quand il ne reparaît qu'après l'envoi en possession définitive, les envoyés ne sont tenus de lui restituer que les biens qui existent encore au moment de son retour, dans l'état où ils se trouvent alors, et le prix des immeubles qu'ils ont aliénés à titre onéreux. — Ils ne doivent lui fournir aucune compensation pour les biens dont ils ont disposé à titre gratuit; à moins cependant qu'ils n'en aient fait donation à leurs propres enfants, car alors ils en auraient indirectement tiré un profit, en évitant par ce moyen de prendre sur leurs propres biens la somme nécessaire à leur établissement.

Au reste, les envoyés en possession définitive ne peuvent être poursuivis par l'absent à raison des détériorations provenant de leur fait, parce qu'ils ont été investis de tous les droits d'un propriétaire (1). — Mais ils peuvent, au contraire, exiger le remboursement des dépenses de grosse réparation qu'ils ont faites, ainsi que leurs dépenses d'amélioration. Seulement, ces dernières ne leur sont payées que jusqu'à concurrence de la plus-value qui en est résultée.

II. *Preuve de l'existence de l'absent.* — Lorsque l'existence de l'absent est prouvée, il peut arriver deux choses : ou bien la preuve de son existence résulte uniquement de ce qu'on a reçu de ses nouvelles, et alors on retombe dans la période de présomption d'absence ; car si l'existence était certaine au moment où les nouvelles ont été données, elle ne l'est plus au moment où elles ont été reçues ; — ou bien elle résulte du retour de l'absent, et alors les envoyés en possession définitive, qui n'ont jamais été propriétaires des biens qu'au regard des tiers, lui en font la restitution, comme nous l'avons vu précédemment.

III. *Preuves du décès de l'absent.* — Lorsque le décès de l'absent vient à être prouvé, sa succession est ouverte et on y appelle les personnes qui se trouvaient être ses héritiers présomptifs au moment du décès. Alors il peut également arriver deux choses : ou bien les envoyés en possession existent encore et se trouvent avoir été les plus proches héritiers de l'absent au moment de son

(1) Demante, I, 266 — Demolombe, II, n. 171 et 175.

décès ; ou bien ils sont morts avant lui, et par suite ils n'ont pas pu lui succéder et transmettre les biens à leurs propres héritiers.
— Dans le premier cas, ils conserveront comme héritiers les biens qu'ils détenaient en qualité d'envoyés. Dans le second cas, les plus proches héritiers de l'absent au jour de son décès n'auront qu'à établir le moment où le décès a eu lieu pour obtenir la succession et se faire restituer les biens qui la composent par les héritiers des envoyés en possession. (Art. 129, 130, 131, 132.)

Quel est l'effet de la survenance d'un descendant de l'absent qui n'avait pas été envoyé en possession définitive ?

Lorsqu'il survient un descendant de l'absent qui, pour une cause ou pour une autre, n'avait pas été envoyé en possession définitive, ce descendant peut obliger les envoyés en possession à lui restituer les biens, sans avoir à prouver autre chose que sa qualité de descendant de l'absent ; car il est bien évident que, quel que soit le moment où celui-ci est décédé, il était appelé à lui succéder. — Mais il en est différemment pour les collatéraux de l'absent. Quel que soit leur degré de parenté, ils doivent, pour être préférés aux envoyés en possession, établir non seulement leur qualité de collatéraux, mais encore celle d'héritiers les plus proches de l'absent au moment de son décès. Effectivement, tant que cette preuve n'est pas faite, rien ne démonire qu'ils aient plus de droits à sa succession que les parents qui se sont fait mettre en possession.

Le droit des descendants de l'absent est, comme tous les droits en général, sujet à la prescription. Mais la prescription ne peut être accomplie qu'après trente ans, à partir de l'envoi en possession définitive (1). (Art. 133.)

Comment finit l'envoi en possession définitive ?

L'envoi en possession définitive finit, comme on l'a vu :

Par la preuve de l'existence de l'absent ;

Par la preuve de son décès ;

Par la survenance d'un descendant de l'absent qui n'avait pas été envoyé en possession définitive.

(1) Voy. Marcadé, I, n. 448, 449.

SECTION II

**Quels sont les effets de l'absence relativement aux succes:
sions ouvertes au profit de l'absent ?**

Nous venons de voir comment sont dévolus les biens laissés
par l'absent au jour de sa disparition. Nous allons nous occuper
maintenant des droits qui se sont ouverts à son profit depuis cette
époque. — A cet égard, l'article 135 établit en principe qu'on ne
peut réclamer aucun droit échu à un individu qu'à la charge de
prouver que cet individu existait au moment où le droit s'est
ouvert en sa faveur. D'où cette conséquence, indiquée par l'article
136, que si une succession s'ouvre après la disparition de l'absent,
la part à laquelle il est appelé doit être dévolue exclusivement à
ses cohéritiers, s'il en existe, et, à leur défaut, aux héritiers qui
viennent après lui.

Au surplus, comme l'absent est présumé décédé au moment
où s'ouvre la succession à laquelle il était appelé, il en résulte
que ses enfants peuvent venir à la succession en son lieu et place
par représentation. (Art. 135, 136.)

**Les héritiers qui ont recueilli une succession à laquelle
l'absent était appelé sont-ils obligés de fournir caution ?**

Non ; les héritiers qui ont recueilli une succession à laquelle
l'absent était appelé peuvent exercer tous les droits d'un propriétaire sur les biens qui en dépendent, sans être obligés comme les
envoyés en possession provisoire à faire inventaire et à fournir
caution. — Mais ils peuvent être contraints à restituer la succession, soit à l'absent, soit à ses représentants, lorsque ceux-ci
prouvent que l'absent existait encore au moment de l'ouverture
de la succession.

Cette action en restitution peut être exercée contre eux pendant
trente ans, à partir du jour où ils ont recueilli la succession à
défaut de l'absent. Quant aux fruits qui en dépendent, s'ils les
ont perçus de bonne foi, on ne peut leur réclamer que ceux qu'ils
ont perçus depuis la demande en restitution. (Art. 137, 138.)

Quels sont les pouvoirs des héritiers qui ont recueilli une succession à laquelle l'absent était appelé ?

Le Code ne s'est pas expliqué à cet égard. Néanmoins, tout le monde convient : 1° qu'ils peuvent faire valablement tous les actes d'administration relativement aux biens qu'ils ont recueillis, parce qu'ils ont la qualité de possesseurs ; 2° qu'ils ne peuvent pas disposer de ces biens à titre gratuit, parce qu'ils sont sous le coup d'une restitution à faire, si l'existence de l'absent au moment de l'ouverture de la succession venait à être prouvée.

En ce qui concerne les actes de disposition, et notamment les constitutions d'hypothèques et les aliénations immobilières qu'ils auraient consenties, les auteurs sont partagés.

Suivant un premier système, soutenu par M. Demolombe, ils peuvent valablement les consentir : 1° parce qu'ils sont propriétaires, à défaut de l'absent, des biens qu'ils ont recueillis et qui devaient échoir à ce dernier ; 2° parce qu'ils ont reçu de la loi mandat de le représenter. — Toutefois, leur mandat, qui suffirait pour l'aliénation partielle des divers objets compris dans la succession, ne va pas jusqu'à l'aliénation de la succession elle-même, parce qu'un mandataire ne peut pas disposer de l'ensemble des choses qu'il est chargé d'administrer.

Suivant un second système, qui est plus généralement adopté, il faut leur refuser le droit de consentir des aliénations immobilières ou des hypothèques. — En effet, pour pouvoir aliéner ou hypothéquer, il faut être propriétaire ou mandataire. Or, ils ne sont pas propriétaires, ou du moins ils ne le sont pas d'une manière définitive, puisqu'ils se trouvent sous le coup d'une restitution éventuelle ; et ils ne sont pas davantage mandataires de l'absent, parce que le mandat ne se présume pas et qu'aucun texte ne leur donne cette qualité. D'ailleurs, s'ils étaient mandataires de l'absent, ils ne prescriraient pas contre lui, ainsi qu'ils peuvent le faire.

SECTION III

DES EFFETS DE L'ABSENCE RELATIVEMENT AU MARIAGE.

Le mariage est-il dissous par l'absence ?

Non ; quelque longue qu'elle soit, l'absence ne dissout jamais le mariage. — En effet, le mariage ne peut être dissous que lors-

10

que le décès de l'un des conjoints est prouvé. Or, l'effet du juge
ment en déclaration d'absence ne va pas jusque là : il établit la
probabilité, mais non la preuve du décès (1).

**Que faut-il décider si, en fait, l'époux présent a contracté
une nouvelle union ?**

Si l'époux présent, laissant ignorer son premier mariage à
l'officier de l'état civil, a contracté une nouvelle union, cette
union n'est ni absolument nulle ni absolument valable. — Elle
n'est pas absolument nulle, parce que l'existence de l'absent est
incertaine ; mais, d'un autre côté, elle n'est pas non plus absolument valable, parce que son décès n'est pas prouvé. En définitive,
le second mariage ne peut être attaqué, suivant l'article 139,
que par l'époux absent, s'il est de retour, ou par son fondé de
pouvoirs.

Quelques auteurs décident néanmoins que les expressions de
cet article ne doivent pas être prises à la lettre, et que le procureur de la république pourrait également demander la nullité du second mariage comme entaché de bigamie, dans le cas où
l'existence de l'absent cesserait d'être douteuse. Ils se fondent sur
les termes de l'article 184, qui investissent le ministère public du
pouvoir de former toutes demandes en nullité absolue du mariage.
— Mais cette opinion ne nous paraît pas admissible en présence
du texte formel de l'article 139 (2).

**Pourrait-on attaquer le second mariage de l'époux présent,
s'il avait été contracté avant le décès de l'absent ?**

Non ; le second mariage de l'époux présent ne peut plus être
attaqué si l'absent est mort, lors même qu'on viendrait à savoir
qu'il était encore vivant au moment où il a été contracté. — Effectivement, le ministère public n'aurait pas à poursuivre l'époux
présent comme coupable de bigamie, puisque l'existence de l'absent n'était pas certaine lors du second mariage : d'autre part,
l'absent étant actuellement décédé, personne ne serait plus intéressé à demander la nullité du mariage.

Quel est l'objet de l'article 140 ?

L'article 140 a pour objet de faire connaître dans quel rang il

---

(1) L'ancien droit permettait à l'époux présent de se remarier après cent
ans révolus depuis la naissance de l'absent.

(2) Voy. Marcadé, I, nᵒˢ 487, 488. — Demolombe, II, 264. — Aubry et Rau,
4ᵉ édit., 1, p. 635. — Demante, I, nᵒ 177 *bis.*

faut placer l'époux présent parmi les divers héritiers qui, en cas de déclaration d'absence, peuvent demander l'envoi en possession provisoire. — Il le place après tous les héritiers légitimes de l'absent, conformément aux règles établies plus loin relativement aux successions.

CHAPITRE QUATRIÈME

DE LA SURVEILLANCE DES ENFANTS MINEURS DU PÈRE QUI A DISPARU.

Articles 141 à 143.

Comment pourvoit-on à la surveillance des enfants mineurs de l'absent ?

Lorsque la mère a disparu mais que le père vit encore, rien n'est changé à l'état ordinaire des choses : le père continue d'exercer la puissance paternelle. — Aussi, le Code ne prévoit-il pas cette hypothèse.

Lorsqu'au contraire c'est le père qui a disparu et que la mère vit encore, celle-ci exerce la puissance paternelle, et pourvoit à l'éducation de ses enfants mineurs et à l'administration de leurs biens. — Toutefois, elle n'agit pas alors en qualité de tutrice, et elle n'exerce la puissance paternelle que comme déléguée de son mari. Il en résulte qu'elle ne profite pas de l'usufruit des biens de ses enfants mineurs, et qu'elle doit restituer à son mari, s'il reparaît, tous les fruits qu'elle a perçus. (Art. 141.)

Pourquoi la tutelle des enfants mineurs n'est-elle pas ouverte aussitôt que le père a disparu ?

Si la tutelle des enfants mineurs n'est pas ouverte dès que le père a disparu, c'est qu'au moment de sa disparition il est encore présumé vivant. — Or, comme il est admis en principe que la tutelle des enfants mineurs ne doit s'ouvrir que lorsque le père ou la mère sont décédés ou présumés décédés, il ne peut être question de tutelle que lorsqu'il y a eu un jugement de déclaration d'absence.

Comment pourvoit-on à la surveillance des enfants de l'absent lorsque la mère est décédée ?

Lorsque la mère est décédée au moment de la disparition du père, ou lorsqu'elle vient à décéder avant la déclaration d'absence, on devrait, suivant le droit commun, nommer aussitôt un tuteur qui serait chargé de la surveillance des enfants ; car la tutelle s'ouvre immédiatement après le décès de l'un des deux époux. — Mais comme ce serait alors au père à remplir les fonctions de tuteur et qu'il ne peut pas les remplir puisqu'il a disparu, la loi décide que les enfants seront d'abord confiés, pendant les six premiers mois de l'absence, à une personne désignée par le tribunal. — Après ces six mois, comme le retour du père est devenu moins probable, le conseil de famille déférera la surveillance des enfants aux ascendants les plus proches ou à un tuteur provisoire.

Lorsque la mère n'est décédée qu'après la déclaration d'absence, le conseil de famille nomme un tuteur définitif, qui a la surveillance des enfants mineurs. — Effectivement, après la déclaration d'absence, le père qui a disparu est présumé mort, et il n'y a pas lieu dès lors de réserver ses droits à la tutelle. (Art. 142.)

Comment pourvoit-on à la surveillance des enfants mineurs de l'absent, lorsqu'ils sont issus d'un précédent mariage ?

Lorsque les enfants de l'absent sont issus d'un précédent mariage, on procède de la même façon que si la mère était décédée. La surveillance des enfants est d'abord confiée, pendant les six premiers mois de la disparition du père, à une personne nommée par le tribunal. Ensuite, elle est déférée par le conseil de famille aux ascendants les plus proches. (Art. 143.)

LIVRE I, TITRE V

Du mariage.

DÉCRÉTÉ LE 17 MARS 1803. — PROMULGUÉ LE 27 DU MÊME MOIS.

Dans notre ancien droit, le mariage était un contrat à la fois civil et religieux : actuellement, depuis la Constitution de 1791, il n'est plus qu'un contrat civil et la cérémonie religieuse qui le suit ordinairement est purement facultative.

Le titre de mariage est ainsi divisé par le Code :

Le chapitre II de notre titre comprendra également les matières contenues dans le chapitre III du titre II, dont nous avons indiqué précédemment le renvoi à cette place.

CHAPITRE PREMIER

ES QUALITÉS ET CONDITIONS REQUISES POUR POUVOIR CONTRACTER MARIAGE.

Articles 144 à 164.

Qu'est-ce que le mariage ?

Le mariage est la société légitime de l'homme et de la femme, qui s'unissent pour perpétuer leur espèce et pour se porter une mutuelle assistance.

On voit par là que la procréation n'est pas la seule fin du mariage, et qu'il faut y ajouter l'assistance réciproque que doivent se fournir les époux. Aussi, la loi autorise-t-elle les personnes âgées à s'unir par le mariage.

Le mariage a été élevé par le christianisme à la dignité de sacrement. Dans l'ordre civil, il a été l'objet de l'attention toute spéciale des divers législateurs, qui l'ont toujours considéré comme un contrat d'une nature toute spéciale.

Quels sont les conditions requises pour pouvoir contracter mariage ?

Les conditions requises pour pouvoir contracter mariage se divisent en deux classes. — Les unes sont nécessaires non seulement pour la célébration du mariage, mais encore pour sa validité ; les autres ne concernent que la célébration.

L'absence d'une des conditions nécessaires pour pouvoir se marier constitue un empêchement au mariage. — Et comme il y a deux classes de conditions requises pour pouvoir se marier, de même il existe deux sortes d'empêchements : les empêchements dirimants et les empêchements prohibitifs.

Les empêchements *dirimants* sont ceux qui forment obstacle non seulement à la célébration du mariage mais encore à sa validité, lorsque la célébration a eu lieu nonobstant leur existence, par suite de l'erreur ou de la connivence de l'officier de l'état civil.

Les empêchements *prohibitifs* sont ceux qui ne forment obstacle qu'à la célébration du mariage et qui n'affectent pas sa validité. si, en fait, la célébration a eu lieu.

Quels sont les empêchements dirimants ?

Les empêchements dirimants sont :

1° Le défaut d'âge ;

2° L'existence d'un premier mariage ;

3° Le défaut de consentement des époux ;

4° Le défaut de consentement des parents ;

5° La parenté et l'alliance ;

6° Le défaut de publicité et d'intervention d'un officier de l'état civil.

On peut ajouter à ces empêchements celui qui résulte de l'identité de sexe des parties contractantes. Il est vrai que le Code ne le mentionne pas, mais c'est parce qu'il est trop évident.

Examinons ces divers empêchements.

A quel âge peut-on se marier ?

L'homme avant dix-huit ans révolus, la femme avant quinze ans révolus, ne peuvent contracter mariage. — Néanmoins, il est loisible au chef de l'État d'accorder des dispenses pour des motifs graves.

La cause principale de ces dispenses est la grossesse de la femme avant quinze ans révolus. — La demande de dispense doit être signée par les futurs époux et par les personnes dont le consentement au mariage est nécessaire. Elle est accompagnée des actes de naissance des futurs époux, et d'un rapport du médecin si la future épouse est en état de grossesse, et adressée au procureur de la république. Celui-ci la transmet, avec son avis, au ministre de la justice, qui fait un rapport au chef de l'Etat.

Notre ancien droit français, conforme au droit romain, fixait la puberté à quatorze ans pour les hommes et à douze ans pour les femmes. Mais on mariait rarement les enfants à cet âge ; ou, si de graves intérêts déterminaient les familles à former de telles unions, on séparait les époux jusqu'à ce qu'ils eussent atteint l'âge d'une maturité plus avancée. (Art. 144, 145.)

Peut-on contracter un second mariage avant la dissolution du premier ?

Non ; on ne peut pas contracter un second mariage avant la dissolution du premier. — L'époux qui enfreint cette prohibition commet le crime de bigamie, et encourt une condamnation de cinq à vingt ans de travaux forcés.

Une question débattue est celle de savoir si l'étranger qui a divorcé peut contracter en France un nouveau mariage. — Suivant quelques auteurs, la loi qui défend le divorce est d'ordre public en France, et, par conséquent, les étrangers doivent s'y soumettre. — Mais on admet généralement une opinion moins rigoureuse, et l'on décide que les étrangers peuvent contracter un nouveau mariage en France, lorsqu'ils ont régulièrement divorcé dans leur pays (1). (Art. 147.)

Le mariage peut-il exister sans le consentement des deux époux ?

Non ; il n'y a pas de mariage sans le consentement des époux.

(1) C'est ce qu'a jugé la Cour de cassation, par arrêt du 28 février 1860. (Affaire Bulkley).

— Et même il ne suffit pas pour la validité du mariage qu'ils donnent un consentement quelconque ; il faut de plus que leur consentement soit donné librement et en connaissance de cause.

Lorsque le consentement de l'une des deux parties manque absolument, le mariage n'est alors qu'un vain simulacre : il est *nul*, *inexistant* en droit, et toute personne intéressée peut faire reconnaître judiciairement cette nullité, à quelque époque que ce soit.

Lorsque le consentement a été réellement donné par les deux parties, mais que l'une d'elles l'a donné sous l'empire de l'erreur ou de la violence, le mariage existe ; mais celle des parties dont le consentement a été vicié peut le faire cesser comme lui étant préjudiciable. — Seulement, le droit de former une demande en annulation n'appartient qu'à elle seule, et elle doit la former dans un délai limité. (Art. 146.)

Dans quels cas y a-t-il défaut absolu de consentement ?

Les cas où il y a défaut absolu de consentement, c'est-à-dire ceux où le consentement n'existe pas, même d'une manière imparfaite, sont extrêmement rares. — On peut citer cependant : celui où l'un des époux n'a pas répondu affirmativement lorsque l'officier de l'état civil lui a demandé s'il consentait au mariage ; celui où il a donné son consentement en croyant s'unir avec une autre personne que celle qui était présente ; celui où le consentement a été exprimé par une personne que la loi a déclaré absolument incapable de consentir aucun engagement ; enfin celui où il y a eu erreur sur la nature du contrat, comme si, par exemple, la future épouse a consenti au mariage en croyant consentir à une adoption.

Les époux doivent donner leur consentement au mariage au moment même de sa célébration, en présence de l'officier de l'état civil et sur son interrogation.

Les sourds-muets et les individus privés de raison peuvent-ils contracter mariage ?

En principe, les personnes impuissantes à manifester leur consentement, comme les sourds-muets et les individus privés de raison, ne peuvent pas contracter mariage. — Toutefois, l'incapacité des sourds-muets cesse lorsqu'ils peuvent exprimer leur consentement par des signes. Pareillement, le mariage qui a été contracté par une personne privée de raison peut être maintenu, lorsqu'il a été contracté pendant un intervalle lucide.

C'est ce qui résulte de la discussion préparatoire du Code au sein du conseil d'État. On avait d'abord proposé d'établir en principe que les sourds-muets ne pourraient pas se marier, et qu'on ne leur en donnerait la faculté que par voie d'exception, lorsqu'ils pourraient manifester leur consentement. Sur la proposition de Cambacérès, on convint de supprimer la disposition relative aux sourds-muets, et de s'en tenir uniquement à la règle générale qui exige pour le mariage un consentement valable.

Les interdits judiciaires peuvent-ils contracter mariage pendant un intervalle lucide ?

La loi ne s'est pas expliquée à cet égard. On admet généralement que l'interdiction forme tout au moins un empêchement prohibitif à la célébration du mariage, car elle a pour effet de rendre la personne incapable de faire aucun acte juridique. — Mais ici se présente une question plus délicate : en supposant que le mariage d'un interdit judiciaire ait été célébré, ce mariage est-il radicalement nul ou simplement annulable ? — S'il est radicalement nul, c'est-à-dire s'il n'existe qu'en apparence, toutes les personnes qui y ont intérêt seront admises à en faire reconnaître judiciairement l'inexistence. S'il est simplement annulable, c'est-à-dire s'il existe sans être complètement régulier, il ne pourra être attaqué que par l'interdit, et celui-ci aura la faculté de le ratifier dans un intervalle lucide, ce qui le rendra inattaquable.

Suivant une première opinion, le mariage contracté par l'interdit est simplement annulable. — Effectivement, bien que le consentement de l'interdit soit par le fait de l'interdiction considéré comme vicieux, il n'en a pas moins été donné : par suite, le mariage est irrégulier, mais il existe. Et comme l'interdiction judiciaire n'a été établie que dans l'intérêt de l'interdit, rien ne s'oppose à ce que celui-ci puisse ratifier son mariage.

Mais on répond que l'interdiction ne fait pas que vicier le consentement, qu'elle le rend absolument nul ; d'où il suit que le mariage auquel il a été donné manque d'une condition essentielle à son existence, et qu'il n'a pas été réellement contracté. Or, si l'on peut ratifier un contrat imparfait ou vicieux mais qui existe, il n'en est pas de même d'un contrat qui n'existe pas, qui n'a d'existence qu'en apparence. — Il faut en conclure que

le mariage de l'interdit est nul, qu'il n'est pas susceptible de ratification, et qu'il peut être attaqué par toutes les personnes qui
y ont intérêt.

Cette opinion nous parait préférable (1).

Les mariages *in extremis* sont-ils valables ?

Dans notre ancien droit, le mariage *in extremis* produisait tous
ses effets civils quand il n'avait pas été précédé de relations illi-
cites entre les parties. Mais on ne considérait pas comme valable
et apte à produire des effets civils, le mariage célébré aux appro-
ches de la mort entre le concubin et la concubine. On avait voulu
par là engager les concubins à ne pas attendre au dernier moment pour régulariser leur état.

Le Code ne s'est pas exliqué formellement sur ces mariages.
En général, il semble que l'obligation qu'il impose de célébrer
le mariage à la maison commune les exclut implicitement. Toutefois on verra plus loin que cette obligation n'annule pas nécessairement le mariage, et que les juges ont un certain pouvoir
d'appréciation. Dans tous les cas, le défaut de célébration à la
maison commune constituera un obstacle de fait à l'accomplissement du mariage, qui dès lors ne pourra avoir lieu qu'en
vertu d'une autorisation spéciale du gouvernement.

En résumé, le mariage *in extremis*, sans être formellement
prohibé, est cependant contraire aux règles habituelles. Il ne
pourra donc être célébré, en fait, qu'en vertu d'une autorisation
qui couvre la responsabilité de l'officier de l'état civil. En droit,
il pourra être annulé ou maintenu par les tribunaux, suivant les
circonstances dans lesquelles il s'est accompli.

La promesse de mariage produit-elle quelques effets ?

Le mariage étant un acte essentiellement libre, il en résulte
qu'on ne peut pas s'obliger par avance à épouser une personne
désignée. — Cependant, si un mariage avait été sérieusement
convenu et que l'une des parties vînt à se retirer sans alléguer
des motifs plausibles, elle pourrait être condamnée à des dommages-intérêts envers l'autre partie, à raison du préjudice pécuniaire que lui ferait éprouver son refus, par exemple, en laissant à sa charge les présents de noces.

Nous regrettons de ne pas trouver dans la loi des dispositions

---

(1) *Sic* : Marcadé, I, n° 520. — *Contra* : Demolombe, III, n°° 127 et 128 ; Aubry
et Rau, 3° édition, IV, p. 81.

plus équitables. — Pourquoi les promesses de mariage, dûment constatées par des écrits, ou tout au moins appuyées d'un commencement de preuve par écrit, n'obligeraient-elles pas, comme tout autre engagement ? Est-ce la crainte du scandale qui a arrêté le législateur ? Mais qu'y a-t-il de plus scandaleux que l'impunité légale acquise au séducteur ?

C'est d'ailleurs ce que semble avoir admis la jurisprudence, dans la mesure qui était possible en l'absence d'un texte spécial de loi. S'inspirant des termes généraux de l'article 1382, d'après lequel tout fait quelconque de l'homme, qui cause à autrui un dommage, oblige celui par la faute duquel il est arrivé, à le réparer, elle décide que dans tous les cas où la partie plaignante a souffert un préjudice pécuniaire par suite de la violation de la promesse de mariage, par exemple, lorsqu'elle a fait des achats de diverse nature en vue du mariage, ou lorsqu'elle a manqué l'occasion qui se présentait de contracter un autre mariage, elle aura droit à des dommages-intérêts, si le préjudice éprouvé par elle provient de la légèreté ou du caprice du futur époux (1).

Comment les père et mère donnent-ils leur consentement au mariage ?

Les père et mère donnent leur consentement au mariage de deux manières : ou verbalement, au moment même de la célébration et en présence de l'officier de l'état civil ; ou par avance et au moyen d'un acte notarié que les parties remettent à l'officier de l'état civil. — Mais il faut remarquer que, dans ce second cas, le consentement n'est valable qu'autant qu'il existe encore au moment de la célébration du mariage, c'est-à-dire lorsqu'il n'a pas été révoqué et lorsque l'ascendant qui l'a donné continue de vivre à ce moment-là.

Le consentement des parents est exigé tout à la fois dans l'intérêt de la famille et dans l'intérêt des enfants eux-mêmes.

En effet, la considération et la fortune des familles sont évidemment intéressées aux alliances qu'elles contractent. Et quant aux enfants, il leur importe également d'être mis en garde contre des entraînements irréfléchis, dont ils seraient plus tard les premiers à se repentir. (Art. 73.)

_____

(1) Bourges, 28 mai 1879

✗ ✗ **L'acte de consentement des père et mère doit-il désigner la personne avec laquelle leur enfant doit contracter mariage ?**

La loi a gardé le silence à cet égard, et quelques auteurs en concluent que cette désignation n'est pas nécessaire. — En effet, disent-ils, il n'est pas permis de créer des prescriptions que la loi n'exige pas ; et d'ailleurs il y a des cas où il faut donner à l'enfant un consentement indéterminé et général si l'on ne veut pas retarder indéfiniment son mariage, par exemple, lorsqu'il va partir pour une expédition lointaine.

Mais on admet généralement que la désignation de la personne est nécessaire, et c'est avec raison ; car autrement on ne concevrait guère l'utilité du consentement des parents. D'ailleurs, en autorisant d'une façon générale leur enfant à se marier avec une personne quelconque, ceux-ci ne donneraient pas un véritable consentement ; ils ne feraient qu'abdiquer la puissance paternelle (1).

✗ **Jusqu'à quel âge le consentement des parents est-il nécessaire ?**

Le consentement des parents est nécessaire jusqu'à l'âge de vingt-cinq ans pour les garçons, et de vingt et un ans pour les filles. — Au-dessus de cet âge, les enfants n'ont plus besoin du consentement de leurs parents pour pouvoir se marier ; mais ils doivent encore leur demander conseil avant de le faire.

La différence que l'on fait ici entre les filles et les garçons vient de ce que la fille est bien plus tôt formée que le fils, et qu'elle est destinée à se marier plus jeune. On peut ajouter aussi qu'elle a plus d'intérêt à ne pas laisser échapper l'occasion d'un établissement avantageux. (Art. 148.)

Les enfants doivent-ils obtenir tout à la fois le consentement du père et celui de la mère ?

Non ; on doit, il est vrai, demander le consentement du père et de la mère (2), mais, en cas de dissentiment, celui du père suffit. — En cas de mort, d'interdiction ou d'absence de l'un des deux époux, le consentement de l'autre suffit également (3).

La preuve du décès se fait au moyen d'un acte de décès. Si le futur époux est dans l'impossibilité de le représenter, on se con-

(1) *Sic :* Demante, I, 236 *bis.* — Demolombe, I, 53. — Valette, *à son cours.*
(2) Marcadé, I, n° 524. — Valette, *Cours de Code civil,* p. 167, 168.
(3) Marcadé, I, n°ˢ 525, 526, 527, 528, 529. — Valette, *C. civil,* p. 169.

tente de sa déclaration, faite sous serment, que le lieu du décès de ses parents lui est inconnu. Cette déclaration doit être certifiée par témoins, également sous la foi du serment. — Quant à la preuve de l'interdiction ou de l'absence des père et mère, elle résulte de la représentation du jugement. (Art. 148, 149.)

A qui doit-on demander le consentement au mariage, à défaut des père et mère ?

Lorsque le père et la mère sont morts, ou qu'ils se trouvent dans l'impossibilité de manifester leur volonté, il faut demander le consentement au mariage aux ascendants des deux lignes paternelle et maternelle, qui, dans chaque ligne, se trouvent au degré le plus rapproché de l'enfant. — Au reste, il n'est pas nécessaire que le consentement soit donné par tous les ascendants auxquels on le demande. A cet égard, il peut se présenter diverses hypothèses :

1° *Il n'y a d'ascendants que dans une seule ligne.* — Dans ce cas, s'il y a dans la ligne deux ascendants du même degré, par exemple, l'aïeul et l'aïeule, on demandera le consentement à chacun d'eux : mais, en cas de dissentiment, celui de l'aïeul suffira. — S'il n'y a, au contraire, qu'un seul ascendant dans la ligne et que l'autre soit décédé, ou qu'il se trouve dans l'impossibilité de manifester sa volonté, il suffira de demander et d'obtenir le consentement de l'ascendant qui est présent.

2° *Il y a des ascendants dans les deux lignes.* — Dans ce cas, on demandera le consentement aux ascendants les plus rapprochés dans chaque ligne : mais si les ascendants d'une ligne l'accordent et que ceux de l'autre ligne le refusent, le mariage pourra être célébré. — Bien plus, si, dans la même ligne, l'aïeul donne son consentement, et que l'aïeule le refuse en même temps que les ascendants de l'autre ligne, le consentement donné par l'aïeul suffira.

Pareillement, si dans une ligne il ne se trouve qu'un ascendant qui donne son consentement et que dans l'autre ligne il y en ait deux qui le refusent, le consentement donné par l'ascendant qui se trouve seul dans sa ligne suffira ; car il représente à lui seul la ligne, et, en cas de dissentiment, le consentement d'une des deux lignes suffit. — Ainsi, le consentement donné par une aïeule qui se trouve seule dans sa ligne, l'emporte sur le refus exprimé par les deux ascendants de l'autre ligne. (Art. 150.)

A qui doit-on demander le consentement au mariage, à dé- faut des père et mère et des ascendants ?

Lorsque les père et mère, ainsi que les ascendants, sont décé- dés, ou qu'ils se trouvent dans l'impossibilité de manifester leur volonté, l'obligation de demander le consentement au mariage n'existe plus que pour les mineurs de vingt et un ans. — Ils doi- vent, aux termes de l'article 160, demander et obtenir le con- sentement de leur conseil de famille.

La décision du conseil de famille sur ce point est-elle souve- raine ? A cet égard, les auteurs ne sont pas d'accord. — Suivant les uns, il faut admettre la négative, et décider qu'on peut y former appel devant le tribunal civil. Effectivement, l'article 883 du Code de procédure permet de faire appel des *avis* expri- més par le conseil de famille, lorsqu'ils n'ont pas été pris à l'u- nanimité.

Suivant les autres, il faut admettre, au contraire, que l'arti- cle 883 n'est pas applicable ici, et que la décision du conseil de famille est sans appel. — Effectivement, cet article se rapporte aux *avis* des parents, et ici c'est de leur consentement qu'il s'a- git. Un avis n'a rien d'obligatoire ; mais un consentement à donner suppose un pouvoir souverain d'appréciation. Et il est d'autant plus rationnel d'accorder un tel pouvoir au conseil de famille dans le cas présent, que les motifs de son refus seront quelquefois d'une nature trop délicate pour pouvoir être débat- tus sans inconvénients devant un tribunal (1).

Les enfants naturels ont-ils besoin du consentement de leurs père et mère pour pouvoir se marier ?

Oui ; de même que les enfants légitimes, les enfants naturels reconnus ont besoin du consentement des père et mère qui les ont reconnus pour pouvoir se marier, s'ils sont mineurs quant au mariage. Ils doivent également requérir leur conseil, lors- qu'ils ont atteint l'âge fixé par la loi pour pouvoir se marier sans le consentement de leurs parents. — Mais, à défaut des père et mère, ils n'ont pas à demander le consentement des autres as- cendants, parce qu'ils n'ont pas avec eux des liens de parenté.

Lorsque les enfants naturels n'ont pas encore vingt et un ans ac-

(1) *Sic :* Marcadé, I, 546. Demolombe, III, n° 86. Aubry et Rau, 3ᵉ édition, IV, p. 67. — Valette, *Cours de Code civil*, p. 178, 179, 180. — *Contra :* Pothier, *Du contrat de mariage*, n° 336 ; Demante, I, n° 216 *bis*.

complis, et que leurs père et mère sont décédés ou qu'ils se trouvent dans l'impossibilité de manifester leur volonté, ils devront obtenir le consentement d'un tuteur *ad hoc*, qui leur est donné spécialement pour le mariage. — La nomination de ce tuteur est faite par un conseil de famille, qui peut choisir le tuteur ordinaire de l'enfant naturel. Ce conseil, improprement appelé *de famille*, est composé d'amis des père et mère de l'enfant, car l'enfant naturel n'a pas de parents autres que ceux-ci. (Art. 158, 159.)

L'acte de célébration du mariage doit-il faire mention du consentement des parents ?

Oui ; avant de procéder à la célébration d'un mariage pour lequel le consentement des parents. est nécessaire, l'officier de l'état civil doit d'abord s'assurer que ce consentement a été réellement donné ; sinon il se rendrait passible d'une amende de 16 à 300 francs et d'un emprisonnement de six mois à un an. — En outre, il doit faire mention du consentement donné dans l'acte de célébration du mariage, sous peine d'encourir également une amende de 300 francs au plus et un emprisonnement de six mois au moins.

La rigueur de cette disposition s'explique par la raison que si la mention du consentement des parents n'était pas constatée par l'acte de célébration, les époux auraient beaucoup de peine à établir qu'il a été donné. (C. pén., art. 192, 193. — C. civil, art. 156.)

Qu'est-ce que la parenté ?

La parenté est le lien de famille qui unit plusieurs personnes entre elles. — Elle est légitime ou naturelle, suivant qu'elle résulte du mariage ou d'une union illégitime.

La *ligne* est la série des personnes entre lesquelles cette relation existe. — Elle est directe ou collatérale.

La ligne *directe* est la série des personnes qui descendent l'une de l'autre. Ainsi le père et le fils, l'aïeul et le petit-fils sont parents en ligne directe.

La ligne *collatérale* est la série des personnes qui, sans descendre l'une de l'autre, descendent d'un auteur commun. Ainsi les deux frères, l'oncle et le neveu sont parents en ligne collatérale.

Dans chaque ligne, le lien qui unit les personnes s'apprécie au moyen des degrés de parenté.

Comment compte-t-on les degrés de parenté ?

Dans la ligne directe, on compte autant de degrés qu'il y a de générations. — Ainsi du père au fils, il y a un degré ; de l'aïeul au petit-fils, il y a deux degrés, etc.

Entre collatéraux, on compte les degrés en remontant d'abord de l'un des parents à l'auteur commun, pour redescendre ensuite de l'auteur commun jusqu'à l'autre parent. — Ainsi du frère à la sœur, il y a deux degrés, puisque l'un et l'autre sont à un degré de l'auteur commun ; du cousin à la cousine, il y a quatre degrés, car l'un et l'autre sont à deux degrés de leur aïeul commun ; de l'oncle au neveu, il y a trois degrés, car le premier est à un degré et le second à deux degrés de l'auteur commun (1).

Qu'est-ce que l'alliance ?

L'alliance ou affinité est le lien qui existe entre un époux et les parents de son conjoint. — Elle emprunte à la parenté ses lignes directe et collatérale, ainsi que ses degrés.

Les deux époux ne sont ni parents ni alliés l'un de l'autre : le mariage les a confondus en une seule personne. C'est ce qui fait que les parents de l'un deviennent les alliés de l'autre, et au même degré. — Ainsi le père et la mère de ma femme sont mes alliés en ligne directe et au premier degré ; ses frères et sœurs sont mes alliés en ligne collatérale, au second degré.

Il n'existe aucune alliance entre les parents de l'un des époux et les parents de l'autre. Ainsi mon frère n'a aucun lien de famille avec le frère de ma femme. — Pareillement, les alliés de l'un des époux ne sont point les alliés de l'autre époux. Ainsi il n'y a aucune alliance entre les maris des deux sœurs (2).

Quels sont les empêchements au mariage qui proviennent de la parenté ?

Il faut distinguer :

1° *Dans la ligne directe*, le mariage est absolument défendu entre un ascendant et un descendant, à quelque degré que ce soit.

---

(1) En ligne collatérale, le droit canonique ne compte les degrés que d'un côté seulement : du côté où il y a le plus de degrés, si les deux côtés sont inégaux. Ainsi les cousins germains, qui sont au quatrième degré en droit civil, figurent au deuxième degré en droit canonique.

(2) L'alliance et les prohibitions qui en sont la suite ne cessent pas par le décès du conjoint qui les produisait. Ainsi un veuf ne peut épouser la petite fille issue d'un premier mariage de sa défunte épouse. Cass., 4 nov. 1868.

2° *Dans la ligne collatérale*, le mariage est prohibé : 1° entre le frère et la sœur ; 2° entre l'oncle et la nièce, la tante et le neveu. — La raison de cette prohibition est que l'oncle et la tante, dans leurs rapports avec leurs neveux et nièces, tiennent souvent la place des père et mère : *quia sunt loco parentum*. Les mêmes motifs doivent étendre la prohibition au grand-oncle et à la grand'tante, qui ne pourraient pas épouser la petite-nièce ou le petit-neveu.

Par contre, le mariage est permis entre les enfants des deux frères ou des deux sœurs, c'est-à-dire entre les cousins germains. (Art. 161, 162, 163.)

Quels sont les empêchements au mariage qui proviennent de l'alliance ?

Il faut distinguer également :

Dans la ligne directe, l'alliance produit les mêmes empêchements au mariage que la parenté. Il est prohibé, à l'infini, entre les alliés à titre d'ascendants et de descendants. — Ainsi, je ne puis épouser ni la mère ni la grand'mère de ma femme, ni la fille qu'elle a eue d'un premier mariage.

Dans la ligne collatérale, l'alliance ne produit d'empêchements au mariage qu'entre les beaux-frères et belles-sœurs, c'est-à-dire entre les alliés à titre de frères et sœurs. — Ainsi on peut épouser la tante ou la nièce de sa femme, mais on ne peut pas épouser sa sœur.

Dans notre ancienne législation, le droit canonique, qui avait force de loi en France, avait étendu très loin les prohibitions. Ainsi, à une certaine époque, le mariage était défendu entre parents ou alliés jusqu'au sixième degré ; ce qui correspondait à notre douzième degré, parce qu'on ne calculait alors les degrés en ligne collatérale que dans une seule des deux lignes, au lieu de compter dans les deux lignes. Sous le droit intermédiaire, le mariage était prohibé entre parents ou alliés dans la ligne directe, mais il était permis dans la ligne collatérale, excepté entre frères et sœurs. (Art. 161, 162.)

Le chef de l'État n'a-t-il pas la faculté d'accorder des dispenses ?

Oui; l'article 164 l'autorise à lever, pour des causes graves, les prohibitions relatives aux mariages entre beaux-frères et belles-sœurs, ainsi que celles qui concernent les mariages entre l'oncle et la nièce, la tante et le neveu.

11

Les causes graves de dispense sont la grossesse de la femme, l'intérêt des enfants, la conservation d'un établissement dont la ruine blesserait des intérêts importants, la volonté d'empêcher un partage nuisible.

La demande doit être formée de la même manière que celle de dispense d'âge, d'après les règles établies par l'arrêté du 20 prairial an XI (1).

L'adoption ne produit-elle pas également des empêchements au mariage ?

Oui; l'adoption produit également un empêchement au mariage; mais, suivant l'opinion la plus généralement admise, cet empêchement est purement prohibitif. Effectivement, le Code ne mentionne pas de nullité résultant de l'adoption, et les nullités ne se présument pas. — Quoi qu'il en soit, le mariage est prohibé :

1° Entre l'adoptant, l'adopté et ses descendants ;

2° Entre les enfants adoptifs du même individu ;

3° Entre l'adopté et les enfants qui pourraient survenir à l'adoptant ;

4° Entre l'adopté et le conjoint de l'adoptant, et, réciproquement, entre l'adoptant et le conjoint de l'adopté. (Art. 348.)

La parenté naturelle, lorsqu'elle est légalement établie, produit-elle des empêchements au mariage ?

Oui ; la parenté naturelle, lorsqu'elle est légalement établie par une reconnaissance authentique ou par un jugement, produit des empêchements au mariage.

Dans la ligne *directe*, elle fait naître les mêmes empêchements que la parenté légitime. Ainsi on ne peut épouser ni sa fille naturelle, ni celle de son fils naturel. — Les enfants naturels n'ont cependant aucune relation légale avec les ascendants autres que les père et mère, et ne leur succèdent pour aucune part. Mais on a dû, en matière de mariage, s'écarter de la règle ordinaire par des considérations tirées de l'honnêteté publique.

Dans la ligne *collatérale*, la parenté naturelle ne produit d'empêchement au mariage qu'entre les frères et sœurs. — Ainsi je ne puis pas épouser ma sœur naturelle ; mais je puis très bien me marier avec la sœur de mon père naturel. (Art. 161, 162.)

(1) M. Valette fait observer que beaucoup d'enfants sourds-muets sont le fruit de mariages contractés entre proches parents.

La parenté naturelle produit-elle les mêmes empêchements, lorsqu'elle n'est pas légalement établie ?

Sur ce point, nous trouvons deux systèmes :

Suivant le premier, la parenté naturelle fait obstacle au mariage par cela seul qu'elle est prouvée, de quelque manière que la preuve en soit fournie. — Il est vrai qu'en principe le Code ne lui attribue des effets que lorsqu'elle résulte d'une reconnaissance volontaire ou judiciaire ; mais il y a ici une exception à cette règle, car les articles 161 et 162 prohibent d'une manière générale les mariages entre les parents naturels, sans distinguer comment la parenté a été établie. Et le silence du Code à cet égard est d'autant plus significatif, que la cour d'appel de Lyon avait insisté pour que la prohibition fût expressément limitée aux personnes dont la parenté résulterait d'une reconnaissance. Si le législateur n'a pas jugé à propos de tenir compte de ces observations, c'est évidemment parce qu'il a voulu, dans l'intérêt de l'ordre public et des bonnes mœurs, laisser aux magistrats un pouvoir discrétionnaire (1).

Suivant le second système, au contraire, la parenté naturelle ne fait obstacle au mariage que lorsqu'elle est prouvée par une reconnaissance. — Effectivement, toutes les fois que la loi a institué un moyen spécial de preuve pour la constatation d'un fait, on ne peut considérer ce fait comme existant que lorsqu'il a été établi par le mode de preuve qui lui est propre. Or, il en est ainsi pour la parenté naturelle : aux termes de la loi, elle ne peut résulter que d'une reconnaissance ; d'où il suit que l'on ne doit pas en tenir compte si elle est établie par d'autres moyens de preuve. Sans doute, une pareille interprétation de la loi rendra possible certaines unions réprouvées par la morale ; mais les investigations que les juges pourraient ordonner, s'ils avaient un pouvoir discrétionnaire, auraient des résultats plus déplorables encore au point de vue des mœurs (2).

En quoi consiste la publicité du mariage ?

La publicité du mariage est un fait complexe qui résulte du concours de plusieurs autres faits accessoires, tendant à faire connaître le mariage aux tiers, et spécialement aux parents des futurs époux.

(1) Demolombe, I, 107.
(2) Duranton, II, 160. — Valette, *à son cours.*

Le mariage étant un contrat qui intéresse au plus haut degré
l'état civil des parties devait nécessairement être environné
d'une grande publicité. Il fallait notamment que la société y
intervînt par le ministère d'un officier de l'état civil à cause des
droits qui en découlent, soit pour les époux, soit pour les enfants
à naître du mariage. — On verra plus loin quels sont, outre l'intervention d'un officier de l'état civil, les faits accessoires dont
le concours constitue la publicité du mariage. Bornons-nous à
dire ici que le défaut de publicité constitue le dernier des empêchements dirimants que nous avons signalés.

Quels sont les empêchements prohibitifs ?
Les empêchements simplement prohibitifs sont :
1° Le défaut d'actes respectueux ;
2° Le défaut de publications ;
3° Les oppositions ;
4° Les dix mois de viduité.
Le Code ne traite dans ce chapitre que de l'empêchement qui
résulte du défaut d'actes respectueux. En conséquence, nous
nous occuperons des autres dans les chapitres suivants, et nous
ne ferons que les indiquer ici.
A ces empêchements prohibitifs, on peut ajouter le lien de
parenté civile résultant de l'adoption, dont nous avons parlé, et
le défaut d'autorisation des supérieurs hiérarchiques pour les
militaires. — Ces deux empêchements sont purement prohibitifs,
par la raison que le Code ne les mentionne pas dans le chapitre
des nullités du mariage. En ce qui concerne le défaut d'autorisation des supérieurs hiérarchiques pour les militaires, le décret
du 16 juin 1808 reconnaît même implicitement la validité du
mariage ainsi contracté, en décidant que la veuve et les enfants
de l'officier qui aura contracté mariage sans autorisation n'auront aucun droit aux pensions.

Qu'entend-on par actes respectueux
On entend par actes respectueux, les actes au moyen desquels
les enfants qui ont atteint l'âge compétent pour pouvoir se marier
sans le consentement de leurs parents font constater qu'ils ont
demandé leur conseil.
Le fils qui a vingt-cinq ans et la fille qui a vingt et un ans accomplis n'ont plus besoin du consentement de leurs parents pour
pouvoir se marier. Mais ils sont toujours tenus de leur demander

conseil avant de le faire, en leur adressant un acte rédigé conformément à certaines prescriptions et qu'on appelle acte respectueux, ou plus vulgairement *sommations respectueuses*. — Au
moyen de cet acte, l'enfant avertit ses père et mère ou autres
ascendants qu'il est dans l'intention de se marier avec telle personne désignée (1). (Art. 151.)

**Dans quelle forme les actes respectueux doivent-ils être
rédigés ?**

Les actes respectueux doivent être rédigés par un notaire,
dans la forme d'une demande respectueuse adressée aux parents.

Ils doivent être notifiés également par un notaire, assisté d'un
autre notaire ou de deux témoins. — Par respect pour les parents,
le Code n'admet pas, dans ce cas, l'intervention des huissiers,
bien qu'ils soient ordinairement chargés de faire la remise des
actes, parce qu'elle a presque toujours quelque chose de vexa-
toire. (Art. 154.)

A qui faut-il notifier les actes respectueux ?

Les actes respectueux doivent être notifiés, autant que possible, à la personne même des ascendants. Il est vrai que le Code
ne le dit pas expressément, mais il le fait assez comprendre en
imposant au notaire l'obligation de mentionner dans son procès-
verbal de notification la réponse qu'ils ont faite. — Toutefois,
lorsque le notaire ne les trouve pas chez eux ou qu'ils refusent
de le recevoir, il peut se borner à laisser copie de son procès-
verbal aux parents ou domestiques, en mentionnant la cause qui
l'a empêché d'en faire la remise à l'ascendant en personne.

Si l'enfant a plusieurs ascendants, il n'est pas tenu de notifier
les actes respectueux à chacun d'eux ; mais seulement à ceux
dont le consentement serait nécessaire s'il était mineur quant au
mariage. — Ainsi, on doit les adresser au père et à la mère lorsqu'ils existent l'un et l'autre ; et à celui des deux qui est en état
de les recevoir, si l'autre est décédé, ou s'il se trouve dans l'impossibilité de manifester sa volonté. — A défaut des père et mère,

(1) L'origine des actes respectueux se trouve dans un édit de 1556. Aux termes
de cet édit, le fils majeur de vingt-cinq ans et n'ayant pas encore trente ans
devait non seulement requérir, mais encore *obtenir* le consentement des père
et mère, sous peine d'exhérédation ; mais son mariage ne pouvait pas être attaqué (Pothier, *Contrat de mariage*, n° 341).

on les adressera aux ascendants les plus rapprochés dans chaque
ligne. (Art. 151.)

Doit-on notifier plusieurs actes respectueux ?

Il faut distinguer :

Depuis vingt-cinq ans jusqu'à trente ans pour les fils, et depuis
vingt et un ans jusqu'à vingt-cinq ans pour les filles, il doit être
notifié successivement trois actes respectueux. La loi exige qu'ils
soient présentés aux parents de mois en mois. — Un mois après
le troisième, l'enfant peut se marier.

Après trente ans pour les fils et vingt-cinq ans pour les filles,
il suffit d'un seul acte respectueux. — Un mois après qu'il a été
notifié, l'enfant peut se marier.

Les intervalles d'un mois se calculent de quantième à quantième (1). (Art. 152, 153.)

**Comment procède-t-on en cas d'absence de l'ascendant au-
quel les actes respectueux doivent être notifiés ?**

Il faut distinguer :

S'il y a d'autres ascendants qui soient présents et en état de
manifester leur volonté, on leur notifie les actes respectueux au
lieu et place de celui qui est absent.

S'il n'existe pas d'autres ascendants en état de remplacer celui
qui est absent, on établit son absence au moyen d'une expédition du jugement de déclaration d'absence, ou au moyen d'un
acte de notoriété. — Cet acte contiendra la déclaration de quatre
témoins désignés par le juge de paix du canton où l'ascendant
a eu son dernier domicile connu. Il sera délivré au futur époux
par le juge de paix. (Art. 155.)

**Comment procède-t-on si le domicile de l'ascendant est in-
connu ?**

Si le domicile de l'ascendant est inconnu, les parties peuvent
passer outre au mariage, en déclarant sous serment qu'elles ne
le connaissent pas. — Cette déclaration doit être également certifiée sous serment par quatre témoins, qui seront les quatre
témoins du mariage. Les témoins devront affirmer qu'ils ignorent
eux-mêmes le lieu du décès des ascendants et leur dernier do-

_____

(1) De même que dans l'ancien droit, le Code n'exige pas la présence de
l'enfant aux actes respectueux. — V. cependant Pothier, *Contrat de mariage,*
n° 340.

micile. Mention sera faite de cette double déclaration dans le contrat de mariage. (Avis du conseil d'État du 4 thermidor an XII.)

En quoi le défaut d'actes respectueux est-il un empêchement prohibitif ?

Le défaut d'actes respectueux ne produit pas, comme le défaut de consentement des parents dans les cas où il est nécessaire, la nullité du mariage : il n'est donc pas un empêchement dirimant. Mais il fait obstacle à sa célébration, et il constitue par là un empêchement prohibitif. — Effectivement, la loi défend à l'officier de l'état civil d'y procéder avant de s'être assuré que les actes respectueux ont été notifiés. Toute contravention à cette défense le rend passible d'une peine. (Art. 157.)

L'officier de l'état civil est-il tenu de constater que les actes respectueux ont été faits ?

Non ; si les actes respectueux ont réellement existé, s'ils ont été régulièrement notifiés aux parents qui devaient les recevoir, l'officier de l'état civil n'encourt aucune condamnation en ne les mentionnant pas dans l'acte de célébration du mariage.

Nous avons vu qu'il en était différemment lorsque l'officier de l'état civil omettait de mentionner le consentement des parents dans l'acte de célébration du mariage. — La raison de cette différence, c'est que l'absence d'actes respectueux n'entraîne pas, comme l'absence du consentement des parents dans les cas où le consentement est exigé, la nullité du mariage. Il en résulte que leur constatation est sans importance pour les époux, une fois le mariage célébré.

En quoi le défaut de publications est-il un empêchement prohibitif ?

Le défaut de publications, ainsi qu'on le verra au chapitre des nullités du mariage, n'entraîne pas la nullité du mariage ; mais il fait obstacle à sa célébration, et par là il constitue un empêchement prohibitif. — Effectivement, aucune demande en nullité de mariage ne peut être formée qu'en vertu d'un texte formel. Or nous voyons que l'article 192, relatif aux publications et aux délais qui s'y rattachent, n'a pour sanction que la défense de procéder à la célébration du mariage avant que les publications n'aient été faites, sous peine d'amende contre l'officier public et contre les parties contractantes, ou ceux sous la puissance desquels elles ont agi. L'amende contre l'officier public ne doit pas dépasser 300 francs. Contre les époux ou ceux sous la puissance desquels ils ont agi, elle est indéterminée. La loi dit simplement qu'elle sera proportionnée à la fortune du coupable. (Art. 192.)

En quoi les oppositions au mariage sont-elles un empêchement prohibitif ?

Les oppositions au mariage ne suffisent pas à entraîner la nullité du mariage qui aurait été contracté nonobstant leur existence. Mais elles forment obstacle à sa célébration, et elles constituent par là un empêchement prohibitif. — Effectivement, la loi défend à l'officier de l'état civil de passer outre à la célébration du mariage lorsqu'il existe des oppositions, tant que la mainlevée n'en aura pas été faite volontairement ou judiciairement, sous peine d'encourir une amende de 300 francs au moins, sans préjudice des dommages-intérêts qui pourraient lui être réclamés. (Art. 68.)

En quoi l'obligation des dix mois de viduité forme-t-elle un empêchement prohibitif ?

Aux termes de l'article 228, la femme qui vient de perdre son mari ne peut contracter un nouveau mariage qu'après dix mois révolus depuis la dissolution du mariage précédent. — Comme la loi n'a pas prononcé la nullité du mariage qui aurait été contracté au mépris de cette disposition, l'empêchement qu'elle fait naître est purement prohibitif.

Le vœu de célibat qui résulte de l'engagement dans les ordres sacrés est-il un empêchement au mariage ?

La doctrine et la jurisprudence ne sont pas d'accord sur cette importante question.

Suivant le plus grand nombre des auteurs, notamment MM. Valette et Demolombe, le vœu de célibat n'est pas susceptible de produire des obligations civiles, et par suite il ne peut pas donner lieu à un empêchement au mariage. Cela résulte de plusieurs raisons : — D'abord, il n'est ni reconnu ni sanctionné par la loi, qui cependant a énuméré limitativement tous les empêchements au mariage. — En second lieu, on ne peut tirer aucune conséquence de ce que l'État exempte les ministres du culte de certaines charges, de ce qu'il les salarie et de ce qu'il pourvoit à leur nomination, car c'est uniquement dans un but d'ordre et de police. — Enfin on s'appuie sur l'autorité de Portalis, l'un des auteurs du concordat et du Code civil, qui déclarait formellement, en présentant le titre du *mariage*, que l'engagement dans les ordres sacrés ne constituait pas un empêchement dirimant.

Nous ne méconnaissons pas la valeur de ces arguments ; mais ils ne nous paraissent pas sans réplique. Et d'abord, le silence du Code s'explique par cette considération que le vœu de célibat avait déjà été reconnu, au moment de sa promulgation, par le concordat. En effet, le concordat énonce expressément que les prêtres catholiques sont soumis aux canons reçus en France ; et ces canons leur interdisent le mariage. Les paroles de Portalis ont également une portée qu'on ne saurait méconnaître. Mais comment supposer, d'autre part, que le législateur ait donné aux prêtres une condition exceptionnelle, qu'il les ait exemptés du service militaire, ainsi que de certaines autres charges, qu'il les ait pourvus de traitements et qu'il ait réglé leur fonctionnement hiérarchique, s'il n'avait pas pris au sérieux leurs engagements ? Comment supposer que le même législateur qui déclare formellement que toute convention privée doit être tenue pour non-avenue quand elle est contraire à l'ordre public et aux bonnes mœurs, ait organisé un état de choses aussi scandaleux ; qu'il ait non seulement dispensé des charges communes les personnes embrassant l'état ecclésiastique, mais qu'il les ait admises à enseigner publiquement les principes de la morale, à recevoir les confidences des épouses et des jeunes filles, en leur laissant la liberté de fouler aux pieds les obligations les plus solennelles de leur état ? C'est ce qui a d'ailleurs été reconnu par un jugement du tribunal de la Seine, du 25 janvier 1865, qui a prononcé la nullité du mariage.

CHAPITRE DEUXIÈME

DES FORMALITÉS RELATIVES A LA CÉLÉBRATION DU MARIAGE.

Articles 165 à 171.

Outre les matières qui appartiennent à ce chapitre, nous nous occuperons ici de celles qui sont contenues dans le second chapitre du titre II, intitulé *des actes de mariage*. — Afin de donner plus de clarté à notre commentaire, nous traiterons successivement : 1° des formalités relatives à la célébration du mariage; 2° des actes de mariage ; 3° des mariages célébrés à l'étranger.

§ I. — *Des formalités relatives à la célébration du mariage.*

Quels sont les divers éléments de publicité du mariage ?

La publicité du mariage est un fait complexe qui résulte du concours de plusieurs faits accessoires, destinés à faire connaître le mariage et à donner une certaine solennité à son accomplissement. — Chacun de ces faits accessoires, pris à part, est un élément de publicité.

Les divers éléments de publicité du mariage sont :

1° Les publications;

2° L'intervention d'un officier public compétent ;

3° La célébration publique, qui comprend trois éléments, savoir : la célébration à la maison commune ; l'entrée libre pour le public dans la salle où la cérémonie a lieu ; la présence de quatre témoins mâles et majeurs ;

4° L'obligation de se marier dans le lieu de son domicile ou du domicile de son conjoint.

En quoi consistent les publications de mariage ?

Les publications sont l'annonce publique du mariage. — Elles ont pour objet : 1° d'avertir les personnes qui seraient fondées à faire opposition à la célébration prochaine du mariage ; 2° de faire connaître aux tiers l'état d'incapacité dont la future épouse sera bientôt frappée ; 3° de contribuer à la publicité du mariage, publicité qui est essentielle à cause des modifications que le mariage fait naître dans l'état et la condition des personnes.

Régulièrement, les publications de mariage devraient être faites deux dimanches de suite devant la porte de la maison commune et à haute voix; mais, dans la pratique, on se contente de les inscrire sur un registre tenu simple, appelé *registre des publications*, et d'en afficher un extrait à la porte de la maison commune. — Cette affiche est apposée un dimanche : on la laisse jusqu'au dimanche suivant, ainsi que pendant les trois jours qui le suivent. Les publications doivent énoncer :

1° Les prénoms, noms, professions et domiciles des futurs époux;

2° Leur qualité de majeurs ou de mineurs ;

3° Les prénoms, noms, professions et domiciles de leurs père et mère :

4° Les jours, lieux et heures où les publications ont été faites. (Art. 63, 64.)

La seconde publication est-elle toujours exigée ?

Non ; aux termes de l'article 169, le chef de l'État ou les officiers qu'il a préposés à cet effet, c'est-à-dire le procureur de la république près le tribunal du lieu où le mariage doit être célébré, peuvent, pour des causes graves, dispenser de la seconde publication. — La faculté d'obtenir cette dispense aurait été trop souvent illusoire si l'on n'avait pu la demander qu'au chef de l'État, car il aurait fallu plus de temps pour l'obtenir que pour faire la seconde publication.

Les causes les plus fréquentes de dispense sont : la grossesse de la future, le départ pour un voyage long et urgent, la maladie mortelle du futur qui veut légitimer ses enfants.

Dans quelles communes les publications doivent-elles être faites ?

Les publications doivent être faites dans toutes les communes où il est utile que le mariage soit annoncé. Ainsi elles ont lieu :

1° Dans les communes où les futurs époux peuvent contracter le mariage. — Or nous verrons plus loin que, suivant une opinion généralement admise, le mariage peut être célébré, soit au domicile réel de chacun des époux, soit dans la commune où ils ont six mois de résidence. D'où il résulte que les publications relatives au domicile des époux peuvent être faites dans quatre communes différentes.

2° Dans les communes où sont domiciliés les parents dont le consentement est nécessaire au mariage. — Si chaque époux a deux ascendants séparés de corps et domiciliés dans un lieu différent, les publications relatives aux parents seront également nécessaires dans quatre communes différentes. Ainsi, il pourrait y avoir à la rigueur huit publications, savoir : quatre se rapportant aux domiciles des époux, et quatre se rapportant aux domiciles des ascendants. Mais une pareille hypothèse se présentera bien rarement.

3° Dans la commune où se réunit le conseil de famille, lorsque son consentement est nécessaire pour le mariage. (Art. 166, 167, 168.)

Le mariage peut-il être célébré aussitôt que les publications ont été faites ?

Non ; afin de laisser aux tiers le temps de révéler les empêchements qu'ils pourraient connaître, l'article 64 décide que le mariage ne pourra être célébré que trois jours après la dernière publication.

D'un autre côté, l'article 65 dispose que les publications faites ne conservent leur effet que pendant une année. A l'expiration de cet intervalle, les tiers ont dû oublier le projet de mariage ou le croire abandonné. (Art. 64, 65.)

Pourquoi l'intervention d'un officier public est-elle nécessaire à la formation du mariage ?

L'intervention d'un officier public est nécessaire à la formation du mariage pour plusieurs raisons. — D'abord, comme le mariage intéresse la société à cause des changements qu'il produit dans la condition des époux, il fallait qu'elle y fût représentée par un mandataire. En second lieu, comme il a une grande importance pour les époux, il était opportun d'y faire intervenir un fonctionnaire dont la présence sert à garantir la sincérité du consentement des parties, et imprime à la célébration un caractère de gravité en rapport avec l'acte qu'elle consacre. — Aussi l'intervention d'un officier public a-t-elle été regardée par le législateur comme l'élément essentiel et fondamental de la publicité du mariage.

Au reste, il ne suffit pas que le mariage soit célébré par un officier public quelconque ; il faut de plus qu'il le soit par un officier de l'état civil compétent. — L'officier de l'état civil compétent est celui de la commune où le mariage doit être célébré. (Art. 165.)

Cette compétence est-elle bornée au territoire de la commune ?

A cet égard, les auteurs ne sont pas d'accord.

Suivant les uns, l'officier de l'état civil a une compétence personnelle, c'est-à-dire que le maire du domicile de l'un des époux peut se transporter avec ses registres dans une autre commune et y célébrer le mariage. — En effet, aucune loi n'a limité sa compétence à un territoire déterminé, et c'est avec raison ; car s'il en était autrement, les parties qui se trouvent accidentellement retenues hors de leur domicile, par exemple, par une maladie grave, ne pourraient pas se marier.

Malgré ces raisons, l'opinion contraire nous paraît préférable. Effectivement, la loi s'est expliquée clairement sur ce point et de manière à ne laisser subsister aucun doute, puisque l'article 74 dispose que le mariage doit être célébré dans la *commune* où l'un des époux aura son domicile. D'ailleurs, la célébration n'aurait pas lieu publiquement, comme le veut la loi, si l'officier de l'état civil du domicile des époux pouvait y procéder en un lieu quelconque (1).

Il n'est pas inutile de remarquer dès à présent que le défaut de compétence de l'officier de l'état civil n'entraîne pas nécessairement la nullité du mariage, ainsi que le ferait le défaut d'intervention d'un officier de l'état civil quelconque. — C'est que la compétence n'est qu'un élément accessoire de publicité, tandis que l'intervention de l'officier public en est le fondement principal.

Les futurs époux n'ont-ils pas un domicile spécial pour le mariage ?

Aux termes de l'article 74, le mariage doit être célébré dans la commune où l'un des deux futurs époux a son domicile, et ce domicile, quant au mariage, s'établit par six mois d'habitation continue dans la même commune. — D'après ce texte, il semblerait que les époux ne peuvent se marier à leur domicile réel qu'autant qu'ils y ont six mois de résidence.

Mais l'article 165, revenant sur le même sujet, énonce que le mariage doit être célébré au domicile des parties, sans mentionner aucune condition de résidence. — Dès lors, on a dû se demander quelle était la véritable pensée de la loi. Les uns l'ont interprétée d'une manière restrictive, en disant que les époux ne peuvent pas se marier à leur domicile ordinaire s'ils n'y ont pas six mois de résidence. Les autres décident, au contraire, que les dispositions de ces articles donnent aux époux la faculté de pouvoir se marier à deux domiciles : 1° à leur domicile ordinaire, indépendamment de toute résidence ; 2° au domicile de faveur qu'ils acquièrent spécialement pour le mariage par six mois de résidence.

A l'appui du premier système, on invoque le texte de l'ar-

(1) *Sic :* Marcadé, Demolombe. — C. de Paris, 6 avril 1869.

ticle 74 qui restreint d'une manière formelle le domicile au lieu
où les époux ont six mois de résidence, et l'on observe que l'article 165 se réfère forcément au même domicile ; autrement il
abrogerait l'article 74, ce qui est inadmissible. On ajoute que la
condition des six mois de résidence répond à la pensée de la loi,
qui a voulu entourer l'union conjugale de la plus grande publicité possible.

Mais la plupart des auteurs soutiennent qu'il faut interpréter
les dispositions du Code dans un sens plus favorable au mariage.
— Voici comment ils raisonnent : les articles 74 et 165 se réfèrent à deux domiciles différents. Le premier introduit, quant au
mariage et afin de le faciliter, un *domicile de faveur*, qui résulte
d'une résidence de six mois ; le second fait allusion au domicile
ordinaire, qui résulte du droit commun. Ainsi, le mariage peut
être célébré, soit dans la commune où les époux se trouvent en
résidence depuis six mois au moins, soit dans la commune où ils
ont leur domicile ordinaire. C'est ce qui résulte expressément
des travaux préparatoires du Code. Le premier consul ayant demandé si une personne pourra se marier dans le lieu de son domicile, quoique depuis six mois elle ait résidé ailleurs, M. Tronchet répondit « qu'elle le pourra, parce qu'on ne perd pas le
droit de célébrer son mariage dans le lieu de son domicile,
pour avoir acquis le droit de le célébrer ailleurs (1). »

§ II. — *Des actes de mariage.*

**Quelles sont les pièces que les futurs époux doivent remet-
tre à l'officier de l'état civil ?**

Avant de procéder à la confection de l'acte de mariage, l'officier de l'état civil doit exiger la production de toutes les pièces
qui sont nécessaires pour établir que les futurs époux ont les
conditions et qualités requises pour pouvoir se marier. — En
conséquence, il se fera remettre :

1° L'acte de naissance de chacun des futurs époux, ou, s'ils
sont dans l'impossibilité de le produire, un acte de notoriété ;

2° Un acte authentique du consentement de leurs parents,
lorsqu'ils n'assistent pas en personne à la célébration. — Si les

_____

(1) Voy. pour plus de développements : Marcadé, I, n°° 588, 589, 590, 591,
592. — Valette, *Cours C. c.*, p. 192, 193, 194.

futurs époux sont majeurs quant au mariage, l'acte de consentement est remplacé par les procès-verbaux des actes respectueux. — Si les ascendants sont morts ou dans l'impossibilité de manifester leur volonté, les époux fourniront la preuve de l'un ou de l'autre de ces deux faits, et cette preuve pourra suppléer l'acte de consentement ou les actes respectueux.

3° Une expédition authentique des dispenses d'âge ou de parenté, s'il en a été accordé;

4° L'acte de décès du premier conjoint, si l'un des futurs époux a déjà été marié;

5° Les certificats délivrés par les officiers civils des différentes communes où les publications de mariage devaient avoir lieu. — Ces certificats serviront à deux fins : ils constateront, d'une part, que les publications ont été faites ; d'autre part, qu'il n'y a point d'opposition ;

6° La mainlevée des oppositions qui ont été faites, s'il y en a eues ;

7° Un certificat délivré par le notaire qui a rédigé le contrat de mariage des futurs époux, s'ils ont fait un contrat. (Art. 68, 69, 70, 73. Loi du 10 juillet 1850.)

Que doit énoncer l'acte de notoriété, destiné à suppléer l'acte de naissance des futurs époux ?

L'acte de notoriété, destiné à remplacer l'acte de naissance des futurs époux dans le cas où ils sont dans l'impossibilité de le produire, est rédigé par le juge de paix du lieu de leur naissance ou de leur domicile, et homologué par le tribunal. Il doit contenir :

1° La déclaration faite par sept témoins des prénoms, nom, profession et domicile de l'époux auquel il est destiné, et les prénoms, noms, profession et domicile de ses père et mère s'ils sont connus ;

2° Le lieu, et, autant que possible, l'époque de sa naissance, ainsi que les causes qui l'empêchent d'en produire la preuve légale.

L'acte, signé par le juge de paix et par les témoins, est ensuite présenté au tribunal du lieu où le mariage doit être célébré, qui y donne son approbation s'il le juge à propos. (Art. 71, 72.)

Comment les oppositions au mariage sont-elles constatées ?

Les oppositions au mariage doivent être constatées avec le

plus grand soin. Ainsi, la loi exige que l'original et les copies
soient signés par l'huissier et par l'opposant, et, si l'opposition
est formée par un mandataire, que la procuration soit reproduite
littéralement dans l'exploit. — Outre l'original, qui reste aux
mains de l'opposant, il doit y avoir trois copies : la première
est remise à celui des futurs époux au mariage duquel on s'oppose ; la seconde, à l'autre époux, qui est intéressé à connaître
les motifs de l'opposition ; la troisième, à l'officier de l'état civil
de l'une des communes où le mariage peut être célébré. Celui-
ci met son *visa* sur l'original, puis il mentionne l'opposition sur
le registre des publications.

Une fois l'opposition reçue, l'officier de l'état civil ne peut ni
célébrer le mariage, ni délivrer aucun certificat d'absence d'opposition. Il en résulte que les époux ne pourront se marier que
s'ils en obtiennent la mainlevée. (Art. 66, 67.)

Comment a lieu la célébration du mariage ?

Au jour indiqué, les parties se rendent à la maison commune
et comparaissent en présence de l'officier de l'état civil, accom-
pagnées de leurs témoins, qui doivent être au nombre de quatre.

L'officier de l'état civil donne lecture des pièces qui ont été
produites et du chapitre sixième du titre du mariage, où la loi
établit quels sont les droits et les devoirs respectifs des époux.
— Puis il interpelle successivement chacun des deux futurs conjoints, ainsi que les personnes qui autorisent le mariage, si elles
sont présentes, d'avoir à déclarer s'il a été fait un contrat, et,
dans le cas de l'affirmative, la date de ce contrat, ainsi que les
nom et lieu de résidence du notaire qui l'aura reçu. — Ensuite,
il leur demande : à l'un, s'il consent à prendre pour femme celle
qui est présente et qu'il désigne par ses nom et prénoms ; à l'autre, si elle consent à prendre pour mari l'homme qui est à ses
côtés, et qu'il désigne également par ses nom et prénoms. — Sur
la réponse affirmative qui en est faite séparément par chacune
des parties, il déclare au nom de la loi qu'elles sont mariées, et
il en dresse acte sur-le-champ. (Art. 75. — Loi du 10 juillet 1850.)

A partir de quel moment le mariage est-il formé ?

Le mariage est formé aussitôt que l'officier de l'état civil a
déclaré au nom de la loi qu'il unissait les époux. — Quant à
l'acte qui est dressé, il est nécessaire non pour l'existence, mais
seulement pour la preuve du mariage. D'où il résulte que si

l'une des parties venait à mourir subitement après le prononcé de l'union mais avant la rédaction de l'acte de célébration, le mariage n'en existerait pas moins.

Dans notre ancien droit, on exigeait que les époux vécussent publiquement comme mari et femme après la célébration du mariage, de manière à se donner la possession d'état d'époux légitimes. La déclaration de Louis XIII, rendu en 1639, portait que les enfants nés d'unions que les parties avaient tenues cachées pendant leur vie, et qui « ressentent plutôt la honte d'un concubinage que la dignité d'un mariage » seraient incapables de successions, ainsi que leur postérité. — La raison de ces prescriptions rigoureuses venait de ce que la célébration du mariage n'était pas environnée de la même publicité qu'actuellement. Sans doute, le consentement des parties devait être reçu par le curé de leur paroisse et en présence de quatre témoins ; mais la cérémonie pouvait se faire dans une chapelle retirée et à toute heure. En un mot, il y avait alors des *mariages secrets*, c'est-à-dire des mariages qui, ayant d'ailleurs été régulièrement contractés, avaient été cachés. Ce sont ces mariages que la déclaration avait voulu atteindre (1).

Que doit énoncer l'acte de mariage ?

L'acte de mariage doit énoncer :

1° Les prénoms, noms, profession et domicile des époux, ainsi que la déclaration qu'ils sont majeurs ou mineurs ;

2° Les prénoms, noms, profession et domicile des père et mère ; — leur consentement, ou celui des autres ascendants ou de la famille, dans les cas où il est nécessaire ; — les actes respectueux, s'il en a été fait ;

3° Les publications qui ont eu lieu dans les divers domiciles ;

4° La mainlevée des oppositions s'il y en a eu, ou, dans le cas contraire, la mention qu'il n'y en a pas eu ;

5° La déclaration des contractants qu'ils veulent se prendre pour mari et pour femme, et le prononcé de leur union par l'officier de l'état civil ;

6° Les prénoms, noms, âge, professions et domiciles des témoins, et leur déclaration s'ils sont parents ou alliés des parties et à quel degré ;

(1) Voy. Pothier, *Traité du contrat de mariage*, n°* 426 et 427. — Valette, *Cours de Code civil*, p. 199.

12

7° La date du contrat de mariage s'il en a été fait, ainsi que le nom et la résidence du notaire qui l'a rédigé ; ou la mention que les époux se sont mariés sans contrat. (Art. 76. — Loi de 1850). .

Pourquoi exige-t-on la mention du contrat de mariage ?

La mention du contrat de mariage sur l'acte de célébration a pour but de fournir aux tiers qui auraient à contracter avec les époux un moyen facile et certain de connaître comment est réglée leur association pécuniaire. — Pour assurer l'observation de cette disposition, la loi du 10 juillet 1850 oblige tout notaire qui a rédigé un contrat de mariage à délivrer aux parties un certificat qui constate quelles sont les clauses principales de leur contrat. Lorsque les futurs époux sont ensuite en présence de l'officier de l'état civil, celui-ci doit les interpeler sur le point de savoir s'il a été fait un contrat de mariage, et, dans le cas de l'affirmation, à quelle date et devant quel notaire. La déclaration faite à cet égard par les époux étant insérée dans l'acte de célébration du mariage qui est public, les tiers qui auraient à traiter avec les époux sauront à quoi s'en tenir sur les clauses de leur association pécuniaire.

Dans le cas où les époux déclareraient mensongèrement s'être mariés sans contrat, la loi décide que la femme sera réputée, à l'égard des tiers, capable de contracter dans les termes du droit commun, comme si elle avait été réellement mariée sans contrat. (Loi du 10 juillet 1850.)

§ III. — *Des mariages contractés à l'étranger.*

A quelles conditions les mariages contractés par des Français à l'étranger sont-ils valables en France ?

Les mariages contractés par des Français à l'étranger sont valables en France à trois conditions. Il faut :

1° Qu'ils aient été célébrés suivant les formes usitées dans le pays où ils ont eu lieu, conformément à la règle *locus regit actum ;*

2° Que toutes les dispositions de la loi française relatives aux qualités et conditions requises pour pouvoir se marier aient été accomplies; car les lois qui règlent l'état et la capacité des personnes sont obligatoires pour les Français en quelque lieu qu'ils se trouvent :

3° Que les publications aient été faites en France. (Art. 170.)

Le mariage qui a été célébré à l'étranger sans pnblications en France est-il nul?

A cet égard, nous trouvons trois systèmes.

Suivant le premier, il faut admettre la négative. — Effectivement, en énonçant que le mariage célébré à l'étranger sera valable *pourvu que* les publications aient été faites en France, l'article 170 ne prononce pas formellement qu'il sera nul si les publications n'ont pas eu lieu. Or, comme on ne doit admettre, en matière de nullités de mariage, que celles qui ont été expressément édictées par la loi, il faut décider que les juges ne pourront pas annuler le mariage.

Suivant un second système, le mariage ainsi célébré est nul. Effectivement, les termes de l'article 170 sont aussi formels que possible; car dire qu'un acte sera valable pourvu que certaines conditions soient remplies, c'est évidemment dire qu'il ne le sera pas si ces conditions ne sont pas remplies. En second lieu, l'article 191 décide que le défaut de publicité entraîne nécessairement la nullité du mariage. Or, pour les mariages contractés à l'étranger, les publications constituent à elles seules toute la publicité du mariage.

Enfin, suivant un troisième système adopté par la jurisprudence et soutenu par M. Valette, le mariage qui a été célébré à l'étranger sans que les publications aient été faites en France n'est pas nécessairement nul, puisque la loi n'en prononce pas expressément la nullité; mais il peut être annulé, puisqu'il manque d'une condition prescrite. — La pensée de la loi a été de donner aux juges un pouvoir d'appréciation qui leur permette de maintenir le mariage dans les cas où ils jugeront que le défaut de publication est excusable, et de le casser dans le cas contraire (1).

Les Français qui se sont mariés à l'étranger n'ont-ils pas à accomplir une formalité à leur retour en France?

Oui; aux termes de l'article 171, les Français qui se sont mariés à l'étranger doivent, dans les trois mois de leur retour en France, faire transcrire leur acte de mariage sur les registres de l'état civil du lieu de leur domicile.

(1) *Sic:* Valette, *à son cours.* — La jurisprudence paraît être établie aujourd'hui en ce sens. Cass., 19 fév. 1866, et 20 nov. 1866.

Le législateur a omis d'indiquer quelle était la sanction de cette disposition. Mais tout le monde admet qu'elle ne consiste pas dans la nullité du mariage ; car les nullités doivent être édictées expressément, et celle-ci ne l'est pas. — Quelques-uns disent que la femme qui n'a point fait transcrire son acte de mariage ne sera pas recevable à invoquer contre les tiers sa qualité de femme mariée, soit pour faire annuler les contrats qu'elle aurait consentis sans l'autorisation de son mari, soit pour obtenir le bénéfice de son hypothèque légale. Mais on convient généralement que la pensée de la loi n'est pas allée aussi loin, et que la prescription dont il s'agit a été édictée simplement afin qu'on pût obliger l'officier de l'état civil français à transcrire sur ses registres l'acte de mariage célébré à l'étranger (1).

CHAPITRE TROISIÈME

DES OPPOSITIONS AU MARIAGE.

Articles 172 à 179.

Qu'est-ce que l'opposition ?

L'opposition est un acte par lequel certaines personnes autorisées par la loi font défense à l'officier de l'état civil de procéder à la célébration du mariage.

L'opposition qui est régulière, c'est-à-dire qui est faite dans la forme prescrite et par les personnes que la loi y autorise, a pour effet immédiat d'obliger l'officier de l'état civil à surseoir à la célébration du mariage jusqu'à ce que la mainlevée en ait été donnée, sous peine d'encourir une amende de 300 francs, sans préjudice des dommages-intérêts auxquels il pourrait être condamné envers les opposants.

Les oppositions offrent un double avantage. — Elles servent d'abord à faire connaître à l'officier de l'état civil les empêchements dirimants ou prohibitifs qui existent à l'encontre de l'union projetée. — En outre, elles fournissent aux ascendants

_____

(1) sic ;Valette à son cours.

des époux un moyen facile pour retarder la célébration d'un mariage imprudemment consenti. (Art. 68.)

Combien y a-t-il d'espèces d'oppositions ?

On distingue deux espèces d'oppositions : l'opposition légale et l'opposition officieuse.

L'opposition est *légale* lorsqu'elle est formée par certaines personnes, dans les cas et suivant les formes prescrites par la loi. — En l'absence d'une de ces conditions, elle est purement *officieuse;* ou plutôt elle n'a, comme nous allons le voir, que la valeur d'un simple avertissement.

L'opposition légale forme obstacle à la célébration du mariage par le seul fait qu'elle a été formée, alors même que les causes d'empêchements qui y sont énoncées n'existeraient pas. — Au contraire, l'opposition dite officieuse n'oblige pas par elle-même, et l'officier de l'état civil qui la reçoit n'est pas tenu de la prendre en considération. Seulement il fera bien de s'arrêter en présence d'une pareille communication, si elle a des caractères de vérité, car, en passant outre, il s'exposerait lui-même à des peines plus ou moins graves suivant la nature de l'empêchement qu'on lui aurait dénoncé. Mais ce ne sont point là de véritables oppositions produisant un effet direct et propre; et il est regrettable qu'on n'ait pas coupé court à cette incertitude sur un point aussi grave en déclarant, comme le faisait la loi du 20 septembre 1792, nulles et non avenues toutes oppositions formées hors les cas, les formes, et par toutes personnes autres que celles ci-dessus désignées. Dans le doute, la situation de l'officier de l'état civil sera très embarrassante : s'il passe outre, il s'expose à à prêter son ministère à des actes contraires à la loi; s'il surseoit, il peut en résulter les plus graves inconvénients pour les époux.

Quelles sont les personnes qui peuvent former opposition ?

Dans notre ancien droit, toute personne était admise à former opposition; ce qui donnait lieu à de nombreux abus. Pour les faire cesser, le Code a limité le droit d'opposition quant aux personnes et quant aux causes. — Ainsi peuvent seulement former opposition :

1° La personne déjà engagée dans un précédent mariage avec l'un des futurs époux;

2° Les ascendants des futurs époux;

3° Certains collatéraux, qui sont : le frère ou la sœur ; l'oncle ou la tante, le cousin ou la cousine germaine de l'un des époux, pourvu toutefois qu'ils soient majeurs et qu'il n'y ait pas d'ascendants ;

4° Le tuteur ou le curateur de l'un des époux, pourvu qu'ils soient autorisés par le conseil de famille. (Art. 172, 173, 174, 175.)

Quelles sont les causes qui autorisent à former opposition? Il faut distinguer.

Lorsque l'opposition est formée par la personne qui est engagée avec l'un des futurs époux dans les liens d'nn précédent mariage, elle ne peut avoir lieu qu'à raison de l'existence de ce premier mariage, et cette cause doit être exprimée dans l'acte.

Lorsqu'elle est formée par les ascendants, elle doit être fondée sur l'existence d'un empêchement dirimant ou prohibitif quelconque. — Seulement, la cause de l'opposition n'a pas besoin alors d'être exprimée dans l'acte, et les ascendants ne sont obligés de la faire connaître que si les époux les actionnent en mainlevée de l'opposition. On a voulu par là leur permettre de retarder un mariage qui serait sur le point d'être imprudemment contracté (1).

Lorsque l'opposition est formée par certains collatéraux ou par les tuteurs et curateurs, elle ne peut avoir lieu que pour deux causes, qui doivent être exprimées dans l'acte : 1° lorsque le consente ment du conseil de famille, dans le cas où il était nécessaire, n'a pas été donné ; 2° lorsque l'un des futurs époux est en état de démence. Mais alors, dans ce dernier cas, si les futurs époux demandent la mainlevée de l'opposition, l'opposant devra, afin de prouver que celle-ci était bien fondée, introduire une instance en interdiction dans le délai qui lui sera fixé par le tribunal.

On voit par là que les causes pour lesquelles on peut former opposition sont extrêmement restreintes, sauf le cas où l'opposition est formée par les ascendants. (Art. 173, 174, 175

---

(1) *Sic* : Marcadé, I, 596 ; Demolombe, *Mariage*, I, n° 140. — Aubry et Rau, IV, p. 28. — Valette, *op. cit.*, p. 208, 209. — Jugé par un arrêt de la Cour de cassation, en date du 7 nov. 1814, que l'opposition faite par le père au mariage de sa fille avec un forçat libéré ne doit pas être maintenue, si la mainlevée en est demandée.

Dans quel ordre les ascendants peuvent-ils former opposition ?

En principe, les ascendants d'une même ligne n'exercent pas concurremment le droit d'opposition. Ils ne viennent que les uns à défaut des autres, en commençant par ceux qui se trouvent au degré le plus rapproché de l'enfant. De plus, la mère n'exerce ce droit qu'à défaut du père, l'aïeule qu'à défaut de l'aïeul. — Mais il en est différemment lorsqu'il s'agit d'ascendants qui appartiennent à deux lignes différentes : ils exercent concurremment le droit d'opposition, en sorte que ceux qui représentent une ligne ont le droit de s'opposer au mariage, alors même que les ascendants de l'autre ligne y ont donné leur approbation.

Au surplus, les ascendants conservent le droit de former opposition, même lorsque l'enfant est devenu majeur quant au mariage. — Seulement, dans ce dernier cas, l'ascendant devra justifier de l'existence d'une empêchement dirimant ou prohibitif, pour faire maintenir son opposition si les époux en demandent la mainlevée, tandis que si l'enfant est mineur quant au mariage, il lui suffira d'énoncer son refus de consentement. (Art. 173.)

L'opposition des collatéraux et du tuteur ne semble-t-elle pas inutile dans certains cas ?

On vient de voir que l'opposition formée par certains collatéraux et par les tuteurs et curateurs ne peut avoir lieu que dans deux cas : 1° lorsque le consentement du conseil de famille, dans le cas où il était nécessaire, n'a pas été donné ; 2° lorsque l'un des futurs époux est en état de démence.

En ce qui concerne l'opposition formée par les collatéraux, on ne voit pas, au premier abord, quel intérêt ils ont à former une opposition fondée sur le défaut de consentement du conseil de famille. En effet, si le conseil de famille n'a pas donné son consentement au mariage, dans les cas où il était nécessaire, ce fait seul suffit pour en arrêter la célébration, et alors l'opposition est inutile. — Cela est vrai dans la plupart des cas ; mais il peut arriver que l'officier de l'état civil ait été trompé par un faux acte de naissance qui lui ait fait croire à la majorité du pupille, et qu'il soit sur le point de procéder à la célébration. C'est alors que l'opposition est utile pour l'avertir.

Il en est de même de l'opposition formée par le tuteur lorsqu'elle est fondée sur l'état de démence de l'un des futurs époux

En effet, si le futur époux est en état de démence, le conseil de famille a dû refuser son consentement, et alors l'opposition du tuteur sera fondée sur le refus de consentement, et non point sur l'état de démence.

Pour expliquer cette disposition de la loi on a recours à une hypothèse qui se présentera bien rarement. On suppose qu'en l'absence du tuteur un mineur a été autorisé par le conseil de famille à contracter mariage : le tuteur, qui le croit en état de démence, requiert une nouvelle délibération. Mais le conseil de famille, conservant des doutes à cet égard, ne veut pas retirer son consentement, et se borne à autoriser le tuteur à agir, s'il le veut, à ses risques et périls.

Le ministère public peut-il former opposition au mariage ?
A cet égard, les auteurs ne sont pas d'accord.

Les uns admettent l'affirmative. — Le ministère public, disent-ils, peut agir d'office dans toutes les questions qui intéressent l'ordre public. Or, l'ordre public est intéressé à ce que le mariage ne soit pas célébré lorsqu'il existe un empêchement dirimant. — En outre, le ministère public peut demander la nullité du mariage lorsqu'il a été contracté en l'absence des conditions prescrites : d'où il suit qu'on doit lui accorder le droit d'opposition, car il vaut mieux prévenir le mal que d'avoir à le réprimer.

Mais on répond que le droit d'action du ministère public doit nécessairement s'arrêter dans les cas particuliers où la loi le rejette. Or, elle le rejette en matière d'opposition, en désignant limitativement les personnes qui peuvent la former. — En second lieu, l'opposition qui serait mal fondée pourrait causer un grave préjudice aux époux, lors même qu'ils en obtiendraient la mainlevée, parce qu'elle retarderait le mariage ; tandis que la demande en nullité ne peut pas leur nuire sérieusement si elle est reconnue mal fondée : d'où il suit que le droit de demander la nullité du mariage ne doit pas entraîner celui de former opposition.

Quelles sont les personnes qui ne peuvent pas former opposition ?
Les personnes qui ne peuvent pas former opposition au mariage sont : les descendants (1), les neveux et nièces, les cousins autres que germains, les alliés des futurs époux, leurs créanciers. Il en est de même, à notre avis, du ministère public. —

_____

(1) *Sic :* Marcadé, I, n° 602. — *Contra :* Valette, *op. cit.*, p. 206.

Au surplus, les personnes mêmes qui peuvent former opposition n'exercent leur droit que dans des limites déterminées. Ainsi les collatéraux ne peuvent former opposition qu'à défaut d'ascendants ; les tuteurs et curateurs qu'avec l'autorisation du conseil de famille ; enfin les ascendants d'une même ligne ne peuvent la former que les uns à défaut des autres,

Que doit énoncer l'opposition ?

L'opposition doit énoncer, à peine de nullité :

1° La qualité de l'opposant, afin qu'on puisse reconnaître si elle est formée par une personne qui y est autorisée ;

2° L'élection du domicile par l'opposant dans le lieu où le mariage doit être célébré, afin que les futurs époux aient plus de facilité pour former leur demande en mainlevée;

3° Les motifs sur lesquels elle se fonde, sauf exception pour les ascendants;

4° Enfin elle doit porter la signature de l'huissier qui l'a rédigée, ainsi que celle de l'opposant. (Art. 176.)

A qui l'opposition doit-elle être signifiée ?

L'opposition doit être signifiée à chacun des époux, ainsi qu'à l'officier de l'état civil de l'une des communes où le mariage peut être célébré. — Peu importe, d'ailleurs, quelle sera la commune où le mariage aura lieu : l'opposition produira toujours son effet, puisque le mariage ne peut être célébré que si les futurs époux présentent des certificats émanant des officiers publics de toutes les communes où le mariage pouvait être célébré.

Aux termes de l'article 66, l'officier de l'état civil qui reçoit la copie d'une opposition est tenu d'apposer son *visa* sur l'original. La raison de cette disposition vient de ce qu'on a voulu empêcher une contradiction entre l'officier de l'état civil et l'huissier. — Le premier pourrait en effet passer outre à la célébration du mariage, et prétendre ensuite n'avoir reçu aucune opposition. Et comme son affirmation mériterait la même créance que celle de l'huissier puisqu'ils ont l'un et l'autre un caractère public, les juges auraient été embarrassés pour trancher la difficulté. En imposant à l'officier de l'état civil l'obligation d'apposer son *visa*, la loi a coupé court à tout débat de cette nature.

Que doit faire le futur époux qui veut détruire l'effet d'une opposition ?

L'opposition, lorsqu'elle est régulière en la forme, empêche,

comme nous le savons, la célébration du mariage. En consé·
quence, les époux doivent la faire lever, s'il est possible, pour
pouvoir donner suite à l'union projetée.

La mainlevée de l'opposition peut avoir lieu de deux manières:
par le désistement volontaire de l'opposant ou par un jugement.
— Dans ce dernier cas, les futurs époux forment leur demande
devant le tribunal du lieu où l'opposant a dû faire élection de
domicile, c'est-à-dire devant le tribunal de l'une des communes
où le mariage pouvait être célébré.

**Comment les demandes en mainlevée d'opposition sont-elles
jugées ?**

Les demandes en mainlevée d'opposition sont jugées comme
les affaires requérant célérité. En conséquence, elles sont dis-
pensées du préliminaire de conciliation. En outre, la sentence
doit être prononcée, s'il est possible, dans les dix jours, tant en
première instance qu'en appel.

Si l'opposition est rejetée, les opposants pourront être condamnés à des dommages-intérêts. Toutefois il est fait exception
pour les ascendants. (Art. 177, 178, 179.)

CHAPITRE QUATRIÈME

DES DEMANDES EN NULLITÉ DE MARIAGE.

Articles 180 à 202.

Pour plus de clarté, nous traiterons successivement : 1° des
nullités du mariage; 2° de la preuve de la célébration du mariage; 3° des mariages putatifs.

§ I. — *Des nullités du mariage.*

D'où proviennent les nullités du mariage ?

Ainsi qu'on l'a vu précédemment, l'absence d'une condition
requise pour pouvoir se marier constitue un empêchement au
mariage. Cet empêchement est prohibitif, lorsqu'il ne fait qu'em-

pêcher la célébration du mariage, sans porter atteinte à sa validité; il est dirimant, lorsqu'il s'oppose en même temps à la
célébration du mariage et à sa validité, s'il a été célébré. — Il en
résulte que toutes les nullités du mariage, quelles qu'elles soient,
proviennent des empêchements dirimants, et qu'elles proviennent uniquement de ces sortes d'empêchements.

N'y a-t-il pas plusieurs sortes de nullités du mariage ?

Oui; il y a deux sortes de nullités du mariage, savoir : les nullités relatives et les nullités absolues.

Les nullités *relatives* sont celles qui ne peuvent être invoquées
que par quelques personnes et seulement dans un certain délai.

Les nullités *absolues* sont celles qui peuvent être invoquées
en tout temps et par toutes les personnes qui y ont un intérêt né
et actuel.

Ainsi lorsqu'on dit qu'un mariage est *annulable*, on entend par
là qu'il est affecté d'un vice; que ce vice ne l'empêche pas d'exister, mais qu'il fournit à la personne lésée un motif suffisant pour
en demander la cassation. — Et lorsqu'on dit qu'un mariage est
nul, radicalement nul, on entend par là qu'il manque d'une condition nécessaire à son existence; que l'absence de cette condition
l'empêche d'exister réellement, bien qu'il ait une apparence
trompeuse de vie, et que dès lors toutes les personnes qui y ont
intérêt, car il faut avoir un intérêt pour agir en justice, peuvent
en faire reconnaître l'inexistence par les tribunaux, à quelque
époque que ce soit.

Pourquoi a-t-on distingué deux classes de nullités ?

La raison de cette distinction est celle-ci : comme nous l'avons
dit, les nullités, quelles qu'elles soient, proviennent toutes de
l'existence d'un empêchement dirimant. Mais, parmi les divers
empêchements dirimants, les uns touchent à l'ordre public, à
l'intérêt général, ou aux conditions fondamentales et essentielles
de l'union conjugale. Tels sont : l'existence d'un premier mariage, le défaut de consentement des époux, le défaut de publicité, la parenté ou l'alliance, le défaut d'âge; les autres, au contraire, tels que le défaut de consentement des parents et le vice
du consentement des époux, n'ont été établis que pour protéger
les intérêts privés, et ils ne touchent pas au mariage dans ce
qu'il a d'essentiel au point de vue de l'ordre public. — En conséquence, rien n'était plus rationnel que de décider, ainsi que l'a

fait le législateur, que l'existence des uns serait de nature à entraîner la nullité absolue du mariage; tandis que l'existence des autres n'y porterait pas une atteinte aussi radicale, et qu'elle ne ferait que le rendre attaquable pendant un certain laps de temps et seulement par la partie lésée.

Au reste, toutes les nullités, soit relatives, soit absolues, ont cela de commun qu'elles doivent être judiciairement établies. Dès qu'il y a un acte matériel du mariage, dès qu'il existe une célébration, même incomplète, il est nécessaire de s'adresser aux tribunaux pour faire reconnaître que l'union conjugale n'existe qu'en apparence.

Quelles sont les nullités relatives ?

Les nullités relatives sont :

1° Le vice du consentement des époux

2° Le défaut de consentement des parents.

Qu'entend-on par vice de consentement?

On entend par *vice de consentement,* l'imperfection du consentement donné. — Ainsi, il y a *défaut* de consentement, quand le consentement n'a pas été donné du tout, c'est-à-dire quand il n'a pas été exprimé physiquement, ou quand il a été donné en vue d'une autre personne que celle qui est présente; et il y a seulement *vice* de consentement, lorsque le consentement est affecté d'une imperfection. Dans le premier cas, la nullité est absolue, car le mariage manque de l'une de ses conditions essentielles; dans le second cas, elle est seulement relative, et il n'y a que la personne dont le consentement a été imparfait qui puisse l'invoquer; encore ne peut-elle le faire que dans un certain délai, après lequel le mariage devient irrévocable.

Ces deux hypothèses du défaut et du vice de consentement sont clairement distinguées par les articles 146 et 180 du Code. — Suivant le premier, « il n'y a pas de mariage, lorsqu'il n'y a point de consentement. » — Suivant le second, « le mariage qui a été contracté sans le consentement libre des époux, ou de l'un d'eux, ne peut être attaqué que par les époux ou par celui des deux dont le consentement n'a pas été libre. Lorsqu'il y a erreur dans la personne, le mariage ne peut être attaqué que par celui des deux époux qui a été induit en erreur. »

Cela posé, examinons quels sont les vices qui peuvent affecter le consentement et le rendre imparfait.

En règle générale, les vices qui peuvent affecter le consentement donné à un contrat par les parties sont l'erreur, la violence et le dol (1). — Mais, en matière de mariage, le dol a été écarté, par la raison que s'il porte sur les avantages pécuniaires il n'a pas assez d'importance pour entraîner une nullité aussi grave que celle de l'union conjugale, et que s'il porte sur la personne d'un des époux, il se confond avec l'erreur. — En résumé, pour être parfait le consentement des époux doit être exempt d'erreur ou de violence.

Qu'est-ce que la violence ?

La violence est la crainte actuelle d'un mal considérable, sans laquelle une partie n'aurait pas contracté.

La loi n'indique pas quel doit être le degré de la crainte, ni quelles sont les causes qui doivent la justifier. — Elle exige seulement qu'elle soit *actuelle*, c'est-à-dire qu'elle porte atteinte à la liberté de la partie au moment même où elle contracte, et qu'elle soit *raisonnable*, c'est-à-dire qu'elle soit fondée. Sur ce dernier point, les juges ont plein pouvoir pour apprécier, en tenant compte de l'âge, du sexe et de la condition des personnes qui ont subi la violence.

La violence ne produit pas le défaut absolu de consentement et elle le rend seulement imparfait, parce qu'elle ne l'empêche pas d'exister dans une certaine mesure. — La personne qui consent au mariage sous l'empire de la crainte n'en exprime pas moins un consentement. Elle veut, ou, si on l'aime mieux, elle préfère se marier avec la personne présente plutôt que d'encourir un danger considérable qui la menace si elle ne se marie pas. Quels que soient les motifs qui lui font donner son consentement, il n'en est pas moins vrai qu'elle le donne, et cela suffit pour faire naître le contrat. Seulement, comme son consentement est alors très imparfait, le législateur l'autorise à demander la cassation du mariage pendant un certain délai, à partir du moment où elle aura recouvré sa pleine liberté. (Art. 1112.)

Qu'est-ce que l'erreur ?

L'erreur a plusieurs degrés : tantôt elle vient de ce qu'on a en

(1) Dans l'ancien droit, la séduction était mise, quant au mariage, sur la même ligne que la violence. Pothier, *Contrat de mariage*, n⁰ˢ 315 et 320

Voy. pour plus de développements sur la question du dol, Marcadé, I, n⁰ˢ 639, 640, 641.

vue autre chose que ce qui est, ou une personne différente que celle qui est présente; tantôt elle vient de ce qu'on attribue à une chose ou à une personne des qualités substantielles qu'elles n'ont pas. — Dans le premier cas, l'erreur produit le défaut absolu de consentement et elle est une cause de nullité absolue, c'est-à-dire d'inexistence du contrat. Dans le second cas, elle produit seulement l'imperfection du consentement et elle est seulement une cause de nullité relative.

Aux termes de l'article 180, le mariage peut être attaqué quand il y a eu erreur dans la personne avec laquelle on a contracté. — Ces mots « *erreur dans la personne* » ont donné lieu à plusieurs interprétations.

1er *système*. — Selon M. Valette, il s'agirait tout à la fois de l'erreur sur l'identité physique de la personne avec laquelle on a contracté et de l'erreur sur son identité juridique, pourvu toutefois que cette erreur affecte sa personnalité civile tout entière. — En d'autres termes, il y aurait erreur dans la personne dans deux hypothèses : 1° lorsque la personne qu'on se proposait d'épouser avait été frauduleusement remplacée par une autre, voilée ou cachée dans l'ombre, et que l'on aurait prise pour la première. Ce serait une sœur, par exemple, qui serait substituée à sa sœur, comme Lia le fut à Rachel, dans le récit de la Genèse. 2° Lorsqu'on a épousé une personne qu'on croyait appartenir à une certaine famille à laquelle on voulait s'allier, et que cette personne avait dissimulé son véritable état civil.

On admet généralement que les mots « *erreur dans la personne* » se réfèrent à cette seconde hypothèse, et les travaux préparatoires du Code le démontrent d'une façon décisive. — Mais on n'est pas d'accord sur le point de savoir si le Code a voulu prévoir l'erreur sur l'identité physique de la personne, erreur qui sera d'ailleurs, tout le monde le reconnaît, extrêmement rare dans la pratique.

2° *système*. — Suivant M. Demolombe, ces expressions « *erreur dans la personne* » ne s'appliquent pas à l'erreur sur l'identité physique de la personne avec laquelle on a contracté. Effectivement, dans ce cas, il n'y aurait pas seulement vice, mais défaut absolu, inexistence du consentement, et par suite le mariage ne serait pas seulement annulable, mais il n'existerait pas, ou du moins il n'y aurait qu'une apparence de mariage. Or, le cas où il n'y a point de consentement ayant déjà été prévu par l'article 146, il ne saurait en être question ici ; autrement notre article 180 ne serait qu'une répétition inutile. De plus, s'il n'y avait point de consentement, et si le mariage se trouvait par suite absolument nul, il pourrait être attaqué par toutes les personnes intéressées ; tandis que nous voyons que la nullité ne peut être invoquée ici que par l'époux seul qui a été trompé.

L'erreur sur l'identité physique ainsi écartée, on en conclut qu'il s'agit ici, soit de l'erreur sur l'identité juridique dont nous avons déjà parlé, soit de l'erreur sur les qualités morales ou physiques de la personne. — Mais ici se présente une question très délicate : quelles sont les qualités de la personne auxquelles se réfère l'article 180. Suivant les uns, il faudrait laisser aux tribunaux le soin d'apprécier. Mais on décide plus généralement que l'erreur sur les qualités ne doit s'entendre que des qualités qu'on peut considérer comme essentielles à l'institution du mariage, entendu d'une façon abstraite. Et comme le mariage a été institué en vue de l'accomplissement de deux fins, savoir : l'assistance réciproque des époux et la procréation des enfants, on en conclut que l'erreur ne devra être prise en considération que si elle est de nature à porter atteinte à l'accomplissement de l'assistance réciproque des époux ou de la procréation des enfants. En d'autres termes, on pourra demander l'annulation du mariage pour cause d'erreur dans la personne, lorsqu'on a épousé une personne que l'on croyait physiquement ou moralement apte à l'assistance réciproque où à la procréation et qui ne l'est pas : par exemple, lorsqu'une femme catholique a épousé un prêtre en ignorant le caractère dont il était revêtu, ou lorsqu'on a épousé une personne condamnée à une peine perpétuelle dans l'ignorance de la condamnation dont elle était frappée, ou enfin lorsqu'on a épousé par erreur une personne impuissante. — Par contre, l'erreur ne porterait pas atteinte à la validité du mariage si elle n'avait porté que sur les qualités morales de la personne. Ainsi, la femme qui a épousé par erreur un forçat libéré, l'homme qui s'est uni à une prostituée en la croyant vertueuse, ne seraient pas admis à faire casser leur mariage. — En effet, la loi n'a pas à venir au secours des époux lorsque l'erreur dont ils souffrent porte uniquement sur des qualités privées et accessoires, et qu'elle n'affecte pas les conditions générales et essentielles de l'union conjugale. C'était à eux de mieux se renseigner sur les vices ou sur les antécédents de la personne avec laquelle ils ont consenti à s'unir : si ces vices ou ces antécédents ne forment pas obstacle à l'accomplissement des fins légales du mariage, ils ne sauraient donner lieu à aucun recours.

En résumé, d'après M. Valette, ces expressions de l'article 180 « *erreur dans la personne* » devraient se référer, soit à l'erreur sur l'identité physique de la personne avec laquelle on a contracté mariage, soit à l'erreur sur son identité juridique. — Selon M. Demolombe, ils se référeraient à l'erreur sur l'identité juridique, ainsi qu'à l'erreur sur les qualités essentielles au mariage. L'erreur sur l'identité physique devrait être écartée.

L'interprétation donnée par M. Valette nous paraît préférable. — Sans doute, le système soutenu par le savant doyen de de la faculté de Caen est plus conforme à la théorie générale des contrats. Mais, comme le fait observer M. Valette, en matière de mariage, on est souvent bien loin des principes qui régissent les contrats en général. Sans doute, si l'on s'en référait aux règles habituelles des contrats, l'erreur sur l'identité physique de la personne devrait entraîner l'inexistence du consentement, et par suite l'inexistence du mariage. Mais la loi n'est pas entrée ici dans des distinctions subtiles entre le consentement nul ou annulable. L'époux a été trompé, c'est à lui de se plaindre, s'il le juge convenable, et à lui seul. Et s'il ne s'est pas plaint après un certain temps, lorsqu'il a eu reconnu son erreur, c'est qu'il a fini par consentir au mariage. Cette opinion a d'ailleurs été admise par le plus grand nombre des auteurs et par la jurisprudence (1).

Qui peut demander l'annulation du mariage pour vice de consentement ?

L'action en nullité relative ou annulation du mariage pour vice de consentement des époux ne peut être intentée que par l'époux dont le consentement a été vicié par la violence ou par l'erreur.

Quant au délai qui lui est accordé pour former sa demande en nullité, il faut distinguer :

1° S'il y a eu cohabitation entre les époux, l'action doit être

(1) Voy. également sur cette question, Marcadé, I, nᵒˢ 629 à 638, dont les idées ont été adoptées par M. Demolombe.

intentée dans le délai de six mois, à partir du jour où la violence ou l'erreur ont cessé. — La loi présume qu'en acceptant la cohabitation, l'époux a renoncé à faire casser le mariage.

Si la cohabitation n'a pas eu lieu, la loi ne fixe pas de délai pour intenter l'action. — Et comme les actions relatives à l'état des personnes sont imprescriptibles, il faut décider qu'elle pourra être intentée à toute époque. Effectivement, le refus de la vie commune exprime trop énergiquement la protestation de l'époux trompé pour qu'on puisse interpréter son silence dans le sens d'un acquiescement au mariage (1). (Art. 180, 181.)

La nullité résultant du vice de consentement peut-elle être couverte par une ratification expresse ?

La loi ne s'est pas expliquée à cet égard. — Mais, comme elle admet une ratification tacite, résultant du silence de l'époux pendant six mois, quelques auteurs décident que celui-ci pourrait également renoncer à son action en ratifiant expressément le mariage, c'est-à-dire en déclarant par écrit qu'il entend le maintenir malgré le vice dont il est affecté.

Cette opinion n'est pas à l'abri de toute critique. En effet, la ratification qui résulte du silence gardé pendant six mois, et de l'acceptation de la vie commune durant cet intervalle, a une toute autre portée que celle qui résulterait d'une simple déclaration écrite, qui peut être faite en un instant. Dans le premier cas, l'époux n'accepte le mariage qu'après en avoir fait l'expérience pendant un certain laps de temps, il ne l'accepte, pour ainsi dire, qu'à la longue ; et cela dénote que son acceptation est faite avec réflexion et en connaissance de cause. Dans le second cas, au contraire, il suffit d'un instant de faiblesse pour déterminer l'acceptation. Il n'y a donc aucune analogie entre ces deux modes de ratifications. D'ailleurs le Code ne parle ici que d'une ratification tacite, et il semble assez rationnel d'en conclure qu'il a voulu écarter la ratification expresse.

Quelles sont les personnes qui peuvent demander la nullité du mariage pour défaut de consentement des parents ?

Le défaut, c'est-à-dire le manque absolu du consentement des

---

(1) Le droit accordé à l'époux trompé ou non libre de faire annuler son mariage n'appartient qu'à cet époux et ne passerait pas à ses héritiers. Marcadé, I, nos 642, 643. — Suivant M. Demolombe (III, 259) les héritiers de l'époux pourraient seulement continuer l'action qui aurait été commencée par lui.

ascendants ou du conseil de famille dans les cas où il était nécessaire, produit la nullité, mais seulement la nullité relative du
mariage, parce que le consentement de la famille n'est exigé
qu'en vue des intérêts privés des époux et de leurs parents. —
En conséquence, peuvent seuls invoquer cette nullité :

1° Celui des époux qui avait besoin du consentement de sa famille pour pouvoir se marier ;

2° Les ascendants ou le conseil de famille dont le consentement était nécessaire et qui ne l'ont pas donné.

Dans notre ancien droit, on ne permettait point à l'époux qui
s'était marié sans autorisation d'attaquer son propre mariage ;
l'action appartenait exclusivement à ceux dont le consentement
n'avait pas été obtenu. (Art. 182.)

Dans quel délai doit-on intenter cette action ?

Il faut distinguer :

Si l'action est exercée par l'époux qui s'est marié sans le consentement de ses parents, elle doit être intentée dans le délai
d'un an, à partir du moment où il a atteint l'âge compétent
pour pouvoir se marier sans le consentement d'autrui. — Ainsi,
l'épouse pourra l'exercer tant qu'elle n'aura pas dépassé l'âge de
22 ans, et l'époux tant qu'il n'aura pas dépassé 26 ans.

Si l'action est exercée par les ascendants ou par le conseil de
famille, elle doit également être intentée dans le délai d'un
an (1). — Mais ce délai ne commence à courir qu'à compter du
jour où ils ont eu connaissance du mariage.

Lorsque l'enfant ou les ascendants ont laissé passer les délais
sans exercer leur action, ils sont présumés y avoir renoncé.
(Art. 183.)

**L'action n'est-elle pas susceptible d'être éteinte par une
ratification ?**

Oui; l'action en nullité du mariage pour défaut de consentement des parents peut, en outre, être éteinte, soit par une ratification expresse, soit par un acquiescement tacite. — L'acquiescement aura lieu, par exemple, si le beau-père a reçu sa bru
dans sa maison ; s'il l'a traitée comme une personne de sa fa-

---

(1) Quand c'est le consentement du conseil de famille qui était nécessaire,
l'action ne peut pas être exercée par un membre du conseil individuellement,
mais par le conseil tout entier. Marcadé, I, n° 649. — Valette, *Cours de Code
civil*, p. 244.

mille ; si enfin il a témoigné suffisamment, d'une manière ou d'une autre, qu'il approuvait le mariage.

Observons que la ratification, soit expresse, soit tacite, qui émane des ascendants rend l'époux lui-même non recevable à demander la nullité ; tandis que la ratification émanée de l'époux n'éteint pas le droit des ascendants. En d'autres termes, la ratification de l'époux éteint l'action pour l'époux, et non pour ses ascendants : les choses seront ramenées à l'état où les plaçait l'ancien droit, qui, comme nous l'avons dit, n'accordait l'action qu'aux parents dont l'autorité avait été méconnue.

La mère qui n'a pas été consultée pour le mariage peut-elle l'attaquer ?

Il faut distinguer :

Si le père existait au moment du mariage et s'il y avait consenti, la mère ne pourrait pas en demander la nullité ; car, aux termes de l'article 148, le consentement du père suffit pour la validité du mariage.

Si le père existait au moment du mariage, mais s'il n'y avait pas consenti, la mère survivante pourrait au contraire en demander la nullité, par la raison que le père en aurait le droit s'il était vivant et qu'elle lui a succédé dans l'exercice de tous les droits qui dérivent de la puissance paternelle.

Enfin, elle pourrait également attaquer le mariage s'il n'avait eu lieu qu'après la mort du père et qu'elle n'eût pas été consultée.

Le mariage contracté par l'enfant naturel non reconnu sans le consentement du tuteur *ad hoc* **peut-il être annulé ?**

On sait qu'aux termes de l'article 159, les enfants naturels qui n'ont point été reconnus, et ceux qui, après l'avoir été, ont perdu leurs père et mère ne peuvent se marier, avant l'âge de vingt et un ans révolus, qu'après avoir obtenu le consentement d'un tuteur *ad hoc*. Or, notre article 182, qui énumère les nullités du mariage, ne mentionne pas le cas où le consentement au mariage devait être donné par un tuteur *ad hoc*. De là, une controverse entre les auteurs.

Suivant les uns, le mariage ne peut être annulé, parce que les nullités en cette matière ne peuvent résulter que d'un texte formel.

D'après M. Valette, au contraire, il peut être annulé par la raison que le tuteur *ad hoc* tient la place du conseil de famille. Ces expressions *ne peut, ne pourra, ne peuvent,* que le Code emploie dans le premier chapitre de notre titre pour exprimer une défense du mariage dans tel ou tel cas, établissent, dit-il, une véritable cause de nullité; ils ont le caractère de ce qu'on appelle en droit une disposition *irritante,* c'est-à-dire qui doit être observée à peine de nullité (1).

Quelles sont les nullités absolues du mariage ?

Les nullités absolues du mariage sont :

1° Le défaut d'âge ou d'impuberté ;

2° L'existence d'un premier mariage ;

3° La parenté au degré prohibé ;

4° Le défaut de publicité ;

5° L'incompétence de l'officier de l'état civil.

Outre ces nullités, il en existe trois autres que le Code ne mentionne pas ici, savoir : 1° le défaut de consentement des époux ; 2° le défaut d'intervention d'un officier de l'état civil; 3° l'identité de sexe.

Le défaut de consentement des époux est évidemment une nullité absolue, puisque l'article 146 exprime qu'il n'y a pas de mariage lorsqu'il n'y a point de consentement. — Il en est de même de l'intervention de l'officier de l'état civil, puisque l'article 165 exprime qu'elle est nécessaire à l'existence du mariage, et que l'article 191 ajoute que le défaut de *compétence* de l'officier public permet d'attaquer le mariage. — Enfin, il est manifeste que l'identité de sexe est un empêchement absolu au mariage, et par suite une cause de nullité radicale.

Par contre, nous devons faire observer que, parmi les nullités que nous avons signalées comme étant absolues, il s'en trouve une qui est moins absolue que les autres, celle qui résulte du défaut d'âge. En effet, cette nullité est susceptible de disparaître avec le temps, tandis que les autres nullités absolues sont imprescriptibles. Aussi quelques auteurs en ont-ils fait une nullité spéciale, qu'ils ont appelée *nullité mixte.* — Comme elle a le caractère principal des nullités absolues, qui est de rendre le mariage attaquable par toutes les personnes qui y ont intérêt, nous croyons qu'on doit la ranger parmi ces nullités.

Voyons maintenant quelles sont les règles générales qui se

(1) Voy. cependant Marcadé, I, n° 650.

réfèrent au droit de former une demande en nullité absolue du mariage. Nous examinerons ensuite les dispositions spéciales qui s'appliquent aux cas d'impuberté et de bigamie. (Art. 184.)

Quelles sont les personnes qui peuvent former une demande en nullité absolue du mariage ?

Aux termes de l'article 184, les personnes qui peuvent former une demande en nullité du mariage sont les époux eux-mêmes, certaines personnes qui y ont intérêt, et le ministère public.

Les personnes qui ont intérêt à attaquer le mariage sont les ascendants, les collatéraux, les enfants issus d'un précédent mariage, et les créanciers des époux. Mais, comme on le verra tout à l'heure, cet intérêt qu'on a d'attaquer le mariage n'est pas toujours de même nature, et il en résulte que le droit d'exercer l'action ne prend pas naissance pour tous au même instant. Les époux, le ministère public et les ascendants ayant un intérêt moral à attaquer le mariage, peuvent exercer leur action dès le moment où il a été contracté ; au contraire, les collatéraux, les enfants issus d'un précédent mariage et les créanciers n'ayant qu'un intérêt pécuniaire à invoquer la nullité, ne peuvent exercer leur action que lorsque leur intérêt est né et actuel.

Cela posé, nous disons que les personnes qui peuvent former une demande en nullité absolue du mariage sont :

I. *Les époux eux-mêmes.* — Effectivement, les époux ont un intérêt moral à sortir d'un état contraire à l'ordre public. Et il n'y a pas lieu de distinguer si l'époux qui demande la nullité a été, ou non, de mauvaise foi en contractant le mariage.

II. *Les ascendants des époux et le conseil de famille.* — Les ascendants et, quand il s'agit d'un mineur, le conseil de famille ont un intérêt moral évident à attaquer un mariage qui serait de nature à porter atteinte à la considération de la famille. Il est vrai que les articles 184 et 187 ne les mentionnent pas expressément ; mais ils sont évidemment compris dans la formule générale de l'article 184 : le mariage peut être attaqué *« par tous ceux qui y ont intérêt. »* C'est ce qui résulte de l'article 186, qui déclare qu'ils ne pourront pas demander la nullité du mariage dans le cas particulier où ils y ont consenti.

Ne pourront-ils attaquer le mariage que dans l'ordre établi pour y donner leur consentement ou pour y former opposition ? Le Code ne s'est pas expliqué sur ce point. Nous pensons, avec

M. Valette, qu'ils ne sont pas astreints à suivre cet ordre ; car il ne s'agit plus ici de l'exercice de la puissance paternelle, ce qui explique un ordre hiérarchique, mais d'un intérêt d'honneur et d'affection qui est égal pour tous les ascendants.

III. *Les collatéraux des époux.* — A la différence des époux et des ascendants, les collatéraux ne peuvent agir ici qu'en vertu d'un intérêt pécuniaire, et non en vertu d'un intérêt moral. Il en résulte qu'ils ne peuvent pas exercer leur action dès le moment où le mariage a été contracté, mais seulement lorsque leur intérêt est né et est devenu actuel.

IV. *Les enfants issus d'un précédent mariage.* — De même que les collatéraux, ils ne peuvent agir qu'en vertu d'un intérêt pécuniaire né et actuel.

V. *Les créanciers des époux.* — Ils ne peuvent également agir qu'en vertu d'un intérêt pécuniaire, et seulement lorsque leur intérêt est né et actuel.

VI. *Le ministère public.* — Le procureur de la République agit ici comme le représentant de la société, qui a un intérêt moral à faire cesser une union contraire à l'ordre public. Il ne peut agir par conséquent que du vivant des époux, parce que la société n'a plus aucun intérêt à l'annulation du mariage lorsqu'il a été dissous par la mort de l'un d'eux. (Art. 184, 186, 187, 190, 191.)

A partir de quel moment les personnes qui agissent en raison d'un intérêt pécuniaire peuvent-elles attaquer le mariage ?

On a vu tout à l'heure que, parmi les diverses personnes qui peuvent former une demande en nullité du mariage, il en est qui n'agissent qu'en raison d'un intérêt pécuniaire ; d'où la conséquence que ces personnes ne peuvent pas exercer leur action dès le moment où le mariage a été contracté, mais seulement lorsque leur intérêt pécuniaire est né et est devenu actuel. — Tels sont les créanciers des époux, leurs collatéraux, les enfants issus du précédent mariage de l'un d'eux.

En ce qui concerne les créanciers des époux, leur intérêt existe lorsque la femme qui s'est obligée envers un tiers refuse d'exécuter son engagement, sous prétexte qu'elle a contracté sans l'autorisation de son mari. Dans ce cas, le tiers envers qui elle est obligée a intérêt à faire reconnaître la nullité de son prétendu mariage, parce que, s'il est annulé, elle a pu s'obliger valablement envers lui. — Il y aurait également intérêt pour les créanciers à faire prononcer la nullité du mariage, lorsque la femme leur oppose son hypothèqne légale.

Quant aux collatéraux et aux enfants issus d'un autre mariage, qui ne peuvent également agir qu'en vertu d'un intérêt pécuniaire, leur intérêt n'existe, aux termes de l'article 187, qu'après le décès de l'époux dont ils sont les parents. Tant que cet époux vit, ils n'ont qu'une espérance ou expectative de succession. Mais, cet époux vient-il à mourir, ils ont un intérêt né et existant à faire reconnaître la nullité de son prétendu mariage, afin d'empêcher les enfants qui en sont issus de les écarter de la succession de leur parent.

Cette hypothèse que prévoit spécialement l'article 187 est la plus habituelle. Mais il existe cependant quelques cas exceptionnels où les parents dont il s'agit auront un intérêt né et actuel à attaquer le mariage du vivant des deux époux. (Art. 187.

Quelles sont les dispositions spéciales qui s'appliquent à la demande en nullité pour cause d'impuberté ?

Lorsque la demande en nullité du mariage a été formée à raison de l'impuberté de l'un des époux, il faut observer deux dispositions spéciales, indiquées par les articles 185 et 186.

Première disposition. — Et d'abord l'impuberté de l'un des époux, tout en étant une cause de nullité absolue du mariage, puisqu'elle tient à des motifs d'ordre public et qu'elle peut être invoquée par tous les intéressés, est cependant moins rigoureuse que les autres nullités absolues, parce qu'elle est susceptible de disparaître avec le temps. — Effectivement, le mariage qui a été contracté par un impubère devient inattaquable :

1° Lorsqu'il s'est écoulé six mois depuis que l'époux impubère a atteint l'âge de puberté ;

2° Lorsque la femme impubère est devenue enceinte.

Au reste, si la grossesse de la femme éteint l'action qui est fondée sur son impuberté, elle ne produit pas le même résultat lorsque l'action est fondée sur l'impuberté du mari. — En effet, la grossesse de la femme ne prouve pas que le mari soit pubère, parce qu'il n'est pas certain que l'enfant soit issu de ses œuvres. Pour lui en attribuer la paternité, il faudait pouvoir invoquer la présomption *pater is est quem nuptiæ demonstrant.* Mais cette présomption ne s'applique que dans l'hypothèse d'un mariage régulier

Deuxième disposition. — Aux termes de l'article 186, le père, la mère, les ascendants et le conseil de famille qui ont consenti au mariage de l'époux impubère ne sont point recevables à en demander la nullité. La faute qu'ils ont commise en donnant leur consentement au mariage les rend incapables de l'attaquer. Il ne faut pas, dit Portalis, qu'ils puissent se jouer de la foi du mariage, après s'être joués des lois.

Mais il se présente alors une difficulté. Il semble en effet, au premier abord, que les ascendants ou le conseil de famille n'auront jamais intérêt à exercer l'action en nullité pour défaut d'âge parce que, ou bien ils auront consenti au mariage de l'impubère, et alors, comme on vient de le voir, cette action leur est refusée; ou bien ils n'y auront pas consenti, et alors ils auront déjà une action en nullité à exercer pour défaut de consentement. — Il est parfaitement vrai que le plus souvent l'action en nullité qu'ils peuvent exercer à raison du défaut de consentement rendra inutile celle qu'ils pourraient exercer également à raison du défaut d'âge. Cependant il existe quelques cas exceptionnels où la première action leur fera défaut, et où, par suite, ils auront intérêt à exercer l'action en nullité à raison du défaut d'âge; par exemple, lorsque l'action en nullité à raison du défaut de consentement est éteinte par prescription, ou par une approbation expresse ou tacite donnée après coup au mariage. (Art. 183, 186.)

Quelles sont les dispositions spéciales qui s'appliquent au cas de bigamie ?

La nullité qui résulte de l'existence d'un premier mariage peut être invoquée non seulement par toutes les personnes qui ont en général le droit d'exercer les actions en nullité absolue du mariage, mais encore par le précédent époux au préjudice duquel le nouveau mariage a été contracté. Il a, en effet, un intérêt évident à en demander la nullité, puisqu'il défend par là les droits que son propre mariage lui assure. Et comme ces droits ne touchent pas seulement à des intérêts pécuniaires, il peut exercer son action en nullité du vivant même de son conjoint, dès que le second mariage a été contracté, à la différence des collatéraux et des enfants d'un premier lit, qui ne peuvent agir qu'après la mort de leur parent. — Il peut également agir après sa mort; mais alors son action ne paraît plus avoir qu'un intérêt pécuniaire.

Aux termes de l'article 189, si les nouveaux époux soutiennent que le premier mariage est nul, l'époux devra en établir préalablement la validité. Et ici il faut observer que non seulement l'époux d'un précédent mariage, mais encore toutes les personnes intéressées qui demandent la nullité du mariage pour cause de bigamie, tels que les ascendants, les collatéraux, etc., doivent établir préalablement la validité du premier mariage.

Comme les autres nullités absolues, sauf celle résultant du défaut d'âge, la nullité qui vient de l'existence d'un premier mariage n'est pas susceptible d'être couverte par le temps et elle peut être invoquée à toute époque. Peu importe que le premier mariage, qui a produit l'empêchement, soit ou non dissous au moment de la demande en nullité. Il suffit qu'il ait existé au moment où le second mariage était contracté, pour que celui-ci ait été atteint d'un vice irrémédiable. (Art. 188, 189.)

Le défaut de publicité se confond-il avec le défaut de publications ?

Non. — La publicité est un fait complexe, susceptible de plus ou de moins. Comme elle résulte du concours de plusieurs éléments, de l'accomplissement de plusieurs conditions, il est possible de supposer un état intermédiaire entre son existence et sa non-existence. Elle peut exister d'une manière incomplète; elle peut être imparfaite; elle peut, en un mot, être affectée d'un vice, sans faire cependant complètement défaut. Dans ce cas, les juges ont un certain pouvoir d'appréciation : ils peuvent maintenir ou annuler le mariage, suivant que la publicité qui lui a été donnée leur paraît ou non suffisante pour répondre au vœu de la loi. Au contraire, ils sont tenus de prononcer la non-existence du mariage, lorsque la publicité fait absolument défaut; ce qui arrivera, par exemple, lorsqu'on aura négligé d'une manière générale d'accomplir les conditions qui y sont relatives, ou lorsqu'il n'y aura pas eu intervention d'un officier de l'état civil.

Les publications forment l'un des éléments de la publicité. Mais il faut bien se garder de les confondre avec celle-ci; car l'existence de la publicité tient encore à d'autres conditions, et ne dépend pas uniquement des publications. Sans doute, leur absence la diminue; mais elle n'empêche pas qu'elle n'existe dans ses éléments les plus importants, et par suite elle n'est pas, prise en elle-même et en elle seule, une cause de nullité du mariage. Elle forme seulement un empêchement prohibitif. Art. 191, 192, 193.)

L'incompétence de l'officier de l'état civil entraîne-t-elle nécessairement la nullité du mariage ?

Nous venons de voir que l'imperfection de la publicité n'entraîne pas nécessairement la nullité du mariage. On s'est demandé s'il en était de même de l'incompétence de l'officier de l'état civil.

Quelques auteurs soutiennent l'affirmative. — La publicité, disent-ils, étant susceptible de plus ou de moins, et pouvant se trouver dans un état intermédiaire entre l'existence et la non-existence, on conçoit que la loi ait accordé aux juges un certain pouvoir d'appréciation, qui leur permette de maintenir ou d'annuler le mariage suivant les cas. Mais, comme la compétence de l'officier de l'état civil est un fait simple, qui existe complètement ou qui n'existe pas du tout, elle n'offre aucune matière à l'appréciation des juges, et ceux-ci ne pourront pas faire autrement que de prononcer la nullité du mariage lorsqu'il a été célébré par un officier de l'état civil incompétent.

Malgré ces raisons, la négative est généralement admise. — D'abord, on observe que la compétence de l'officier de l'état civil est une des conditions qui concourent à la publicité du mariage, que c'est dans l'intérêt de celle-ci qu'on l'exige : d'où il suit que, si elle vient à manquer, la publicité elle-même s'en trouve affectée ; qu'elle est diminuée ; qu'elle est imparfaite et vicieuse. Or, quand il en est ainsi, quand la publicité est réellement affectée d'un vice, les juges ont le pouvoir de maintenir le mariage. L'article 193 confirme cette doctrine, en énonçant que le mariage pourra être maintenu lors même que les règles prescrites par l'article 165 n'auraient pas été observées. Or ces règles sont relatives tout à la fois à la compétence de l'officier de l'état civil et à la publicité du mariage (1).

Bien entendu, il en est différemment lorsqu'il n'y a pas seulement incompétence, mais défaut d'intervention d'un officier de l'état civil quelconque. — Dans ce cas, il n'y a ni célébration ni publicité, mais une vaine apparence de mariage. (Art. 165, 191, 193.)

_____

(1) *Sic*, Valette, *à son cours.*

§ II. — *De la preuve de la célébration du mariage.*

Comment se prouve le mariage ?

En principe, la preuve du mariage résulte uniquement de la représentation de l'acte inscrit sur les registres de l'état civil. C'est ce qui est exprimé dans l'article 194 : « Nul ne peut réclamer le titre d'époux et les effets civils du mariage, s'il ne représente un acte de célébration inscrit sur le registre de l'état civil. »

Par exception, la preuve du mariage peut être faite autrement que par la représentation de l'acte de célébration :

1° Par la possession d'état, mais seulement dans un cas spécial et lorsqu'il y a eu une célébration irrégulière ;

2° Dans l'hypothèse de l'article 46, c'est-à-dire quand il n'a pas été tenu de registres, ou quand les registres sont perdus ou détruits ;

3° Quand il existe une condamnation criminelle pour falsification des registres ;

4° Quand les enfants issus du mariage sont dans l'impossibilité de représenter l'acte de célébration par suite du décès de leurs père et mère.

Dans quel cas la preuve du mariage peut-elle résulter de la possession d'état ?

En principe, la possession d'état d'époux ne peut jamais remplacer la preuve qui résulte de la célébration du mariage. — En effet, la possession d'état d'époux existe par le simple fait que deux personnes vivent publiquement ensemble comme mari et femme, et l'on comprend combien une pareille possession serait facile à usurper.

Toutefois, bien qu'elle soit impuissante à rien établir par elle seule, la possession d'état d'époux peut être invoquée utilement dans un cas spécial, celui où elle est jointe à une célébration irrégulière du mariage, c'est-à-dire où la célébration a été entachée d'un de ces vices de forme, tels que l'absence des témoins, le mariage hors de la maison commune, qui laissent aux juges le pouvoir d'annuler le mariage ou de le maintenir suivant les circonstances, et où la nullité est demandée précisément par l'un des époux. L'autre époux peut alors opposer à son conjoint le fait de la possession d'état, c'est-à-dire le fait qu'ils ont vécu publiquement comme mari et femme. Et cela se comprend, parce que ce fait que les époux ont vécu publiquement ensemble implique un acquiescement tacite au mariage de la part de l'époux qui en demande aujourd'hui la nullité.

Ainsi donc, la possession d'état d'époux n'a pas d'effets par rapport aux tiers, elle n'a aucune force probante vis-à-vis d'eux. Entre les époux, c'est-à-dire lorsqu'elle est opposée à l'un d'eux qui demande la nullité du mariage, elle peut faire repousser la demande en nullité, mais c'est à la condition qu'il y ait eu une célébration irrégulière, c'est-à-dire une célébration entachée d'un vice de publicité. (Art. 195, 196.)

Comment se fera la preuve du mariage dans l'hypothèse de l'article 46 ?

Dans l'hypothèse de l'article 46, c'est-à-dire lorsqu'il n'a pas existé de registres ou qu'ils ont été détruits, ou encore par analogie lorsque les registres ont été tenus d'une façon irrégulière, les époux pourront établir la célébration de leur mariage, tant par titres et papiers domestiques que par témoins. En effet, dans ce cas, leur allégation relativement au mariage n'a rien que de vraisemblable.

Les époux devront prouver en premier lieu l'inexistence ou la destruction des registres. Ils établiront ensuite l'existence de la célébration elle-même. (Art. 46, 194.)

Dans quels cas la preuve du mariage peut-elle résulter d'une condamnation criminelle pour falsification des registres ?

On vient de voir que, lorsque les registres ont été détruits ou n'ont pas été régulièrement tenus, la preuve du mariage se fait, conformément à l'article 46, par toute espèce de moyens. Mais il peut arriver que, les registres étant intacts et régulièrement tenus, un acte n'y ait pas été porté, ou que cet acte ait été falsifié sur le registre au moment de sa rédaction, de manière à dissimuler le véritable nom des parties. — Dans ce cas, la preuve du mariage résultera du jugement de condamnation. Ce jugement ou arrêt sera inscrit sur les registres de l'état civil, et il assurera au mariage tous ses effets civils.

Il est à remarquer que l'article 198 n'attribue un tel résultat qu'aux décisions rendues à la suite d'une procédure *criminelle*.

Mais cette expression ne doit pas être prise dans le sens restreint qu'elle a aujourd'hui. Tout le monde convient qu'un jugement émané d'un tribunal de police correctionnelle qui constaterait, par exemple, l'inscription de l'acte de célébration sur une simple feuille volante, pourrait également servir de preuve. En un mot, l'expression de procédure *criminelle* doit s'entendre dans le sens de procédure *pénale*. (Art. 198.)

Comment sont intentées les poursuites contre l'auteur de la falsification ou de la destruction de l'acte ?

En principe, les infractions criminelles ou correctionnelles donnent ouverture à deux actions distinctes : l'action publique, qui a pour objet la punition du coupable et qui est exercée par le ministère public ; et l'action civile, qui a pour objet la réparation du préjudice causé et qui est exercée par la partie lésée.

En outre, il est également de règle en matière pénale que l'action pénale s'éteint par la mort du coupable, et qu'alors le ministère public n'a plus à agir, puisque l'action civile qui subsiste encore contre les héritiers du délinquant appartient exclusivement à la partie lésée.

Or, le Code déroge ici à ces deux règles :

D'abord, il déroge à la première en autorisant le ministère public à intenter l'action civile qui tend au rétablissement de la preuve du mariage. En effet, le rétablissement de cette preuve intéresse l'ordre public.

Ensuite il déroge à la seconde en décidant que, lorsque la poursuite criminelle sera éteinte par la mort du délinquant, l'action civile ne pourra être exercée contre ses héritiers que par le ministère public.

La raison de cette seconde dérogation vient de ce que, si les époux exerçaient eux-mêmes l'action civile, conformément au droit commun, on pourrait craindre qu'il ne s'établît une entente secrète entre eux et les héritiers du délinquant. Comme ils ont un grand intérêt à se procurer une preuve de leur prétendu mariage, et que d'autre part les héritiers poursuivis ne sont exposés, en cas de perte du procès, qu'à encourir une condamnation à des dommages-intérêts, ils auraient pu tenter de les faire renoncer à se défendre sérieusement, en leur offrant des avantages pécuniaires. La disposition du Code qui met la poursuite aux mains du ministère public, rend impossible une pareille entente. (Art. 199, 200.)

L'article 199 ne renferme-t-il pas quelques inexactitudes ?

Oui. — D'abord, cette proposition « que le ministère public pourra intenter l'action criminelle, *si les époux ou l'un d'eux sont décédés avant d'avoir découvert la fraude* » est doublement inexacte.

En effet, le ministère public peut très bien agir pendant que les époux sont encore vivants, s'ils négligent de le faire eux-mêmes. De plus, il peut également agir après leur mort, qu'ils aient ou non découvert la fraude avant de décéder. — Dans l'un et l'autre cas, le droit d'action du ministère public, qui s'exerce dans un intérêt supérieur d'ordre public, ne doit pas être subordonné au fait des parties intéressées.

En second lieu, l'expression d'action *criminelle,* qui est employée par le législateur pour qualifier l'action en rétablissement de la preuve du mariage, n'est pas toujours celle qui convient. — En effet, cette action est purement civile lorsque les époux sont seuls à l'exercer (1).

Comment les enfants peuvent-ils établir le mariage de leurs père et mère, en l'absence de l'acte de célébration ?

Pour pouvoir établir le mariage de leurs père et mère autrement que par la représentation de l'acte de célébration, les enfants doivent prouver :

1° Que leurs père et mère ont eu pendant leur vie la possession d'état d'époux;

2° Qu'ils ont eux-mêmes depuis leur naissance la possession d'état d'enfants légitimes ;

3° Que leur possession d'état n'est pas contredite par leur acte de naissance ;

4° Que leurs père et mère sont décédés, ou, suivant une opinion généralement adoptée, qu'ils se trouvent dans l'impossibilité de manifester leur volonté. — En effet, si les parents vivaient encore, l'acte de célébration devrait être retrouvé sur les indications par eux fournies.

---

(1) Voy. pour plus de développements sur cette question, Marcadé, I, n°° 681 et suivants. — Demolombe, III, n° 409. — Valette, *Cours de Code civil,* p. 295 et suivantes.

Que faudrait-il décider si, l'un des époux seulement étant décédé, le survivant soutenait que le mariage n'a pas existé?

Dans ce cas, l'enfant ne pourrait faire la preuve du mariage que par la représentation de l'acte de célébration. (Art. 197.)

§ III. — Des mariages putatifs.

Qu'entend-on par mariage putatif?

On entend par mariage putatif celui qui est entaché d'une nullité, mais qui a été contracté de bonne foi par les deux époux ou par l'un d'eux.

En principe, le mariage nul ne produit aucun effet. Les enfants qui en sont issus n'ont pas la qualité d'enfants légitimes ; les conventions matrimoniales qui ont été passées pour régler l'association pécuniaire des époux sont considérées comme non avenues ; enfin les droits et les devoirs qui découlent de l'union conjugale disparaissent. — Mais, par un motif d'humanité, la loi admet une exception en faveur des mariages qui ont été contractés de bonne foi : elle décide qu'ils produiront leurs effets jusqu'au jour où ils ont été annulés. (Art. 201.)

A quel moment faut-il que les époux aient été de bonne foi ?

Pour que le mariage nul soit susceptible de produire ses effets, il suffit que la bonne foi des époux ait existé au moment du mariage. — Effectivement, l'époux qui n'a connu l'irrégularité de son mariage qu'après sa célébration, est excusable de ne pas s'être séparé immédiatement de son conjoint.

Au reste, la bonne foi des époux est toujours présumée exister ; et c'est aux personnes qui allèguent le contraire à en faire la preuve.

Il n'y a pas non plus à établir de distinction entre l'erreur de droit et l'erreur de fait ; car il y a évidemment des cas où l'erreur de droit sera excusable, par exemple, quand les époux se sont trompés sur l'âge requis pour se marier sans le consentement des parents. Il suffit qu'il n'y ait pas eu d'ignorance grossière du droit, et, à cet égard, les juges ont toute latitude pour apprécier (1). (Art. 201.)

Quels sont les effets du mariage putatif ?

Il faut distinguer :

---

(1) *Ainsi jugé* : Metz, 7 février 1854; — Aix, 11 mars 1858 ; — Paris, 9 fév. 1860. — *Sic* Marcadé, I. n° 693 ; — Valette, *Cours de Droit civil*, p. 306.

Si le mariage a été contracté de bonne foi par les deux époux, il produit pour l'un et l'autre les effets d'une union légitime, jusqu'au jour où la nullité en a été prononcée. — En conséquence, les deux époux conservent le profit des avantages qu'ils se sont faits par leur contrat de mariage, ils continuent de se succéder l'un à l'autre à défaut d'héritiers légitimes, et ils exercent tous les droits qui dérivent de la puissance paternelle.

Mais si le mariage n'a été contracté de bonne foi que par l'un des époux, cet époux conserve seul les avantages qui résultent d'une union légitime. — Toutefois, les enfants qui ont été conçus avant la déclaration de nullité continuent d'avoir la qualité d'enfants légitimes par rapport aux deux époux. — La plupart des auteurs admettent même que les enfants qui ont été légitimés par le mariage putatif continuent à jouir des avantages de la légitimation, comme si le mariage avait été maintenu. (Art. 202.) (1).

A quelles conditions le bénéfice de la bonne foi s'applique-t-il aux mariages nuls ?

Aux termes de l'article 201, le mariage qui a été déclaré nul produit néanmoins ses effets civils, lorsqu'il a été *contracté* de bonne foi. — Comme on le voit, cet article ne s'arrête pas à telle ou à telle cause de nullité, il s'applique à toutes en général, en supposant seulement deux faits, savoir : 1° un contrat passé; 2° la bonne foi des contractants ou de l'un d'eux. — Doit-on en conclure que l'effet de la bonne foi couvre absolument toutes les nullités, quelles qu'elles soient, pourvu qu'il y ait un consentement au mariage de la part des parties?

On admet généralement l'affirmative. — Effectivement, le Code ne fait aucune distinction entre les diverses nullités : il exige seulement que le mariage ait été contracté, et qu'il ait été contracté de bonne foi. Or le mariage est contracté dès qu'il y a le consentement de deux personnes de sexe différent. C'est là ce qu'on appelle la matière, la substance du mariage. Et quant à la bonne foi, il suffit qu'elle soit admissible. Il faut en conclure que le consentement des parties, joint à la bonne foi, suffit, sans autres conditions, pour que le mariage produise ses effets civils jusqu'au jour où la nullité en aura été prononcée (2).

(1) *Sic* Marcadé, I, n° 697. — Demolombe, III, n°⁵ 365, 366. — Valette, *Cours de Code civil*, p. 303.
(2) *Sic* Marcadé, I, n° 693. — Valette, p. 306.

CHAPITRE CINQUIÈME

DES OBLIGATIONS QUI NAISSENT DU MARIAGE.

Articles 203 à 211.

Quelles sont les obligations des époux envers leurs enfants ?

Les obligations qui naissent du mariage sont nombreuses et variées. Les unes concernent les devoirs des époux envers leurs enfants; d'autres ont en vue les devoirs respectifs des époux entre eux; d'autres enfin se réfèrent à leurs rapports avec les tiers.

Dans ce chapitre, le Code ne traite que des obligations des époux envers les enfants qui naissent du mariage. — Les époux contractent ensemble, par le seul fait du mariage, l'obligation de nourrir, entretenir et élever leurs enfants.

A défaut par eux d'accomplir volontairement cette obligation, ils peuvent y être contraints par le ministère public, qui a en outre le droit de requérir contre eux l'application d'une peine, s'il y a lieu. (Art. 203.)

En quoi consiste l'obligation de nourrir, élever et entretenir les enfants ?

L'obligation qui est imposée aux père et mère de nourrir, élever et entretenir leurs enfants consiste à leur fournir, depuis leur naissance jusqu'à leur majorité, toutes les choses qui sont nécessaires à la vie, ou à les faire élever, à leurs frais, par d'autres personnes.

Dans la suite, lorsque les enfants sont devenus capables de se procurer par eux-mêmes des moyens d'existence, cette obligation se convertit en une autre, qu'on appelle la *dette alimentaire*, et qui n'est exigible qu'autant que les enfants se trouvent dans le besoin et qu'ils sont incapables de se suffire à eux-mêmes. (Art. 205, 207.)

La dette alimentaire n'est-elle pas réciproque ?

Oui; la dette alimentaire est essentiellement réciproque entre les père et mère et leurs enfants, lorsque les uns ou les autres se trouvent dans le besoin. Ainsi les enfants peuvent l'exiger

14

des père et mère lorsqu'ils sont incapables de se suffire à eux-mêmes ; et, réciproquement, les père et mère peuvent l'exiger de leurs enfants lorsqu'ils sont dans le même cas. — Au surplus, la dette alimentaire n'est pas imposée seulement aux père et mère et aux enfants : elle existe également :

1° Entre les époux ;

2° Entre tous les ascendants et descendants ;

3° Entre les beau-père et belle-mère et leurs gendres et belles-filles.

Par contre, la dette alimentaire n'existe pas dans la ligne collatérale, même au degré de frère et sœur. — Elle n'existe pas non plus vis-à-vis des parâtre et marâtre, c'est-à-dire vis-à-vis du second mari ou de la seconde femme de la mère ou du père. Et, réciproquement, elle n'est pas due par un époux aux enfants que son conjoint aurait eus d'un précédent mariage. (Art. 205, 206, 207.)

La dette alimentaire peut-elle cesser ?

Il faut distinguer :

Entre les père et mère et leurs enfants, entre les époux, entre les ascendants et descendants, elle ne cesse jamais. — Il suffit que l'une de ces personnes se trouve dans le besoin pour qu'elle puisse exercer une demande en pension alimentaire.

Entre les beau-père et belle-mère et leurs gendres et belles-filles, elle cesse lorsque l'époux qui produisait l'alliance est décédé, et qu'il ne reste pas d'enfant issu du mariage.

En outre, elle cesse encore à l'égard de la belle-mère qui se remarie. Celle-ci entre alors dans une nouvelle famille, et dès lors elle n'a plus le droit d'exiger des aliments de ses gendre et belle-fille, mais elle peut toujours en exiger de la part de ses enfants. Selon M. Valette, il faut admettre que dans ce cas les gendres et belles-filles perdent par réciprocité le droit d'exiger d'elle la pension alimentaire ; car la réciprocité est établie d'une manière absolue et pour tous les cas où il existe une dette alimentaire. (Art. 206) (1).

Faut-il appliquer la même disposition à la belle-fille qui se remarie ?

Bien que la loi ne prononce pas de déchéance à son égard, l'analogie qui existe entre sa position et celle de la belle-mère

(1) *Sic* Marcadé, I, n° 711. — Valette, *Cours de Code civil*, p. 317.

qui se remarie doit faire décider l'affirmative. Effectivement, de
même que la belle-mère, la belle-fille qui se remarie entre dans
une nouvelle famille, et dès lors elle n'a plus le droit de demander des aliments à ses beau-père et belle-mère. On a dit, il est
vrai, que la loi voit d'un œil moins défavorable le nouveau mariage de la bru, parce qu'elle est habituellement plus jeune que
la belle-mère ; mais, comme le dit M. Valette, c'est là une puérilité.

Dans quel ordre la dette alimentaire est-elle due ?

La loi a gardé le silence à cet égard. Mais on admet généralement que les parents et alliés ne sont pas tenus concurremment
de la dette alimentaire, et qu'ils ne peuvent être contraints à la
fournir que successivement, les uns à défaut des autres, en suivant l'ordre dans lequel ils sont appelés à succéder au parent qui
est dans le besoin, et en faisant passer les parents avant les alliés.
— Ainsi la personne qui se trouve dans le cas de réclamer des
aliments doit s'adresser :

1° A ses enfants, si elle en a ;

2° A défaut d'enfants ou s'ils ne sont pas en état de la secourir,
à ses ascendants.

3° A défaut d'ascendants, à ses gendres et belles-filles.

4° A défaut des gendres et belles-filles, à ses beau-père et
belle-mère.

5° Si l'un des père et mère est décédé, à celui des deux qui
survit et aux héritiers de celui qui est décédé, chacun pour la
moitié (1).

**Comment détermine-t-on le montant de la dette alimen-
taire ?**

Pour fixer le montant de la dette alimentaire, on doit examiner :

1° Les besoins de celui qui la réclame, eu égard à son rang, à
son âge, à sa santé ;

2° La fortune de celui qui est tenu de la fournir.

Ainsi, lorsqu'un père a deux enfants, chacun d'eux contribue à
la pension alimentaire dans la proportion de ses facultés ; s'il n'y
en a qu'un qui soit en état de la payer, il en est seul chargé à
l'exclusion de l'autre.

Au surplus, si celui qui fournit la pension devient par la suite

(1) *Sic* Marcadé, I, n° 713, 714, 715. — Demolombe, IV, 47.

hors d'état de la payer en totalité ou en partie, ou si celui qui
la reçoit vient à n'en avoir plus besoin en tout ou en partie, il y
a lieu d'en demander la décharge ou la réduction. (Art. 208, 209).

**De quelle manière la pension alimentaire doit-elle être
fournie ?**

En principe, la pension alimentaire doit être fournie en argent; mais cette règle reçoit exception dans deux cas, qui sont
laissés à l'appréciation du juge :

1° Quand celui qui doit la pension alimentaire justifie qu'il ne
peut pas la fournir en argent, le tribunal peut, après s'en être
assuré, lui ordonner à la place de recevoir dans sa demeure, de
nourrir et d'entretenir son parent ;

2° Quand le père ou la mère qui doit la pension alimentaire
offre de recevoir l'enfant dans sa maison, le tribunal l'autorisera
à s'acquitter ainsi de sa dette, sans qu'il ait besoin de justifier de
son impossibilité de la payer en argent. (Art. 210, 211.)

**La dette alimentaire est-elle due solidairement par les pa-
rents qui la fournissent ?**

Bien qu'il y ait un ordre suivant lequel les parents ou alliés
sont obligés de fournir la pension alimentaire, il arrive assez souvent que plusieurs d'entre eux en sont tenus en même temps,
parce qu'ils sont parents au même degré de la personne qui est
dans le besoin. — Ainsi lorsqu'un père de famille malheureux a
plusieurs enfants, ceux-ci sont en général tous obligés à fournir
la pension alimentaire.

Mais, dans cette hypothèse, chaque enfant n'est tenu que
pour la quotité qui a été mise à sa charge par le tribunal; en
sorte que, si l'un d'eux n'acquitte pas sa part, les autres ne seront
point obligés de la fournir. — En un mot, la dette alimentaire
n'est ni indivisible ni solidaire; car l'indivisibilité et la solidarité
n'existent qu'autant qu'elles ont été expressément établies par
la loi ou par convention, et tel n'est pas ici le cas (1).

La dette alimentaire est-elle transmissible aux héritiers ?

Il faut distinguer :

Elle est transmissible aux héritiers de celui qui la fournit.

_____

(1) *Sic* Marcadé, I, n° 716. — Cependant M. Valette, *Cours de Code civil*,
. 321, décide que le juge a le pouvoir d'établir la solidarité dans des circonstances particulières où cette combinaison lui paraîtra nécessaire à la sécurité du créancier.

Ainsi, lorsque le fils qui devait des aliments à son père vient à mourir, l'obligation passe au petit-fils. — Mais, à l'inverse, la dette alimentaire n'est pas transmissible aux héritiers de celui qui la reçoit. Ces derniers ne peuvent exiger que les termes échus et non payés au moment de la mort de leur auteur (1).

Les parents sont-ils tenus de faire instruire leurs enfants ?

Quelques auteurs admettent l'affirmative, et décident en conséquence que si le père refuse de donner aux enfants une instruction suffisante, en égard à son rang et à sa fortune, la mère et le ministère public pourront l'y contraindre judiciairement. — Mais cette opinion ne nous paraît pas fondée. L'obligation de faire instruire ses enfants est une obligation morale, et non point une obligation civile; car elle n'est établie par aucun texte de loi. Au contraire, l'article 203 semble la rejeter; car il se borne à énoncer que les parents doivent nourrir, élever et entretenir leurs enfants; et il n'aurait pas manqué d'ajouter qu'ils doivent les faire instruire si telle avait été la pensée du législateur. C'est une puérilité que de torturer la loi pour lui donner un sens soi-disant libéral, lorsqu'elle est évidemment restrictive.

Aux termes de l'article 204, les enfants n'ont pas d'action contre leurs père et mère pour un établissement par mariage ou autrement. — Autrefois, dans les pays de droit écrit, les père et mère étaient tenus de doter leur fille, qui trouvait un parti sortable. Il en était différemment dans les pays de droit coutumier, où l'on suivait la maxime *Ne dote qui ne veut*. Les rédacteurs du Code ont admis cette dernière doctrine.

CHAPITRE SIXIÈME

DES DROITS ET DES DEVOIRS RESPECTIFS DES ÉPOUX.

Articles 212 à 226.

Quels sont les devoirs communs aux deux époux ?

Les devoirs communs aux deux époux sont la fidélité, le secours et l'assistance.

(1) La dette alimentaire est personnelle au débiteur et ne passe pas à sa

La *fidélité* consiste dans l'obligation qui est imposée aux deux époux de ne pas commettre d'adultère.

Le *secours* consiste dans l'obligation qui est imposée à l'époux qui a de la fortune et des ressources de faire participer son conjoint à son aisance.

L'*assistance* consiste dans l'obligation qui est imposée aux deux époux de se donner réciproquement des soins personnels et dévoués. (Art. 212.)

Comment ces diverses obligations sont-elles sanctionnées ?

Les devoirs de fidélité et d'assistance sont sanctionnés par les dispositions qui autorisent à demander la séparation de corps, soit pour cause d'adultère, soit pour cause d'injure grave ; car le refus d'assistance pourrait, eu égard à la nature des faits, prendre le caractère d'injure grave. — Le devoir de fidélité trouve encore une sanction dans les dispositions de la loi qui punissent d'un emprisonnement de trois mois à deux ans la femme convaincue d'adultère, et d'une amende de cent francs à deux mille francs le mari qui aura entretenu une concubine dans la maison conjugale.

Quant au devoir qui est imposé aux époux de se donner mutuellement des secours, il est sanctionné par le droit accordé à chacun d'eux de réclamer à l'autre une pension alimentaire. On remarquera que le devoir dont les époux sont tenus à cet égard ne cesse pas s'ils viennent à être séparés de corps ; car la séparation de corps laisse subsister entre les époux tous les devoirs dont l'accomplissement n'entraîne pas la communauté d'habitation.

Quels sont les devoirs particuliers à chaque époux ?

Les devoirs particuliers à chaque époux sont :

1° Pour le *mari*, de protéger sa femme, de la recevoir chez lui, et de lui fournir, selon ses facultés, tout ce qui est nécessaire à la vie ;

2° Pour la *femme*, d'obéir à son mari, d'habiter avec lui, et de le suivre partout où il lui plaît de résider. L'obligation imposée à la femme d'habiter avec son mari ne cesse pas par le seul motif qu'il va à l'étranger, et une proposition faite en ce sens dans le sein du conseil d'État fut repoussée sur l'observation du pré-

veuve, alors même que celle-ci serait légataire universelle de son mari. Besançon, 8 juill. 1879 mier Consul que l'obligation de la femme à cet égard devait être générale et absolue. — Toutefois on convient généralement que le mari abuserait de son droit s'il voulait contraindre sa femme à entreprendre un voyage lointain qu'elle ne pourrait pas supporter, ou la soumettre aux dangers d'une vie errante. (Art. 213, 214.)

La femme peut-elle être contrainte par la force publique à habiter avec son mari ?

A cet égard, les auteurs ne sont pas d'accord.

Quelques-uns admettent la négative. Voici comment ils raisonnent : aux termes de l'article 1142 du Code civil, toute obligation de faire ou de ne pas faire se résout en dommages-intérêts, en cas d'inexécution de la part du débiteur. Or, l'obligation imposée à la femme d'habiter avec son mari est une obligation de cette nature, et par suite elle ne peut donner lieu, en cas d'inexécution, qu'à une action pécuniaire de la part du mari. Et comme il pourra en outre, à raison du refus d'habiter avec lui, former une demande en séparation de corps, l'obligation dont il s'agit sera suffisamment sanctionnée.

Mais on répond que l'article 1142 ne vise que les contrats passés entre créanciers et débiteurs, où l'on comprend très bien que toute inexécution par le débiteur de ses engagements doive aboutir à des dommages-intérêts, c'est-à-dire à une indemnité en argent ; tandis qu'il s'agit ici de rapports de famille et de devoirs réciproques de protection et d'obéissance, dont l'inexécution ne peut être compensée par une indemnité en argent. Quant à l'action en séparation de corps, qui embrasse tous les cas d'injure grave, et qui par suite appartient évidemment au mari dans le cas où la femme refuse d'habiter avec lui, elle n'est pas également une sanction suffisante. Sans doute, elle pourra bien fournir au mari un moyen indirect de contrainte, mais ce ne sera qu'un moyen très indirect et souvent très faible. En conséquence, tout en laissant au mari le droit de demander des dommages-intérêts en vertu de l'article 1142, ou d'invoquer la séparation de corps, il faut décider, avec la jurisprudence et le plus grand nombre des auteurs, qu'il peut réclamer l'emploi de la force publique pour contraindre la femme à réintégrer le domicile conjugal (1).

(1) Valette, sur Proudhon, I, p. 453. — Odilon Barrot, *Encyclopédie du droit*, art. 2, nos 6 et 13. — Demante, I, n° 297. — Demolombe, II, 107.

Quels sont les effets du mariage par rapport à la capacité de la femme?

Le mariage n'établit pas seulement des droits et des devoirs de famille, il modifie encore la condition des époux dans leurs rapports avec les tiers, notamment en rendant la femme incapable de disposer de ses biens sans l'autorisation de son mari. Et comme l'incapacité de la femme mariée est d'ordre public, il n'est pas permis aux époux d'y déroger par leurs conventions matrimoniales. Ils peuvent stipuler que la femme aura l'administration et la jouissance de sa fortune; mais, même lorsqu'ils auront inséré cette clause elle ne pourra aliéner ou hypothéquer ses immeubles qu'avec l'autorisation de son mari, qui doit rester le chef de l'association pécuniaire qui résulte du mariage.

L'incapacité de la femme mariée tient à plusieurs motifs. Le plus important est tiré de l'intérêt même de la famille, qui exige que les affaires communes soient administrées par une volonté unique. On peut ajouter que le devoir d'obéissance que la loi impose à la femme envers son mari n'aurait pas toute sa force, si celle-ci conservait pour sa fortune une indépendance qu'elle n'a plus pour sa personne.

Quels sont les actes que la femme ne peut pas faire?

A raison de son incapacité, la femme mariée ne peut pas :

1° Introduire une demande en justice ou y défendre sans l'autorisation de son mari, à moins qu'elle ne soit poursuivie à raison d'un crime ou d'un délit. — Dans ce dernier cas, on a dû faire passer le droit sacré de la défense avant toute autre considération ;

2° Donner, aliéner, hypothéquer, acquérir à titre gratuit ou onéreux, sans le concours du mari dans l'acte ou son consentement par écrit;

3° Contracter des obligations qui se réfèrent à la disposition de ses biens, et même à une simple administration quand elle ne s'est pas réservé, par son contrat de mariage, le pouvoir d'administrer ses biens. (Art. 215, 216, 217.)

Quels sont les actes que la femme mariée peut faire sans l'autorisation de son mari?

La femme mariée peut sans l'autorisation de son mari :

1° Faire certains actes de disposition qui lui ont été exceptionnellement réservés et qui consistent : — 1° à consentir au mariage de ses enfants ; — 2° à accepter en leur nom les donations qui leur sont offertes ; — 3° à révoquer celles qu'elle a faites à son mari pendant le mariage ; — 4° à faire son testament ;

2° S'acquitter des obligations qui proviennent d'un dommage qu'elle a causé à autrui volontairement ou par imprudence ;

3° Faire des actes conservatoires, par exemple, interrompre une prescription, pourvu que ces actes ne l'entraînent pas à ester en justice ;

4° Enfin, si son contrat de mariage l'y autorise, faire tous les actes d'administration concernant sa fortune : tels que passer des baux de moins de neuf ans, toucher ses revenus et en faire emploi. (Art. 148, 226, 935, 1096.)

La femme mariée peut-elle être relevée de son incapacité ?

Oui ; la femme mariée peut être relevée de son incapacité en obtenant pour l'acte qu'elle veut accomplir, ou pour le procès qu'elle veut engager l'autorisation de son mari, ou, à son défaut, celle de justice.

L'autorisation du mari ou de justice ne peut pas être donnée d'une manière générale, mais seulement pour l'accomplissement d'un acte déterminé, à moins qu'elle ne soit donnée pour permettre à la femme de faire le commerce ou d'administrer ses biens. Autrement, elle aurait pour effet de lui restituer sa capacité, ce qui serait contraire à la loi (1). (Art. 220, 223.)

A quel moment le mari donne-t-il son autorisation ?

L'autorisation du mari peut être tacite ou expresse. — Elle est *tacite*, lorsqu'il concourt à l'acte, par exemple, lorsqu'il donne, vend ou emprunte avec la femme. — Elle est *expresse*, lorsqu'il donne son consentement par écrit, au moyen d'un acte authentique ou sous seing privé, et même par une simple lettre.

Dans le cas où le consentement du mari a été donné par écrit, il doit avoir lieu, soit avant l'acte auquel il se réfère, soit au moment même où il s'accomplit. S'il n'était donné qu'après son accomplissement, il n'aurait d'effet que par rapport au mari. Celui-ci serait obligé en raison de l'autorisation donnée par lui, parce que cette autorisation, donnée après coup, équivaudrait

---

(1) L'autorisation donnée à une femme par son mari est nulle comme ayant le caractère d'autorisation générale, du moment qu'il s'agit d'obligations illimitées dans leur durée et dans leur valeur. — Montpellier, 29 déc. 1878 ; — Metz, 31 janvier 1850.

à un engagement de sa part ; mais la femme ne le serait pas, parce que son obligation n'était pas valable au moment où elle a été formée, puisqu'elle avait été contractée sans autorisation.

Le consentement du mari peut d'ailleurs être donné verbalement et sans écrit, lorsque l'engagement de la femme a pour objet des sommes ou valeurs qui n'excèdent pas cent cinquante francs, parce qu'alors il peut être prouvé par témoins. Il en est de même dans les cas où la partie intéressée pourrait invoquer l'aveu judiciaire ou extra-judiciaire des époux. (Art. 217.)

Comment le mari autorise-t-il la femme à plaider ?

Il faut distinguer :

Si la femme est demanderesse, si c'est elle qui intente le procès, le mari lui donne son autorisation de la même manière que s'il s'agissait d'un acte à accomplir ; c'est-à-dire qu'il l'autorise, soit verbalement ou par écrit, soit en concourant au procès. — Si la femme est défenderesse, si c'est contre elle que le procès s'engage, il donne son autorisation sur l'assignation qu'il reçoit de la partie adverse.

On admet généralement que l'autorisation de plaider comprend le droit de suivre l'affaire en appel, s'il y a lieu. Si le mari n'entendait l'accorder que pour le premier degré de juridiction, il devrait l'exprimer (1). Par contre, l'autorisation de plaider ne comprend pas le recours en cassation, parce qu'il est un moyen de recours extraordinaire (2).

Le mari est-il tenu à raison des obligations contractées par la femme avec son autorisation ?

Oui ; le mari est tenu à raison des obligations qui ont été contractées par la femme avec son autorisation, de la même manière qu'il le serait s'il avait agi pour son propre compte. — Il en est différemment, lorsque la femme ne s'est obligée qu'avec l'autorisation de justice : les engagements qu'elle contracte n'obligent alors qu'elle-même.

Dans quelles hypothèses la femme peut-elle recourir à l'autorisation de justice ?

La femme peut recourir à l'autorisation de justice, pour suppléer celle de son mari :

(1) Demolombe, IV, n° 262. — Cass., 2 août 1853 ; 25 février 1879.
(2) La femme dont le mari est placé dans un asile d'aliénés peut plaider avec la seule autorisation de ce dernier, et n'est pas obligée de justifier soit

1° Lorsque le mari lui a refusé injustement son consentement ;

2° Lorsqu'il est mineur, interdit ou absent ;

3° Lorsqu'il subit une condamnation afflictive ou infamante.

Dans ces trois hypothèses, l'autorisation de justice peut toujours en principe suppléer celle du mari. — Toutefois, il existe certains cas où, par exception, la loi décide que l'autorisation du mari est indispensable et ne peut être suppléée par celle de justice. Il en est ainsi dans les trois cas suivants : 1° Lorsque la femme veut exercer un commerce séparé ; 2° Lorsqu'elle veut aliéner un immeuble dotal en vue de l'établissement de ses enfants ; 3° Lorsqu'elle veut remplir les fonctions d'exécuteur testamentaire, qui lui ont été conférées par un défunt. (C. Com., art. 4. — C. Civil, art. 218, 221, 222, 224, 1556, 1029.)

Quelle est la procédure à suivre pour obtenir l'autorisation de justice ?

Si le mari est présent, la femme doit lui faire une sommation d'avoir à l'autoriser, et, sur son refus, elle adressera une requête au président du tribunal du lieu de son domicile. — Celui-ci rendra une ordonnance, portant permission de citer le mari à jour indiqué à la chambre du conseil pour déduire les motifs de son refus. — Le mari entendu, le tribunal statuera sur l'autorisation (1).

Si le mari est absent ou incapable, ou s'il est frappé d'une condamnation afflictive ou infamante, la femme adressera également une requête au président du tribunal. — Puis, les juges statueront sur l'autorisation, après avoir entendu le rapport fait par l'un d'entre eux. (Art. 219, 221, 222.)

Qui peut invoquer la nullité de actes faits par la femme non autorisée ?

Les actes faits par la femme non autorisée ne sont pas absolument dénués d'existence : la nullité qui les frappe est seulement une nullité relative, car elle provient uniquement d'un défaut de capacité. — En conséquence, elle ne peut être invoquée que

de l'autorisation d'un mandataire spécial, soit de l'autorisation de justice. Cass. 3 mars 1879.

(1) En principe, les autorisations aux femmes mariées doivent être données en chambre du conseil, mais si elles ont été données en audience publique, ce n'est pas là un motif de cassation. — Cass., 9 juillet 1879.

par le mari, par la femme ou par leurs héritiers. En outre, elle doit être invoquée par eux dans le délai de dix ans. Ce délai court pour le mari, du jour où il a eu connaissance de l'acte ; et pour la femme, à partir de la dissolution du mariage.

. Quant à la partie qui a contracté avec la femme, elle ne peut plus, comme elle le pouvait dans notre ancien droit, se prévaloir de la nullité. (Art. 225.)

La femme commerçante n'a-t-elle pas une situation exceptionnelle ?

Oui ; la femme commerçante jouit d'une situation exceptionnelle en ce que l'autorisation qu'elle obtient de son mari est générale, au lieu de s'appliquer, comme cela se fait ordinairement, à un acte individuellement déterminé. — En conséquence, elle peut valablement contracter tous les engagements qui concernent son commerce, tels que les ventes et achats de marchandises, les souscriptions et endossements de billets et de lettres de change, et même aliéner et hypothéquer ses immeubles, à moins qu'ils ne soient dotaux. — Toutefois, elle ne peut pas plaider, même pour les affaires qui concernent son négoce, sans une autorisation spéciale de son mari ou de justice. Et en outre elle reste incapable pour tous les actes de disposition qui ne se rapportent pas à ses affaires commerciales.

Au surplus, la femme n'est réputée marchande publique, et par suite ne devient capable de s'obliger que lorsqu'elle fait le commerce pour son propre compte. Si elle ne fait que détailler les marchandises du commerce de son mari, elle est considérée comme son mandataire, et par conséquent ce n'est pas elle, mais son mari, qui supporte la responsabilité des obligations qu'elle a contractées en cette qualité (1). (Art. 220.)

La femme qui fait le commerce pour son propre compte oblige-t-elle son mari, pour les actes commerciaux qu'elle contracte ?

Il faut distinguer :

Si la femme commerçante est mariée sous le régime de la communauté ou sous le régime sans communauté, le mari est responsable des engagements qu'elle a contractés pour son négoce.

_____

(1) La femme mariée ne peut être considérée comme commerçante et responsable, comme telle, des dettes de son mari, quand elle n'exerce pas un commerce séparé. — Cass. 27 janvier 1875 ; 9 décembre 1879.

En effet, sous ces deux régimes, la loi accorde au mari la jouissance de tous les revenus et de tous les bénéfices qui proviennent de sa femme, et il est juste qu'il participe aux charges.

Mais si la femme commerçante est mariée sous le régime dotal ou sous le régime de séparation de biens, le mari n'est pas responsable des engagements qu'elle a contractés pour son négoce, parce que, sous ces deux régimes, elle a seule la disposition de ses revenus et le profit des gains qu'elle réalise.

Pourquoi l'autorisation de justice n'est-elle pas admise à suppléer celle du mari en matière de commerce ?

La raison en est que le tribunal, qui peut apprécier l'utilité d'un acte déterminé, ne pourrait pas juger aussi facilement des avantages et des inconvénients qu'il y a pour la femme à embrasser la profession commerciale, qui la soustrait en partie à l'autorité maritale et qui l'expose à compromettre non seulement sa fortune, mais encore son honneur et la considération de la famille.

Au reste, bien que la loi ne mentionne aucune exception à la règle que l'autorisation de justice ne saurait suppléer celle du mari en matière commerciale, il nous paraît difficile de ne pas en admettre quelques-unes. — Ainsi, la justice ne pourrait guère refuser sa protection à la femme si elle n'avait pas d'autres ressources que son négoce pour élever ses enfants, et si le mari lui refusait injustement son autorisation, ou s'il se trouvait dans l'impossibilité de la donner par suite de son état de minorité ou d'interdiction (1).

CHAPITRE SEPTIÈME

DE LA DISSOLUTION DU MARIAGE.

Article 227.

Comment le mariage est-il dissous ?
Sous l'empire du Code le mariage était dissous :

(1) Lorsque le mari, après avoir reconnu la capacité commerciale de sa femme en l'habilitant, veut révoquer son autorisation sans motifs ou méchamment,

1° Par la mort naturelle ;

2° Par le divorce ;

3° Par la mort civile.

Depuis l'abolition du divorce et de la mort civile, il n'est plus dissous que par la mort naturelle. (Art. 227.)

CHAPITRE HUITIÈME

DES SECONDS MARIAGES.

Article 228.

Les époux peuvent-ils se remarier aussitôt après la dissolution de leur mariage ?

Il faut distinguer :

Le mari qui devient veuf peut se remarier aussitôt après la dissolution de son mariage. — Mais la femme qui devient veuve ne peut contracter une nouvelle union que dix mois après la mort de son premier mari. Ces dix mois constituent pour elle un empêchement prohibitif. (Art. 228.)

Quelle est la raison de cette prohibition ?

La raison de cette prohibition est qu'on a voulu empêcher une confusion de part. — Si la femme avait pu se remarier aussitôt après la mort de son mari, on n'aurait pas su à qui attribuer la paternité de l'enfant qui serait né dans les premiers temps de son nouveau mariage, car la présomption *pater is est* pourrait s'appliquer également au premier et au second mari. — Mais ce n'est pas là la seule raison de cette prohibition, car on aurait pu autoriser la veuve à se remarier avant l'expiration des dix mois lorsqu'elle a accouché, et la loi ne l'a pas fait. On a pensé, sans doute, qu'il serait peu convenable pour elle de s'engager avec trop de hâte dans les liens d'une nouvelle union.

l'art. 219 du Code civil permet aux tribunaux de protéger la femme contre un refus intéressé ou arbitraire de son mari. — Trib. Lyon, 23 mai 1879.

LIVRE I, TITRE VI

Du divorce.

PROMULGUÉ LE 21 MARS 1803. — DÉCRÉTÉ LE 31 DU MÊME MOIS.

Le divorce a été introduit pour la première fois dans notre législation par la loi du 28 septembre 1792. Le Code l'admit, en le soumettant à des conditions assez rigoureuses. Mais il ne tarda pas à être aboli par la loi du 8 mai 1816.

En même temps que le divorce, les auteurs du Code avaient admis la séparation de corps, qui fait seulement cesser la cohabitation des époux. On voulait donner aux catholiques la faculté d'échapper à une vie commune insupportable, sans briser le lien indissoluble de l'union conjugale.

Le titre du divorce contient cinq chapitres. Mais il n'y en a plus qu'un seul qui soit encore applicable dans son entier ; c'est le chapitre v, intitulé *de la séparation de corps*.

Une proposition de loi ayant été déposée pour demander le rétablissement du divorce, nous croyons devoir en exposer sommairement les règles, telles qu'elles étaient établies par le Code dans les quatre premiers chapitres de ce titre, ainsi que les modifications projetées au système du Code.

CHAPITRES I, II, III ET IV

DU DIVORCE.

Articles 229 à 305.

Quelles étaient les causes du divorce ?

Les causes du divorce étaient de deux sortes.

Les unes étaient déterminées et résultaient, comme pour la séparation de corps, de l'adultère de la femme et de l'adultère du mari lorsque celui-ci avait entretenu une concubine dans la maison conjugale; des excès, sévices et injures graves; de la condamnation de l'un des époux à une peine infamante.

Les autres étaient indéterminées et résultaient du consente-ment mutuel et persévérant des époux.

Il y avait des règles spéciales pour chacune des deux hypo-thèses.

Quelles étaient les règles à suivre pour obtenir le divorce pour des causes déterminées?

La demande en divorce devait être formée devant le tribunal du domicile des époux, au moyen d'une requête portant énon-ciation des faits qui y avaient donné lieu, et qui devait être remise par l'époux en personne, avec les pièces à l'appui, au pré-sident du tribunal. Celui-ci, après avoir fait à l'époux les obser-vations qu'il croyait convenables, devait dresser procès-verbal de la remise du tout entre ses mains, et ordonner aux parties de comparaître devant lui afin de leur faire des représentations. Si les époux refusaient de se réconcilier, le tribunal autorisait le demandeur à citer son conjoint à comparaître à huis clos, pour entendre leurs observations et indiquer leurs témoins. Après quoi, le tribunal les renvoyait à comparaître à jour fixe en audience publique.

Dans le cas où le divorce était autorisé par le tribunal, les parties étaient tenues, sous peine de perdre le bénéfice du juge-ment, de se présenter devant l'officier de l'état civil, dans le délai de deux mois, pour faire prononcer le divorce.

Pendant l'instance, la femme pouvait être autorisée à quitter le domicile conjugal; en outre, elle pouvait se faire allouer une pension alimentaire. Les enfants étaient confiés à la garde du mari, à moins que le tribunal n'en eût disposé autrement.

La réconciliation des époux, ainsi que l'abandon par la femme demanderesse du domicile qui lui avait été assigné, constituaient des fins de non-recevoir à la demande.

Quelles étaient les règles à suivre pour obtenir le divorce par consentement mutuel?

Les époux ne pouvaient demander le divorce par consente-ment mutuel qu'aux conditions suivantes:

Il fallait: que le mari eût 25 ans et la femme 21 ans, — que cette dernière eût moins de 45 ans; — que le mariage eût deux ans au moins et vingt ans au plus d'existence; — que les époux fussent autorisés par leurs ascendants, qu'ils eussent réglé leurs droits respectifs et fait un inventaire; — qu'ils eussent également fixé par écrit à qui les enfants seraient confiés pendant l'instance ou après le divorce, dans quelle maison la femme devrait se retirer pendant les épreuves, et quel serait le montant de la pensionalimentaire que le mari aurait à lui fournir pendant ce temps.

Ces conditions remplies, les parties se présentaient ensemble devant le président du tribunal, assistées de deux notaires, et lui déclaraient leur volonté. Le président leur adressait des représentations, et, si elles persistaient dans leur résolution, il leur en donnait acte.

Alors commençait le temps d'épreuves qui durait une année. Durant ce laps de temps, les époux devaient renouveler plusieurs fois leur déclaration relativement au divorce, en fournissant chaque fois la preuve du consentement des ascendants. Quinze jours avant l'expiration de l'année d'épreuves, les époux assistés chacun de deux amis, personnes notables, âgées de cinquante ans au moins, se présentaient ensemble et en personne devant le président du tribunal et requéraient l'admission du divorce.

Ensuite, le tribunal statuait en la chambre du conseil. S'il reconnaissait que les conditions requises avaient été remplies, il admettait le divorce et renvoyait les parties devant l'officier de l'état civil pour le faire prononcer. Dans le cas contraire, il déclarait qu'il n'y avait pas lieu au divorce.

L'appel ne pouvait être formé que par les deux parties en même temps et par actes séparés.

Quels étaient les effets du divorce ?

Il faut distinguer si le divorce avait été prononcé pour des causes déterminées ou par consentement mutuel.

Si le divorce avait été prononcé pour des causes déterminées, la femme divorcée ne pouvait se remarier que dix mois après. — S'il avait été prononcé pour cause d'adultère, l'époux qui s'en était rendu coupable ne pouvait jamais se marier avec son complice; la femme adultère était en outre condamnée à un emprisonnement. — Enfin l'époux contre lequel le divorce avait été prononcé perdait tous les avantages qui lui avaient été faits par son conjoint.

Les enfants étaient ordinairement confiés à l'époux qui avait obtenu le divorce.

15

Si le divorce avait été admis par consentement mutuel, les deux époux ne pouvaient se remarier avant trois ans. — En outre, la moitié des biens de chacun d'eux était acquise de plein droit, du jour de leur première déclaration, aux enfants nés de leur mariage. Seulement les père et mère en conservaient la jouissance, à la condition de pourvoir à leur entretien et à leur éducation.

Pour quelque cause que le divorce eût été admis, les époux divorcés ne pouvaient plus se réunir.

MODIFICATIONS PROJETÉES AU SYSTÈME DU CODE.

Telles étaient les dispositions du Code. Le rapport sur le projet de loi relatif au rétablissement du divorce, présenté par M. Léon Renault à la Chambre des députés, à la date du 15 janvier 1880, conclut à les remettre en vigueur avec les modifications suivantes :

I. L'article 231 du Code civil est ainsi modifié : les époux pourront réciproquement demander le divorce pour excès, sévices et injures graves de l'un envers l'autre, ainsi qu'à raison de la condamnation de l'un d'eux à une peine simplement correctionnelle: pour vol, escroquerie, abus de confiance, outrage public à la pudeur.

II. L'article 232 est ainsi modifié : La condamnation de l'un des époux à une peine infamante autre que le bannissement et la dégradation civique prononcés pour cause politique, sera pour l'autre époux une cause de divorce. — L'absence sans nouvelles d'un époux pendant cinq ans sera pour l'autre époux une cause de divorce.

III. L'article 238 du Code civil est ainsi modifié : Le juge ordonnera au bas de son procès-verbal que les parties comparaîtront en personne devant lui au jour et à l'heure qu'il indiquera, et que chacune d'elles devra convoquer pour assister à cette comparution ses trois plus proches parents ou alliés dans les termes des articles 407 et suivants. A cet effet, copie de son ordonnance sera par lui adressée à la partie contre laquelle le divorce est demandé.

IV. L'article 239 est ainsi modifié : Au jour indiqué, le juge, assisté des six plus proches parents ou alliés des époux, fera à ceux-ci les représentations qu'il croira propres à provoquer un rapprochement ; s'il ne peut y parvenir, il en dressera procès-verbal et ordonnera la communication de la demande et des pièces au ministère public et le référé du tout au tribunal.

V. L'article 277 du Code civil, qui dispose que le divorce par consentement mutuel ne pourra plus être admis après vingt ans de mariage, ni lorsque la femme aura quarante-cinq ans, est abrogé.

VI. L'article 295 du Code civil est ainsi modifié : Les époux qui divorceront pour quelque cause que ce soit ne pourront plus se réunir, si l'un ou l'autre a, postérieurement au divorce, contracté un nouveau mariage. Au cas de réunion des époux, une nouvelle célébration du mariage sera toujours nécessaire. Les époux ne pourront adopter de conventions matrimoniales autres que celles qui réglaient originairement leur union. Après la réunion des époux, il ne sera reçu de leur part aucune nouvelle demande de divorce pour quelque cause que ce soit, autre que celle d'une condamnation à une peine infamante prononcée contre l'un d'eux depuis leur réunion.

VII. Une disposition transitoire autorise les époux déjà séparés de corps à faire convertir leur séparation en divorce. Toutefois l'époux contre lequel la séparation aura été prononcée ne sera pas admis à réclamer le bénéfice de cette conversion.

Ce projet de loi n'a pas encore été voté par le Sénat, il constitue d'ailleurs une de ces fantaisies législatives qui peuvent être abandonnées sans inconvénient.

CHAPITRE CINQUIÈME

DE LA SÉPARATION DE CORPS.

Articles 306 à 311.

Qu'est-ce que la séparation de corps ?

La séparation de corps consiste dans la faculté accordée par la justice à chaque époux d'avoir un domicile distinct et séparé.

Elle diffère du divorce en ce qu'elle laisse subsister l'union conjugale, avec tous les devoirs qui l'accompagnent, à l'exception de ceux qui tiennent à la cohabitation, tandis que le divorce dissout le mariage et anéantit tous les devoirs des époux l'un envers l'autre.

Quelles sont les causes de séparation de corps ?

Les causes de séparation du corps, qui étaient également des causes de divorce, sont :

1° L'adultère ;

2° Les excès, sévices ou injures graves ;

3° La condamnation de l'un des époux à une peine infamante.

On entend par *excès*, les violences qui mettent la vie de la personne en danger ; par *sévices*, les mauvais traitements, souvent répétés, qui, sans mettre la vie en danger, rendent par leur continuité la vie commune insupportable ; par *injures graves*, les actes ou les propos qui portent une grave atteinte à l'honneur ou à la considération. Au reste, les tribunaux ont une pleine liberté d'appréciation à cet égard (1).

Pour le divorce, on admettait encore une quatrième cause, qui était le consentement mutuel des époux, lorsqu'il avait été manifesté et renouvelé plusieurs fois de la manière prescrite par la loi. — Cette cause de divorce n'a pas été étendue à la séparation de corps : si les deux époux veulent se séparer, ils n'ont pas besoin de recourir à une instance judiciaire ; rien ne les empêche de le faire amiablement. (Art. 229, 230, 231, 232, 236, 306, 207.)

L'adultère est-il, dans tous les cas, une cause de séparation de corps ?

Il faut distinguer:

L'adultère de la femme est dans tous les cas une cause de séparation de corps, en quelque lieu et de quelque manière qu'il soit commis.

Mais l'adultère du mari n'est, au contraire, une cause de sépa-

(1) La plainte en adultère déposée par le mari ne constitue pas une injure grave, lorsqu'elle a été motivée par des apparences fâcheuses et des imprudences commises par la femme. Paris, 13 juil. 1870. — Les excès, sévices ou injures graves peuvent être déclarés insuffisants, si l'époux auquel ils sont imputés était en proie à une maladie qui influait sur son état moral. Tribunal Seine, 29 mars 1879.

ration de corps qu'autant qu'il a entretenu une concubine dans la maison conjugale, c'est-à-dire dans la maison qui est destinée à son habitation et à celle de sa femme. — Lorsqu'il a eu lieu hors de la maison commune, il n'est répréhensible qu'aux yeux de la morale, à moins qu'il ne soit accompagné de circonstances qui lui donnent un caractère injurieux pour l'épouse délaissée. Mais alors ce serait l'injure ressentie, et non pas l'adultère, qui deviendrait une cause de séparation. (Art. 230.

L'adultère de la femme n'est-il pas puni plus sévèrement que celui du mari ?

Oui; l'adultère de la femme est puni plus sévèrement que celui du mari, car il a des conséquences plus graves, puisqu'il introduit dans la famille des enfants étrangers.

La femme convaincue d'adultère est punie d'un emprisonnement de trois mois à deux ans; tandis que le mari qui a entretenu une concubine dans la maison conjugale est seulement passible d'une amende de cent à deux mille francs. (C. p., art. 339. — C. civil, art. 298, 308.)

Le ministère public peut-il poursuivre d'office l'adultère de la femme ?

Non. — Il y a ici une dérogation remarquable au droit commun, qui investit le ministère public d'un pouvoir souverain pour la répression des délits. En cas d'adultère de la femme, il ne peut agir que sur la plainte du mari.

A la suite de la condamnation correctionnelle encourue par la femme pour cause d'adultère, le mari peut faire prononcer la séparation de corps par les tribunaux civils. — La loi lui accorde même la faculté d'agir d'une façon plus expéditive : il peut intenter immédiatement l'action en séparation devant les tribunaux civils, sans avoir fait condamner préalablement sa femme par la juridiction correctionnelle. Dans ce cas, par exception aux règles habituelles de la procédure, le juge qui prononcera la séparation de corps pourra en même temps condamner la femme à un emprisonnement.

En outre, l'article 309 autorise le mari à arrêter l'effet de la condamnation, en consentant à reprendre sa femme (1).

En résumé, la répression de l'adultère de la femme donne lieu

(1) Le pardon accordé par le mari à sa femme, après que le jugement de condamnation est devenu définitif à l'égard de celle-ci, ne profite pas au com-

à trois exceptions : — 1° Le ministère public ne peut agir que
sur la plainte du mari; — 2° les tribunaux jugeant au civil sur
la question de séparation peuvent prononcer une condamnation
correctionnelle; — 3° le mari a le droit d'arrêter l'effet de la condamnation en consentant à reprendre sa femme. (Art. 308, 309.)

**Quelles sont les fins de non-recevoir qui peuvent être op-
posées à une demande en séparation de corps ?**

On appelle *fin de non-recevoir* un moyen de défense qui consiste
à opposer à une demande en justice certains faits de nature à
l'empêcher de produire son effet. — Les fins de non-recevoir
qu'on peut opposer à une demande en séparation de corps sont
les mêmes que celles qui pouvaient être opposées à la demande
en divorce. — Ce sont :

1° La réconciliation des époux, survenue depuis les faits qui
ont donné lieu à la demande en séparation ou depuis la demande
elle-même;

2° La réciprocité des torts dans certains cas;

3° L'abandon fait par la femme demanderesse du domicile
provisoire qui lui a été assigné pendant le procès (1);

4° La mort de l'un des époux. (Art. 272, 274.)

**La réconciliation produit-elle son effet lorsqu'il est survenu
de nouvelles causes de séparation de corps ?**

Non; la réconciliation cesse de produire son effet lorsqu'il est
survenu de nouveaux faits depuis qu'elle a eu lieu, et que ces faits
sont eux-mêmes de nature à motiver une demande en séparation.
Dans ce cas, les faits antérieurs reparaissent comme s'ils n'avaient
a mais été pardonnés.

Au reste, il ne suffirait pas d'invoquer un rapprochement passager et accidentel entre les époux. Pour que la réconciliation
ait son effet, pour qu'on puisse l'opposer comme une fin de non-
recevoir à la demande en séparation, il faut qu'elle soit pleine et
entière, et qu'elle établisse avec certitude la renonciation de
l'époux outragé à son action. Or, un rapprochement passager et
accidentel n'aurait pas cette portée.

plice qui a fait appel. Nîmes, 27 nov. 1879. Cass., 29 avril 1854. — *Contrà*,
Angers, 26 mai 1851.

(1) Toutefois le mari ne peut faire déclarer sa femme non recevable dans sa
demande en séparation, lorsque celle-ci n'a quitté sa résidence que par nécessité, faute de pouvoir payer son loyer. Paris, 15 janvier 1879.

L'ancienneté de l'outrage ne constitue pas une fin de non-recevoir à la demande en séparation de corps qui serait formée. Effectivement, ou bien l'outrage qui remonte à plusieurs années a été effacé par la réconciliation, ou bien il s'est perpétué. Dans ce dernier cas, le temps, bien loin de l'affaiblir, n'a fait qu'en augmenter la gravité. (Art. 273.)

Dans quels cas la réciprocité des torts est-elle une fin de non-recevoir ?

Si la réciprocité consiste dans des excès, sévices ou injures graves dont chacun des époux est également en droit de se plaindre, on ne peut pas l'opposer comme une fin de non-recevoir à la demande en séparation qui serait formée par l'un d'eux. Effectivement, la réciprocité des torts ne fait ici qu'augmenter les inconvénients de la vie commune.

La même solution est applicable lorsque les deux époux se sont rendus coupables d'adultère. — Il est vrai que l'article 336 du Code pénal retire au mari le droit de demander la condamnation de sa femme à un emprisonnement pour cause d'adultère, lorsqu'il a lui-même entretenu une concubine dans la maison conjugale; mais le droit de demander l'application d'une peine est bien distinct de celui de former une action civile en séparation.

Par contre, lorsque les deux époux ont été également condamnés à des peines afflictives ou infamantes, la réciprocité des torts constituera évidemment une fin de non-recevoir à la demande en séparation. — Effectivement, la réciprocité des condamnations encourues empêche que l'un des époux puisse regarder la vie commune comme insupportable à raison de la déchéance morale de son conjoint (1).

Quel est l'effet de l'abandon du domicile provisoire assigné à la femme demanderesse ?

Aux termes de l'article 269, le mari était autorisé à faire déclarer non recevable la demande en divorce portée par la femme, lorsque celle-ci avait abandonné le domicile provisoire qui lui avait été assigné par le juge pour toute la durée de l'instance. Cette disposition est évidemment restée applicable à la sépara-

_____

(1) Il s'agit ici de la condamnation prononcée postérieurement au mariage. Marcadé, I, n° 762. — Toutefois, M. Demolombe (IV, 392) admet que la condamnation antérieure au mariage constitue une injure grave.

tion de corps. Mais il faut remarquer que la non-recevabilité de l'action ne résulte pas nécessairement de l'abandon du domicile. La loi dit seulement que la demande *pourra* être déclarée non recevable; ce qui laisse aux juges un plein pouvoir d'appréciation.

Pourquoi la mort de l'un des époux est-elle une fin de non-recevoir ?

La séparation de corps fait perdre à celui des époux contre lequel elle a été prononcée les avantages qu'il s'était réservé par son contrat de mariage. Elle n'est donc pas indifférente aux intérêts pécuniaires des époux. — Malgré cela, on n'admet pas, et avec raison, qu'elle puisse se continuer contre les héritiers de l'époux défendeur; car son but essentiel est la cessation de la cohabitation, et ce n'est qu'accessoirement qu'elle touche à des intérêts pécuniaires.

Comment se forme la demande en séparation de corps ?

Le demande en séparation de corps se forme au moyen d'une requête adressée au président du tribunal civil du lieu où se trouve le domicile des parties. — A la suite de cette requête, les deux époux sont invités à comparaître, seuls à seuls, devant lui, afin de se réconcilier, s'il est possible.

Si la réconciliation n'a pas eu lieu, la demande est portée devant le tribunal civil pour y être jugée en la forme ordinaire. — Un premier jugement autorise la femme à se retirer provisoirement du domicile commun. Un second jugement lui alloue, s'il est nécessaire, une pension alimentaire. — Si elle est commune en biens, elle peut dès ce moment faire apposer les scellés sur les meubles de la communauté. En outre, toute obligation contractée par le mari, toute aliénation faite par lui sur des biens de communauté peut être annulée, comme faite en fraude de ses droits.

Ensuite, le tribunal décide s'il y a lieu d'ordonner une enquête relativement aux faits qui ont été articulés dans la requête; puis il rend un jugement définitif, après avoir entendu le ministère public en ses conclusions.

Comme la séparation de corps ne peut pas résulter du consentement mutuel des époux, on ne recevra pas dans l'enquête leurs aveux ou leurs témoignages. Mais on entendra leurs parents, à l'exception de leurs ascendants, et leurs domestiques.

Pendant l'instance, le tribunal confiera la garde des enfants au mari, à moins qu'il n'y ait des inconvénients graves.

Si les faits allégués sont de nature à motiver des poursuites criminelles, l'instance en séparation restera suspendue jusqu'à l'arrêt de la Cour d'assises. (Art. 234, 235, 251, 267, 268, 271, 307, C. civ. — 875, 878, C. pr. c.)

Quels sont les effets de la séparation de corps ?

Les effets de la séparation de corps consistent :

1° A faire cesser pour le mari l'obligation de recevoir sa femme, et pour celle-ci l'obligation de suivre son mari. — Quant aux enfants mineurs, la garde en est ordinairement confiée à l'époux qui a gagné le procès. — Mais les deux époux conservent le droit de veiller à leur entretien et à leur éducation, et ils restent tenus d'y contribuer en proportion de leurs facultés (1).

2° A donner lieu au désaveu du mari relativement aux enfants qui ont été conçus depuis que la femme a été autorisée à habiter un domicile séparé.

3° A entraîner la séparation de biens, à la suite de laquelle la femme pourra administrer ses biens et jouir de ses revenus.

4° A faire perdre à l'époux contre lequel elle est prononcée tous les avantages qu'il s'était réservé par son contrat de mariage, ainsi que toutes les libéralités qui lui avaient été faites par son conjoint pendant le mariage. — Si la séparation était prononcée pour torts réciproques, chacun des époux perdrait de son côté les avantages qui lui ont été accordés. Au reste, malgré la séparation, les époux peuvent se devoir une pension alimentaire. (Art. 299, 300, 301, 302, 303, 311.)

La séparation de corps peut-elle cesser ?

Oui ; la séparation de corps peut cesser par le consentement réciproque des époux. — Mais, suivant l'article 1451, la communauté ne pourra être rétablie que par un acte passé devant notaire, lequel devra être rendu public comme la séparation de biens elle-même, afin de faire connaître aux tiers le rétablissement de l'incapacité de la femme par rapport à l'administration de ses biens. — Dans ce cas, il faudra rétablir également avec

(1) Au reste, en prescrivant les mesures qu'ils jugent utiles pour la garde des enfants dans les circonstances actuelles, les juges peuvent se réserver de statuer plus tard sur ce dernier point et pour l'époque où les enfants auront atteint un certain âge. Cass., 18 mars 1868.

l'ancien régime matrimonial les avantages faits par le contrat de mariage et révoqués de plein droit par suite de la séparation; car ces avantages se liaient intimement aux autres clauses du contrat.

Avant la loi du 2 mai 1816, lorsque la séparation, prononcée pour toute autre cause que l'adultère de la femme, avait duré trois ans, l'époux contre lequel elle avait été prononcée pouvait obtenir le divorce si son conjoint ne consentait pas à la faire immédiatement cesser (1). (Art. 310.)

(1) Les imperfections qu'on a souvent signalées dans la séparation de corps doivent-elles faire admettre le divorce? Nous ne le pensons pas. Nous croyons que le lien du mariage est en lui-même et dans son essence aussi indestructible que le lien de paternité et de filiation. Mais on pouvait, à notre avis, rendre la séparation de corps plus complète : autoriser la femme séparée à disposer de son patrimoine sans avoir besoin de l'autorisation de son mari; lui enlever le droit de compromettre le nom de son mari, en l'obligeant à reprendre son nom de fille, etc.

Le divorce serait une excitation de plus pour le mari qui espérera de voir dénouer le lien qui lui pèse. La femme aura donc à souffrir singulièrement du rétablissement du divorce. Les bons ménages eux-mêmes seront troublés profondément ; le divorce y introduira l'inquiétude; la femme qui se verra vieillir envisagera l'avenir avec effroi. Quelle sera la situation des enfants? Avec la séparation ils conservent leurs parents; avec le divorce ils trouveront de nouveaux ménages de chaque côté.

LIVRE I, TITRE VII

De la paternité et de la filiation.

DÉCRÉTÉ LE 23 MARS 1803. — PROMULGUÉ LE 2 AVRIL.

On entend par *filiation* le lien qui unit les enfants à leurs père
mère. L'expression de *paternité* exprime la même idée, mais
en considérant ce lien par rapport aux parents.

Notre titre comprend trois chapitres, qui traitent :

CHAP. I. — De la filiation des enfants légitimes.
CHAP. II. — Des preuves de la filiation légitime.
CHAP. III. — Des enfants naturels.

CHAPITRE PREMIER

DE LA FILIATION DES ENFANTS LÉGITIMES.

Articles 312 à 318.

Quelles sont les différentes sortes de filiations ?

La filiation d'un enfant peut être légitime, légitimée, naturelle,
adultérine, incestueuse ou adoptive.

Elle est *légitime*, lorsque l'enfant est né de deux personnes qui
étaient unies par le mariage.

Elle est *légitimée*, lorsqu'il est né de deux personnes qui n'étaient
pas mariées au moment de sa conception, mais qui se sont mariées plus tard.

Elle est *naturelle*, lorsqu'il est né de deux personnes qui ne
sont pas mariées ensemble.

Elle est *adultérine*, lorsqu'il est né de parents mariés avec
une autre personne ; et *incestueuse* lorsqu'il est né de personnes qui étaient parentes entre elles.

Enfin elle est *adoptive*, lorsqu'il n'existe qu'une parenté civile
entre l'enfant et ses père et mère.

Quels sont les enfants qui peuvent prétendre à la qualité d'enfants légitimes ?

Peuvent prétendre à la qualité d'enfants légitimes :

1° Les enfants qui ont été conçus et qui sont nés pendant le mariage.

2° Les enfants qui sont nés pendant le mariage, mais qui ont été conçus avant qu'il ait été contracté. — Seulement, la légitimité ne leur est accordée que par faveur et avec l'assentiment du mari.

3° Les enfants qui ont été conçus pendant le mariage, mais qui sont nés après sa dissolution.

Que doit prouver l'enfant qui veut établir sa filiation légitime ?

L'enfant qui veut établir sa filiation légitime doit prouver les quatre faits suivants : 1° que sa prétendue mère a été mariée; 2° qu'elle a accouché; 3° qu'il est l'enfant dont elle a accouché; 4° qu'il est issu des œuvres du mari.

Le premier fait à prouver, c'est le mariage de la mère. — En effet, comme on admet pour la filiation légitime l'emploi de certaines preuves qu'on n'admet pas aussi facilement pour la filiation naturelle, il importe de savoir de suite quelle est la nature de la filiation recherchée par l'enfant.

Le mariage de sa mère une fois établi, l'enfant se rattachera à elle en prouvant qu'elle a accouché et qu'il est l'enfant dont elle a accouché. — Nous verrons dans le chapitre suivant comment il fera la preuve de ces faits. Pour nous conformer à l'ordre suivi par le Code, nous les supposerons établis, et nous examinerons ce qu'il reste à faire à l'enfant pour démontrer qu'il est issu des œuvres du mari.

Comment l'enfant prouvera-t-il qu'il est issu des œuvres du mari ?

Après avoir établi que sa prétendue mère a été mariée, qu'elle a accouché et qu'il est l'enfant dont elle a accouché, l'enfant prouvera qu'il est issu des œuvres du mari, en démontrant : 1° qu'il a été conçu pendant le mariage ; 2° que le mari est l'auteur de la conception.

Comment lui sera-t-il possible de faire cette double preuve ? Comment pourra-t-il établir le moment de la conception, et comment pourra-t-il démontrer qu'elle est l'œuvre de telle personne

ésignée. Si la maternité se manifeste avec certitude, ne sait-on
as que la paternité est, au contraire, enveloppée d'un mystère
impénétrable ? La loi a prévu cette difficulté : elle vient au se-
ours de l'enfant en lui fournissant, à défaut de preuves directes
t sensibles, deux présomptions qui en tiennent lieu. Au moyen
e la première, il peut déterminer l'époque de la conception ; au
oyen de la seconde, il peut démontrer quel en est l'auteur.

Comment la loi détermine-t-elle l'époque de la conception ?
D'après une observation constante des médecins, la durée de
grossesse est de 180 jours au moins et de 300 jours au plus.
conséquence, la conception est réputée avoir lieu dans l'in-
rvalle de 120 jours qui existe entre la plus longue et la plus
ourte gestation (1).

L'enfant veut-il connaître l'époque de sa conception, il n'a qu'à
endre le moment de sa naissance, puis à remonter en arrière
squ'à 180 jours. C'est alors que commence la période légale de
onception : elle se continue, en remontant toujours en arrière,
squ'à ce qu'on arrive au trois centième jour avant la naissance.
lle se termine alors, après avoir duré pendant l'intervalle de
0 jours, compris entre les 180 et les 300 jours qui ont précédé
naissance. C'est durant cet intervalle que l'enfant a dû être
onçu.

Une fois la période de conception établie, il est facile à
enfant de prouver que la conception a eu lieu pendant le ma-
ge. Pour cela, il lui suffit de représenter l'acte de célébration
mariage et de le placer en regard de son acte de naissance.
Au moyen de la comparaison de ces deux pièces, il établira :
qu'il est né tel jour, et par suite qu'il a dû être conçu durant
lle période antérieure ; 2° qu'à un moment quelconque de cette
riode le mariage existait.

Cela fait, l'enfant aura recours à la seconde présomption, afin
établir quel est l'auteur de sa conception (2). (Art. 312.)

Comment la loi détermine-t-elle l'auteur de la conception ?
Pour déterminer quel est l'auteur de la conception, la loi a pris

(1) Dans le calendrier républicain, sous lequel le Code a été fait, ces chiffres
ondaient à ceux de six mois et de dix mois, chaque mois étant alors de
ante jours.
(2) Jugé que le délai de trois cents jours doit se compter *de die ad diem*, c'est-
dire par durée de vingt-quatre heures, de minuit à minuit, et non *de mo-
ento ad momentum*. Cass., 8 fév. 1869.

un fait probable, et elle lui a attribué toute la force probante
d'une preuve directe. — Ainsi, elle s'est fondée sur la cohabitation des époux et sur la fidélité probable de la femme, pour en
conclure que l'enfant dont la conception se place pendant le
cours du mariage a pour père le mari. C'est ce qu'exprimait
l'ancienne maxime *Pater is est quem nuptiœ demonstrant*. L'enfant
n'a qu'à l'invoquer pour établir sa filiation légitime.

Ainsi donc, l'enfant qui a établi sa filiation par rapport à
sa mère, peut l'établir également par rapport à son père au
moyen de deux présomptions légales, qui lui serviront à démon-
ter : 1° qu'il a été conçu pendant le cours du mariage de sa prétendue mère ; 2° qu'il a pour père le mari. Et si l'on rapproche
ces deux présomptions l'une de l'autre, on trouve les conséquences suivantes :

1° Lorsque le mariage existe depuis plus de 180 jours, l'enfant
qui survient est réputé conçu et né durant le mariage, et il a
pour père le mari.

2° S'il n'y a pas encore 180 jours que le mariage existe, l'enfant qui survient est réputé conçu avant le mariage. — Toutefois, si le mari ne soulève pas de réclamations, la loi considère
l'enfant comme légitime.

3° Enfin, si le mariage a cessé d'exister depuis moins de 300
jours, l'enfant qui survient est réputé conçu dans le mariage, et
par suite il a pour père le mari.

Voyons maintenant dans quelles circonstances et de quelle
manière on peut attaquer l'état des enfants prétendus légitimes ;
comment, en d'autres termes, on peut contester l'état des personnes.

**Quelles sont les actions au moyen desquelles on peut con-
tester l'état des personnes ?**

Les actions au moyen desquelles on peut contester l'état des
personnes portent le nom générique d'actions *en contestation*
d'état.

Ces actions sont de trois sortes : il y a l'action en désaveu, l'action en contestation de légitimité et l'action en contestation d'état
proprement dite.

L'action en *désaveu* est celle par laquelle le mari agit lui-
même pour repousser la paternité d'un enfant qui est né durant
le mariage, en prouvant que la présomption *is est pater* se trouve

inapplicable à son égard par suite d'une circonstance exceptionnelle.

L'action en *contestation de légitimité* est celle par laquelle les personnes intéressées autres que le mari attaquent la légitimité de l'enfant qui est né après le mariage, en prouvant qu'il n'a été ni conçu ni enfanté pendant le mariage.

L'action en *contestation d'état proprement dite* est celle par laquelle les personnes intéressées contestent, soit l'accouchement de la mère, soit l'identité de l'enfant.

Les deux premières actions supposent établis l'accouchement de la mère et l'identité de l'enfant : elles ont rapport à la présomption *pater is est.* Dans la première, on reconnaît que l'enfant est placé dans les conditions où elle s'applique ordinairement, mais on veut la faire tomber en raison d'une circonstance particulière ; dans la seconde, on soutient que l'enfant n'est pas dans les conditions voulues pour l'invoquer, c'est-à-dire qu'il n'a été conçu qu'après la dissolution du mariage. — Quant à l'action en contestation d'état, comme elle sert à contester la filiation par rapport à la mère, nous nous en occuperons dans le chapitre suivant qui a trait à cette filiation.

Revenons à l'action en désaveu.

En supposant établis la filiation par rapport à la mère et le mariage de celle-ci, la présomption de paternité du mari repose, avons-nous dit, sur deux faits : la cohabitation des époux, la fidélité probable de la femme. Par conséquent, cette présomption tombe, ou perd tout au moins une grande partie de sa force, lorsque le mari prouve qu'il n'a pas, en fait, cohabité avec sa femme, ou que celle-ci ne lui a pas gardé la fidélité promise.

Toutefois comme il importe extrêmement à l'ordre public et à l'intérêt général de la société que l'organisation de la famille ait un caractère de fixité, le législateur n'a pas autorisé d'une manière générale l'exercice de l'action en désaveu. — Au contraire, il a limité rigoureusement les cas où le mari pourrait en faire emploi et les moyens de preuve qu'il est autorisé à fournir.

Quels sont les cas de l'action en désaveu ?

L'action en désaveu ne peut avoir lieu que dans les quatre cas suivants :

1° Lorsqu'il a existé entre les époux une impossibilité physique de cohabitation pendant l'époque légale de la conception, par suite de l'éloignement où.ils se sont trouvés l'un de l'autre ou de l'impuissance accidentelle du mari.

2° Lorsque la femme a commis un adultère et a caché à son mari la naissance de l'enfant.

3° Lorsque l'enfant a été conçu pendant l'instance en sépara-tion de corps, ou après la séparation prononcée.

4° Lorsque l'enfant est né avant qu'il se soit écoulé plus de 180 jours depuis la célébration du mariage. (Art. 312, 313, 314.)

Que doit prouver le mari dans le premier cas de l'action en désaveu ?

Dans le premier cas de l'action en désaveu, le mari doit prou-ver qu'il y a eu impossibilité physique de cohabitation, et, de plus, il ne peut établir l'existence de cette impossibilité qu'en se fondant sur deux moyens : sur l'éloignement qui l'a tenu séparé de sa femme pendant toute la durée de la période légale de con-ception, ou sur son impuissance survenue accidentellement de-puis le mariage.

Le Code ne détermine pas quelles sont les conditions qui doi-vent faire considérer l'éloignement comme suffisant, ni quelle doit être la nature de l'impuissance. Ce sera aux juges à appré-cier si ces deux faits ont eu assez de gravité pour rendre impos-sible toute cohabitation entre les époux à un moment quelcon-que de la période légale de conception. — Mais il importe de remarquer que le mari n'est pas autorisé à invoquer son im-puissance naturelle, dont la preuve serait à la fois scandaleuse et incertaine. Il faut que l'impossibilité d'engendrer provienne soit de lésions, soit de vices de conformation extérieurs et ap-parents (1). (Art. 312.)

Que doit prouver le mari dans le second cas de l'action en désaveu ?

Dans le second cas de l'action en désaveu, le mari doit établir l'impossibilité morale de la cohabitation, et, pour cela, il doit faire deux séries de preuves bien distinctes.

En premier lieu, il prouvera deux faits, qui n'ont, aux yeux

(1) L'incarcération de l'un des époux peut être assimilée à un cas d'impossi-bilité physique de cohabitation entre eux ponr cause d'éloignement. Paris, 5 mars 1853. — Montpellier, 24 déc. 1857,

de la loi, aucune force probante l'un sans l'autre, savoir : que la femme s'est rendue coupable d'adultère, et qu'elle lui a caché la naissance de l'enfant. — Le seul fait de l'adultère serait un élément de preuve insuffisant, car l'enfant pourrait néanmoins avoir été conçu des œuvres du mari. Le fait du recel, sans la circonstance de l'adultère, n'aurait également qu'une portée insuffisante. Ainsi, il est nécessaire de prouver le concours de ces deux faits.

Mais ce n'est pas tout : aux yeux du législateur, le concours de l'adultère de la femme et du recel de l'enfant ne suffit pas à établir la non-paternité du mari. Il affaiblit la présomption *pater is est*, mais il ne la détruit pas entièrement. Seulement alors, le mari est admis à la combattre par toutes sortes de moyens ; ce qu'il n'aurait pas pu faire si ces deux faits ne venaient pas à l'appui de sa réclamation. — A cet effet, il pourra invoquer, soit la mésintelligence notoire dans laquelle il vivait avec son épouse, soit la mauvaise conduite de celle-ci, soit les infirmités qui l'ont éloigné d'elle, soit toute autre circonstance tendant à établir une impossibilité morale de cohabitation (1). (Art. 313.)

Que doit prouver le mari dans le troisième cas de l'action en désaveu ?

Dans le troisième cas de l'action en désaveu, le mari doit établir l'improbabilité de la cohabitation, en prouvant que l'enfant a été conçu pendant l'instance en séparation de corps, après que la femme a été autorisée à habiter un domicile séparé, ou bien qu'il a été conçu après que la séparation a été prononcée et pendant qu'elle durait encore.

Pour faire cette preuve, il aura recours à la présomption relative à la période de conception : il démontrera que, pendant toute la durée de cette période, il était légalement séparé de sa femme. Si celle-ci prétend avoir eu néanmoins des rapports de cohabitation avec lui pendant cette période, elle sera tenue d'en fournir la preuve.

Ce cas de désaveu n'existait pas dans le Code : il a été intro-

---

(1) Le rapport au Corps législatif s'exprimait ainsi : « Le projet de loi n'admet l'impossibilité morale... que sous trois conditions formelles : il faut que l'adultère soit constant..., il faut que la femme ait caché la naissance à son mari....; et ces deux conditions remplies, il faut encore que le mari présente à preuve des faits propres à justifier, etc. » (Fenet, t. X, p. 217.)

16

duit par la loi du 15 septembre 1850, sur l'initiative de M. Demante. D'après le projet de M. Demante, la séparation de corps,
ou la séparation légale résultant de l'ordonnance du président
n'était pas une cause de désaveu péremptoire ; elle conférait
seulement au mari le droit d'être admis à proposer tous les
moyens propres à justifier qu'il n'était pas le père de l'enfant.
Un amendement, proposé par M. Valette et accepté par M. Demante, lui attribua ce caractère de désaveu péremptoire. C'est
ce qu'indique la nouvelle rédaction, qui autorise le mari à désavouer l'enfant purement et simplement, sans l'astreindre à
justifier par d'autres moyens qu'il n'est pas le père de l'enfant.

**Que doit prouver le mari dans le quatrième cas de l'action
en désaveu ?**

A la différence des cas précédents de désaveu qui s'appliquent
aux enfants qui ont été conçus et qui sont nés durant le mariage,
le quatrième cas de désaveu se réfère aux enfants qui ont été
conçus avant le mariage et qui sont seulement nés depuis sa
formation.

Dans cette hypothèse, le mari n'a qu'une chose à prouver,
savoir : que la conception de l'enfant est antérieure au mariage.

Pour faire cette preuve, il établira que le mariage n'a pas
encore 180 jours d'existence; ce qui fera remonter la conception au temps qui l'a précédé. — Cette preuve faite, il lui suffira
de déclarer qu'il entend répudier la paternité ; car si les enfants qui ont été conçus avant le mariage peuvent être considérés comme légitimes, ce n'est que par faveur et seulement si
le mari ne les désavoue pas.

Au reste, dans ce cas de désaveu, le mari perd le droit de désavouer l'enfant conçu avant le mariage :

1° Lorsqu'il a connu, avant le mariage, la grossesse de la femme.
— Effectivement, s'il consent néanmoins à se marier avec elle,
on présume qu'il reconnaît l'enfant comme étant né de ses œuvres et qu'il veut le légitimer (1).

(1) Il faut que cette connaissance soit certaine et démontrée. Amiens, 1er mars
1879.
L'enfant conçu antérieurement au mariage n'est pas réputé légitime, même
en l'absence de tout désaveu de la part du mari, si le rapprochement des
dates de la conception et de la naissance établit que cet enfant est né d'un
commerce adultérin. Cass., 28 juin 1869 ; Lyon, 6 avril 1870.

2° Lorsqu'il a signé l'acte de naissance de l'enfant, ou que cet acte contient la mention qu'il ne sait pas signer, le tout sans protestations ni réserves. Effectivement, il y a dans ce fait même, une reconnaissance tacite de paternité. — Mais il en serait différemment si le mari s'était borné à déclarer la naissance de l'enfant, sans intervenir dans l'acte. Dans ce cas, comme il n'a agi que pour obéir aux prescriptions de la loi qui le considère jusqu'à preuve contraire comme le père du nouveau-né, il conserve l'intégrité de son droit.

3° Lorsque l'enfant a été déclaré non viable par les médecins. — Effectivement, le père n'a plus alors aucun intérêt à le désavouer.

On voit dans quelles limites restreintes le mari peut désavouer les enfants qui sont survenus pendant le mariage. — Examinons maintenant dans quels cas et sous quelles conditions les intéressés autres que le mari peuvent contester l'état des enfants qui sont nés après sa dissolution, en d'autres termes, dans quel cas on peut exercer l'action en contestation de légitimité. (Art. 314.)

Dans quel cas peut-on exercer l'action en contestation de légitimité ?

L'action en contestation de légitimité peut être exercée par les personnes intéressées, contre les enfants qui sont nés après la dissolution du mariage, lorsque leur naissance a eu lieu plus de 300 jours après la mort du mari. — L'enfant qui se trouve dans ce cas ayant été conçu et étant né en dehors du mariage, ne peut pas invoquer la présomption *is est pater quem nuptiæ demonstrant*. Il n'est donc pas nécessaire de former contre lui un désaveu. — Toutefois, comme la loi, par une faveur spéciale, veut bien le regarder comme légitime tant que cela ne nuit à personne, il faut que ceux qui ont intérêt à lui contester cette qualité fassent leur réclamation. Ils la feront au moyen de l'action en contestation de légitimité : pour triompher, il leur suffira de prouver par la comparaison de l'acte de décès du mari et de l'acte de naissance de l'enfant, que celui-ci est né plus de 300 jours après la dissolution du mariage. (Art. 315.)

Les tribunaux sont-ils tenus de prononcer l'illégitimité de l'enfant qui est né plus de trois cents jours après la mort du mari ?

A cet égard, il y a deux opinions.

Suivant une opinion enseignée par M. Bugnet à son cours, il
faut accorder aux juges un certain pouvoir d'appréciation, car
l'article 315 se borne à exprimer que la légitimité de l'enfant
pourra être contestée ; ce qui donne à entendre que les tribunaux auront la faculté de la maintenir, nonobstant la tardiveté
de sa naissance, lorsqu'on pourra démontrer que l'accouchement a été retardé par des circonstances extraordinaires.

Cette opinion est repoussée avec raison par la majorité des auteurs, notamment par MM. Valette, Demolombe, Marcadé. — On
répond : 1° Que ces expressions de l'article 315 « la légitimité de
l'enfant *pourra* être contestée », ne s'appliquent pas aux juges,
mais aux parents de l'enfant, qui peuvent, à leur gré, soulever la
contestation, ou laisser l'enfant en possession de sa qualité. 2°
Que la loi ayant établi un délai fixe après lequel la conception
est réputée avoir eu lieu postérieurement au mariage, on ne
peut invoquer aucun motif valable pour sortir de ce délai. —
On en conclut que les tribunaux sont obligés de prononcer l'illégitimité de l'enfant, dès qu'il est prouvé que sa naissance a eu
lieu plus de 300 jours après la dissolution du mariage.

**Par qui les actions en contestation de légitimité et en désa-
veu peuvent-elles être exercées ?**

L'action en contestation de légitimité peut être exercée par
toutes les personnes intéressées, c'est-à-dire par les héritiers du
mari, par ceux de la mère, et même par l'enfant. — Toutefois
celui-ci n'a intérêt à la former que dans des cas extrêmement
rares, par exemple pour repousser une demande en pension alimentaire formée par un ascendant.

Quant à l'action en désaveu, elle ne peut être exercée en principe que par le mari. S'il meurt sans avoir fait sa réclamation
dans les délais qui lui sont accordés par la loi, l'action se trouve
éteinte d'une manière complète à l'égard de tous. Mais s'il meurt
avant l'expiration de ces délais, ses héritiers peuvent exercer l'action en son lieu et place (1).

L'expression d'*héritiers* s'entend ici non seulement des héritiers légitimes, mais encore des légataires universels et à titre
universel et des successeurs irréguliers du mari. Mais il existe

_____

(1) Jugé que l'action en désaveu ne peut être exercée par le condamné
frappé d'interdiction, et que son tuteur a qualité pour intenter cette action.
Chambéry. 28 janvier 1862. — Pont, *Rev. de dr. fr. et étr.* 1845, t. II, p. 347.

entre le mari et ses héritiers une grande différence : le premier, en exerçant l'action, a surtout un intérêt moral à défendre ; il veut rejeter de sa famille un enfant qui lui est étranger. Les héritiers, eux, ont en vue un intérêt purement pécuniaire ; ils veulent empêcher l'enfant de recueillir à leur détriment toute la succession de son père. Il en résulte qu'ils ne peuvent plus intenter l'action en désaveu lorsqu'ils ont renoncé à l'hérédité. (Art. 315, 316, 317.)

Dans quel délai les actions en contestation de légitimité et en désaveu doivent-elles être exercées ?

L'action en contestation de légitimité peut être exercée à toute époque ; elle est imprescriptible.

L'action en désaveu, au contraire, ne peut être exercée que pendant un délai très limité. — Si c'est le mari qui agit, il doit former sa demande dans le mois de la naissance de l'enfant, s'il se trouvait sur les lieux lors de la naissance ; et, dans les deux mois de son retour ou de la découverte de la fraude, s'il était absent lors de la naissance ou si elle lui a été cachée. — Lorsque ce sont les héritiers du mari qui agissent, ils doivent former leur demande dans le délai de deux mois, à compter du moment où l'enfant a manifesté par des actes ses prétentions à la légitimité, par exemple en prenant possession des biens de son prétendu père ; sinon ils sont censés avoir renoncé à leur action. — Au reste, ils peuvent prendre les devants et ne pas attendre pour agir que l'enfant ait manifesté ses prétentions par des actes. (Art. 316, 317.)

La loi ne fournit-elle pas un moyen de prolonger le délai de l'action en désaveu ?

Oui; en considération de la brièveté du délai accordé pour l'action en désaveu, la loi permet au mari ou à ses héritiers de le prolonger d'un mois, pourvu qu'avant son expiration, le dernier jour par exemple, ils déclarent, dans un acte extrajudiciaire, qu'ils désavouent l'enfant. — Ils ont, à partir de cet acte, un nouveau délai d'un mois pour rassembler leurs preuves.

On entend par acte *extrajudiciaire*, tout acte contenant désaveu, passé en dehors de toute instance, et ayant date certaine avant l'expiration du délai. Ce sera, par exemple, un exploit d'huissier notifié à la mère, ou au tuteur ordinaire de l'enfant, s'il est autre que la mère. Si la mère est décédée, et si c'est le père qui intente l'action en désaveu contre l'enfant, dont il est lui-même le tuteur, il devra recourir à quelque autre moyen, par exemple à une déclaration devant notaires. (Art. 318.)

Contre qui sont intentées les actions en contestation de légitimité et en désaveu ?

L'action en contestation de légitimité est intentée contre l'enfant lui-même, et, s'il est mineur, contre son tuteur ordinaire.

L'action en désaveu est également intentée contre l'enfant, s'il est majeur. Dans le cas contraire, la loi veut qu'elle soit dirigée contre un tuteur *ad hoc*, nommé spécialement pour cette affaire, à l'exclusion du tuteur ordinaire, s'il y en a un. — Le tuteur *ad hoc* est ordinairement choisi par le conseil de famille formé selon les règles établies par les articles 406 et suivants du Code civil, car la loi n'a pas tracé de règles particulières pour le cas dont il s'agit. Mais il serait préférable que la nomination fût faite par le tribunal, car le conseil de famille étant composé de parents qui sont intéressés à ce que le désaveu soit prouvé, ne semble pas offrir des garanties suffisantes.

Bien que la mère ne soit pas partie dans l'instance, on doit l'y appeler, afin qu'elle puisse fournir des renseignements utiles.

Les actions en contestation de légitimité et en désaveu doivent être portées devant les tribunaux de première instance, qui ne prononceront qu'après avoir entendu le ministère public en ses conclusions — Les parties pourront se pourvoir en appel (1). (Art. 318.)

CHAPITRE DEUXIÈME

DES PREUVES DE LA FILIATION DES ENFANTS LÉGITIMES.

Articles 319 à 330.

Que doit prouver l'enfant qui veut établir sa filiation légitime ?

Nous avons supposé dans le chapitre précédent que l'enfant

(1) Le tuteur *ad hoc* qui doit être donné au mineur contre lequel est intentée une action en désaveu ne peut être nommé que par le conseil de famille. **Cass.**, 9 juillet 1879.

avait établi sa filiation légitime par rapport à sa mère ; et nous avons montré comment il pouvait alors se rattacher à son père en invoquant certaines présomptions. — Nous devons maintenant retourner en arrière, et expliquer quels sont les faits qu'il doit prouver pour établir sa filiation légitime par rapport à sa mère, et de quelle manière il pourra les prouver.

Pour établir sa filiation légitime par rapport à sa mère, l'enfant doit prouver : 1° Que celle-ci a été mariée ; 2° qu'elle a accouché ; 3° qu'il est l'enfant dont elle a accouché.

Nous savons déjà qu'il pourra établir le mariage de sa prétendue mère par la représentation de l'acte de célébration. — Reste à examiner comment il prouvera l'accouchement de sa prétendue mère et son identité avec la personne dont elle a accouché. — Il fera cette double preuve de trois manières, savoir :

1° Par l'acte de naissance ;

2° Par la possession d'état ;

3° Par la preuve testimoniale. (Art. 319, 320, 323.)

Quelle est la force probante de l'acte de naissance ?

Aux termes de l'article 319, l'acte de naissance inscrit sur les registres de l'état civil prouve la filiation légitime. C'est là la preuve la plus habituelle et la plus forte de la filiation ; c'est celle que le législateur a établie pour être employée communément. — Toutefois, prise isolément et non corroborée par une possession d'état conforme, elle n'est pas invincible, et la règle de l'article 319 ne doit être admise que sous certaines réserves.

En effet, la filiation de l'enfant par rapport à sa mère résulte de deux faits, l'accouchement de la mère et l'identité de l'enfant. — Or, l'acte de naissance ne prouve pas l'identité de l'enfant, par la raison que les actes de l'état civil étant délivrés à quiconque en fait la demande, le premier venu peut se procurer et s'appliquer un acte de naissance qui n'est pas le sien. — En second lieu, il ne prouve pas l'accouchement de la mère d'une manière absolue et inattaquable, car l'officier de l'état civil qui l'a dressé n'affirme pas qu'il s'est passé sous ses yeux, mais seulement qu'on le lui a déclaré. (Art. 319.)

Les irrégularités de l'acte de naissance en détruisent-elles la force probante par rapport à l'accouchement ?

Non ; les irrégularités qui seraient contenues dans l'acte de naissance n'en détruisent pas la force probante par rapport à l'accouchement de la mère, pourvu qu'elles portent sur des circonstances étrangères à ce fait. Ainsi, l'acte conserverait toute sa force probante à cet égard, si le nom du père n'y était pas mentionné, ou si la mère y était dénommée sous son nom de fille au lieu d'y être indiquée sous son nom de femme, pourvu qu'elle y fût désignée assez clairement pour qu'on ne pût pas s'y méprendre. Seulement, on serait alors obligé d'établir par d'autres moyens de preuve les faits omis ou portés d'une manière inexacte sur l'acte de naissance.

C'est ce qui résulte clairement de l'article 323, suivant lequel l'enfant n'est obligé d'avoir recours à la preuve testimoniale que dans deux cas : 1° Lorsqu'il n'existe pas d'acte de naissance; 2° lorsqu'il a été inscrit sous de faux noms, ou comme né de père et mère inconnus. Ainsi, quelles que soient les irrégularités ou les omissions qui s'y trouveraient contenues, l'acte de naissance peut servir à établir l'accouchement, pourvu qu'il mentionne exactement le nom de la personne accouchée (1).

Comment l'enfant peut-il établir son identité ?

Après avoir prouvé l'accouchement de sa mère, au moyen de l'acte de naissance, l'enfant établira ensuite son identité, si elle est contestée, par toute espèce de moyens, soit par des écrits, soit par la preuve testimoniale, soit même par de simples présomptions ; car la loi n'établit aucune restriction à cet égard.

On conçoit d'ailleurs qu'il y ait rarement lieu à un débat de cette nature. En général, l'identité de l'enfant ne soulèvera aucune contestation, parce qu'elle sera facilement attestée par une multitude de témoignages de parents et d'amis. Pour qu'elle soit sérieusement discutée, il faudrait supposer que l'enfant ait été élevé dans un pays éloigné.

Qu'est-ce que la possession d'état ?

La possession d'état est un ensemble de faits qui établissent implicitement la reconnaissance de la filiation de l'enfant par la famille à laquelle il prétend appartenir.

Les faits qui constituent la possession d'état sont au nombre de trois. On les désigne par ces expressions : *nomen, tractatus, fama*

_____

(1) Suivant Marcadé (II, n° 27), l'indication du père dans l'acte se trouve en définitive insignifiante, et son absence laisserait les choses dans le même état puisque cette indication découle, de plein droit, de la présomption légale, par cela seul que la mère est une femme mariée. — *Adde :* Cass., 15 déc. 1863.

Nomen, c'est-à-dire le fait que l'enfant a toujours porté le nom de celui qu'il désigne comme son père.

Tractatus, c'est-à-dire le fait qu'il a toujours été traité par ses prétendus père et mère comme leur enfant, qu'ils l'ont élevé et entretenu comme tel.

Fama, c'est-à-dire le fait qu'il a toujours été considéré comme leur enfant dans la société et dans la famille. (Art. 321.)

Quelle est la force probante de la possession d'état ?

En règle générale, la chose ou la qualité qui sont en la possession d'une personne sont présumées appartenir à cette personne.

Par application de cette règle, l'enfant qui a la possession d'état d'enfant légitime est présumé, jusqu'à preuve contraire, avoir droit à cette qualité. C'est ce qu'exprime l'article 320, suivant lequel la possession d'état suffit, à défaut d'acte de naissance, pour établir la filiation légitime.

Sur ce point, il convient d'observer : 1° Que la preuve qui résulte de l'acte de naissance est préférée par le Code, comme étant plus régulière et plus sûre, à celle qui résulte de la possession d'état, puisqu'il n'autorise l'emploi de celle-ci qu'à défaut de la première ; 2° mais que, d'un autre côté, la preuve qui résulte de la possession d'état est plus étendue que celle qui résulte de la preuve testimoniale, car elle s'applique non seulement à l'accouchement de la mère mais encore à l'identité de l'enfant. (Art. 320.)

Quelles qualités doit avoir la possession d'état pour servir de preuve ?

Pour servir de preuve en matière de filiation légitime, la possession d'état doit avoir trois qualités. Il faut :

1° Qu'elle soit *certaine*, c'est-à-dire qu'elle soit bien démontrée ; qu'il n'y ait pas de doute sur son existence. — On peut d'ailleurs prouver qu'elle existe par toutes sortes de moyens, soit par titres, soit par témoins.

2° Qu'elle soit *constante*, c'est-à-dire qu'elle ait été suivie sans interruptions et sans lacunes ; qu'elle ait commencé à la naissance de l'enfant et qu'elle se soit continuée depuis d'une manière certaine.

3° Qu'elle ait existé simultanément *tant à l'égard du père qu'à l'égard de la mère*, c'est-à-dire que l'enfant ait été traité par les deux époux comme un enfant légitime : autrement, il ne pourrait pas dire qu'il a été en possession de cette qualité dans sa famille et dans la société (1). (Art. 321.)

La preuve qui résulte de la possession d'état est-elle invincible ?

Non ; l'acte de naissance qui n'est point corroboré par une possession d'état conforme, et la possession d'état qui ne s'appuie pas sur l'acte de naissance peuvent également être combattus par la preuve contraire. — Mais il en est différemment lorsque ces deux moyens de preuve viennent à se rencontrer et qu'ils concourent en même temps à établir la filiation légitime. Appuyés l'un sur l'autre, ils forment une preuve invincible, à laquelle on ne peut rien opposer. En d'autres termes, lorsqu'un enfant est désigné tout à la fois par son acte de naissance et par la possession d'état comme enfant légitime, nul n'est admis à prouver le contraire. (Art. 322.)

Qu'est-ce que la preuve testimoniale ?

La preuve testimoniale est celle qui résulte de la déclaration des témoins, faite sous serment et en présence de la justice.

La preuve testimoniale offre moins de garanties que les autres modes de preuve, surtout quand les intérêts à débattre sont importants, parce qu'il est toujours possible de suborner de faux témoins. Aussi la loi ne l'admet-elle qu'exceptionnellement. — En ce qui concerne la filiation légitime, elle ne permet d'y recourir que dans deux cas :

1° Dans le cas de l'article 46, lorsque les registres sur lesquels l'acte de naissance devait être inscrit ont été détruits, ou lorsqu'ils n'ont pas existé. — Dans ce cas, la preuve de la naissance pourra être faite tant par titres et papiers domestiques que par témoins.

2° En dehors de l'hypothèse prévue par l'article 46, c'est-à-dire lorsque, malgré l'existence des registres de l'état civil, l'enfant ne peut pas faire la preuve de sa filiation par son acte de naissance, parce qu'on a omis de l'inscrire ou de mentionner sa filiation dans l'acte, ou parce que l'acte lui attribue une filiation mensongère. Mais alors, dans cette seconde hypothèse, l'enfant ne peut recourir à la preuve par témoins pour établir sa filiation

(1) *Sic*, Marcadé, II, n° 29. Demolombe, V, 211. — *Contrà*, Bonnier, *Preuves*, n° 128.

légitime qu'autant qu'il existe déjà un commencement de preuve par écrit, ou des indices graves et dès lors constants qui rendent sa prétention vraisemblable.

Le Code s'est écarté en cette matière des règles du droit commun.

En effet, en droit commun, la preuve par témoins est admise lorsqu'il a été impossible de se procurer uue preuve écrite. Or, ici, bien qu'il ait été impossible à l'enfant de faire constater régulièrement sa filiation dans un acte de naissance, la loi n'admet pas la preuve par témoins *de plano* et sans conditions préalables. — En second lieu, en droit commun, quand la preuve par témoins est admise, on admet également la preuve résultant de simples présomptions de fait. En matière de filiation, l'admissibilité de la preuve par témoins n'entraîne pas l'admissibilité de la preuve par de simples présomptions. Celles-ci peuvent bien être invoquées sans doute, mais pour corroborer la preuve par témoins, et non point pour la remplacer. — Enfin, en droit commun, la preuve par témoins n'est pas admise à défaut de commencement de preuve par écrit, par cela seul qu'il y a des présomptions ou indices graves. (Art. 323.)

Qu'entend-on par commencement de preuve par écrit?

On entend par commencement de preuve par écrit, tout écrit qui est de nature à établir une présomption favorable à la filiation réclamée, pourvu qu'il émane d'une personne engagée dans la contestation contradictoirement avec l'enfant, ou qui, si elle était vivante, aurait un intérêt contraire au sien. — Sans cela, il aurait été à craindre que l'attestation écrite ne soit donnée par complaisance, et l'on ne pourrait lui attribuer aucune importance.

Les registres et papiers domestiques, les actes publics ou sous seing privé, comme serait une constitution de dot, une obligation de payer des aliments, enfin de simples lettres missives, le tout indiquant le rapport de filiation qu'on cherche à établir, peuvent servir de commencement de preuve par écrit, lorsqu'ils émanent d'une personne intéressée à contester la filiation légitime de l'enfant (1). (Art. 324.)

Qu'entend-on par indices graves ?

On entend par indices graves ceux qui résultent, soit des objets

_____

(1) *Sic*, Marcadé, II, n° 33. Demolombe, V, n° 246. Aubry et Rau, IV, p. 552. Valette, *C. de C. c.*, p. 406. Pothier, *Oblig.*, n° 803.

cet enfant est donc né hors mariage ?

trouvés sur la personne de l'enfant au moment de sa naissance, soit de la ressemblance qu'il a avec sa prétendue mère, soit de tous autres faits qui sont de nature à rendre vraisemblable la filiation réclamée, et dont les juges auront à apprécier la gravité.

La loi exige que les faits allégués par l'enfant soient *constants*, c'est-à-dire qu'ils soient certains et qu'on ne puisse pas mettre en doute leur existence. — Autrement, on tournerait dans un cercle vicieux, puisqu'il faudrait employer la preuve testimoniale pour établir des faits sans lesquels elle n'est pas admissible.

Quel est l'effet de la filiation établie par rapport à la mère, au moyen de la preuve testimoniale ?

Il faut distinguer :

Lorsque l'enfant n'a mis en cause que sa mère ou les héritiers de celle-ci, le jugement qu'il obtient n'a d'effet que par rapport à elle ; car il est de règle que les jugements ne nuisent ou ne profitent qu'à ceux qui ont été engagés dans le procès. — En conséquence, s'il veut plus tard établir sa filiation par rapport à son père, il devra reprendre la preuve de tous les faits qu'il avait déjà produits dans la première instance, et notamment la preuve de l'accouchement de sa mère et de son identité avec l'enfant dont elle est accouché. Ce n'est qu'après avoir recommencé la preuve de sa filiation légitime par rapport à sa mère, qu'il pourra invoquer la présomption *pater is est* afin de se rattacher à son père.

Au contraire, lorsque l'enfant a mis en cause sa mère et son père, le jugement qu'il obtient produit son effet par rapport aux deux époux : pour l'un comme pour l'autre, il établit l'accouchement de la mère et son identité avec l'enfant dont elle est accouchée ; et alors pour démontrer sa filiation par rapport au père, il n'a plus qu'à invoquer la règle *pater is est quem nuptiæ demonstrant*.

Ici se présente une question assez délicate. Suivant l'article 325, lorsque la maternité a été établie par la preuve testimoniale, le mari est autorisé à user de tous les moyens de droit commun pour démontrer qu'il n'est pas le père de l'enfant. — La raison de cette dérogation aux dispositions qui restreignent l'exercice de l'action en désaveu est que l'enfant qui n'a établi la maternité qu'au moyen de la preuve testimoniale ne l'a pas démontrée d'une manière aussi certaine, aussi énergique et aussi régulière que s'il l'avait prouvée au moyen de l'acte de naissance ou de la possession d'état. En un mot, on se trouve ici dans des circonstances extraordinaires : la naissance de l'enfant est environnée de mystère, et la présomption qu'il appartient au mari n'est pas assez forte pour faire repousser la demande en désaveu qui serait formée par celui-ci en dehors des cas où la loi autorise le désaveu. Telle est l'interprétation admise par la jurisprudence et par le plus grand nombre des auteurs.

Quels sont les tribunaux compétents pour prononcer sur les réclamations d'état ?

Les tribunaux compétents pour prononcer sur les réclamations d'état sont les tribunaux civils. — Ils ne doivent statuer qu'après avoir entendu le ministère public en ses conclusions.

Si la réclamation d'état avait lieu à l'occasion d'un crime ou d'un délit, l'action civile serait jugée avant l'action pénale, contrairement à ce qui a lieu habituellement, où l'instance criminelle précède le procès civil. — La raison de cette dérogation est qu'en matière de filiation la preuve testimoniale n'est admise au civil que sous la condition d'un commencement de preuve par écrit; tandis qu'on l'emploie sans aucune condition préalable dans l'instruction criminelle. Or, si l'on commençait par celle-ci, la question serait tranchée par de simples témoignages qui ne s'appuieraient point sur un commencement de preuve fourni préalablement, et l'on sortirait ainsi des prescriptions de la loi. (Art. 326, 327.)

Quelle est la durée de l'action en réclamation d'état ?

En général, les droits et actions se prescrivent par trente ans. Mais il en est différemment pour les actions relatives aux questions d'état, dans le cas où elles sont exercées par l'enfant dont l'état est débattu. Comme celui-ci est censé agir en vue d'un intérêt moral plutôt que d'un intérêt pécuniaire, on lui laisse un temps illimité pour faire valoir ses droits.

Mais on n'est pas aussi large lorsque la réclamation d'état est passée aux mains des héritiers de l'enfant, qui, eux, sont censés agir plutôt en vue d'un intérêt pécuniaire que d'un intérêt moral, et on ne les autorise à exercer l'action que pendant un certain délai. — Ainsi, ils ne peuvent plus agir :

1° Lorsque l'enfant est mort sans avoir exercé l'action, pourvu qu'il eût atteint sa majorité depuis cinq ans au moins;

2° Lorsque, après avoir d'abord intenté l'action, il avait ensuite

renoncé à la continuer, soit en se désistant expressément, soit
en laissant passer trois années sans poursuites, à compter du
dernier acte de procédure ; ·

3°Lorsqu'il avait renoncé expressément aux droits pécuniaires
qui pouvaient résulter de sa qualité d'enfant.

Il faut entendre ici par *héritiers*, non seulement les héritiers
légitimes du *de cujus*, mais encore ses successeurs irréguliers et
ses légataires universels et à titre universel (1). (Art. 328, 320, 330.)

CHAPITRE TROISIÈME

DES ENFANTS NATURELS

Articles 331 à 342.

Conformément à l'ordre du Code, nous traiterons dans ce
chapitre : 1° de la légitimation ; 2° de la reconnaissance des enfants naturels.

SECTION I

DE LA LÉGITIMATION DES ENFANTS NATURELS.

Qu'est-ce que·la légitimation ?

La légitimation est un acte par lequel un enfant qui n'est pas
issu du mariage acquiret cependant tous les droits d'un enfant
légitime.

Quels enfants peut-on légitimer?

Il y a deux classes d'enfants naturels : les enfants naturels
simples, et les enfants naturels adultérins ou incestueux.— Les
premiers ont seuls le bénéfice de la légitimation. Quant aux

_____

(1) Lorsque l'enfant ne réclame son état que comme une suite et une conséquence de l'état de son père, cet état devient prescriptible, et son action
s'éteint par sa renonciation, par la renonciation qu'aurait faite le père aujour-
d'hui décédé, par le silence que ce père a gardé pendant cinq ans de majorité.
Sic, Demolombe. V, 305. Aubry et Rau, IV, p. 555. Cass., 9 janv. 1854; ·
Contrà, Marcadé, II, n°s 44, 45.

enfants adultérins ou incestueux, ils ne peuvent être ni légitimés ni reconnus, et le seul droit que la loi leur reconnaisse à l'encontre de leurs parents est celui de pouvoir exiger qu'ils leurs fournissent une pension alimentaire, ou qu'ils leur fassent apprendre un état. (Art. 331.)

Comment s'opère la légitimation ?

La légitimation s'opère de plein droit et sans aucune formalité, par le mariage des père et mère de l'enfant. Mais il faut : 1° Que le mariage soit valable, ou qu'il ait été contracté de bonne foi par l'un des deux époux ; — 2° que l'enfant ait été reconnu, soit avant le mariage, soit au moment même de sa célébration.

L'article 331 exclut absolument toute reconnaissance postérieure à la célébration du mariage. — C'est avec raison : car si les époux avaient eu la possibilité de légitimer un enfant pendant le mariage, il leur aurait été trop facile d'introduire des enfants étrangers dans leur famille, au moyen d'une reconnaissance mensongère (1). (Art. 331.)

Quels sont les effets de la légitimation ?

La légitimation procure à l'enfant tous les droits d'un enfant légitime. Toutefois ses droits ne prennent naissance qu'à partir du mariage de ses père et mère, tandis que ceux des enfants légitimes s'ouvrent dès le moment où ils ont été conçus. — L'enfant légitimé ne pourra donc pas recueillir une succession qui se serait ouverte avant le mariage lors même qu'il serait né ou qu'il aurait été conçu lors de l'ouverture de cette succession.

La légitimation peut avoir lieu même en faveur des enfants décédés qui ont laissé des descendants ; et, dans ce cas, elle profite à ces descendants. (Art. 332, 333.)

Les enfants incestueux peuvent-ils être légitimés par le mariage de leurs père et mère, lorsque ceux-ci ont obtenu des dispenses ?

Non ; les enfants incestueux ne peuvent pas être légitimés par le mariage subséquent de leurs père et mère, lorsque ceux-ci l'ont contracté au moyen d'une dispense. — Effectivement, il importe peu que l'obstacle au mariage soit maintenant levé, l'enfant n'en a pas moins été un enfant incestueux à l'origine.

(1) Jugé que la légitimation d'un enfant ne peut s'effectuer au moyen d'un acte distinct dressé quelques heures après la célébration du mariage. Cass., 8 nov. 1870.

D'ailleurs le cas des dispenses obtenues est évidemment supposé par l'article 33, lorsqu'il fait allusion au mariage des père
et mère des enfants incestueux, et cet article n'en décide pas
moins formellement que ces enfants ne pourront être légitimés
par un mariage subséquent.

Malgré cette disposition formelle, la jurisprudence s'est montrée favorable à la légitimation des enfants incestueux. — Mais
c'est là une pratique abusive et dangereuse : les juges ne doivent
jamais, sous prétexte d'équité ou de convenance, éluder les dispositions de la loi (1).

SECTION II

DE LA RECONNAISSANCE DES ENFANTS NATURELS.

Comment s'établit la filiation naturelle ?

Ainsi que nous l'avons vu dans le chapitre précédent, la filiation *légitime* s'établit de trois manières : 1° par l'acte de naissance ; 2° par témoins ; 3° par la possession d'état.

Quant à la filiation *naturelle*, la loi admet expressément deux
modes de preuves : 1° l'acte de reconnaissance ; 2° la preuve par
témoins. — En d'autres termes, la filiation naturelle peut s'établir soit par une reconnaissance *volontaire* émanée des père et
mère, soit par une reconnaissance *forcée* résultant d'un jugement prononcé sur la demande de l'enfant.

Parmi les modes de preuves de la filiation naturelle la loi ne
mentionne pas la possession d'état. — Nous aurons à examiner
plus loin si elle y est applicable. (Art. 334, 341.)

Comment a lieu la reconnaissance volontaire ?

La reconnaissance volontaire d'un enfant naturel peut avoir
lieu dans l'acte de naissance ou par un acte postérieur authentique.

Elle a lieu dans l'acte de naissance, par exemple, lorsque le
père, ayant assisté à l'accouchement, déclarera en même temps
et la naissance de l'enfant et sa paternité, ou lorsque la femme
aura donné procuration à un tiers pour faire indiquer dans l'acte
de naissance qu'elle est la mère de l'enfant.

---

(1) *Sic*, Marcadé, II, nᵒˢ 51, 52, 53. Demolombe, V, 334. Aubry et Rau, IV,
p. 596. Valette, *C. de C. c.*, p. 418. Massé et Vergé, I, p. 313. — *Contrà*,
Cass., 22 janvier 1867. Paris, 20 juil. 1867. Aix, 22 août 1867.

Elle a lieu postérieurement à l'acte de naissance au moyen d'un acte authentique, c'est-à-dire au moyen d'un acte ayant force probante par lui-même. L'authenticité de l'acte est une garantie que le père ou la mère qui reconnaît l'enfant comme issu de ses œuvres exprime une volonté réfléchie, et qu'il n'a pas été entraîné à le faire par captation ou par surprise.

Au reste, la loi se borne à exiger que l'acte de reconnaissance soit authentique, sans le limiter à telle ou telle forme. — Ainsi, la reconnaissance pourra se faire, soit devant un notaire, soit en présence d'un tribunal. Elle peut également avoir lieu dans un testament public. (Art. 334.)

Par qui la reconnaissance peut-elle être faite ?

La reconnaissance peut être faite par les père et mère ou par l'un d'eux seulement, soit personnellement, soit par un mandataire ayant une procuration spéciale et authentique. — Il n'est pas nécessaire que celui qui la fait soit capable de contracter.

Aux termes de l'article 336, la reconnaissance du père, faite sans l'indication et l'aveu de la mère, ne produit son effet qu'à l'égard du père. — Cette disposition paraît si évidente, qu'on ne comprend guère pour quel motif le législateur a jugé à propos de la formuler. Pour l'expliquer, on a recours à l'historique de sa rédaction.

Suivant le projet du Code, la reconnaissance du père n'était admise à produire son effet qu'autant qu'elle était confirmée par l'aveu de la mère, qui devait connaître mieux que personne les faits relatifs à la conception de l'enfant. Mais ce système ne fut pas admis, par la raison qu'il aurait été dangereux d'abandonner complètement l'état de l'enfant à la discrétion de sa mère. On y substitua la règle que la reconnaissance ne produit son effet que pour le parent qui reconnaît. Et alors, afin de bien constater l'adoption de la nouvelle règle et d'éviter tous les malentendus qui auraient pu survenir sur ce point, les rédacteurs du Code ajoutèrent dans le corps de la disposition ces mots inutiles *sans l'indication et l'aveu de la mère.* — Il aurait été plus exact de dire simplement : la reconnaissance du père, n'ayant d'effet qu'à son égard, n'a pas besoin d'être confirmée par l'indication et l'aveu de la mère (1).

(1) *Sic :* Valette, p. 437. — Marcadé, II, 64. — D'après ces auteurs, toute reconnaissance est personnelle à celui qui la fait. Néanmoins, la jurisprudence

17

A quel moment les enfants naturels peuvent-ils être reconnus ?

A cet égard, la loi ne fixe aucun délai. — On doit en conclure qu'ils peuvent être reconnus à toute époque, même lorsqu'ils ne sont encore que conçus, ou lorsqu'ils sont décédés en laissant une postérité légitime.

Quant à la question de savoir s'ils peuvent être reconnus après leur mort lorsqu'ils sont décédés sans laisser de postérité légitime, les auteurs ne sont pas d'accord. — Cependant on admet généralement l'affirmative : effectivement, la loi n'ayant pas fixé de délai pour faire la reconnaissance, il est rationnel d'en conclure que les parents ont le droit de reconnaître l'enfant à toute époque, même après son décès. Sans doute, il arrivera quelquefois qu'ils le reconnaîtront dans une pensée de lucre, afin d'obtenir sa succession. Mais on peut aussi leur supposer d'autres motifs, et admettre, par exemple, qu'ils avaient été empêchés de reconnaître l'enfant pendant sa vie, par respect pour certaines convenances et pour éviter des troubles dans leur famille.

Aux termes de l'article 337, un époux peut reconnaître pendant le mariage un enfant naturel qu'il aurait eu précédemment d'une autre personne que son conjoint. Mais, afin d'atténuer, autant que possible, les troubles auxquels cette reconnaissance donnerait lieu au sein de l'union conjugale, le législateur a décidé qu'elle ne pourrait nuire ni au conjoint, ni aux enfants légitimes issus du mariage. En conséquence, l'enfant naturel, reconnu pendant le mariage, ne pourra se prévaloir de ses droits qu'à l'encontre des ascendants et des collatéraux de l'époux qui l'a reconnu. (Art. 337.)

Quel est l'effet des reconnaissances faites par les incapables ?

A cet égard, nous devons passer en revue les diverses catégories d'incapables, savoir : les mineurs, les femmes mariées et les interdits.

I. *Mineurs.* — On admet généralement que les mineurs, émancipés ou non, peuvent reconnaître un enfant naturel, sauf aux tribunaux à apprécier la valeur de cette reconnaissance. Effecti-

décide que pour qu'il y ait reconnaissance de la mère, il suffit que le père ait indiqué la mère dans l'acte, et que celle-ci ait avoué sa maternité de quelque manière que ce soit, par exemple en prenant soin de l'enfant. Cass., 26 mars 1866 ; 30 novembre 1868.

vement, s'ils doivent être représentés par leur tuteur ou par leur curateur, ce n'est qu'autant qu'il s'agit de la gestion de leur fortune, et non point relativement à des actes qui ont un caractère éminemment personnel, pour lesquels un mandat légal ne semble point admissible. Les mineurs sont d'ailleurs responsables de leurs délits et quasi-délits, et, comme l'exprime très bien un arrêt de la Cour de cassation du 22 juin 1813, « le père qui reconnaît son enfant ne fait autre chose que réparer une faute ou quasi-délit par lui commis ».

II. *Femmes mariées.* — La femme mariée peut également reconnaître, sans l'autorisation de son mari ou de justice, un enfant naturel qu'elle aurait eu avant son mariage, parce que les règles sur l'autorisation de la femme mariée ne regardent pas les actes relatifs à l'état des personnes. D'ailleurs l'article 337, parlant de la reconnaissance faite pendant le mariage, par l'un des époux, d'un enfant naturel qu'il aurait eu, avant son mariage, d'un autre que de son époux, ne fait aucune distinction entre le mari et la femme, et n'exige pour cette dernière aucune autorisation.

III. *Interdits.* — Il faut en dire autant de l'interdit qui aurait déclaré reconnaître un enfant naturel. Si, comme l'exprime l'article 502, les actes faits par l'interdit sont nuls du droit, cela ne doit s'entendre que des actes de gestion relatifs à sa fortune.

La reconnaissance volontaire d'un enfant naturel peut-elle être contestée ?

Oui ; la reconnaissance volontaire qui a été faite d'un enfant naturel peut être contestée par toutes les personnes qui y ont intérêt, c'est-à-dire par celles qui l'ont déjà reconnu ou par leurs héritiers, par celles qui veulent le reconnaître, et par l'enfant lui-même.

La contestation peut d'ailleurs être soulevée de diverses manières. — Ainsi, elle portera, soit sur la régularité de l'acte, soit sur la sincérité des déclarations qui y sont contenues, soit sur la validité du consentement qui y a été donné (1).

_____

(1) La reconnaissance d'un enfant naturel peut être contestée par le père de celui qui a reconnu un enfant naturel ; alors même que la reconnaissance a été suivie de mariage opérant la légitimation. Cass., 17 mai 1870.

La reconnaissance peut être attaquée par celui qui l'a faite, en demandant à prouver qu'il n'est pas le père de l'enfant qu'il a reconnu. Paris, 23 juillet 1853. Lyon, 13 mars 1856.

Si elle a lieu entre deux personnes qui ont reconnu le même enfant naturel, le tribunal déclarera que la paternité appartient à celle qui réunit en sa faveur les plus grandes présomptions de vérité ; si les présomptions sont éga les, on prendra en considéra- tion l'intérêt de l'enfant. (Art. 339.)

Que peut faire l'enfant naturel qui n'a pas été volontaire- ment reconnu ?

A défaut de reconnaissance volontaire, l'enfant na turel peut recourir aux tribunaux pour faire reconnaître judiciairem ent la filiation à laquelle il prétend avoir droit. — Mais il ne peut, en principe, exercer ce recours qu'autant qu'il s'agit d'établir sa filiation par rapport à sa mère. Par rapport au père, la reconnais- sance ne peut être que volonta ire. C'est ce qu'exprime la fameuse maxime que la recherche de la paternité est inter- dite.

La raison qui a fait inter dire la recherche de la paternité est que la conception, par laquelle l'enfant se rattache à son père, est un fait invisible et mystérieux, dénué de signes qui le fassent reconnaître, et dont par conséquent il ne serait pas possible de fournir des preuves directes, comme cela a lieu pour l'accouche- ment. Comme on ne peut pas, lorsqu'il s'agit de filiation natu- relle, être admis à suppléer l'absence de preuve directe de la conception, au moyen de la présomption *pater is est quem nup- tiæ demonstrant*, le législateur a dû interdire une recherche qui ne pouvait pas établir avec certitude la paternité.

Néanmoins, ces considérations ne nous parais sent pas suffi- santes pour justifier complètement l'interdiction de la recherche de la paternité. A défaut de preuves directes, et pour ainsi dire matérielles, on aurait dû recourir à des preuves mo rales, telles que les écrits émanés du prétendu père, la séduction, le fait d'une cohabitation publique et continue, une ressemblance frap- pante ; des indices de cette nature auraient dû tout au moins permettre de recourir à l'emploi de la preuve testimoniale. — C'est ce qui avait lieu dans notre ancienne législation, et c'est ce qui existe encore dans plusieurs législations mo dernes. On aurait ainsi évité de donner le spectacle affligeant et profondé- ment immoral d'une législation oublieuse des droits sacrés de l'enfant, inhabile à protéger la femme et complice de la turpi- tude du père. (Art. 340, 341.)

Par exception, la recherche de la paternité n'est-elle pas admise dans un cas ?

Oui ; aux termes de l'article 340, la recherche de la pateérnit est admise dans le cas d'enlèvement de la femme, lorsque l'époque de l'enlèvement coïncide avec celle de la conception. — Les juges peuvent alors, sur la demande des parties intéressées, déclarer que le ravisseur est le père de l'enfant.

Au cas d'enlèvement prévu par le Code, quelques auteurs, notamment M. Demolombe, ajoutent celui du viol, qu'on peut considérer comme une sorte de rapt momentané. La jurisprudence n'a pas eu à se prononcer sur ce point; et l'on peut objecter, comme l'a fait M. Valette, que la présomption de paternité est moindre en cas de viol, parce qu'il n'y a là qu'un fait passager, tandis que l'enlèvement suppose une vie commune de quelque durée (1).

Quoiqu'il en soit sur cette question très controversable, la preuve de l'enlèvement ou du viol aura lieu par toute espèce de moyens, par titres, par témoins et même par de simples présomptions. (Art. 340.)

Que doit prouver l'enfant qui veut établir sa filiation par rapport à sa mère ?

L'enfant qui veut établir sa filiation par rapport à sa mère doit prouver : 1° que sa prétendue mère est accouchée ; 2° qu'il est l'enfant dont elle est accouchée. — Il fera cette double preuve par témoins.

Mais ici, comme pour la filiation légitime, la preuve testimoniale n'est admise que sous certaines conditions préalables, qui rendent vraisemblable la prétention de l'enfant. — Et même, la loi s'est montrée plus rigoureuse pour l'établissement de la filiation naturelle ; car elle n'y autorise l'emploi de la preuve testimoniale que dans le cas où il existe déjà un commencement de preuve par écrit, tandis qu'elle l'admet, en outre, lorsqu'il y a des indices graves, dans le cas où il s'agit d'établir la filiation légitime.

Cet écrit devra être émané de la femme qu'il soutient être sa mère, ou de ses représentants. (Art. 341.)

Quelle est la durée de la recherche de la maternité ?

La loi a gardé le silence à cet égard. — On en conclut généra-

(1) Voy. cependant Marcadé, II, 85.

lement qu'il faut assigner à cette action la même durée qu'à la recherche de la maternité légitime. Or, cette dernière est imprescriptible pour l'enfant ; et elle est transmissible à ses héritiers, si celui-ci n'y a pas renoncé expressément ou tacitement.

Toutes les personnes intéressées à combattre la prétention de l'enfant et qui auraient pu s'opposer à une reconnaissance volontaire, ont le droit d'intervenir dans le procès.

L'action est portée devant les tribunaux de première instance, qui sont compétents pour toutes les réclamations d'état, de quelque nature qu'elles soient. Le ministère public doit y être entendu en ses conclusions. Les parties peuvent former un recours en appel. (Art. 339.)

Les enfants adultérins ou incestueux peuvent-ils intenter une action en recherche de la filiation naturelle ?

Non ; les enfants adultérins ou incestueux ne peuvent pas être volontairement reconnus par leurs parents : à plus forte raison, n'ont-ils pas le droit de poursuivre judiciairement leur reconnaissance (1).

Mais alors comment ont-ils d'une manière certaine cette qualité d'adultérins et d'incestueux ? — On répond qu'elle résulte pour les adultérins, des jugements en désaveu, qui, en reconnaissant la non-paternité du mari à l'égard de l'enfant de sa femme, établissent implicitement par là que sa naissance est adultérine. — Quant aux enfants incestueux, leur filiation résulte implicitement des jugements qui ont prononcé la nullité du prétendu mariage de leurs père et mère pour cause de parenté ou d'alliance au degré prohibé. (Art. 335, 342.)

Quels sont les effets de la reconnaissance ?

Les principaux effets de la reconnaissance, soit volontaire, soit judiciaire, consistent :

1° A établir un lien de parenté entre l'enfant et celui qui l'a reconnu, sans qu'il y ait néanmoins aucune parenté entre lui et les parents de son père et de sa mère ;

2° A permettre à l'enfant de porter le nom de son père, ou celui de sa mère s'il n'a été reconnu que par celle-ci ;

_____

(1) Cette reconnaissance, a dit M. Duvergier devant le Corps législatif, sera *impossible* s'il faut l'appuyer sur l'inceste ou l'adultère. L'officier public *ne la recevra pas* ; et si malgré lui l'acte contient le vice qui l'infecte, cette reconnaissance *nulle* ne pourra profiter à l'enfant. Fenet, X, p. 242 et 243.

3° A faire naître entre l'enfant et ses père et mère des obligations d'aliments et des droits de succession. — Ces droits de succession sont d'ailleurs moins étendus que ceux des enfants légitimes. (Art. 338.)

Peut-on établir la filiation naturelle au moyen de la possession d'état ?

La loi, qui reconnaît expressément la possession d'état parmi les modes de preuve de la *filiation légitime*, ne la mentionne pas parmi celles qui doivent être employées pour la *filiation naturelle*. — Faut-il interpréter son silence dans le sens d'une exclusion? Tel est le point à examiner.

Suivant un premier système, le Code admet tacitement la possession d'état parmi les modes de preuve qui sont destinés à établir la filiation naturelle. — S'il ne l'a pas mentionnée expressément, c'est parce qu'il s'en est référé aux règles qu'il avait précédemment établies pour la filiation légitime, et qu'il s'est borné à indiquer les points de différence entre ces deux sortes de filiations. Ainsi, il mentionne la reconnaissance, parce que ce mode de preuve est spécial à la filiation naturelle ; il mentionne également la preuve testimoniale, parce qu'on ne peut pas l'employer aussi facilement pour la filiation naturelle que pour la filiation légitime ; au contraire, il passe sous silence la possession d'état, parce qu'elle s'applique de la même façon dans l'une et l'autre filiation. — D'ailleurs, le Code admet expressément la reconnaissance volontaire parmi les modes de preuve de la filiation naturelle. Or, la possession d'état équivaut, de la part de la mère, à une reconnaissance volontaire, d'autant plus énergique qu'elle s'est continuée durant plusieurs années, et qu'elle s'est manifestée par des soins donnés à l'enfant et par des rapports publics avec lui. Et il sera d'autant plus facile de l'établir, qu'elle ne peut exister qu'à la condition d'avoir été publique, certaine et constante (1).

Mais on répond : 1° que les dispositions relatives à la filiation naturelle forment un ensemble complet, et qu'elles ne se rattachent en aucune manière aux dispositions qui concernent la filiation légitime. Ces deux sortes de filiations sont même traitées à

---

(1) *Sic :* Demolombe, V, 480. M. Valette, qui avait d'abord adopté ce système (*observ.* sur Proudhon, II, p. 150 et 151) paraît le regarder comme douteux. *Cours de C. c.,* p. 452.

part sous deux chapitres différents, et il ne paraît guère que le législateur ait eu l'intention de s'en référer pour la seconde aux règles qu'il avait déjà établies pour la première. Et comment aurait-il pu s'en référer sur ce point aux règles qu'il avait déjà établies, puisqu'elles ne pouvaient pas être les mêmes, par la raison que la possession d'état, qui doit exister simultanément par rapport au père et à la mère pour servir de preuve en matière de filiation légitime, ne peut exister que par rapport à la mère, lorsqu'il s'agit de filiation naturelle, où la recherche de la paternité est interdite. Il y avait donc, sous ce rapport, une différence importante à signaler, et le Code l'aurait signalée s'il avait voulu recourir à la preuve qui résulte de la possession d'état, pour établir la filiation naturelle. — En second lieu, il n'est pas exact de dire, comme on le fait, que la possession d'état équivaut à une reconnaissance volontaire. Elle n'y équivaut pas : d'abord, parce que la reconnaissance doit être expresse et même avoir lieu par acte authentique ; ensuite parce qu'elle se prouve par la seule production du titre qui la constate, tandis que la possession d'état a besoin d'être établie par témoins. D'ailleurs, établir la possession d'état par témoins, afin de pouvoir établir ensuite la filiation naturelle par la possession d'état, ce serait prouver cette filiation par un moyen de preuve que la loi ne consent à admettre, à défaut de l'acte de naissance, que si elle est précédée d'un commencement de preuve par écrit. On contreviendrait ainsi, indirectement, aux dispositions de la loi.

Ce dernier système est suivi par la jurisprudence (1).

(1) Marcadé, II, 90, 91. Cass., 17 févr. 1851 ; 16 déc. 1861 ; 12 févr. 1868; 3 avril 1872.

LIVRE I, TITRE VIII

De l'adoption et de la tutelle officieuse.

DÉCRÉTÉ LE 24 MARS 1803. — PROMULGUÉ LE 2 AVRIL.

Nous nous sommes occupé, dans le titre précédent, de la filiation légitime et de la filiation naturelle. — Il nous reste à examiner maintenant la filiation adoptive.

L'adoption, qui était très fréquente chez les Romains, n'avait pas cependant été admise dans notre ancienne jurisprudence. — Elle fut introduite pour la première fois en France par une loi du 18 janvier 1792. Le Code en admit le principe et en régla l'application.

Le titre de l'adoption comprend deux chapitres, savoir :

CHAP. I. — De l'adoption.

CHAP. II. — De la tutelle officieuse.

CHAPITRE PREMIER

DE L'ADOPTION.

Articles 343 à 360.

Conformément à l'ordre du Code, nous traiterons successivement dans ce chapitre : 1° De l'adoption et de ses effets ; 2° des formes de l'adoption.

SECTION I

DE L'ADOPTION ET DE SES EFFETS.

Qu'est-ce que l'adoption ?

L'adoption est un acte judiciaire qui établit entre deux personnes des rapports civils de paternité et de filiation.

Il y a trois sortes d'adoptions, savoir :

1° L'adoption ordinaire ;

2° L'adoption rémunératoire, introduite en faveur de celui qui a sauvé la vie de l'adoptant ;

3° L'adoption testamentaire, introduite en faveur du tuteur officieux.

Au reste, ces trois sortes d'adoptions produisent les mêmes effets, et ne diffèrent entre elles que par les conditions qui leur sont imposées.

Quelles sont les conditions requises pour l'adoption ordinaire ?

Il faut distinguer :

De la part de l'adoptant, il y a six conditions requises. Il faut :

1° Qu'il soit âgé de plus de cinquante ans ;

2° Qu'il n'ait ni enfants, ni descendants légitimes ;

3° Qu'il ait au moins quinze ans de plus que l'adopté ;

4° Qu'il ait, s'il se trouve marié, le consentement de son conjoint ;

5° Qu'il ait donné à l'adopté, durant sa minorité, des soins et des secours pendant six ans au moins ;

6° Qu'il jouisse d'une bonne réputation.

De la part de l'adopté, il y a trois conditions requises. Il faut :

1° Qu'il soit majeur ;

2° Qu'il n'ait encore été adopté par personne, si ce n'est par le conjoint de l'adoptant ;

3° Qu'il ait le consentement de ses père et mère, s'il n'a pas vingt-cinq ans accomplis ; ou qu'il ait demandé leur conseil, s'il a dépassé cet âge. (Art. 343, 344, 345, 346, 355.)

Quelles sont les conditions requises pour l'adoption rémunératoire ?

De la part de l'adoptant, il y a quatre conditions requises. Il faut :

1° Qu'il soit majeur, et qu'il soit plus âgé que l'adopté ;

2° Qu'il n'ait ni enfants, ni descendants légitimes ;

3° Qu'il ait, s'il se trouve marié, le consentement de son conjoint ;

4° Qu'il jouisse d'une bonne réputation.

De la part de l'adopté, il y a, comme précédemment, trois conditions requises. Il faut :

1° Qu'il soit majeur;

2° Qu'il n'ait encore été adopté par personne, si ce n'est par le conjoint de l'adoptant;

3° Qu'il ait le consentement de ses père et mère, s'il n'a pas vingt-cinq ans accomplis; ou qu'il ait demandé leur conseil, s'il a dépassé cet âge (1). (Art. 345, 355.)

Toute personne peut-elle adopter ?

Oui; toute personne peut adoper, pourvu qu'elle ait la jouissance et l'exercice de ses droits civils. Réciproquement, toute personne qui a la jouissance et l'exercice de ses droits civils peut être adoptée.

Une question débattue est celle de savoir si les étrangers peuvent adopter ou être adoptés. Il faut leur accorder ce droit si l'on admet qu'ils jouissent des droits civils qui ne leur ont pas été refusés par un texte de loi. Il n'y a pas d'ailleurs d'abus à craindre, l'adoption étant toujours soumise à l'homologation des tribunaux.

Les enfants naturels reconnus peuvent-ils être adoptés par leurs père et mère ?

Le Code ne s'est pas expliqué à cet égard; mais on admet généralement l'affirmative. — Effectivement, le principe est que toute personne majeure peut être adoptée, et il n'y a aucune raison sérieuse pour y faire exception à l'encontre des enfants naturels. On soutiendrait vainement que l'adoption des enfants naturels peut être un moyen détourné de les avantager au delà de ce qui leur est accordé au titre *des successions*. Si l'enfant naturel acquiert par l'adoption des droits de succession plus étendus, c'est en vertu de sa condition nouvelle, c'est en qualité d'enfant adoptif, et non comme enfant naturel.

Ici d'ailleurs, comme dans le cas précédent, les tribunaux pourront refuser leur homologation à l'adoption de l'enfant naturel, s'ils y voient quelque chose d'immoral (2).

Quels sont les effets de l'adoption ordinaire ou rémunératoire ?

L'adoption, soit ordinaire, soit rémunératoire, produit les

(1) Il est généralement admis qu'un prêtre catholique peut adopter. Toutefois Marcadé (II, 97) est d'un avis contraire.
(2) *Sic*: Valette, *C. de C. c.*, p. 465. — *Contrà :* Marcadé, II, 98, 99, 100.

mêmes effets. Elle établit entre l'adoptant et l'adopté une parenté civile qui a pour conséquence :

1° De permettre à l'adopté de joindre à son nom celui de l'adoptant;

2° De faire naître entre l'adoptant et l'adopté l'obligation réciproque de se fournir des aliments;

3° De conférer à l'adopté sur la succession de l'adoptant les droits d'un enfant légitime, lors même que celui-ci aurait eu des enfants légitimes depuis l'adoption. — Toutefois, l'adoption ne confère à l'adopté aucun droit de succession sur les biens des parents de l'adoptant; car elle ne peut avoir d'effets qu'entre les parties contractantes.

En outre, l'adoption fait naître divers empêchements au mariage, que nous avons signalés. (Art. 347, 348, 349, 350.)

L'adopté conserve-t-il dans sa famille naturelle ses droits d'enfant légitime ?

Oui; l'adopté conserve dans sa famille naturelle, c'est-à-dire dans la famille à laquelle il est uni par les liens du sang, tous ses droits d'enfant légitime. — Par contre, il continue à être tenu envers ses père et mère de la dette alimentaire dans les cas déterminés par la loi, et de tous ses devoirs en général. Ainsi, il ne peut pas se marier sans obtenir leur consentement ou sans requérir leur conseil. (Art. 348.)

L'adoptant succède-t-il à l'adopté ?

Non; en principe, l'adoptant ne succède pas à l'adopté, bien que celui-ci soit appelé à venir à sa succession. L'adopté qui n'a pas de descendants, transmet ses biens à ses père et mère naturels. — Toutefois, l'adoptant peut, dans ce cas, reprendre les biens qu'il lui avait donnés, pourvu qu'ils se retrouvent encore dans sa succession, en nature ou en équivalents. Il peut même les reprendre, non seulement dans la succession de l'adopté, mais encore dans celle de ses descendants, lorsque ceux-ci sont décédés sans laisser eux-mêmes de postérité légitime.

A défaut de l'adoptant, ses héritiers ont également le droit de reprendre les biens donnés dans la succession de l'adopté mort sans postérité légitime; mais ce n'est que dans la succession de l'adopté seulement qu'ils peuvent reprendre les biens donnés par leur père : ils n'ont pas, comme l'adoptant, le droit de les revendiquer dans la succession des descendants de l'adopté. (Art. 551, 552.)

SECTION II

DES FORMES DE L'ADOPTION.

Quelles sont les formes de l'adoption ordinaire ou rémunératoire ?

Les formes de l'adoption ordinaire ou rémunératoire sont les mêmes; elles consistent :

1° Dans une *déclaration* faite par l'adoptant et l'adopté, en présence du juge de paix du domicile de l'adoptant, pour constater leur consentement;

2° Dans un *jugement* du tribunal civil du domicile de l'adoptant, qui, après avoir entendu le procureur de la république, et vérifié si toutes les conditions de la loi sont remplies et si la personne qui se propose d'adopter jouit d'une bonne réputation, prononcera qu'il y a lieu ou qu'il n'y a pas lieu à l'adoption;

3° Dans un *arrêt* de la Cour d'appel, qui prononcera définitivement sur l'adoption, soit qu'elle ait été admise, soit qu'elle ait été rejetée par les premiers juges;

4° Dans l'*inscription* du contrat d'adoption sur les registres de l'état civil, dans les trois mois de l'arrêt. (Art. 353, 354, 355, 357, 359.)

Quel est l'effet de la déclaration d'adoption faite en présence du juge de paix ?

Cette déclaration a pour effet de lier respectivement les parties, en sorte que l'une d'elles ne pourrait plus se dégager sans le consentement de l'autre. Elle a, en un mot, les effets d'un contrat, et il en résulte que l'un des contractants a le droit de requérir, sans le concours de l'autre, l'homologation des tribunaux. Et même en cas de mort de l'adoptant, l'article 360 autorise l'adopté à poursuivre l'adoption en accomplissant seul les formalités relatives au jugement, à l'arrêt et à l'inscription sur les registres.

Dans ce cas, si les héritiers de l'adoptant croient l'adoption inadmissible, ils pourront remettre au procureur de la république tous mémoires et observations à ce sujet. (Art. 356, 357, 360.)

Les jugements ou arrêts relatifs à l'adoption sont-ils rendus dans la forme ordinaire ?

Non. — D'abord, afin d'éviter qu'ils ne nuisent, en cas de refus, à la bonne réputation de l'adoptant, la loi décide qu'ils n'énonceront pas de motifs, contrairement aux règles ordinaires. —

De plus, elle veut qu'ils ne soient pas prononcés publiquement à l'audience, si ce n'est lorsqu'il s'agit d'un arrêt qui admet l'adoption. Dans ce cas, l'arrêt est rendu public, afin d'avertir les tiers des relations nouvelles que l'adoption a fait naître entre l'adoptant et l'adopté.

Au surplus le jugement rendu par le tribunal sur l'adoption peut, dans tous les cas, être infirmé par la décision de la Cour. S'il a prononcé l'adoption, celle-ci peut la rejeter ; et, réciproquement, s'il l'a rejetée, la Cour peut l'admettre. (Art. 356, 357, 358.)

Quel est l'effet de l'inscription de l'adoption sur les registres de l'état civil ?

L'inscription de l'adoption sur les registres de l'état civil a pour effet de rendre irrévocable pour les parties le lien qui s'est formé entre elles ; en sorte qu'elles ne peuvent plus l'anéantir, même par leur consentement réciproque (1). — Mais les tiers pourraient, en établissant que la religion des magistrats a été surprise, par exemple, parce qu'ils ont été trompés par la production de pièces fausses, faire annuler le contrat d'adoption.

CHAPITRE DEUXIÈME

DE LA TUTELLE OFFICIEUSE.

Articles 361 à 370.

Qu'est-ce que la tutelle officieuse ?

La tutelle officieuse est un acte par lequel une personne s'engage à fournir gratuitement à un mineur la nourriture et l'éducation, à administrer ses biens et à l'adopter plus tard, ou, à défaut, à lui fournir des moyens d'existence.

Quelles sont les conditions requises pour la tutelle officieuse ?

De la part du tuteur, il y a quatre conditions requises. Il doit :

1° Être âgé de plus de cinquante ans ;

2° N'avoir aucun descendant légitime ;

(1) *Sic :* **Marcadé**, II, 121. — **Cass.**, 14 juin 1869.

3° Avoir, s'il est marié, le consentement de son conjoint ;

4° Être capable de gérer une tutelle.

De la part du pupille, il y a deux conditions requises. Il doit :

1° Être âgé de moins de quinze ans ;

2° Avoir le consentement de ses père et mère ou de ses autres protecteurs naturels. (Art. 361, 362, 364.)

Comment se forme la tutelle officieuse ?

La tutelle officieuse se forme au moyen d'un procès-verbal dressé par le juge de paix du domicile de l'enfant, et destiné à constater le consentement de celui qui veut être tuteur et des personnes qui ont autorité sur l'enfant.

Les principaux effets de la tutelle officieuse sont :

1° De conférer au tuteur officieux la garde du pupille et l'administration de ses biens, à charge d'en rendre compte ;

2° De lui imposer l'obligation de nourrir et élever le pupille à ses frais, et de le mettre en état de gagner sa vie ;

3° De donner au pupille qui a atteint l'âge de majorité et qui ne se trouve point en état de gagner sa vie, une action pour obliger son tuteur à l'adopter ou à lui venir en aide ;

4° D'autoriser le tuteur à adopter son pupille dans la forme ordinaire, ou même par un simple acte testamentaire, pourvu qu'il ait exercé la tutelle pendant cinq ans au moins et qu'il ne laisse pas en mourant des enfants légitimes.

Dans le cas où le tuteur officieux mourrait sans avoir adopté le pupille, il sera fourni à celui-ci, durant sa minorité, des moyens de subsister.

La tutelle officieuse a lieu très rarement. (Art. 363, 364, 365, 366, 367, 368, 369, 370.)

LIVRE I, TITRE IX

De la puissance paternelle.

DÉCRÉTÉ LE 24 MARS 1803. — PROMULGUÉ LE 3 AVRIL.

Après le mariage et la filiation, l'enchaînement naturel des faits, aussi bien que l'ordre du Code, nous amène à traiter de la puissance paternelle.

A Rome, l'autorité paternelle constituait, au profit du père et des ascendants paternels, une sorte de domaine sur la personne et sur les biens des enfants. Dans notre législation, cette autorité est très adoucie : elle existe dans l'intérêt de l'enfant comme dans l'intérêt du père, et elle peut être exercée par la mère à défaut du père.

Notre titre n'a pas de divisions : il comprend les articles 371 à 387.

I

Qu'est-ce que la puissance paternelle ?

La puissance paternelle consiste dans l'autorité que la loi accorde aux père et mère sur la personne et sur les biens de leurs enfants (1).

Cette autorité prend sa source dans le droit naturel ; notre droit civil la confirme et la règle. L'émancipation et la majorité de l'enfant la diminuent, mais ne la font pas cesser complètement ; car, ainsi que le dit l'article 371, « l'enfant, à tout âge, doit honneur et respect à ses père et mère. » (Art. 371, 372.).

A qui appartient l'exercice de la puissance paternelle ?

Pendant le mariage, l'exercice de la puissance paternelle appartient au père seul, à moins qu'il ne se trouve dans l'impossibilité d'en faire usage. — A défaut du père, elle appartient à la mère. — A défaut des père et mère, elle passe aux ascendants,

---

(1) Les novices mineures sont tenues, pour contracter leurs vœux dans une congrégation religieuse, de demander à leurs parents le consentement exigé au titre du mariage; mais aucune loi n'impose à la novice majeure l'obligation de faire des actes respectueux. Paris, 30 décembre 1879.

et, si l'enfant est mineur, au conseil de famille et au tuteur (1).

La puissance paternelle touche à l'organisation de la famille et de la société. En conséquence, la personne qui en est investie par la loi ne peut pas y renoncer.

Les droits qui découlent de la puissance paternelle sont :

1° Le droit d'éducation ;

2° Le droit de correction ;

3° Le droit d'usufruit légal et d'administration. (Art. 373).

En quoi consiste le droit d'éducation ?

Le droit d'éducation consiste dans le pouvoir qui appartient au père de diriger l'éducation de ses enfants, soit en les élevant dans sa maison, soit en les faisant élever, à ses frais, par des étrangers. — Ce pouvoir est très étendu et on ne peut lui assigner d'autres limites que celles que commandent l'ordre public et les bonnes mœurs. Ainsi la justice n'aurait à intervenir que si l'enfant était gravement maltraité, ou en cas de graves abus. Toutefois, depuis que l'instruction est devenue obligatoire, le père est justiciable en cas d'infraction.

Le droit d'éducation a pour conséquence l'obligation imposée à l'enfant de ne pas quitter la maison paternelle sans autorisation. — Mais l'article 374 du Code, modifié par la loi du 21 mars 1832 sur le recrutement militaire, a apporté une grave exception à cette règle, en disposant que le mineur âgé de vingt ans révolus serait admis à prendre du service militaire sans le consentement de ses parents (2). (Art. 374.)

En quoi consiste le droit de correction ?

Le droit de correction consiste dans la faculté qui appartient aux père et mère de faire emprisonner leur enfant pendant un certain temps.

A défaut du père, ce droit n'est pas exercé avec la même étendue par la mère ou par les autres ascendants. (Art. 375, 381.)

(1) Les ascendants ne peuvent pas prétendre avec leurs enfants au partage des droits dérivant de la puissance paternelle. Ceux-ci peuvent s'opposer à ce qu'ils reçoivent chez eux leurs petits enfants, en les faisant sortir des maisons où ils sont autorisés à les visiter. Cass., 12 et 26 juillet 1870. Paris, 3 mai 1879. — Contrà : Bordeaux, 27 février 1874.

(2) Aux termes de l'art. 46 de la loi du 27 juillet 1872, l'engagé volontaire doit, s'il entre dans l'armée de mer avoir seize ans accomplis, et s'il entre dans l'armée de terre dix-huit ans accomplis ; s'il a moins de vingt ans, il doit justifier du consentement de ses père et mère ou tuteur autorisé par le conseil de famille

Comment le père exerce-t-il le droit de correction ?

Le père exerce le droit de correction de deux manières : par voie de réquisition ou par voie d'autorité.

Il l'exerce par voie de *réquisition*, en s'adressant au président du tribunal civil de l'arrondissement pour lui demander la délivrance d'une ordre d'arrestation, que celui-ci est libre d'accorder ou de refuser, et qui ne peut pas excéder six mois.

Il l'exerce par voie d'*autorité*, en faisant détenir son enfant pendant un mois au plus, en vertu d'un ordre d'arrestation délivré par le président du tribunal, mais que celui-ci, dans ce cas, n'a pas le droit de lui refuser.

Ainsi, lorsque le père exerce son droit de correction par voie de réquisition, il est obligé de demander l'arrestation de son enfant ; tandis que lorsqu'il agit par voie d'autorité, sa décision est souveraine, et le président du tribunal n'intervient que pour faire ouvrir les portes de la prison, qui ne s'ouvriraient pas sans un ordre de l'autorité judiciaire. — Aussi ne lui est-il pas toujours permis d'agir par cette voie. (Art. 376, 377.)

Dans quels cas n'est-il pas permis au père d'agir par voie d'autorité ?

Le père ne peut pas agir par voie d'autorité, et par suite il ne peut faire incarcérer son enfant qu'avec le consentement du président du tribunal, dans les trois cas suivants :

1° Lorsqu'il s'est remarié (1) ;

2° Lorsque l'enfant est entré dans sa seizième année ;

3° Lorsqu'il a un état ou des biens qui lui appartiennent personnellement.

Au surplus, le père est toujours maître d'abréger la détention par lui ordonnée ou requise, sauf à la demander une seconde fois si l'enfant tombe dans de nouveaux écarts. (Art. 377, 379, 380, 382.)

Comment la mère exerce-t-elle le droit de correction ?

Lorsque le père est décédé, ou qu'il se trouve dans l'impossibilité de manifester sa volonté, la mère exerce à sa place le droit de correction ; mais elle ne peut l'exercer que par voie de réquisition, et avec le concours des deux plus proches parents paternels de l'enfant. — S'il n'y a point de parents paternels,

_____

(1) L'enfant pourrait être incarcéré par voie d'autorité, si le père remarié était redevenu veuf. — *Sic* : Marcadé, II, 137. Demante, I. 375., — *Contrà* : Demolombe, VI, 344.

on les remplace par deux alliés, et même par deux amis du père, conformément à la règle établie par l'article 409 pour la composition du conseil de famille.

La mère survivante qui se remarie perd entièrement le droit de correction. (Art. 381.)

L'enfant a-t-il quelque voie de recours contre son arrestation ?

Oui ; l'enfant détenu a une voie de recours contre son arrestation, mais la loi ne la lui accorde expressément que dans deux cas : 1° lorsqu'il a un état ; 2° lorsqu'il a des biens personnels.

Toutefois, la plupart des auteurs décident, avec raison, qu'il faut lui accorder également un recours lorsqu'il est entré dans sa seizième année. — Effectivement, dans ce cas comme dans les deux précédents, l'emprisonnement n'a pu avoir lieu que par voie de réquisition, c'est-à-dire par la volonté du juge. Or, il est admis en principe qu'on peut former appel des décisions qui émanent d'un tribunal ou d'un juge, à moins qu'on ne se trouve dans un cas où la loi a formellement décidé le contraire. Et comme elle ne l'a pas fait ici, il est rationnel d'en conclure que l'appel pourra avoir lieu.

Quoiqu'il en soit, l'enfant n'a aucun recours à exercer lorsque sa détention a eu lieu par voie d'autorité, parce qu'alors elle émane, non de l'autorité judiciaire, mais de la puissance paternelle.

Dans les cas où le recours lui est ouvert, l'enfant l'exerce en adressant un mémoire au procureur général près la Cour d'appel du ressort. — Celui-ci, après avoir pris des renseignements auprès du procureur de la république près le tribunal de première instance, fait un rapport au président de la Cour, qui pourra, suivant les circonstances, révoquer ou modifier l'ordre d'arrestation. (Art. 382.)

L'arrestation de l'enfant est-elle rendue publique ?

Non ; la loi exige, au contraire, que l'arrestation soit tenue secrète. — Ainsi, elle décide qu'il n'y aura aucune écriture, ni formalité judiciaire, si ce n'est l'ordre d'arrestation, qui du reste ne portera pas l'énoncé des motifs, et la soumission que souscrira le père de payer tous les frais et de fournir des aliments convenables.

Le Code ne détermine pas le lieu où l'enfant subira sa déten-tion. — Autant que possible, le président du tribunal le fera in-carcérer dans une maison spéciale de correction, de préférence à une prison publique. (Art. 378.)

En quoi consiste le droit d'usufruit légal des père et mère sur les biens de leurs enfants ?

L'usufruit légal des père et mère consiste dans la faculté que la loi leur accorde d'administrer les biens personnels que pour-raient avoir leurs enfants, et d'en percevoir les revenus sans avoir à rendre compte.

Un mineur peut avoir des biens personnels, soit par legs, soit par donation, du vivant même de ses père et mère. La loi ap-pelle ces derniers à en jouir, jusqu'à ce que l'enfant ait atteint l'âge de dix-huit ans, ou qu'il ait été émancipé. Au reste, cette jouissance n'appartient qu'aux père et mère légitimes. — Le père la possède pendant le mariage : après sa dissolution, elle passe à la mère survivante.

L'usufruit légal des père et mère sur les biens de leurs enfants diffère sous plusieurs rapports du droit d'usufruit proprement dit. C'est ce qui explique les expressions des articles 384 et sui-vants, qui parlent du droit *de jouissance* des père et mère, et non du droit d'usufruit.

Ainsi le mot *usufruit* exprime habituellement un démembre-ment de la propriété, dont le caractère est entièrement pécu-niaire, qui peut être vendu ou cédé à titre gratuit, qui est sus-ceptible d'être hypothéqué, qui peut être saisi par les créanciers de l'usufruitier. — Le droit de jouissance légale des père et mère est au contraire un droit d'une nature mixte, qui découle de ce principe que les père et mère ont le gouvernement de la fortune de l'enfant comme de sa personne. Il en résulte que les père et mère ne peuvent pas en disposer ; que leurs créanciers ne peuvent pas non plus le saisir et le faire vendre ; que les revenus en sont destinés à subvenir à l'entretien et à l'éducation de l'enfant, sauf aux père et mère à disposer du surplus. (Art. 384.)

N'y a-t-il pas certains biens qui sont exempts de l'usufruit légal des père et mère ?

Oui ; l'usufruit légal des père et mère ne s'étend pas :

1° Sur les biens que les enfants ont acquis par leur travail ou par leur industrie ;

2° Sur les biens qui leur ont été donnés ou légués, à la condition que les père et mère n'en auront pas la jouissance;

3° Sur les biens que les enfants ont recueillis dans une succession dont leurs parents auraient été écartés par suite d'un jugement qui les a déclarés indignes. (Art. 387, 730.)

Quelles sont les obligations dont les père et mère sont tenus à raison de leur usufruit ?

A raison de leur usufruit légal, les père et mère sont tenus :

1° De supporter toutes les charges qui incombent aux usufruitiers ordinaires, et notamment d'entretenir les biens dont ils ont la jouissance ;

2° D'acquitter les frais funéraires et de dernière maladie des personnes qui ont laissé des biens à leurs enfants;

3° De fournir à ceux-ci la nourriture, l'entretien et l'éducation, en raison des biens qui leur appartiennent ;

4° De payer les arrérages ou intérêts des capitaux dont ils ont la jouissance. (Art. 385.)

Pourquoi le Code mentionne-t-il expressément ce payement des arrérages ou intérêts ?

En principe, les intérêts des sommes qui ont été constituées en usufruit doivent être payés par l'usufruitier. C'est là une des charges ordinaires de l'usufruit. Et comme le Code énonce d'une manière générale que les père et mère sont tenus de toutes les charges ordinaires de l'usufruit, on ne s'explique pas très bien qu'il mentionne d'une manière spéciale le páyement des arrérages ou intérêts des capitaux dont ils ont l'usufruit. Pour donner un sens à cette disposition, il faut supposer qu'elle se réfère à des intérêts ou arrérages qu'un usufruitier ordinaire n'aurait pas à supporter. Mais alors quels seront-ils? — Ce seront, sans aucun doute, ceux qui étaient déjà dus au moment de l'ouverture de l'usufruit. On comprend alors la pensée de la loi : elle veut que l'usufruitier légal acquitte non seulement les intérêts courants, mais encore l'arriéré des intérêts échus et non payés, afin que l'enfant ait à recueillir des biens dégrevés de toutes les anciennes charges (1).

Comment s'éteint l'usufruit légal des père et mère ?

L'usufruit légal des père et mère s'éteint :

(1) *Sic :* Marcadé, II, 160. — Demolombe, VI, 544. — Valette, *C. de C. c.*, p. 501.

1° Par le second mariage de la mère usufruitière ;

2° Par la condamnation du père ou de la mère usufruitiers pour excitation des enfants à la débauche ;

3° Par le défaut d'inventaire de la part du survivant des deux époux ;

4° Par la renonciation de l'usufruitier, ainsi que par l'abus qu'il ferait de sa jouissance ;

5° Par la mort de l'enfant, ou par celle du survivant des père et mère ;

6° Enfin, par l'émancipation de l'enfant, ou par l'accomplissement de sa dix-huitième année. (Art. 386, 618, 1442, C. civ. — 335, C. P.)

Les père et mère naturels ont-ils la puissance paternelle ?

Oui ; les père et mère naturels ont la puissance paternelle, et ils peuvent exercer sur leurs enfants, lorsqu'ils les ont reconnus, les droits d'éducation et de correction. — Mais la loi leur refuse le droit d'usufruit légal sur leurs biens personnels.

Les droits d'éducation et de correction seront exercés par le père, et, s'il n'a pas reconnu les enfants ou s'il est décédé, par la mère. (Art. 383.)

LIVRE I, TITRE X

De la minorité, de la tutelle et de l'émancipation.

DÉCRÉTÉ LE 26 MARS 1803. — PROMULGUÉ LE 5 AVRIL.

Nous avons vu quels sont les droits qui appartiennent aux personnes. — Il nous reste à examiner maintenant de quelle manière les personnes incapables peuvent jouir de leurs droits, tout en étant privées de la faculté de les exercer.

L'incapacité naît de trois causes : du mariage, de la minorité et de l'interdiction. — Nous connaissons déjà celle qui concerne les femmes mariées : nous nous occuperons des deux autres dans ce titre, ainsi que dans le titre suivant.

Le titre de la minorité est ainsi divisé :

CHAP. I. — De la minorité.
CHAP. II. — De la tutelle.
CHAP. III. — De l'émancipation.

CHAPITRE PREMIER

DE LA MINORITÉ.

Article 388.

Qu'est-ce que la minorité ?

La minorité est l'état dans lequel se trouve l'individu de l'un ou de l'autre sexe, qui n'a point encore l'âge de vingt et un ans accomplis. — On appelle *majeur*, celui qui a plus de vingt et un ans accomplis (1).

Avant 1789, la majorité ne commençait qu'à l'âge de vingt-cinq ans, et il en est encore ainsi aujourd'hui dans une grande partie de

(1) Voy. dans Marcadé (II, 178) les différences nombreuses qui existent entre la minorité en droit romain et en droit français.

l'Europe. Une loi du 20 septembre 1792 la fixa pour la première fois à vingt et un ans. (Art. 388.)

Les mineurs ne sont-ils pas toujours dans un état de dépendance ?

Oui; les mineurs sont constamment placés sous la dépendance d'une personne chargée de les protéger et d'exercer leurs droits; car ils seraient incapables, à cause de la faiblesse de leur âge, de se gouverner eux-mêmes et d'administrer leurs biens. — Ainsi, ils se trouvent placés :

Sous la puissance de leur père, pendant le mariage de leurs parents;

Sous la puissance d'un tuteur, après la dissolution du mariage;

Sous la puissance d'un curateur, après leur émancipation.

CHAPITRE DEUXIEME

DE LA TUTELLE.

Articles 389 à 475.

Notre chapitre comprend neuf sections, qui traitent : 1° De la tutelle des père et mère. — 2° De la tutelle déférée par le père ou la mère. — 3° De la tutelle des ascendants. — 4° De la tutelle déférée par le conseil de famille. — 5° Du subrogé tuteur. — 6° Des causes de dispense de la tutelle. — 7° Des incapacités, des exclusions et destitutions de la tutelle. — 8° De l'administration du tuteur. — 9° Des comptes de la tutelle.

SECTION I

DE LA TUTELLE DES PÈRE ET MÈRE.

Qu'est-ce que la tutelle ?

La tutelle est une charge gratuite et obligatoire, qui a pour objet la protection des incapables et l'administration de leurs biens (1)

---

(1) Jugé qu'un étranger peut être tuteur d'un mineur français. Cassation, 16 février 1879.

La tutelle s'ouvre aussitôt que le mariage a été dissous par la mort de l'un des époux. — Elle appartient de plein droit au survivant des père et mère.

Tant que le mariage subsiste, il n'y a pas lieu à la tutelle. — Si les enfants mineurs ont des biens personnels, le père les administre ; s'il est interdit ou absent, la mère le remplace dans son administration légale. Mais alors, le père ou la mère gèrent le patrimoine de leurs enfants en qualité d'administrateurs, et non point en qualité de tuteurs. (Art. 389, 390.)

Quelles différences y a-t-il entre les pouvoirs du père qui administre les biens personnels de ses enfants et ceux d'un tuteur ?

Le Code n'a pas limité les pouvoirs du père qui administre les biens personnels de ses enfants. Ils comprennent par conséquent tous les actes qui se rattachent à l'administration la plus étendue. Ils présentent par là plusieurs différences avec les pouvoirs du tuteur.

Le tuteur peut faire seul certains actes d'administration : il a besoin pour d'autres actes plus compliqués de l'autorisation du conseil de famille ; et enfin il ne peut faire aucun acte de disposition, tels qu'emprunts, aliénations d'immeubles, constitutions d'hypothèques, sans l'autorisation du tribunal. — Le père qui administre durant le mariage les biens personnels de ses enfants, peut évidemment accomplir tous les actes d'administration qui s'y réfèrent, puisque la loi lui donne la qualité d'administrateur. De plus, il peut également accomplir seul tous les actes pour lesquels le tuteur a besoin de l'autorisation du conseil de famille, puisqu'on ne l'a pas placé sous la surveillance d'un conseil. Par contre, il ne peut pas, de même que le tuteur, faire aucun acte de disposition sans l'autorisation du tribunal, parce que ces actes dépassent les pouvoirs d'un administrateur et ne peuvent être accomplis que par la personne qui gère ses propres biens.

En résumé, les pouvoirs du père qui administre pendant le mariage les biens personnels de ses enfants sont plus étendus que ceux d'un tuteur sous les trois rapports suivants : 1° il n'est pas placé sous la surveillance d'un conseil de famille ; 2° il n'a pas à subir le contrôle d'un subrogé tuteur ; 3° il n'y a pas d'hypothèque légale établie sur ses biens.

Dans le cas où le père aurait des intérêts contraires à ceux de ses

enfants, par exemple s'il était appelé à recueillir une succession concurremment avec eux, le conseil de famille devrait nommer un administrateur *ad hoc* pour représenter le mineur. (Art. 389.)

Pourquoi le décès de la mère donne-t-il ouverture à la tutelle?

Au premier abord, on ne s'explique pas très bien pourquoi le père, qui, pendant le mariage, administre les biens personnels de ses enfants, sans avoir à subir la surveillance d'un conseil de famille, ne conserverait pas les mêmes pouvoirs après le décès de la mère, au lieu de les échanger contre les pouvoirs plus restreints d'un tuteur. — On peut en donner plusieurs raisons. La première est que pendant le mariage la mère veillera sur les intérêts des enfants, qu'elle pourra exercer une certaine surveillance sur l'administration du père, lui donner de sages avis et le prémunir contre les entraînements qu'il serait exposé à subir. Il faut ajouter que les biens du mari étant déjà frappés d'une hypothèque légale pendant le mariage, on ne pouvait guère, sans porter une grave atteinte à son crédit, les grever, en outre, de l'hypothèque légale qui existe sur les biens des tuteurs.

A quel moment s'ouvre la tutelle des enfants naturels ?

Le Code garde le silence à cet égard. — Mais on décide généralement qu'elle doit s'ouvrir aussitôt que les enfants naturels ont des biens personnels. Effectivement, il devient alors nécessaire de pourvoir à la gestion de leurs biens ; et comme il ne saurait être question d'administration légale au profit des père et mère non mariés, on est bien forcé de recourir à la tutelle.

La tutelle sera déférée par le conseil de famille, et ce conseil sera composé d'amis, car les enfants naturels n'ont pas de parents autres que leurs père et mère et leurs frères et sœurs.

Quelles sont les diverses classes de tutelles ?

Il y a quatre classes de tutelles, qui sont déférées dans l'ordre suivant :

1° La tutelle du survivant des père et mère ;

2° La tutelle testamentaire ;

3° La tutelle des ascendants ;

4° La tutelle déférée par le conseil de famille.

Les pouvoirs de la mère survivante sont-ils les mêmes que ceux du père survivant ?

Non ; les pouvoirs de la mère survivante diffèrent sous plusieurs rapports de ceux du père survivant. Ainsi :

1° La mère n'est pas tenue d'accepter la tutelle, elle doit seulement en remplir les devoirs jusqu'à ce qu'elle ait fait nommer un tuteur ; tandis que le père survivant est forcé d'accepter la tutelle, s'il n'a aucune cause de dispense à faire valoir.

2° Le père peut nommer à la mère survivante et tutrice un conseil spécial, c'est-à-dire un administrateur prudent qui la dirigera, et sans l'avis duquel elle ne pourra faire aucun acte de tutelle ou tout au moins certains actes déterminés.

3° La mère survivante qui se remarie cesse, par ce seul fait, d'être tutrice de plein droit. Toutefois, elle peut encore être maintenue dans ses fonctions de tutrice ; mais alors c'est en vertu d'une détermination du conseil de famille, et non plus par le seul effet de la loi (1). — Au contraire, le père survivant qui se remarie continue à rester de plein droit tuteur de ses enfants, sans avoir besoin d'être maintenu dans ses fonctions par le conseil de famille. (Art. 391, 394, 395.)

Comment a lieu la nomination du conseil que le mari peut donner à la mère survivante ?

La nomination de ce conseil peut avoir lieu de deux manières : 1° par testament ; 2° par une déclaration faite, soit en présence du juge de paix assisté de son greffier, soit devant un notaire.

L'administrateur qui est imposé à la mère en qualité de conseil ne fait pas lui-même les actes d'administration, parce que le droit de les faire est un attribut de la tutelle. Il se borne à assister la tutrice dans l'accomplissement des actes pour lesquels il a été nommé. Sous ce rapport, il est responsable de ses fautes, et notamment de son défaut de vigilance.

Tout acte fait par la mère tutrice sans l'approbation de ce conseil, dans les cas où elle était nécessaire, est annulable dans l'intérêt du mineur. (Art. 392.)

Lorsque la mère survivante s'est remariée, quelle est la responsabilité du nouveau mari relativement à la tutelle ?

Il faut distinguer trois hypothèses :

Ou bien le conseil de famille, ayant été prévenu à l'avance du nouveau mariage, n'a pas jugé à propos de conserver la tutelle à la mère survivante. Alors celle-ci est déchargée des suites de

(1) La tutelle ne peut être enlevée au cas de convol que pour des causes graves et lorsque l'intérêt des enfants l'exige impérieusement. Agen, 24 décembre 1860.

la tutelle, et son nouveau mari est à l'abri de toute responsabilité.

Ou bien le conseil de famille, ayant été également prévenu du nouveau mariage, a néanmoins conservé la tutelle à la mère survivante. — Alors son nouveau mari est nommé co-tuteur, et il devient solidairement responsable avec elle pour la gestion postérieure au mariage, c'est-à-dire que le mineur devenu majeur ou ses représentants pourront exercer un recours contre la mère et son nouveau mari, comme responsables, chacun pour le tout, de la tutelle gérée en commun.

Ou bien le conseil de famille n'a pas été prévenu du nouveau mariage. — Dans ce cas, la mère survivante est déchue de plein droit de la tutelle, et son nouveau mari devient solidairement responsable de la gestion postérieure au mariage. — Selon quelques auteurs, ces expressions de l'article 395 « qu'il sera solidairement responsable de toutes les suites de la tutelle qu'elle aura indûment conservée » devraient même être entendues en ce sens qu'il sera responsable de la gestion *antérieure* au mariage; mais cette opinion n'a pas prévalu. Effectivement, si le mari a commis une faute en épousant une tutrice qui a négligé de convoquer le conseil de famille, il est juste qu'il soit responsable des suites de cette faute, mais non des faits qui l'ont précédé.

Au reste, la mère déchue de la tutelle faute de convocation du conseil de famille, peut néanmoins être renommée tutrice, car elle n'a pas été *destituée* de la tutelle; elle a simplement perdu le droit qu'elle avait à la tutelle légitime. (Art. 395, 396.)

Dans quel cas nomme-t-on un curateur au ventre?

On nomme un curateur au ventre lorsque l'épouse survivante est enceinte au moment du décès du mari, et qu'il n'existe pas d'autres enfants déjà pourvus d'un tuteur et d'un subrogé tuteur.

Le curateur au ventre est nommé par le conseil de famille, et choisi parmi les parents du mari. Ses fonctions consistent à administrer les biens laissés par le mari, et à empêcher, soit une *supposition*, soit une *suppression* de part.

Effectivement, la femme peut avoir intérêt, suivant les cas, tantôt à faire croire faussement qu'elle est accouchée, et à produire comme sien un enfant étranger, afin d'obtenir par là la jouissance légale des biens laissés par le mari; tantôt, au contraire, à faire disparaître l'enfant, afin de conserver sans réduction les libéralités qui lui ont été faites par son époux. Dans le premier cas, il y aurait supposition, et, dans le second, suppression de part.

A la naissance de l'enfant, la mère en devient tutrice, et le curateur est de plein droit son subrogé tuteur. Si l'enfant ne naît pas viable, le curateur rend compte de sa gestion aux héritiers du mari (1). (Art. 393.)

SECTION II

DE LA TUTELLE DÉFÉRÉE PAR LE PÈRE OU LA MÈRE.

Qui peut nommer un tuteur testamentaire ?

Le droit de nommer un tuteur testamentaire n'appartient qu'au dernier mourant des père et mère.

Cette nomination peut avoir lieu, soit par testament, soit par une déclaration faite devant le juge de paix ou devant un notaire. Dans tous les cas, on l'appelle *testamentaire*, parce qu'elle ne produit son effet qu'après le décès du parent qui a nommé le tuteur.

La tutelle testamentaire peut être déférée à terme, soit pour commencer à telle époque, *ex die*, soit pour finir à telle autre époque, *ad diem*. — Elle peut aussi être déférée sous condition suspensive ou résolutoire. (Art. 397, 398.)

La mère survivante qui s'est remariée peut-elle nommer un tuteur testamentaire ?

Il faut distinguer.

Si la mère survivante et remariée n'a pas été maintenue en tutelle par le conseil de famille, elle est déchue du droit de nommer un tuteur testamentaire (2).

Si, au contraire, elle y a été maintenue, elle peut nommer un tuteur testamentaire : seulement, la nomination qu'elle a faite a besoin d'être confirmée par le conseil de famille.

Au reste, quelle que soit à cet égard la décision du conseil, la nomination d'un tuteur par la mère survivante a toujours un effet, celui d'écarter de la tutelle les ascendants du pupille, qui, sans

(1) Quant à la manière dont le curateur au ventre surveillera la mère, c'est, comme le dit M. Valette, un point de fait que les tribunaux jugeront souverainement. (*C. de C. civil,* p. 512).

(2) *Sic :* Valette, p. 514. — Marcadé, II, 188. — Demolombe, VII, 163.

cette nomination, y seraient appelés par la loi. — On présume
que la mère a nommé un tuteur testamentaire afin de les empêcher de venir à la tutelle, et qu'elle avait pour cela des motifs
graves. (Art. 399, 400.)

**Le père ou la mère qui se sont fait excuser de la tutelle
peuvent-ils nommer un tuteur testamentaire ?**

On admet généralement la négative : effectivement, puisque la
mère qui s'est remariée et qui n'a pas été maintenue en tutelle
ne peut pas nommer un tuteur testamentaire, il est rationnel d'en
conclure que le droit de faire cette nomination n'existe en général au profit du survivant des père et mère que sous la condition
d'avoir exercé lui-même les fonctions de tuteur.

**Le tuteur nommé par le survivant des père et mère est-il
obligé d'accepter la tutelle ?**

En principe, le tuteur nommé par le survivant des père et mère
est obligé d'accepter la tutelle. — Toutefois, il peut s'en faire
dispenser lorsqu'il est en mesure d'invoquer une cause légitime
de dispense, ou lorsqu'il existe, dans la distance de quatre myriamètres, des parents ou alliés du mineur qui sont capables de la
gérer. (Art. 401, 432.)

SECTION III

DE LA TUTELLE DES ASCENDANTS.

Quand y a-t-il lieu à la tutelle des ascendants ?

Il y a lieu à la tutelle légitime des ascendants sous la double
condition suivante. Il faut : 1° que le survivant des père et mère
soit décédé, car, s'il est excusé ou destitué, on le remplace par
un tuteur nommé par le conseil de famille ; 2° que le survivant
des père et mère n'ait pas nommé un tuteur testamentaire, car s'il
y avait un tuteur testamentaire nommé, les ascendants seraient
écartés, lors même que celui-ci serait excusé ou destitué de la
tutelle. (Art. 402.)

Dans quel ordre la tutelle des ascendants est-elle déférée ?

La tutelle des ascendants est déférée par la loi au plus proche
ascendant mâle.

S'il y a dans les deux lignes des ascendants au même degré, on
donne la préférence à l'ascendant paternel. Si, à défaut d'aïeuls
paternels et maternels, la concurrence se trouvait établie entre

deux bisaïeuls de la ligne paternelle, on donnerait la préférence à celui des deux qui serait l'aïeul paternel du père du mineur. — Si la même concurrence se trouvait établie entre deux bisaïeuls de la ligne maternelle, le conseil de famille aurait à choisir l'un des deux.

Si l'ascendant devenu tuteur est excusé, exclu ou destitué, la tutelle ne passera pas à l'ascendant du degré subséquent; mais elle sera déférée par le conseil de famille, qui pourra d'ailleurs nommer l'ascendant le plus proche. (Art. 402, 403, 404.)

SECTION IV

DE LA TUTELLE DÉFÉRÉE PAR LE CONSEIL DE FAMILLE.

Quand y a-t-il lieu à la tutelle dative ?

Il y a lieu à la tutelle *dative*, c'est-à-dire à la tutelle déférée par le conseil de famille, lorsqu'il n'y a ni survivant des père et mère, ni tuteur testamentaire, ni ascendant ; ou bien lorsque le tuteur légitime ou testamentaire a été excusé ou destitué, ou lorsqu'il est décédé. (Art. 405.)

Qu'est-ce que le conseil de famille ?

Le conseil de famille est une assemblée délibérante, ayant un pouvoir de direction et de contrôle sur le tuteur et le subrogé tuteur. — Il se compose :

1º Du juge de paix du canton où se trouvait le domicile des père et mère du pupille. — Le juge de paix préside le conseil de famille, et y a voix délibérative, et même voix prépondérante dans le cas où les avis sont partagés.

2º De six parents ou alliés, pris dans la commune ou dans la distance de deux myriamètres, moitié du côté paternel et moitié du côté maternel, en suivant l'ordre de proximité dans chaque ligne. — A proximité égale, le parent est préféré à l'allié, et le parent plus âgé au parent moins âgé. (Art. 407, 416.

Le nombre de six parents n'est-il jamais dépassé ?

Il ne peut être dépassé que dans un cas, c'est lorsqu'il existe des frères germains, des maris des sœurs germaines, des ascendants et des ascendantes veuves en nombre supérieur à six. Ces parents ou alliés ont le droit de siéger au conseil de famille, *en quelque nombre* qu'ils soient.

Les frères du mineur peuvent être germains, consanguins ou

utérins. Ses frères germains sont ses frères de père et de mère ; ses frères consanguins sont ceux qui sont nés du même père seulement ; et ses frères utérins sont ceux qui sont nés de la même mère. — Les maris des sœurs germaines sont les beaux-frères du mineur mariés à une sœur germaine. — Les ascendants dont il est ici question sont ceux qui ont été excusés de la tutelle, mais qui sont néanmoins appelés à faire partie du conseil de famille. — Quant aux ascendantes veuves du pupille, ce sont ses aïeules paternelles ou maternelles. — Le Code les désigne sous le nom de *veuves d'acendants* ; mais cette expression est mal choisie et prête à une double entente, car on pourrait l'appliquer à la seconde femme d'un ascendant du mineur, laquelle demeure étrangère aux enfants et petits enfants du premier lit, et n'est pas appelée à faire partie de leur conseil de famille. (Art. 408.)

Que doit-on faire lorsqu'il ne se trouve pas sur les lieux six parents ou alliés du mineur ?

Lorsqu'il ne se trouve pas sur les lieux, ou dans la distance de deux myriamètres six parents ou alliés du mineur, le juge de paix a le droit d'appeler, à son choix, pour compléter le conseil de famille, soit des parents ou alliés domiciliés à de plus grandes distances, soit des amis des père et mère du mineur habitant dans la commune. Au surplus, lors même qu'il y a des parents ou alliés en nombre suffisant sur les lieux, il peut appeler d'autres parents ou alliés plus proches en degrés ou de mêmes degrés que les parents ou alliés présents ; de manière toutefois que cela s'opère en retranchant quelques-uns de ces derniers, et sans excéder le nombre de six parents ou alliés.

Comme on le voit, le Code laisse une grande latitude au juge de paix (1). (Art. 409, 410.)

Par qui le conseil de famille est-il convoqué ?

Le conseil de famille est convoqué par le juge de paix, soit à la réquisition qui lui en est faite par certaines personnes, soit d'office.

Le tuteur, les parents du mineur, ses créanciers et tous ceux qui y ont intérêt peuvent requérir la convocation du conseil de famille. Le juge de paix est tenu d'obtempérer à leur réquisition. (Art. 406.)

---

(1) L'intrusion dans un conseil de famille d'une personne qui n'avait pas le droit d'y siéger est une cause de nullité des délibérations prises. Chambéry 13 janvier 1879 ; Cass., 19 août 1850. — *Contrà :* Cass., 20 janv. 1875.

Où se réunit le conseil de famille ?

Le conseil de famille doit être convoqué au lieu où la tutelle s'est ouverte, c'est-à-dire au lieu du domicile du père du pupille. Les séances se tiennent chez le juge de paix, à moins qu'il ne désigne lui-même un autre local. — La présence de cinq membres au moins est nécessaire pour la validité des délibérations du conseil.

Dans la pratique, les convocations se font par lettres missives ou verbalement ; mais, régulièrement, elles devraient avoir lieu par citation d'huissier donné au moins à trois jours francs, avec augmentation à raison des distances.

Les parents, alliés ou amis convoqués régulièrement au moyen d'une citation, sont tenus de se rendre en personne au conseil ou de s'y faire représenter par un mandataire spécial, sous peine d'une amende de cinquante francs, qui sera prononcée sans appel par le juge de paix.

Un seul fondé de pouvoir ne peut représenter qu'une personne.

En cas d'absence d'un membre, comme en tout autre cas où l'intérêt du mineur semblera l'exiger, le juge de paix pourra ajourner l'assemblée ou la proroger. — *Ajourner* l'assemblée, c'est la renvoyer sans indication d'une autre réunion ; la *proroger*, c'est la renvoyer en fixant un autre jour pour la réunion. Dans ce dernier cas, le jour de la prochaine assemblée ayant été indiqué à l'avance, il n'est pas nécessaire de faire de nouvelles convocations. (Art. 411, 412, 413, 414, 415.)

Comment les délibérations sont-elles prises ?

Les délibérations sont prises à la majorité des voix. — Le Code ne dit pas si c'est à la majorité relative ou à la majorité absolue ; mais on admet généralement qu'il s'agit de la majorité absolue, car il est rationnel qu'une décision du conseil de famille exprime l'avis du plus grand nombre de ses membres. Toutefois, si l'on n'avait pas pu réunir une majorité absolue au premier tour de scrutin, les décisions du conseil de famille pourraient être prises à une simple majorité relative aux tours suivants (1).

La majorité est *relative*, lorsqu'une opinion réunit plus de voix que les autres opinions prises isolément, mais qu'elle en réunit moins que celles-ci prises ensemble. — Elle est *absolue*, lors-

(1) *Sic :* Valette, p. 528, 529. — Marcadé, II, 208, 209.

qu'une opinion a plus de voix à elle seule que toutes les autres ensemble. — Lorsque deux opinions réunissent un nombre égal de voix, celle qui est adoptée par le juge de paix l'emporte, car il a voix prépondérante.

Lorsque les délibérations du conseil de famille n'ont pas été prises à l'unanimité, l'avis de chacun des membres doit être constaté sur le procès-verbal. Le tuteur, le subrogé tuteur, ainsi que les membres du conseil, peuvent former appel devant le tribunal contre la délibération (1). (C. civil, 416. — C. pr., 883.)

Quelles sont les principales attributions du conseil de famille ?

Les principales attributions du conseil de famille consistent :

1° A nommer un curateur au ventre, lorsque la femme est enceinte au moment du décès de son mari ;

2° A nommer un tuteur, lorsqu'il n'y a pas de tuteur légal ou testamentaire ;

3° A nommer un subrogé tuteur ;

4° A prononcer sur les causes de dispense, d'incapacité, d'exclusion ou de destitution de tutelle, sauf appel devant le tribunal ;

5° A prononcer, quand il y a lieu, l'émancipation du pupille et à lui nommer un curateur ;

6° A contrôler, ainsi qu'on le verra plus loin, la gestion du tuteur, en lui accordant ou en lui refusant l'autorisation dont il a besoin pour certains actes.

Qu'est-ce que le tuteur ?

On appelle tuteur la personne qui a la garde du mineur, et qui est chargée d'administrer ses biens, sous la surveillance du subrogé tuteur et l'autorité du conseil de famille.

Le domicile de la tutelle a lieu au domicile des parents défunts du mineur, et non au domicile du tuteur. C'est donc toujours dans ce lieu qu'il faudra réunir le conseil de famille. En effet, si le domicile de la tutelle, et par suite le siège du conseil de famille, avait dû suivre celui du tuteur, celui-

---

(1) Les conseils de famille ne peuvent pas, par une délibération nouvelle, réformer une délibération antérieure, mais ils peuvent rectifier une erreur de qualification. Paris, 4 décembre 1878.

Les conseils de famille ont le droit d'interpréter leurs délibérations et de donner le sens d'expressions inexactes ou erronées. Cass., 5 août 1879.

ci aurait pu facilement, en allant s'établir au loin, modifier la composition du conseil de famille et rendre sa surveillance inefficace.

A quel moment le tuteur entre-t-il en fonctions ?

Il faut distinguer :

Lorsque le tuteur est un tuteur légal ou testamentaire, il entre en fonctions à partir du jour où il a eu connaissance du décès ou du testament qui l'investit de la tutelle.

Lorsque c'est un tuteur datif, il entre en fonctions à partir du jour de sa nomination, si elle a eu lieu en sa présence ; sinon à partir du jour où elle lui a été notifiée. — Cette notification doit avoir lieu dans les trois jours de la délibération du conseil de famille, avec augmentation du délai à raison des distances.

En général, on ne peut nommer qu'un seul tuteur. — Toutefois, si le mineur domicilié en France avait des biens dans les colonies, ou, réciproquement, si le mineur domicilié dans les colonies avait des biens en France, l'administration des biens éloignés serait donnée à un pro-tuteur. Dans ce cas, le tuteur et le pro-tuteur seraient indépendants et non responsables l'un envers l'autre pour leur gestion respective (1). (Art. 417, 418.)

La tutelle est-elle transmissible aux héritiers du tuteur ?

Non ; la tutelle est une charge personnelle qui ne passe point aux héritiers du tuteur. Seulement, ceux-ci sont responsables de la gestion de leur auteur ; et, s'ils sont majeurs, ils doivent la continuer jusqu'à la nomination d'un nouveau tuteur.

Nous verrons plus loin, dans les huitième et neuvième sections, quels sont les droits et les devoirs du tuteur. (Art. 419.)

Comment est organisée la tutelle des enfants assistés ?

Aux termes de la loi du 15 pluviôse an XIII, le conseil de famille est remplacé pour les enfants assistés par le conseil d'administration de l'hospice où ils ont été recueillis. Ce conseil désigne, s'il y a lieu, un de ses membres pour remplir les fonctions de tuteur. Si ces enfants ont des biens, ils sont gérés comme les biens de l'hospice lui-même par le receveur de l'hospice.

A Paris, la tutelle des enfants trouvés, abandonnés et orphelins, ainsi que celle des aliénés, est confiée au directeur de l'assistance publique.

(1) Cassation, 11 décembre 1863.

SECTION V

DU SUBROGÉ TUTEUR.

Qu'est-ce que le subrogé tuteur ?

Le subrogé tuteur est un surveillant nommé par le conseil de famille pour contrôler les actes du tuteur, et pour le remplacer lorsque ses intérêts sont en opposition avec ceux du pupille.

En outre, le subrogé tuteur est chargé spécialement de provoquer, quand il y a lieu, la destitution du tuteur; ou de requérir, en cas de vacance de la tutelle, la nomination d'un nouveau tuteur.

La nomination du subrogé tuteur est toujours faite par le conseil de famille, qui peut nommer soit un parent, soit un étranger. — Mais, si l'on nomme un parent, il devra être pris dans la ligne opposée à celle du tuteur, à moins que celui-ci ne soit un frère germain du pupille. Dans ce cas, les deux frères peuvent remplir, l'un les fonctions de tuteur, et l'autre celles de subrogé tuteur de leur frère mineur. (Art. 420, 423, 424.)

A quel moment le subrogé tuteur est-il nommé ?

Il faut distinguer :

Dans le cas où la tutelle est déférée par le conseil de famille, celui-ci procède à la nomination du subrogé tuteur immédiatement après celle du tuteur.

Lorsque le tuteur est légitime ou testamentaire, c'est à lui à requérir la nomination du subrogé tuteur, et il doit le faire avant que de s'immiscer dans la tutelle. — S'il commence sa gestion avant d'avoir provoqué la nomination du subrogé tuteur, le conseil de famille pourra lui retirer la tutelle.

Dans tous les cas, le tuteur doit s'abstenir de voter dans la délibération du conseil de famille qui a pour objet la nomination du subrogé tuteur. (Art. 421, 422, 423.)

En quoi consistent les fonctions du subrogé tuteur ?

Les fonctions de subrogé tuteur diffèrent essentiellement de celles du tuteur. En effet, le subrogé tuteur n'administre pas; il se borne à surveiller le tuteur et à prendre dans certains cas des mesures de prévoyance. Ainsi il peut exiger que le tuteur lui remette des états de situation, aux époques fixées par le conseil de famille; il intervient dans certains actes, comme la vente aux enchères des meubles et immeubles du mineur; il poursuit l'inscription de l'hypothèque légale sur les biens du tuteur; il provoque la nomination d'un tuteur *ad hoc* chargé de représenter le pupille, lorsque celui-ci a un procès à soutenir contre son tuteur.

De ce que le subrogé tuteur n'administre pas, il en résulte que ses biens ne sont pas grevés d'une hypothèque légale au profit du mineur (1).

Comment cessent les fonctions du subrogé tuteur ?

Les fonctions du subrogé tuteur cessent en même temps que la tutelle, par la mort, l'émancipation ou la majorité du pupille.

En outre, les causes d'excuse, d'incapacité, d'exclusion ou de destitution de tuteur sont applicables au subrogé tuteur. — Seulement, il importe d'observer que le subrogé tuteur peut provoquer la destitution du tuteur; mais qu'à l'inverse celui-ci n'a pas le droit de requérir la destitution du subrogé tuteur, chargé de surveiller ses actes et de contrôler sa gestion. (Art. 425, 426.)

SECTION VI

DES CAUSES QUI DISPENSENT DE LA TUTELLE.

La tutelle est-elle obligatoire ?

Oui ; la tutelle est obligatoire : la personne à qui elle est déférée ne peut pas la refuser, à moins qu'elle n'ait à alléguer une cause de dispense prévue par la loi. — D'un autre côté, comme la tutelle est une charge qui impose des devoirs, il faut pour en remplir les fonctions présenter certaines garanties.

Il résulte de là qu'il y a des causes de dispense, d'incapacité, d'exclusion ou de destitution de tutelle.

Quelles sont les causes de dispense de la tutelle ?

Les causes de dispense de la tutelle sont :

1° Le fait d'être étranger à la famille, lorsqu'il y a, dans un rayon de quatre myriamètres, des parents ou alliés en état de gérer la tutelle ;

2° Certaines fonctions publiques. — Telles sont celles de con-

---

(1) Quand il y a opposition d'intérêts entre le tuteur et son pupille, le conseil de famille doit nommer un subrogé tuteur *ad hoc*, et non un tuteur *ad hoc*. Le subrogé tuteur agit alors en qualité de tuteur. Paris, 4 décembre 1878.

seillers à la Cour de cassation et à la Cour des comptes, et en général toutes les fonctions publiques qui doivent être exercées dans un département autre que celui où s'ouvre la tutelle;

3° Le service militaire, ainsi que l'envoi en mission hors du territoire ;

4° L'âge de soixante-cinq ans accomplis;

5° Les infirmités;

6° Le nombre des tutelles. — Toute personne déjà chargée de deux tutelles est dispensée d'en accepter une troisième.

7° Le nombre des enfants. — Ceux qui ont cinq enfants légitimes, actuellement existants ou morts au service militaire, sont dispensés de toute tutelle autre que celle de leurs enfants. — Au surplus, la survenance d'enfants pendant la tutelle n'autorise pas à l'abdiquer. (Art. 427, 428, 429, 432, 433, 434, 435, 436, 437.)

Toutes ces causes de dispense produisent-elles les mêmes effets ?

Non; les unes, telles que l'âge et les infirmités, permettent non seulement de se faire dispenser de la tutelle avant qu'on en ait été investi, mais encore de s'en faire décharger après l'avoir exercée. — Les autres, au contraire, permettent seulement de se faire dispenser de la tutelle lorsqu'elle vient à être déférée, mais non pas d'en obtenir la décharge lorsqu'on a commencé à l'exercer (1). (Art. 430, 431.)

A qui le tuteur doit-il proposer ses excuses ?

Le tuteur doit proposer ses excuses au conseil de famille. — Il est tenu de les déclarer immédiatement, s'il assistait à la délibération dans laquelle on lui a déféré la tutelle ; et, dans le délai de trois jours à partir du moment où il a connu sa nomination, s'il n'a pas assisté à cette délibération.

Si ses excuses sont rejetées, il pourra se pourvoir devant les tribunaux pour les faire admettre; mais il sera, pendant le litige, tenu d'administrer provisoirement. — S'il succombe dans son appel, les frais du procès resteront à sa charge. (Art. 438, 439, 440, 441.)

---

(1) Un avis du conseil d'État, du 20 novembre 1806, excuse de la tutelle les ecclésiastiques exerçant des fonctions exigeant résidence et pour lesquelles il faut l'agrément du chef de l'État et une prestation de serment.

Un notaire peut être dispensé de la tutelle, si elle doit s'exercer hors de son département (*Dict. not.*, Voy. TUTELLE, n° 126).

SECTION VII

DE L'INCAPACITÉ, DES EXCLUSIONS ET DESTITUTIONS DE TUTELLE.

Quelles différences y a-t-il entre les causes d'incapacité et celles d'exclusion et de destitution de tutelle ?

Les causes d'*incapacité* sont celles qui résultent de l'inhabileté à gérer la tutelle; les causes d'*exclusion* et de *destitution* sont celles qui résultent de l'indignité à la gérer.

A la différence des excuses, qui existent au profit du tuteur et qui sont invoquées par lui, les causes d'incapacité, comme celles d'exclusion ou de destitution, lui sont au contraire opposées, afin de l'écarter de la tutelle.

Quelles sont les causes d'incapacité de la tutelle ?

Les causes d'incapacité de la tutelle sont :

1° La minorité;

2° L'interdiction;

3° Le sexe féminin;

4° La rivalité d'intérêts résultant d'un procès grave avec le mineur. (Art. 442.)

La minorité et le sexe féminin sont-ils toujours des causes d'incapacité de la tutelle ?

Non; la loi admet des exceptions à ces deux causes d'incapacité. Ainsi, la mère est de plein droit tutrice de son enfant; et, en outre, les ascendantes autres que la mère peuvent être nommées tutrices soit par le survivant des père et mère, soit par le conseil de famille. — D'autre part, le survivant des père et mère légitimes est appelé à gérer la tutelle de ses enfants, lors même qu'il est mineur. Dans ce cas, il agit sous la surveillance du conseil de famille de ses enfants, et non pas sous la surveillance de son propre conseil.

Quelles sont les causes d'exclusion ou de destitution de la tutelle ?

Les causes d'exclusion ou de destitution de la tutelle sont :

1° La condamnation à une peine afflictive ou infamante ;

2° L'interdiction légale;

3° L'inconduite notoire;

4° L'incapacité ou l'infidélité attestées par une gestion précédente.

Au reste, les causes d'exclusion ou de destitution de la tutelle ne produisent pas toutes le même effet. — Ainsi, la condamnation à une peine afflictive ou infamante, de même que l'interdiction légale, produisent de plein droit l'exclusion ou la destitution de la tutelle. — Au contraire, l'inconduite notoire du tuteur et l'infidélité dont il s'est rendu coupable dans une gestion précédente peuvent donner lieu à des débats, et elles doivent être l'objet d'une appréciation faite par le conseil de famille. (Art. 443, 444.)

Comment les exclusions ou les destitutions de la tutelle sont-elles prononcées ?

Les exclusions ou les destitutions de la tutelle sont prononcées par le conseil de famille. — Les délibérations qui y sont relatives doivent être motivées, et elles ne peuvent être prises qu'après que le tuteur aura été appelé ou entendu. — Si ces délibérations ne sont pas unanimes, l'avis de chacun des membres sera mentionné dans le procès-verbal.

Le tuteur exclu ou destitué par le conseil de famille a le droit de former appel devant le tribunal civil. Et, si la délibération qui l'a exclu n'a pas été prise à l'unanimité, les membres du conseil dont l'avis a été favorable pourront également former appel. — La cause sera instruite et jugée comme affaire urgente.

La personne qui a été exclue ou destituée d'une tutelle ne peut être membre d'un conseil de famille. (Art. 445, 446, 447, 448, 449.)

SECTION VIII

DE L'ADMINISTRATION DU TUTEUR.

Quels sont les pouvoirs du tuteur sur la personne du pupille ?

Les fonctions du tuteur concernent tout à la fois la personne du pupille et l'administration de sa fortune.

En principe, le tuteur a sur son pupille le droit d'éducation et de correction. Mais ce droit est plus ou moins étendu suivant que la tutelle est exercée par le survivant des père et mère, ou qu'elle est exercée par une autre personne.

Dans le premier cas, les attributs de la puissance paternelle complètent l'autorité du tuteur, qui possède alors d'une manière absolue les droits de correction, d'éducation, de jouissance légale, d'émancipation, de consentement au mariage.

Dans le second cas, les pouvoirs du tuteur sur la personne de l'enfant sont moins étendus. — Ainsi, il ne peut provoquer la réclusion du pupille qu'avec l'autorisation du conseil de famille; on peut lui retirer la garde de l'enfant; la somme annuelle qu'il pourra dépenser pour ses besoins est fixée par le conseil de famille; enfin la surveillance et la direction de l'enfant lui sont enlevées, lorsqu'il existe un survivant des père et mère qui s'est fait excuser de la tutelle. (Art. 450, 468.)

Quels sont les pouvoirs du tuteur sur les biens du pupille ?

Aux termes de l'article 450, le tuteur représente le pupille *dans tous les actes civils;* ce qui signifie que le tuteur agit au nom et pour le compte du pupille dans tous les actes qui le concernent. Ces actes sont considérés comme faits par le pupille lui-même, qui profitera ou souffrira de toutes les obligations actives ou passives qui en découlent.

Toutefois, il existe certains actes pour lesquels la présence du pupille est nécessaire, comme elle l'était autrefois, à Rome, dans les actes solennels, où l'impubère devait prononcer lui-même les paroles consacrées. Tels sont : le contrat de mariage et le testament.

Voyons maintenant quels sont les droits et les obligations du tuteur, soit au moment de son entrée en fonctions, soit pendant le cours de la tutelle.

Quelles sont les obligations du tuteur au moment de son entrée en fonctions ?

Au moment de son entrée en fonctions, le tuteur doit :

1° Requérir de suite la convocation du conseil de famille pour faire nommer un subrogé tuteur ;

2° Requérir, dans les dix jours qui suivent le moment où il a connu sa nomination, la levée des scellés, s'ils ont été apposés ; et faire procéder immédiatement à l'inventaire des biens du mineur, en présence du subrogé tuteur ;

3° Faire vendre, dans le mois qui suit la clôture de l'inventaire, tous les meubles que le conseil de famille ne l'aurait pas autorisé à conserver en nature. — Cette vente aura lieu, en présence du subrogé tuteur, aux enchères publiques et après des affiches et des publications préalables. Elle ne comprendra que les meubles *corporels*, qui sont sujets à dépérissement. — Quant aux meubles *incorporels*, comme les créances, les rentes, les actions et obligations industrielles, ils sont conservés parce qu'ils constituent un placement productif.

4° Faire convertir les titres au porteur qui n'auraient pas été aliénés en titres nominatifs, ou, en cas d'empêchement, les faire mettre en dépôt.

5° Faire déterminer par le conseil de famille la somme à laquelle pourra s'élever la dépense annuelle du pupille. — Toutefois, le père et la mère qui exercent les fonctions de tuteur sont dispensés de cette formalité.

6° Faire emploi, dans les trois mois, de l'excédent des revenus sur la dépense annuelle sous peine d'en devoir lui-même les intérêts. — Au reste, il peut faire les placements qu'il estime les meilleurs. (Art. 421, 451, 452, 454, 455, 456, Loi du 27 février 1880.)

En quoi consiste l'apposition des scellés ?

L'apposition des scellés consiste à appliquer, avec de la cire, des bandes de papier sur les serrures des portes, armoires et autres meubles, de telle sorte que l'on ne puisse ouvrir sans les briser. Le juge de paix, qui met les scellés, appose son sceau sur la cire qui retient les deux extrémités des bandes.

L'apposition des scellés est généralement faite après le décès de toute personne, pour empêcher la soustraction des valeurs mobilières. — Le bris des scellés entraîne une condamnation pénale contre la personne qui s'en est rendue coupable.

En quoi consiste l'inventaire ?

L'inventaire consiste dans l'énumération et l'estimation de tous les objets et de toutes les valeurs mobilières de la succession. Il est rédigé par un notaire, en présence du juge de paix, du subrogé tuteur et de plusieurs témoins.

Ordinairement, l'inventaire est précédé de l'apposition des scellés. Toutefois, lorsqu'il s'agit d'un tuteur légitime, on peut y procéder de suite, sans apposer préalablement les scellés.

Afin d'empêcher que le tuteur qui aurait eu une créance contre le père ou la mère du pupille et qui aurait été payé, ne puisse en réclamer une seconde fois le payement, en faisant disparaître la quittance qu'il en avait donnée, la loi oblige le notaire qui procède à l'inventaire à l'interpeller et à le sommer de déclarer, sur-le-champ, s'il lui était dû quelque chose par le défunt. Puis, il mentionne sa réponse dans l'inventaire. Si le tuteur ne déclare pas des créances contre la succession du défunt, il n'est plus admis à faire valoir, plus tard, aucun droit antérieur à l'ouverture de la tutelle. (Art. 451.)

Les père et mère du mineur sont-ils astreints à toutes les règles qu'on vient de voir ?

Non ; parmi les règles qu'on vient de voir, il en est quelques-unes auxquelles ne sont pas assujettis les père et mère qui remplissent les fonctions de tuteur auprès de leurs enfants.

Et d'abord, l'article 453 autorise le survivant des père et mère qui a la jouissance légale des biens du mineur à conserver les meubles, à la condition de les faire estimer par expert, afin d'établir la base de la restitution qu'il devra en faire à la majorité de l'enfant. — En cas de perte accidentelle des meubles, les père et mère n'ont aucune indemnité à payer ; mais ils sont responsables des pertes et des détériorations survenues par leur faute.

Il en est de même des dispositions des articles 454, 455 et 456, qui se réfèrent : 1° à la fixation par le conseil de famille de la somme annuelle qui devra être dépensée pour l'entretien du mineur et l'administration de ses biens ; 2° à la détermination de la somme à partir de laquelle le tuteur devra faire emploi des revenus. Ces règlements ne peuvent être imposés au père tuteur ou à la mère tutrice. (Art. 453.)

Quels sont les pouvoirs du tuteur sur les biens du pupille pendant le cours de la tutelle ?

Les pouvoirs du tuteur sur les biens du pupille, pendant le cours de la tutelle, sont des pouvoirs de simple administration. — Afin de les faire connaître d'une manière plus précise, on divise ordinairement en cinq classes les actes de la tutelle, savoir ·

1° Ceux que le tuteur peut faire seul ;

2° Ceux qu'il ne peut faire qu'avec l'autorisation du conseil de famille ;

3° Ceux qu'il ne peut faire qu'avec l'autorisation du conseil de famille et l'homologation du tribunal ;

4° Ceux qu'il ne peut faire qu'avec l'autorisation du conseil de famille, l'homologation du tribunal et l'avis de trois jurisconsultes ;

5° Ceux qu'il ne peut jamais faire.

Quels sont les actes que le tuteur peut faire seul ?

En la qualité d'administrateur que lui confère l'article 450, le tuteur peut faire seul tous les actes qui se réfèrent à l'administration des biens du pupille. Ainsi, il peut, sans avoir besoin d'aucune autorisation :

1° Percevoir les fruits et revenus des biens ;

2° Faire des baux dont la durée n'excède pas neuf ans, et les renouveler avant leur expiration ;

3° Recevoir les capitaux mobiliers qui sont dus au pupille, et en donner quittance;

4° Poursuivre les débiteurs du pupille, faire tous actes interruptifs de prescription, intenter toutes actions mobilières et défendre aux actions immobilières, et notamment aux demandes en partage dirigées contre le mineur. (Art. 450, 465.)

Quels sont les actes que le tuteur ne peut faire qu'avec l'autorisation du conseil de famille ?

Le tuteur a besoin de l'autorisation du conseil de famille, mais elle lui suffit :

1° Pour accepter ou refuser une succession échue au mineur;

2° Pour accepter ou refuser une donation qui lui est offerte;

3° Pour intenter une action immobilière ;

4° Pour acquiescer à une action immobilière dirigée contre le mineur; c'est-à-dire pour la reconnaître bien fondée et abandonner la défense ;

5° Pour provoquer un partage des biens indivis entre le mineur et les tiers. — Ce partage devra être fait en justice et précédé d'une expertise, autrement il ne serait considéré que comme provisionnel.

6° Pour aliéner, par le ministère d'un agent de change, les rentes, actions ou obligations et autres meubles incorporels négociables à la Bourse, appartenant au mineur. — L'homologation du tribunal est nécessaire lorsque la valeur en capital des meubles à aliéner dépasse 1,500 fr.

Ces formalités doivent être observées pour convertir des titres nominatifs en titres au porteur. (Art. 461, 463, 464, 465, 466. Loi du 27 février 1880.)

Pourquoi le tuteur a-t-il besoin de l'autorisation du conseil de famille pour accepter une succession échue au mineur?

En principe, l'héritier auquel une succession est déférée peut choisir entre l'un de ces trois partis : 1° accepter la succession purement et simplement, et devenir ainsi responsable de toutes les dettes héréditaires; 2° l'accepter sous bénéfice d'inventaire, et, par là, devenir encore responsable des dettes héréditaires, mais seulement jusqu'à concurrence de la valeur des biens qui lui échoient; 3° la refuser, et se soustraire, par là, à toutes les dettes héréditaires.

Mais, lorsque la succession est échue à un mineur, le tuteur ne peut prendre que deux partis : ou l'accepter sous bénéfice d'inventaire, ou la refuser. En outre, il ne peut prendre l'un de ces deux partis qu'avec l'autorisation du conseil de famille ; car l'acceptation bénéficiaire elle-même peut être préjudiciable au mineur. — Effectivement, comme tout héritier qui accepte une succession est tenu de faire le rapport des libéralités qu'il a reçues du défunt, il sera quelquefois plus avantageux au mineur de conserver les libéralités en renonçant à la succession, plutôt que d'en être privé en l'acceptant.

Le tuteur qui a répudié une succession peut-il revenir sur sa renonciation ?

En principe, on doit considérer comme inattaquable toute opération qui a été faite de bonne foi et d'une manière régulière pour le compte d'un mineur. — Par exception, l'article 462 permet au tuteur de revenir sur la renonciation qu'il aurait faite à une succession échue au mineur. Tant que la succession n'a pas été appréhendée par des héritiers d'un degré subséquent, le tuteur peut la reprendre, en vertu d'une nouvelle délibération du conseil de famille. Après sa majorité, le mineur le peut également. Mais ils doivent l'un et l'autre respecter les actes que le curateur nommé à la succession vacante a pu valablement accomplir. (Art. 462.)

Pourquoi le tuteur a-t-il besoin de l'autorisation du conseil de famille pour accepter une donation offerte au pupille ?

Le tuteur doit obtenir l'autorisation du conseil de famille pour accepter une donation faite au mineur, parce que la donation peut être grevée de charges onéreuses, ou sujette à résolution ou à réduction, et aussi parce que des convenances respectables exigent qu'elle ne soit pas acceptée sans l'avis du conseil de famille. Il pourrait arriver en effet qu'une donation fût de nature à porter atteinte à l'honneur et à la considération de la famille : par exemple, si elle était offerte par une personne d'une réputation équivoque.

Toutefois, les père et mère du mineur, et, même du vivant des père et mère, les autres ascendants, quoiqu'ils ne soient ni tuteurs ni curateurs du mineur, peuvent accepter pour lui une donation qui lui est faite, sans avoir à obtenir l'autorisation d'un conseil de famille, parce qu'ils sont en état d'apprécier mieux que personne la convenance d'une acceptation.

Quels sont les actes que le tuteur ne peut faire qu'avec l'autorisation du conseil de famille et l'homologation du tribunal ?

On appelle *homologation*, l'approbation donnée par le tribunal, assemblé en la chambre du conseil, à une décision du conseil de famille. — Ces deux garanties, l'autorisation du conseil et l'approbation du tribunal, sont nécessaires pour les actes qui seraient de nature à compromettre le patrimoine du mineur. Ainsi la loi les exige :

1° Pour emprunter ;

2° Pour aliéner les immeubles du mineur ;

3° Pour les hypothéquer.

Au reste, les autorisations pour emprunter, et pour aliéner ou hypothéquer les immeubles du mineur, ne doivent pas être accordées facilement par le conseil de famille. La loi exige qu'il ne les accorde que pour cause de nécessité ou d'avantage évident. En donnant son autorisation, le conseil de famille indiquera les immeubles qui doivent être vendus de préférence, ainsi que les conditions de la vente.

L'aliénation aura lieu aux enchères publiques et sera reçue par un juge, ou par un notaire à ce commis. Elle sera annoncée à l'avance par des affiches, qui seront apposées, trois dimanches de suite, aux lieux accoutumés dans le canton.

Les mêmes formalités devront être observées dans le cas où la licitation des biens du mineur aurait été ordonnée par le tribunal, sur la provocation d'un co-propriétaire indivis. — Seulement, il n'y aura pas besoin de l'autorisation du conseil de famille et de l'homologation du tribunal pour cette licitation. (Art. 457, 458, 459, 460.)

Quels sont les actes que le tuteur ne peut faire qu'avec l'autorisation du conseil de famille, l'homologation du tribunal et l'avis de trois jurisconsultes ?

Il n'y a qu'un acte pour lequel ces trois garanties soient simultanément exigées, c'est la transaction.

La *transaction* est un contrat par lequel les parties terminent une contestation née ou à naître, au moyen de sacrifices réciproques.

La transaction présente une certaine analogie avec l'acquiescement. Toutefois, il existe une notable différence entre ces deux actes. — Ainsi, la transaction suppose une réciprocité de sacrifices de la part des deux parties ; tandis que dans l'acquiescement la personne poursuivie fait seule abandon de ses prétentions au profit du demandeur.

A la différence de la transaction, l'acquiescement peut être consenti par le tuteur, après une simple autorisation du conseil de famille. — Effectivement, il ne peut avoir lieu que dans les cas où il est de toute évidence que les prétentions du demandeur sont fondées ; tandis que dans la transaction les prétentions de chaque partie sont également douteuses, puisqu'elles consentent réciproquement à en rabattre quelque chose. (Art. 467.)

Quels sont les actes que le tuteur ne peut jamais faire ?

Les actes que le tuteur ne peut jamais faire sont ceux qui mettraient ses intérêts en opposition avec ceux du pupille, ou qui seraient de nature à nuire à ce dernier. Ainsi, il ne peut pas :

1° Accepter purement et simplement une succession échue au mineur ;

2° Disposer de ses biens par donation ;

3° S'en rendre acquéreur amiablement ou aux enchères publiques. — Toutefois, on admet qu'il peut s'en rendre adjudicataire, s'il est co-propriétaire avec le mineur des biens vendus, ou s'il a sur eux un droit d'hypothèque. Dans ce cas, il doit préalablement faire nommer un tuteur *ad hoc*, pour représenter le mineur.

4° Les prendre à ferme. — Toutefois, le conseil de famille peut autoriser le subrogé tuteur à lui passer un bail, car il peut être utile au mineur de donner la location d'un immeuble à son propre tuteur.

5° Se rendre cessionnaire à titre onéreux de droits ou créances existant contre le pupille ; parce qu'il y aurait à craindre que le tuteur ne négligeât les divers moyens de défense, tels que compensation, prescription, que le pupille pourrait avoir.

6° Faire un compromis pour le mineur. — On appelle *compro-*

mis, l'acte par lequel les parties remettent à un tiers la décision d'un différend. En consentant un compromis pour le mineur, le tuteur lui ferait perdre les avantages de la protection que le ministère public est tenu de lui fournir dans toutes les contestations judiciaires qui l'intéressent. (Art. 450, 461.)

SECTION IX
DES COMPTES DE LA TUTELLE.

Le tuteur n'est-il pas responsable de sa gestion ?

Oui ; le tuteur est responsable de sa gestion et il doit en rendre compte lors de la cessation de ses fonctions.

Le compte doit être rendu : 1° au mineur lui-même, lorsque la tutelle a cessé par l'effet de sa majorité ; 2° au curateur, lorsqu'elle a cessé par l'effet de l'émancipation du pupille ; 3° au nouveau tuteur, lorsqu'elle a cessé par le décès du tuteur, par sa décharge ou par sa destitution ; 4° aux héritiers du mineur, lorsque celui-ci est décédé. (Art. 469.)

Le tuteur n'a-t-il pas à fournir également des états de situation ?

Oui ; outre le compte définitif de tutelle, les tuteurs autres que le père ou la mère (1) peuvent être tenus, même durant la tutelle, de remettre au subrogé tuteur des états de situation de leur gestion, aux époques fixées par le conseil de famille, sans néanmoins pouvoir être astreints à en fournir plus d'un chaque année.

Ces états de situation seront rédigés et remis sans frais, sur papier non timbré, et sans aucune formalité de justice. (Art. 470.)

En quoi consiste le compte de tutelle ?

Le compte de tutelle consiste en un tableau des recettes et des dépenses. — L'excédant de la recette sur la dépense ou de la dépense sur la recette se nomme *reliquat.*

Lorsqu'il y a un reliquat des recettes, c'est-à-dire lorsqu'il résulte du compte de tutelle que le tuteur doit restituer au pupille une somme d'argent, les intérêts de cette somme courent *de plein droit* au profit du pupille à partir de la clôture du compte.

1) Les père et mère pourraient eux-mêmes être tenus de fournir des états périodiques, s'ils n'étaient tuteurs que par nomination du conseil de famille. Marcadé, II, 277.

— Lorsqu'il y a, au contraire, un reliquat de dépenses, c'est-à-dire lorsque c'est le pupille qui est débiteur envers son tuteur à raison des avances faites par ce dernier, les intérêts ne courent au profit de celui-ci *qu'à partir de la sommation* qui lui a été faite de payer.

Il y a dans ces deux cas une dérogation à la règle que les sommes dues ne produisent d'intérêts *qu'à partir de la demande en justice*. — La raison en est qu'il serait regrettable de voir l'ex-mineur exercer des poursuites contre son ancien tuteur, ou être poursuivi par lui au lendemain de sa majorité. Et comme on pouvait craindre que l'état de dépendance dans lequel le pupille s'est trouvé vis-à-vis du tuteur, et les habitudes de respect et de déférence qu'il a conservées pour lui ne l'empêchent de le poursuivre, la loi le dispense d'exercer aucun acte de poursuite contre lui ; et elle décide que les intérêts du reliquat de recettes existant en sa faveur courront de plein droit, sans qu'il ait même besoin d'adresser une simple sommation au tuteur. (Art. 474.)

Comment le compte de tutelle est-il rendu ?

Le compte de tutelle peut être rendu, soit amiablement, soit judiciairement, suivant que les parties se trouvent ou non d'accord. — Il avait d'abord été question, lors des travaux préparatoires du Code, de faire intervenir le conseil de famille, à titre de conciliateur, dans le règlement du compte, afin d'éviter autant que possible un débat judiciaire. Mais le conseil d'Etat rejeta cette mesure extraordinaire, comme « blessant le droit que le pupille acquiert par la majorité de régler lui-même ses affaires ».

Lorsque le compte de tutelle est rendu amiablement, il doit être constaté par acte sous seing privé ou par acte authentique. Les frais en sont à la charge du mineur ou de ses représentants, parce que c'est dans leur intérêt que la tutelle a été gérée ; mais le tuteur doit en faire l'avance. — Toutefois les frais pourraient être mis à la charge du tuteur s'il avait été destitué, parce qu'alors ils auraient été occasionnés par sa faute. (Art. 471, 473.)

Le mineur peut-il dispenser son tuteur de la reddition des comptes ?

Non ; le mineur ne peut pas dispenser son tuteur de la reddition des comptes. — Bien plus, il ne peut même pas donner décharge du compte qui lui a été présenté, lorsqu'il ne s'est

20

pas écoulé plus de dix jours depuis sa présentation (1).

Ces prohibitions ont pour but de prémunir l'ex-mineur contre sa propre imprudence, et d'empêcher qu'il ne fasse trop facilement abandon de ses droits en faveur d'une personne dont il a longtemps subi l'influence. (Art. 472.)

Quelle est la durée des actions du mineur contre son tuteur?

Aux termes de l'article 475, toute action du mineur contre son tuteur, relativement aux faits de la tutelle, se prescrit par dix ans, à compter de la majorité. — Il y a ici une dérogation à la règle que les actions en général se prescrivent par trente ans. Elle s'explique par la raison que le tuteur remplit gratuitement une charge très lourde, et qu'il importe de ne pas l'aggraver en le laissant trop longtemps sous le coup d'une poursuite.

Au surplus, notre article n'est applicable qu'aux faits de la tutelle. — En conséquence, toute action qui n'aurait pas pour objet l'examen des actes du tuteur, mais qui se référerait à des dettes indépendantes des faits de la tutelle, par exemple à des obligations provenant d'un partage entre le tuteur et le pupille, ou à des réclamations pour erreur matérielle ou pour le payement du reliquat, ne serait prescriptible que par trente ans. (Art. 475).

CHAPITRE TROISIÈME

DE L'ÉMANCIPATION.

Articles 476 à 487.

Qu'est-ce que l'émancipation ?

L'émancipation est un acte par lequel le mineur devient capable de gouverner sa personne et d'administrer ses biens. — C'est, comme on le voit, un état intermédiaire entre la minorité et la majorité.

Les effets de l'émancipation consistent à faire acquérir au mi-

---

(1) Mais, si le traité intervenu entre le mineur, après sa majorité, et son tuteur est radicalement nul, il n'en est pas de même du traité passé avec la femme ou les héritiers du tuteur. Cass., 28 mai 1879.

neur l'usufruit de ses biens personnels, et à lui permettre de les administrer. — Mais ses pouvoirs sont limités par l'autorité du conseil de famille et par l'assistance d'un curateur.

Comment a lieu l'émancipation ?

L'émancipation peut avoir lieu tacitement ou expressément.

Elle a lieu *tacitement*, par le mariage du mineur. — Le mariage opère de plein droit, sans aucune formalité, l'émancipation des époux mineurs ; car celui qui est reconnu capable de remplir les devoirs qui en découlent doit évidemment être capable de se gouverner lui-même.

Elle a lieu *expressément* : 1° lorsque le père ou la mère sont vivants, au moyen d'une déclaration faite par le père, ou, à son défaut, par la mère, en présence du juge de paix ; 2° lorsqu'ils sont décédés, par une délibération du conseil de famille, suivie de la déclaration prononcée dans le même acte par le juge de paix, comme président du conseil de famille, *que le mineur est émancipé*. (Art. 476, 477, 478.)

A quel âge l'enfant peut-il être émancipé ?

Il faut distinguer :

1° Lorsque le père ou la mère sont vivants, l'enfant peut être émancipé à l'âge de quinze ans révolus. — Lorsqu'ils sont décédés, il ne peut être émancipé qu'à l'âge de dix-huit ans révolus.

La raison de cette différence est que le père ou la mère sont mieux que personne en état d'apprécier le degré de capacité de leur enfant, et qu'ils pourront d'ailleurs, après l'avoir émancipé, conserver encore sur lui une influence salutaire et lui faire entendre au besoin de sages conseils.

Afin que la négligence du tuteur ne devienne pas une cause de retard de l'émancipation, le Code autorise tous les parents du mineur, jusqu'au degré de cousin germain, à requérir du juge de paix la convocation du conseil de famille pour délibérer à ce sujet ; et il oblige celui-ci à déférer à cette réquisition. (Art. 477, 478, 479.)

Comment a lieu la nomination du curateur ?

A l'exception du mari, qui est de plein droit curateur de sa femme, et des père et mère, qui sont de plein droit curateurs de l'enfant qu'ils ont émancipé, la curatelle est déférée par le conseil de famille. — Si le mari est lui-même un mineur émancipé, et qu'on lui ait en cette qualité donné un curateur, celui-ci ne de-

vra s'occuper que des affaires du mari : le conseil de famille nom-
mera, pour chaque affaire relative à la femme, un curateur spécial qui sera chargé d'assister le mari.

Le mineur émancipé doit recevoir son compte de tutelle en
présence de son curateur. — Si l'ex-tuteur était lui-même
appelé à remplir les fonctions de curateur, le conseil de
famille élirait un curateur spécial pour la reddition du compte
de tutelle. (Art. 480.)

**Quelles différences y a-t-il entre les fonctions du curateur
et celles du tuteur ?**

La principale différence entre les fonctions du curateur et celles du tuteur est celle-ci : le curateur surveille l'administration de
l'émancipé, et il l'assiste dans les actes les plus importants qui
en dépendent ; mais il ne gouverne pas sa personne, et il ne le
représente pas dans les actes civils. — Le tuteur, au contraire,
est donné à la personne et aux biens du pupille ; il le représente
dans les actes civils, il agit pour lui et en son nom.

Au reste, les causes de dispense, d'exclusion ou de destitution
de la tutelle s'appliquent également aux curateurs.

Il faut également distinguer le curateur qui assiste le mineur
d'une manière permanente et pour la généralité des actes, du
curateur *ad hoc*, nommé pour une opération particulière dans
tous les cas où il y aurait opposition d'intérêts entre le curateur
ordinaire et le mineur émancipé.

Quels sont les pouvoirs de l'émancipé ?

Les pouvoirs de l'émancipé se bornent à la simple administration de ses biens ; ils sont même moins étendus que ceux d'un
administrateur ordinaire. — Au reste, pour les déterminer avec
plus de précision, on divise ordinairement les actes de la curatelle en six classes, savoir :

1° Ceux que l'émancipé peut faire seul ;

2° Ceux qu'il ne peut faire qu'avec l'assistance de son curateur;

3° Ceux qu'il ne peut faire qu'avec l'assistance de son curateur
et l'autorisation du conseil de famille ;

4° Ceux qu'il ne peut faire qu'avec l'assistance de son curateur,
l'autorisation du conseil de famille et l'homologation du tribunal;

5° Ceux qu'il ne peut faire qu'avec l'assistance de son curateur,
l'autorisation du conseil de famille, l'homologation du tribunal
et l'avis de trois jurisconsultes;

6° Ceux qu'il ne peut jamais faire.

Quels sont les actes que l'émancipé peut faire seul ?

Les actes que l'émancipé peut faire seul sans avoir besoin de l'assistance de son curateur sont ceux de pure administration. — Ils consistent :

1° A passer des baux n'excédant pas neuf ans ;

2° A percevoir ses revenus, en donner quittance, intenter les actions qui y sont relatives ;

3° A faire les dépenses nécessaires à la conservation de ses biens, et à son entretien personnel pour nourriture, vêtement, logement . (Art. 481.)

Quels sont les actes que l'émancipé ne peut faire qu'avec l'assistance de son curateur ?

L'émancipé a besoin de l'assistance de son curateur, mais elle lui suffit :

1° Pour recevoir son compte de tutelle ;

2° Pour intenter les actions relatives aux immeubles ou aux capitaux mobiliers, ainsi que pour y défendre ;

3° Pour recevoir un capital mobilier et en donner décharge.

4° Pour accepter une donation. (Art. 480, 482, 935.)

Quels sont les actes que l'émancipé ne peut faire qu'avec l'assistance de son curateur et l'autorisation du conseil de famille ?

Tant qu'il ne s'agit que des actes d'administration, l'émancipé peut les faire, soit seul soit avec l'assistance de son curateur, suivant leur importance. Mais la loi devient plus rigoureuse à mesure que les actes ont plus de gravité. — Ainsi elle exige en outre l'autorisation du conseil de famille :

1° Pour accepter ou refuser une succession ;

2° Pour aliéner les rentes, actions ou obligations négociables à la Bourse. L'homologation du tribunal est nécessaire lorsque la valeur en capital des meubles à aliéner dépasse 1,500 fr. Ces formalités doivent être observées pour convertir des titres nominatifs en titres au porteur ;

3° Pour acquiescer à une demande immobilière. (Art. 484.)

Quels sont les actes que l'émancipé ne peut faire qu'avec l'assistance de son curateur, l'autorisation du conseil de famille et l'homologation du tribunal ?

La loi exige que l'émancipé soit assisté de son curateur et qu'il ait en outre une autorisation du conseil de famille, homologuée par le tribunal :

1° Pour aliéner ses immeubles ;
2° Pour les hypothéquer ;
3° Pour emprunter.

Enfin la loi exige, en outre, l'avis de trois jurisconsultes pour que l'émancipé puisse transiger. (Art. 483, 484.)

Quels sont les actes que l'émancipé ne peut jamais faire?

Les actes que l'émancipé ne peut jamais faire sont ceux qui ne peuvent que lui être nuisibles. Ainsi, il lui est absolument interdit :

1° De disposer de ses biens à titre gratuit ;
2° De faire un compromis.

Les tribunaux n'ont-ils pas la faculté de réduire certains engagements que l'émancipé a contractés ?

Oui ; aux termes de l'article 484, les engagements que l'émancipé a contractés, par voie d'achat ou autrement, peuvent être réduits, lorsqu'ils sont jugés excessifs. — A cet égard, les tribunaux prendront en considération la fortune du mineur, la bonne ou la mauvaise foi des personnes qui ont contracté avec lui, l'utilité ou l'inutilité des dépenses qu'il a faites.

Notons que les engagements dont il s'agit ici sont des engagements pour lesquels l'émancipé avait une pleine et entière capacité. Autrement, les juges n'auraient pas à les réduire comme excessifs, mais à les annuler. En un mot, il s'agit ici de dépenses qui, restreintes à de justes limites, eussent été parfaitement régulières comme actes d'administration, et qui ne sont réductibles qu'à raison de l'excès où le mineur a été entraîné ; par exemple, il aura acheté un mobilier somptueux, des chevaux, des équipages, etc. (Art. 484.)

La réduction des engagements excessifs fait-elle perdre à l'émancipé le bénéfice de l'émancipation ?

Il faut distinguer :

La réduction des engagements excessifs n'enlève pas *de plein droit* à l'émancipé le bénéfice de l'émancipation ; mais elle peut le lui faire perdre, si les père et mère, et, à leur défaut, le conseil de famille le demandent. — Au reste, l'émancipation ne peut jamais être retirée lorsqu'elle a eu lieu par le mariage de l'émancipé.

Pour retirer l'émancipation, on doit suivre les mêmes formes que celles qui ont eu lieu pour la conférer.

Le mineur dont l'émancipation a été révoquée retombe aussitôt en tutelle ou en puissance paternelle, et il ne peut plus en être affranchi par une nouvelle émancipation.

Observons, en terminant, que le mineur émancipé qui fait un commerce est réputé majeur pour les faits relatifs à son commerce. Ainsi il peut hypothéquer ses immeubles comme le ferait un majeur, il peut transiger et compromettre, pourvu que cet acte ne serve pas à dissimuler une libéralité. (Art. 485, 486, 487.)

LIVRE I, TITRE XI

De la majorité, de l'interdiction et du conseil judiciaire.

DÉCRÉTÉ LE 29 MARS 1803. — PROMULGUÉ LE 8 AVRIL.

Après les femmes mariées et les mineurs, viennent les interdits qui forment la troisième classe d'incapables.

De même que les mineurs qui peuvent être, soit en état de minorité, soit en état d'émancipation, les majeurs peuvent encourir deux degrés d'incapacité, savoir : l'interdiction, c'est-à-dire la privation complète de l'exercice de tous leurs droits ; et la demi-interdiction, c'est-à-dire la privation de l'exercice de certains droits.

Le titre de l'interdiction est ainsi divisé :

CHAP. I. — De la majorité.

CHAP. II. — De l'interdiction.

CHAP. III. — De la demi-interdiction ou du conseil judiciaire

---

CHAPITRE PREMIER

DE LA MAJORITÉ.

Article 488.

Qu'est-ce que la majorité ?

On appelle *majorité*, l'époque où les personnes sont en général capables d'exercer leurs droits civils.

Cette époque est fixée par la loi à l'âge de vingt et un ans accomplis. — A cet âge, on est capable de tous les actes de la vie civile ; sauf les exceptions relatives au mariage et celles que font naître l'interdiction ou la nomination d'un conseil judiciaire. Art. 488.)

Comment se calcule la majorité ?

Suivant quelques auteurs, la majorité devrait se calculer de jour à jour, comme pour la prescription. — Mais on admet généralement qu'il faut la calculer d'heure à heure, *de momento ad momentum ;* autrement, on ne s'expliquerait pas pourquoi l'article 57 exige que la mention du jour et de l'heure soit portée sur l'acte de naissance.

CHAPITRE DEUXIÈME

DE L'INTERDICTION.

Articles 489 à 512.

Qu'est-ce que l'interdiction ?

L'interdiction est l'état d'un majeur qui est déclaré par jugement ou par la loi incapable d'exercer ses droits civils. Il y a, en effet, deux sortes d'interdictions : l'une, qui est appelée interdiction *judiciaire*, parce qu'elle est prononcée par jugement ; l'autre, qui est appelée interdiction *légale*, parce qu'elle est attachée par la loi aux condamnations afflictives et infamantes. — Nous avons déjà mentionné celle-ci dans le chapitre intitulé *De la privation des droits civils*, et nous nous occuperons ici exclusivement de l'interdiction judiciaire.

Quelles sont les causes d'interdiction judiciaire ?

Les causes d'interdiction judiciaire sont :

1° L'*imbécillité*, c'est-à-dire une faiblesse d'esprit qui rend un homme incapable de concevoir nettement une idée ;

2° La *démence*, c'est-à-dire un dérangement d'esprit qui rend les idées incohérentes ;

3° La *fureur*, c'est-à-dire la démence accompagnée de violence.

L'interdiction ne peut être prononcée que lorsque l'état d'imbécillité, de démence ou de fureur s'est révélé par des actes *habituels*. Quelques faits isolés ne suffiraient pas pour y donner lieu. Mais à l'inverse, quelques intervalles de lucidité n'empêcheraient pas de la prononcer. (Art 489.)

Quelles sont les personnes contre lesquelles on peut former une demande en interdiction ?

Si l'on s'en référait uniquement aux termes de l'article 489, il faudrait décider que la demande en interdiction ne peut être formée que contre les majeurs, car cet article ne fait mention que du majeur. Mais on convient généralement que les rédacteurs du Code ont voulu, en parlant des majeurs, exprimer le cas le plus habituel de l'interdiction, sans exclure l'application de la loi à un mineur dans les cas, très rares d'ailleurs, où il serait utile de l'interdire.

On peut donc former également une demande en interdiction contre un mineur, principalement lorsqu'il est sur le point d'atteindre sa majorité, afin qu'il n'ait pas un instant de capacité légale pendant lequel il puisse faire des actes qui lui seraient préjudiciables. C'est ce qui résulte des articles 174 et 175, aux termes desquels les collatéraux ou le tuteur qui forment opposition au mariage d'un mineur à raison de son état de démence, doivent provoquer son interdiction (1).

Qui peut former une demande en interdiction ?
Peuvent former une demande en interdiction :
1° Les parents du malade, à quelque degré qu'ils se trouvent (2);
2° Son conjoint;
3° Le procureur de la république.

Toutefois, en ce qui concerne le procureur de la république, une distinction est nécessaire. — Dans les cas d'imbécillité ou de démence, il ne peut provoquer l'interdiction que si l'aliéné n'a ni conjoint, ni parents. Dans les cas de fureur, il a, au contraire, le droit et le devoir de provoquer l'interdiction lors même que l'aliéné a des parents, si ceux-ci négligent de le faire; car il agit alors dans un intérêt de sécurité publique (3). (Art. 490, 491.)

Quelle est la procédure à suivre pour obtenir l'interdiction?
Pour obtenir l'interdiction judiciaire, il faut porter la demande devant le tribunal de première instance du domicile de l'aliéné. — Cette demande est rédigée en la forme d'une requête au président du tribunal, dans laquelle les faits d'imbécillité, de démence ou de fureur sont articulés par écrit.

(1) L'action en interdiction une fois intentée ne s'éteint pas par le désistement du demandeur. Nancy, 15 juin 1865.
(2) Les alliés n'ont pas qualité pour provoquer l'interdiction. Besançon, 24 juin 1859.
(3) Un individu pourrait provoquer lui-même son interdiction. Marcadé, II, 491. — *Contrà:* Valette, *C. de C. c.*, p. 599.

Le président nomme un juge rapporteur, et communique la demande au ministère public. — Ensuite, le tribunal prononce un premier jugement dans lequel il rejette la demande ou la déclare admissible. Dans ce dernier cas, il ordonne que le conseil de famille se réunisse et donne son avis sur l'état de l'aliéné (1).

Le conseil de famille est composé, comme pour la tutelle d'un mineur, de six parents ou alliés pris dans les deux lignes : les enfants de l'aliéné et son conjoint en font partie. Toutefois, les parents qui ont provoqué l'interdiction en sont exclus, à l'exception des enfants et du conjoint de l'aliéné, qui entrent dans le conseil de famille lors même qu'ils ont formé la demande en interdiction, mais qui n'y ont alors que voix consultative.

Après avoir reçu l'avis du conseil de famille, le tribunal interroge le malade dans la chambre du conseil, ou, s'il est dans l'impossibilité de s'y rendre, le fait interroger dans sa demeure par un de ses membres.

Après ce premier interrogatoire, le tribunal pourra commettre un administrateur provisoire pour prendre soin de la personne et des biens du malade, s'il y avait lieu de surseoir à l'interdiction.

Le jugement sur l'interdiction sera rendu en audience publique. En cas d'appel, la Cour pourra, si elle le juge nécessaire, interroger de nouveau le malade.

Afin d'avertir les tiers qui pourraient avoir à traiter avec l'interdit, les arrêts ou jugements emportant interdiction seront affichés dans l'auditoire du tribunal et dans les études des notaires de l'arrondissement. (Art. 492, 493, 494, 495, 496, 497, 498, 500, 501.)

Le tribunal est-il dans l'alternative rigoureuse de rejeter ou d'admettre la demande en interdiction ?

Non; la loi autorise le tribunal saisi d'une demande en interdiction à prendre un parti intermédiaire entre le rejet ou l'adoption pure et simple de la demande. — S'il juge que les facultés mentales du malade sont ébranlées, sans être cependant trop gravement atteintes, il peut prononcer seulement la demi-interdiction, c'est-à-dire nommer un administrateur, appelé conseil judiciaire, sans l'assistance duquel le malade ne pourra pas faire certains actes importants, tout en conservant sa capacité pour les autres actes. (Art. 499.)

(1) Le tribunal peut fort bien rejeter la demande avant même de consulter le conseil de famille. Marcadé, II, 314. — Cass., 5 avril 1865.

Quels sont les effets de l'interdiction ?

Le jugement d'interdiction a pour effet de rendre l'interdit incapable de gouverner sa personne et d'administrer ses biens; par suite, il donne lieu à l'ouverture de la tutelle.

L'incapacité commence au jour du jugement, lors même que les affiches qui doivent porter l'interdiction à la connaissance des tiers n'auraient pas encore été apposées. C'est ce qu'exprime formellement l'article 502; tandis que l'article 501 accorde un délai de dix jours pour l'expédition et l'affiche du jugement. — A partir du jugement, tous les actes passés par l'interdit sont *nuls de droit*, c'est-à-dire que le seul fait de l'interdiction suffit pour les faire annuler, sans qu'on ait besoin d'examiner s'ils sont préjudiciables ou non à l'interdit, ou s'ils ont été contractés ou non dans un moment de folie. — Au reste, cette nullité ne pourra être invoquée que par l'interdit ou ses héritiers, et seulement pendant dix ans à partir de la cessation de l'interdiction.

Suivant M. Valette, ces expressions de l'article 502 *tous actes passés postérieurement* ne devraient pas être pris à la lettre et dans un sens trop absolu. L'interdit étant représenté par un tuteur, se trouverait incapable de tous les actes relatifs à son patrimoine; mais il pourrait accomplir ceux pour lesquels il ne saurait être suppléé par son tuteur. Ainsi il pourrait contracter mariage, ou faire son testament. — Mais cette doctrine est repoussée par la plupart des auteurs. Ils donnent à l'article 582 un sens illimité, et qui s'applique sans exception à tous les actes faits par l'interdit.

Bien que l'incapacité de l'interdit commence, comme on l'a vu, au jour du jugement, on ne lui donne un tuteur que lorsque la Cour a confirmé le jugement, ou que les délais pour former appel sont expirés. Dans l'intervalle, ses biens sont gérés par un administrateur provisoire. (Art. 502, 505, 1304.)

Les actes faits par l'interdit avant son interdiction sont-ils également nuls de droit ?

Non; les actes faits par l'interdit avant son interdiction ne sont pas nuls de droit, comme ceux qui ont été faits postérieurement à l'interdiction. Les juges ont un pouvoir d'appréciation pour maintenir ou annuler ces actes, en tenant compte de leur importance, de l'état mental de l'interdit, de la bonne ou de la mauvaise foi des contractants. Ils ne pourront en prononcer l'annulation que si l'interdit ou ses héritiers prouvent que la folie existait effectivement à l'époque où ils ont été passés et qu'elle était habituelle et notoirement connue. Et même, dans le cas de folie, les tiers pourront encore faire maintenir le contrat, en établissant que, malgré son état habituel de folie, le malade se trouvait dans un intervalle lucide au moment même où il a contracté. (Art. 503.)

Les actes faits par une personne décédée peuvent-ils être attaqués par ses héritiers pour cause de démence ?

En principe, les actes faits par une personne qui est décédée ne peuvent pas être attaqués. On a voulu par là écarter une multitude de procès très difficiles à juger. — Néanmoins la loi admet une exception dans deux cas : 1° lorsque la personne décédée avait été interdite avant son décès, ou qu'on avait tout au moins formé contre elle une demande en interdiction ; 2° lorsque l'acte même qui est attaqué porte des traces de démence.

Au reste, les auteurs sont généralement d'accord pour décider que cette règle rigoureuse ne s'applique qu'aux actes à titre onéreux, dont l'annulation porterait une trop grave atteinte à la sécurité des contrats. — Quant aux actes à titre gratuit, l'article 901 exprime formellement qu'il faut être sain d'esprit pour pouvoir les accomplir; et l'on doit en conclure qu'ils peuvent être attaqués après la mort du donateur, lors même que celui-ci n'avait pas été interdit, ou que l'acte ne porte pas des traces de démence. Il suffit de prouver que le donateur était en état de folie au moment du contrat.

Par dérogation à l'article 504, la loi du 30 juin 1838 sur les aliénés décide que les actes faits par une personne dans un établissement d'aliénés, pendant le temps qu'elle y aura été retenue, *sans que son interdiction ait été ni prononcée ni provoquée*, pourront être attaqués pour cause de démence. — C'est là une disposition très sage ; car si une personne a fait un acte lorsqu'elle était retenue dans une maison d'aliénés, il est douteux qu'elle ait agi en pleine connaissance de cause. L'acte ne sera pas nul de droit sans doute, car la personne n'a pas été interdite; mais les juges pourront l'annuler même après la mort de l'aliéné, s'ils jugent que la folie existait au moment où il a contracté. (Art. 504.)

Par qui est déférée la tutelle des interdits ?

La tutelle des interdits est toujours déférée par le conseil de

famille, sauf un seul cas, celui où l'interdiction est prononcée
contre une femme mariée. Son mari en devient alors tuteur de
plein droit (1).

La femme de l'interdit peut également être tutrice de son mari;
mais elle ne l'est pas de plein droit : il faut qu'elle soit nommée
par le conseil de famille, qui, en la nommant, règlera la forme
et les conditions de son administration. — Dans le cas où elle
serait lésée par la décision du conseil, elle pourra former appel
devant le tribunal. (Art. 506, 507.)

Quels sont les pouvoirs du tuteur de l'interdit ?

De même que le tuteur qui est donné aux mineurs, le tuteur
de l'interdit exerce ses fonctions sous l'autorité d'un conseil de
famille et sous la surveillance d'un subrogé tuteur. Ses droits et
ses devoirs sont également les mêmes, sauf deux différences à
observer : 1° il peut, après dix ans, se faire décharger de la
tutelle, s'il n'est ni l'époux, ni l'ascendant, ni le descendant de
l'interdit; 2° il doit employer les revenus de l'interdit à adoucir
son sort et à accélérer sa guérison, plutôt que de chercher à les
capitaliser. — Selon le caractère de la maladie de l'interdit et
l'état de sa fortune, le conseil de famille pourra décider qu'il
sera traité dans son domicile, ou qu'il recevra des soins dans une
maison de santé, et même dans un hospice.

Notons que le tuteur ne peut pas disposer des biens de l'interdit pour l'établissement des enfants de celui-ci ; ni même, en
cas de mariage, arrêter leurs conventions matrimoniales, sans
l'autorisation du conseil de famille et l'homologation du tribunal (2). (Art. 508, 509, 510, 511.)

**Quelles différences y a-t-il entre l'incapacité du mineur et
celle de l'interdit judiciaire ?**

Entre l'incapacité du mineur et celle de l'interdit, il y a les différences suivantes : L'incapacité des mineurs est de droit commun ; elle s'applique à tous les mineurs, et elle résulte uniquement de la loi. En outre, les mineurs peuvent se marier, être
tuteurs de leurs enfants, faire un testament lorsqu'ils ont seize

(1) Toutefois, en cas de séparation de corps, la tutelle d'une femme interdite n'appartient pas de plein droit à son mari. Cass., 25 nov. 1857. —
Poitiers, 22 avril 1869. — Valette, p. 619.

(2) Le jugement rendu par défaut contre un interdit, et non contre son tuteur,
est nul. Trib. Seine, 29 nov. 1879.

ans accomplis. — L'incapacité des interdits est, au contraire, exceptionnelle, et elle résulte uniquement d'une décision judiciaire. De plus, les interdits ne peuvent, suivant l'opinion la plus générale, ni se marier, ni faire un testament. Les actes faits par eux depuis leur interdiction sont nuls de droit, tandis que les actes d'administration faits par les mineurs ne sont annulables que si le mineur a été lésé.

Au reste, pour les mineurs comme pour les interdits, la nullité est purement relative, et elle ne peut être invoquée que par eux ou par leurs représentants.

Comment cesse l'interdiction judiciaire ?

L'interdiction judiciaire cesse avec les causes qui l'ont déterminée : néanmoins, l'interdit ne pourra reprendre l'exercice de ses droits qu'après avoir obtenu un jugement en mainlevée d'interdiction, qui sera rendu suivant les formes prescrites pour parvenir à l'interdiction. — Ainsi, le tribunal consultera d'abord le conseil de famille et interrogera le malade avant de statuer sur la mainlevée.

Le tribunal compétent à cet effet sera celui qui a prononcé l'interdiction. — Si l'affaire est portée en appel, elle sera jugée par la Cour en audience solennelle, comme se rattachant à l'état civil.

La demande en mainlevée pourra être formée par l'interdit lui-même. (Art. 512.)

Quelles différences y a-t-il entre l'interdiction judiciaire et l'interdiction légale ?

L'interdiction *judiciaire* résulte d'un jugement et elle est établie dans l'intérêt de l'interdit, afin de l'empêcher de se nuire à lui-même. L'interdiction *légale*, au contraire, est attachée par la loi à certaines condamnations pénales, telles que les travaux forcés à temps, la détention ou la réclusion, pendant toute la durée de la peine, et elle constitue elle-même une peine accessoire. De là naissent les conséquences suivantes:

1° La nullité des actes faits par l'interdit judiciaire ne peut être invoquée que par lui ou par ses héritiers. — Au contraire, la nullité des actes faits par la personne qui a encouru une interdiction légale peut être invoquée par les tiers qui ont contracté avec elle.

2° L'interdit judiciaire ne peut, suivant l'opinion la plus générale, ni se marier, ni faire son testament. — Au contraire, on admet que l'individu qui a encouru une interdiction légale peut valablement contracter mariage et faire son- testament, parce qu'il n'est privé que de l'exercice de ses droits, et qu'ici la privation de l'exercice entraînerait celle de la jouissance.

CHAPITRE TROISIÈME

DU CONSEIL JUDICIAIRE.

Articles 513 à 515.

Qu'est-ce qu'un conseil judiciaire ?

On appelle *conseil judiciaire*, la personne nommée par le tribunal pour assister dans certains actes les *prodigues*, c'est-à-dire ceux qui font des dépenses exagérées et de nature à compromettre leur patrimoine, et les *faibles d'esprit* (1).

Les personnes pourvues d'un conseil judiciaire sont placées dans un état intermédiaire entre la capacité parfaite et l'interdiction absolue. Cet état intermédiaire a été quelquefois désigné sous le nom de demi-interdiction, expression assez malheureuse d'ailleurs.

En droit romain et dans notre ancien droit, les prodigues étaient assimilés aux interdits et recevaient un curateur. Les rédacteurs du Code, considérant que la prodigalité a des caractères bien différents de la démence, établirent des règles particulières.

En quoi consiste l'incapacité des prodigues et des faibles d'esprit?

Aux termes de l'article 513, les prodigues ne peuvent ni

---

(1) Les engagements pris par un prodigue pourvu d'un conseil judiciaire ne peuvent être réduits ou annulés que s'ils dépassent les ressources du prodigue ou ne lui ont pas profité. Paris, 22 juillet 1879.

Lorsqu'un commerçant a fait des fournitures exagérées à un prodigue, il n'y a pas lieu d'annuler le marché comme déguisant un prêt usuraire, si d'ailleurs le commerçant ne paraît pas avoir agi frauduleusement, ni avoir participé à la revente immédiate des marchandises par le prodigue à un prix inférieur. Paris, 23 août 1879.

plaider, ni transiger, ni emprunter, ni recevoir un capital mobilier et en donner décharge, ni aliéner, ni consentir des hypothèques sans l'assistance de leur conseil. L'assistance de ce dernier suffit pleinement d'ailleurs à les relever de leur incapacité : dans aucun cas, ils n'ont besoin de l'autorisation d'un conseil famille ou de l'homologation du tribunal.

Ils peuvent faire seuls tous les actes autres que ceux qui viennent d'être indiqués.

M. Valette critique la prohibition absolue de plaider, lorsqu'il ne s'agit pour le prodigue que d'obtenir le payement de ses revenus, parce que, dit-il, la prodigalité n'a pas à se donner carrière en pareille occasion. Mais ne pourrait-on pas répondre que la prodigalité telle que l'a entendue le législateur ne consiste pas seulement à faire des dépenses excessives, mais qu'elle se manifeste en outre par une légèreté d'esprit, par une sorte d'insouciance pour les intérêts pécuniaires, contre lesquels il fallait prémunir les prodigues. Croit-on sérieusement qu'un dissipateur se mettra bien en peine pour intenter ou pour soutenir un procès ; qu'il ne se laissera pas facilement entraîner à une transaction ruineuse?

Quant à la défense générale d'aliéner sans l'assistance du conseil, il ne faudrait pas la prendre, comme le font remarquer MM. Valette et Demolombe, dans un sens absolu et indéfini. Ainsi le prodigue peut évidemment vendre ses récoltes sans l'assistance de son conseil, puisqu'il peut les donner à bail. On ne saurait lui interdire également de vendre les meubles corporels de peu d'importance, qui, dans le cours de l'administration, doivent être remplacés.

Le prodigue conserve aussi le droit de tester, car la défense d'aliéner ne s'applique qu'aux actes de disposition entre-vifs. Mais il ne peut s'obliger seul par contrat que pour les actes d'administration, parce que celui qui s'oblige engage ses biens.

L'incapacité du prodigue commence au jour du jugement ou de l'arrêt, si le jugement rendu en première instance avait été infirmé. L'action en nullité dure dix ans à partir du jour où l'incapacité a cessé. (Art. 513.)

Comment est-il procédé à la nomination du conseil judiciaire?

Le conseil donné aux prodigues et aux faibles d'esprit ne peut être nommé que par le tribunal, et c'est pourquoi on le désigne

21

sous le nom de *conseil judiciaire*. A la différence de celles de tuteur, subrogé tuteur, membre d'un conseil de famille, les fonctions du conseil judiciaire ne sont pas obligatoires. A la différence également du tuteur, le conseil judiciaire ne représente pas les prodigues ; il ne fait que les assister dans les actes les plus importants.

La demande en nomination d'un conseil judiciaire peut être formée par toutes les personnes qui ont qualité pour demander l'interdiction, c'est-à-dire par les parents du prodigue, par son conjoint et par le procureur de la république.

Elle est instruite et jugée comme la demande en interdiction. Elle comprend donc une requête présentée au tribunal, une convocation du conseil de famille, un interrogatoire du défendeur, une audition de témoins, s'il y a lieu, etc.

De même qu'en matière d'interdiction, le ministère public doit être entendu en ses conclusions ; car les questions relatives à l'état et à la capacité des personnes intéressent l'ordre public et la société qu'il est chargé de représenter.

Enfin le prodigue ne peut être relevé de son incapacité que par un jugement rendu dans les mêmes formes que celui qui avait prononcé la nomination du conseil (1). (Art. 514, 515.)

Quelles différences y a-t-il entre l'incapacité des prodigues et l'état des mineurs émancipés ?

Entre l'incapacité des prodigues et l'état des mineurs émancipés, il y a les différences suivantes : Les prodigues peuvent accomplir seuls tous les actes en général, à l'exception de ceux pour lesquels la loi exige expressément qu'ils soient assistés d'un conseil. Au contraire, les émancipés sont incapables d'accomplir seuls aucun acte en général, sauf ceux qu'on leur a permis de faire par exception. — Les premiers peuvent prendre toute espèce d'engagements avec l'assistance de leur curateur. Les seconds, au contraire, sont obligés de recourir non seulement à l'assistance d'un curateur, mais encore, dans certains cas, à l'autorisation du conseil de famille et à l'homologation du tri-

(1) A la différence de l'interdiction, la nomination du conseil judiciaire n'a pas d'effet rétroactif sur les actes antérieurs ; mais, quand les actes antérieurs ont eu pour but de faire fraude à la loi et d'éluder d'avance les conséquences de la nomination du conseil, les tribunaux peuvent déclarer ces actes nuls. Cass., 15 déc. 1879.

bunal. — Par contre, les prodigues ne peuvent jamais plaider sans l'assistance de leur conseil ; les émancipés au contraire peuvent plaider sans leur curateur, soit comme demandeurs quand il s'agit de leurs revenus, soit comme défendeurs en toute matière purement mobilière.

APPENDICE

LOI DU 30 JUIN 1838

SUR LES PERSONNES NON INTERDITES PLACÉES DANS UN ÉTABLISSEMENT D'ALIÉNÉS.

Quelles sont les règles relatives à l'admission dans les établissements d'aliénés ?

A cet égard, il faut distinguer deux classes d'aliénés, savoir : 1° ceux dont la folie est dangereuse ; 2° ceux dont la folie n'est point dangereuse.

Les premiers peuvent être placés dans les établissements d'aliénés sur un ordre motivé du préfet ; et même, au cas de danger imminent attesté par le certificat d'un médecin ou la notoriété publique, sur un ordre du maire, à la charge d'en référer sur-le-champ au préfet. — Le préfet a également le droit d'empêcher leur sortie des maisons d'aliénés, lorsque leur état mental pourrait compromettre l'ordre public.

Les aliénés dont la folie n'est point dangereuse peuvent être placés dans une maison d'aliénés en vertu d'un certificat de médecin, sur la demande d'un parent ou d'un ami, à la condition que l'autorité administrative soit avisée du placement et que le médecin de l'établissement y joigne un certificat. L'état des malades est régulièrement constaté sur un registre, qui est mis à la disposition des magistrats chargés de visiter les établissements d'aliénés.

Quelle est la capacité des personnes placées dans un établissement d'aliénés ?

Aux termes de l'article 39 de la loi de 1838, les actes faits par

la personne placée dans un établissement d'aliénés pendant
qu'elle y était retenue, sans que son interdiction ait été prononcée ni provoquée, peuvent être attaqués pour cause de démence.
Ce texte donne lieu à plusieurs observations.

Et d'abord, la situation de la personne placée dans un établissement d'aliénés diffère de celle de l'interdit, en ce que les
tribunaux ont un pouvoir discrétionnaire pour apprécier si elle
était en état de démence au moment de l'acte ; tandis qu'ils sont
tenus de prononcer la nullité des actes faits par l'interdit.

Elle en diffère encore, en ce que la personne placée dans un
établissement d'aliénés peut invoquer la nullité des actes faits
par elle pendant dix ans, à compter du jour où elle a eu connaissance de l'acte après sa sortie définitive de la maison de santé. —
Au contraire, le délai de dix ans accordé également à l'interdit
commence à courir dès le moment de la mainlevée de l'interdiction, ou, s'il est mort en état d'interdiction, à partir de sa mort ;
en sorte que, par une anomalie singulière, l'aliéné non interdit
se trouve avoir un délai plus long que l'interdit pour invoquer
la nullité des actes faits par lui.

Comment sont administrés les biens de l'aliéné ?

L'administration des biens de l'aliéné peut être confiée suivant
les cas : à un administrateur provisoire, à un mandataire spécial
chargé de le représenter en justice, à un curateur ayant pour
mission de prendre soin de sa personne.

I. *Administrateur provisoire.* — Aux termes de l'article 32 de
la loi de 1838, sur la demande des parents ou du conjoint, sur
celle de la commission administrative de l'établissement ou sur la
demande du procureur de la république, le tribunal civil du lieu
du domicile pourra, conformément à l'article 497 du Code civil,
nommer en chambre du conseil un administrateur provisoire
aux biens de toute personne non interdite placée dans une maison d'aliénés. Cette nomination n'aura lieu qu'après une délibération du conseil de famille, et sur les conclusions du procureur
de la république. Elle ne sera pas sujette à l'appel.

L'administrateur provisoire ne peut faire que les actes d'administration proprement dite. — Ses pouvoirs cessent à l'expiration d'un délai de trois ans ; mais ils peuvent être renouvelés.

II. *Mandataire spécial.* — Aux termes de l'article 33, le tribunal, sur la demande de l'administration provisoire, ou à la dili-

gence du procureur de la république, désignera un mandataire spécial à l'effet de représenter en justice tout individu non interdit et placé dans une maison d'aliénés, qui serait engagé dans une contestation judiciaire au moment du placement, ou contre lequel une action serait intentée postérieurement.

Le tribunal pourra aussi, dans le cas d'urgence, désigner un mandataire spécial à l'effet d'intenter, au nom des mêmes individus, une action mobilière ou immobilière. — L'administrateur provisoire pourra, dans les deux cas, être désigné pour mandataire spécial.

III. *Curateur à la personne.* — Aux termes de l'article 38 de la loi, le tribunal peut, sur la demande de l'intéressé, de son conjoint, de l'un de ses parents ou amis, ou sur la demande du procureur de la république, nommer, en outre de l'administrateur provisoire, un curateur à la personne de l'aliéné non interdit. Ce curateur ne peut pas être choisi parmi ses héritiers. Il doit veiller à ce que les revenus de l'interdit soient employés à améliorer son sort, et à ce qu'il soit rendu au libre exercice de ses droits aussitôt que sa situation le permettra.

Quelles sont les règles relatives à la sortie des établissements d'aliénés ?

La sortie des établissements d'aliénés peut être ordonnée, soit par le préfet, soit par le tribunal.

Le préfet peut toujours ordonner la sortie immédiate des personnes placées dans une maison d'aliénés. — A cet effet, il doit être averti de tout placement, non ordonné d'office, dans une maison d'aliénés. Le chef de l'établissement doit en outre lui communiquer, à certaines époques, le rapport des médecins de l'établissement sur l'état de santé de toutes les personnes qui y sont détenues.

Le tribunal de la situation de l'établissement peut également ordonner la sortie immédiate de toutes les personnes qui y sont placées.

Enfin le curateur à la personne de l'aliéné, son conjoint, ses ascendants, ses descendants, les personnes autorisées à cet effet par le conseil de famille et celles qui avaient signé la demande d'admission peuvent requérir la sortie de l'établissement avant même que les médecins aient déclaré la guérison.

LIVRE DEUXIÈME

DES BIENS ET DES DIFFÉRENTES MODIFICATIONS DE LA PROPRIÉTÉ

Nous avons examiné dans le premier livre les règles qui régissent l'état et la capacité des personnes. — Nous nous occuperons maintenant de celles qui concernent les biens.

Conformément à l'ordre suivi par le Code, nous traiterons dans le second livre.

TITRE I. — De la distinction des biens

TITRE II. — De la propriété.

TITRE III. — De l'usufruit, de l'usage et de l'habitation.

TITRE IV. — Des servitudes ou services fonciers.

LIVRE II, TITRE I

De la distinction des biens.

DÉCRÉTÉ LE 25 JANVIER 1804. — PROMULGUÉ LE 4 FÉVRIER.

On peut avoir sur les biens, soit un droit de propriété, soit un droit d'usage et d'usufruit, soit un droit de servitude. — Mais, avant d'examiner ces différents droits, nous devons nous occuper des distinctions que la loi a établies entre les biens. En conséquence, nous traiterons dans ce titre :

CHAP. I. — Des immeubles.

CHAP. II. — Des meubles.

CHAP. III. — Des biens dans leurs rapports avec ceux qui les possèdent.

CHAPITRE PREMIER

DES IMMEUBLES.

Articles 516 à 526.

Qu'entend-on par biens?

Dans le sens juridique, on entend par *biens*, les choses utiles à l'homme et qui sont susceptibles d'appartenir à une personne à l'exclusion de toute autre. Tels sont, le sol, les bâtiments, les animaux, etc. — Quant aux choses utiles qui ne sont point susceptibles d'une appropriation particulière, telles que l'air, la lumière, l'eau, le feu, ce ne sont pas des biens proprement dits, mais des choses. — Au reste, le Code emploie assez souvent l'expression de choses pour désigner les biens : c'est ainsi notamment qu'il appelle *droits réels*, *droits sur une chose*, les droits qu'on peut avoir directement sur un bien.

Comment se divisent les biens ?

Les biens se divisent naturellement en corporels et incorporels.

Les biens *corporels* sont ceux qui ont une existence matérielle, qu'on peut voir ou toucher; les biens *incorporels* sont ceux qui, n'ayant pas de corps, ne peuvent être reconnus par les sens et se conçoivent seulement par l'intelligence : tels sont les créances, les rentes, et tous les droits en général. — Toutefois, le droit de propriété a été, par exception, rangé parmi les biens corporels, parce qu'il se confond en quelque sorte avec la chose sur laquelle il porte. Ainsi l'on dit : « *cette chose est à moi* », pour exprimer qu'on a sur elle un droit direct et complet.

L'article 516 indique une autre division des biens en meubles et immeubles. Les biens *meubles* sont ceux qui n'ont pas de situation fixe et qui peuvent être transportés d'un lieu à un autre. Les biens *immeubles* sont ceux qui ne peuvent pas être déplacés d'un lieu dans un autre. (Art. 516.)

Quel intérêt y a-t-il à distinguer les meubles des immeubles ?

Il y a intérêt à distinguer les meubles des immeubles sous les rapports suivants :

1° L'aliénation des meubles est plus facile à accomplir que celle des immeubles. — La première peut être faite par un simple administrateur ; tandis que, pour aliéner des immeubles, il faut en être propriétaire ou y être autorisé par la justice.

2° L'acquisition des meubles est également plus facile que celle des immeubles. — Ainsi on acquiert les premiers par le seul fait de la possession de bonne foi; tandis qu'il faut avoir possédé les immeubles pendant un certain laps de temps pour pouvoir les acquérir par prescription.

3° La saisie et la vente forcée des meubles sont moins longues et moins coûteuses que la saisie et la vente forcée des immeubles;

4° Les meubles ne peuvent pas être hypothéqués, tandis que les immeubles peuvent l'être ;

5° L'action en revendication des meubles est portée devant le tribunal du domicile du défendeur ; tandis que l'action en revendication des immeubles doit avoir lieu devant le tribunal de la situation de l'immeuble litigieux.

En combien de classes divise-t-on les immeubles ?

Les immeubles, avons-nous dit, sont les choses qui ne peuvent pas être transportées d'un lieu dans un autre. — Mais, dans un sens plus large, on donne également le nom d'immeubles à certaines choses qui, tout en étant essentiellement mobiles par leur nature, reçoivent de la loi même un caractère immobilier lorsqu'elles se rattachent à un immeuble. De là, trois classes d'immeubles, savoir :

1° Les immeubles par nature ;

2° Les immeubles par destination ;

3° Les immeubles par l'objet auquel ils s'appliquent.

A ces trois classes d'immeubles, mentionnés par l'article 517, on peut ajouter : les immeubles par la déclaration de la personne dans le domaine de laquelle ils se trouvent. (Art. 517.)

Quels sont les immeubles par nature ?

On appelle immeubles *par nature*, les choses qui ne peuvent supporter aucun déplacement sans être détruites, ou qui se trouvent immobilisées par leur adhérence au sol. — Sont immeubles par nature :

1° Les fonds de terre et les bâtiments (1) ;

(1) Les constructions élevées par un tiers sur le terrain d'autrui, et spécia-

2° Les moulins à vent ou à eau, fixes sur piliers et faisant partie du bâtiment;

3° Les récoltes pendantes par branches ou par racines;

4° Les bois taillis ou de futaies qui n'ont pas été mis en coupes;

5° Les tuyaux servant à la conduite des eaux dans une maison ou autre héritage. (Art. 518, 519, 520, 521, 523.)

Pourquoi les fonds de terre et les bâtiments sont-ils immeubles par nature ?

Les fonds de terre sont évidemment des immeubles par nature. Quant aux bâtiments, bien que les matériaux dont ils se composent aient été mobiliers à l'origine, ils sont cependant immeubles par nature, parce qu'ils ne peuvent être transportés d'une place dans une autre sans être détruits. — Mais on n'est pas d'accord sur le sens et l'étendue qu'il convient de donner à cette expression de *bâtiment*.

Suivant les uns, elle doit comprendre non seulement la construction principale, avec tous les accessoires qui en font partie intégrante et sans lesquels la construction serait incomplète et inachevée, comme les escaliers d'une maison, les fenêtres, les portes avec leurs serrures, mais encore les accessoires qui n'y ont été ajoutés qu'en vue d'une destination spéciale ou d'une utilité particulière, pourvu qu'ils se trouvent unis au bâtiment de façon à ne pouvoir en être séparés sans fracture ou détérioration. — Ainsi les forges enfoncées en terre et scellées au mur, les cuves et les chaudières établies dans une usine, feraient partie du bâtiment au même titre que les gros murs, les escaliers, les portes et fenêtres. D'où cette conséquence que le propriétaire du bâtiment peut les revendiquer, sauf à fournir une indemnité au locataire qui les a fait établir (1).

Mais on donne généralement une portée plus restreinte à l'expression de *bâtiments*. On l'applique, il est vrai, à certains accessoires de la construction, mais seulement à ceux qui sont nécessaires à toute construction en général, indépendamment d'une destination spéciale, d'une vue particulière d'utilité ou d'agrément. Tels sont les escaliers, les portes, les fenêtres, les serru-

lement par un locataire sur le terrain qui lui a été donné à bail sont immeubles. Paris, 30 mai 1864. — Lyon, 14 août 1868. — Bourges, 22 mars 1867. — Cass., 13 février 1872.

(1) *Sic :* Marcadé, II, 350. — Bugnet, *sur Pothier*, IX, p. 91.

res, sans lesquels la maison serait inhabitable. — Quant aux autres accessoires qui y ont été ajoutés, soit dans un but d'exploitation, comme les cuves et chaudières établies dans une usine, soit dans un but de commodité ou d'agrément, comme les glaces qui sont encastrées dans le mur, on ne doit pas les comprendre parmi les parties essentielles du bâtiment, considéré d'une manière générale. Sans doute, ils peuvent en augmenter l'utilité ou l'agrément, ou même être nécessaires pour le rendre propre à une destination spéciale. Mais là n'est pas la question : il s'agit de savoir s'ils sont indispensables à son achèvement, s'ils rentrent dans les éléments essentiels de toute construction de bâtiment. S'ils n'y rentrent point, ce ne sont pas des parties intégrantes du bâtiment, et par suite on ne doit pas les compter au nombre des immeubles par nature (1).

Quant à la question de savoir si ces accessoires sont devenus des immeubles par *destination* à raison de leur adhérence à la construction, nous l'examinerons plus loin. — Nous nous bornerons pour le moment à observer qu'on ne peut les considérer comme tels que s'ils ont été joints à la construction par le propriétaire lui-même.

Les récoltes pendantes par branches et par racines sont-elles toujours des immeubles ?

En principe, les récoltes pendantes par branches ou par racines sont des immeubles, à cause de leur adhérence au sol. Cependant, le Code de procédure permet exceptionnellement aux créanciers de saisir comme meubles, les récoltes encore sur pied, dans les six semaines qui précèdent l'époque ordinaire de leur maturité. — Cette saisie, appelée *saisie-brandon*, a le double avantage d'éviter au débiteur les frais considérables qu'entraînerait une saisie immobilière, et de permettre au créancier d'agir avec plus de célérité.

Pourquoi a-t-on mentionné les bois taillis ou de futaies non mis en coupe parmi les immeubles ?

En désignant parmi les immeubles par nature les bois taillis ou les futaies qui n'ont pas encore été mis en coupe, le Code a voulu abroger certaines coutumes de notre ancien droit, d'après lesquelles on rangeait les coupes au nombre des choses mobilières

_____

(1) Demante, *Programme*, I, n°ˢ 519, 521. — Valette, *à son cours.*—Demolombe, *De la distinction des biens*, 1, 290 et suiv.

dès que le moment de les faire était arrivé, lors même qu'en réalité elles n'avaient pas été faites.

Les bois *taillis* sont ceux qui sont coupés tous les quarante ans au moins ; les bois de *futaies* sont ceux qui sont coupés tous les soixante ans au moins. On appelle bois de *hautes futaies*, ceux que l'on ne coupe qu'à des périodes plus longues.

Les tuyaux servant à la conduite des eaux dans une maison sont-ils rangés par le Code au nombre des immeubles par nature ?

Non ; l'article 523 range les tuyaux servant à la conduite des eaux au nombre des immeubles par destination, et non pas parmi les immeubles par nature. Mais on admet généralement que cette classification est inexacte et qu'on doit les considérer comme des immeubles par nature ; car ils font partie intégrante de la maison ou de l'héritage auquel ils adhèrent. (Art. 523.)

Quels sont les immeubles par destination ?

On appelle immeubles par destination, les meubles qui, sans faire partie intégrante et constitutive d'un fonds, y ont été attachés à perpétuelle demeure par le propriétaire, soit intellectuellement, soit matériellement.

De là deux classes d'immeubles par destination :

1° Les objets mobiliers qui ont été attachés à un fonds *par un lien intellectuel*, c'est-à-dire par la volonté du propriétaire, qui en a disposé pour servir à perpétuité à l'exploitation du fonds. — Tels sont : les animaux attachés à la culture, les ustensiles aratoires, les semences données aux fermiers ou aux colons partiaires, les pigeons des colombiers, les lapins des garennes, les ruches à miel, les poissons des étangs, les pressoirs, chaudières, alambics, cuves et tonnes, les ustensiles nécessaires à l'exploitation des forges, les pailles et engrais, et généralement tous les effets mobiliers que le propriétaire a attachés au fonds à *perpétuelle demeure*.

2° Les objets mobiliers qui, sans faire partie intégrante du bâtiment, y ont été attachés *par un lien matériel et à perpétuelle demeure* par le propriétaire. Il en est ainsi lorsqu'il les a fait sceller dans un mur, ou lorsqu'il les a disposés de manière à ne pouvoir être séparés de la construction sans fracture ou détérioration. — Le Code assimile à ces immeubles par destination les glaces, les tableaux et autres ornements, lorsqu'ils sont attachés

sur parquet faisant corps avec la boiserie, et les statues, lorsqu'elles sont placées dans une niche pratiquée exprès pour les recevoir. (Art. 522, 524, 525.)

**Les animaux livrés au fermier pour la culture deviennent-
ils immeubles par destination, même lorsqu'ils n'ont été livrés
qu'après estimation ?**

Oui ; les animaux que le propriétaire d'un fonds a livrés au fermier pour le service et l'exploitation de ce fonds, en stipulant
qu'ils y demeureraient attachés, deviennent immeubles par destination, *qu'ils aient été ou non estimés.* — Il est vrai qu'en général les meubles qui sont livrés avec estimation de leur valeur
sont réputés appartenir, dès le moment de l'estimation, à celui
qui les reçoit ; mais cette règle n'est pas applicable ici. Effectivement, l'estimation qui est faite par le propriétaire des animaux
livrés au fermier n'en transfère pas la propriété à celui-ci ; elle
ne lui donne pas le droit d'en disposer, ni de les faire servir à
l'exploitation d'un autre fonds que celui auquel ils demeurent
attachés par la volonté du propriétaire. (Art. 522).

Quels sont les immeubles par l'objet auquel ils s'appliquent?

Les immeubles par l'objet auquel ils s'appliquent sont les droits
qui ont en vue des objets immobiliers. — Tels sont :

1° L'usufruit des choses immobilières ;

2° Les servitudes ou services fonciers ;

3° Les actions réelles immobilières, c'est-à-dire celles par lesquelles on revendique la propriété d'un immeuble qui se trouve
être possédé par un tiers. (Art. 526.)

**Les actions personnelles qui ont des immeubles pour objet
sont-elles des droits immobiliers ?**

Oui ; les actions personnelles qui ont des immeubles pour objet
doivent être rangées parmi les droits immobiliers. — Il est vrai
que le Code ne les mentionne pas parmi ces droits ; mais c'est
parce qu'elles sont employées assez rarement, tandis que les actions réelles immobilières sont très fréquentes.

La raison de cet état de choses tient à l'introduction du principe que la propriété des corps certains, c'est-à-dire des choses
individuellement déterminées, est transférée à l'acheteur par le
seul effet du contrat. Il en résulte que les acheteurs d'immeubles sont, en même temps, propriétaires de l'immeuble qu'ils ont
acquis, et créanciers du vendeur en ce sens qu'ils peuvent

exiger de lui personnellement qu'il leur en fasse la délivrance; et que dans cette hypothèse ils exerceront de préférence l'action réelle pour le revendiquer comme leur appartenant, plutôt qu'une action personnelle qui obligerait le vendeur à le leur transférer. — En définitive, on n'a guère intérêt à exercer cette dernière action que dans deux hypothèses : 1° lorsque l'immeuble qui est dû n'existe pas encore, par exemple lorsqu'on agit contre un tiers qui s'est obligé à construire une maison; 2° lorsque l'objet immobilier existe, mais qu'il n'est pas individuellement déterminé, par exemple lorsqu'on réclame 100 mètres de terrain à prendre sur un domaine qui en contient davantage. Dans ces deux cas, le créancier ne peut agir en effet que par l'action personnelle immobilière, parce qu'il n'est pas propriétaire des choses qui lui sont dues.

Quels sont les immeubles par déclaration ?

On appelle immeubles par déclaration, certaines actions qui sont mobilières d'après leur objet, mais qui peuvent être immobilisées par une déclaration formelle de la personne qui les possède.

Suivant les décrets du 16 janvier et du 1er mars 1808, les particuliers peuvent convertir en droits immobiliers, les rentes sur l'Etat, les actions de la Banque de France et celles des canaux d'Orléans et du Loing, au moyen d'une déclaration faite par le propriétaire et inscrite sur le registre des transferts.

Quels sont les droits relatifs aux biens ?

Les droits relatifs aux biens sont personnels ou réels, mobiliers ou immobiliers.

I. *Droits personnels ou réels.* — Les droits personnels sont ceux par lesquels on a droit à un bien par l'intermédiaire d'une personne obligée à le fournir. L'idée d'une personne déterminée qui nous doit quelque chose, est ici inséparable du droit; car il ne ne servirait à rien d'énoncer, par exemple, qu'une somme d'argent nous est due; il faut nécessairement ajouter que cette somme nous est due par telle personne. — En d'autres termes, on ne peut pas être créancier d'une manière absolue; mais on est créancier de Primus ou de Secundus. Le droit personnel est essentiellement relatif; il suppose essentiellement une relation avec une personne déterminée, obligée envers nous.

Au contraire, les droits réels sont ceux par lesquels on a un droit direct et immédiat sur un bien, sans l'intermédiaire d'une personne déterminée. Ainsi, quand on dit : Telle chose est à moi, j'ai sur tel immeuble un droit d'usufruit, de servitude ou d'hypothèque, on affirme avoir sur la chose un droit direct et immédiat, qui peut s'exercer sans l'intermédiaire d'une personne déterminée, obligée à nous fournir la chose ; mais qui est opposable vis-à-vis de tous en général, en ce sens que tous doivent s'abstenir d'y porter atteinte. Le droit réel est donc un droit essentiellement absolu.

II. *Droits mobiliers ou immobiliers.* — Un droit est mobilier quand il a pour objet un meuble, et immobilier quand il a pour objet un immeuble.

Une action peut être tout à la fois personnelle et mobilière, ou personnelle et immobilière. Ainsi elle sera *personnelle et mobilière*, par exemple si je réclame à Primus dix pièces de vin qu'il avait promis de me livrer, ou une somme d'argent qu'il me doit ; et elle sera *personnelle et immobilière* si j'agis contre lui pour le forcer à me construire une maison qu'il s'était engagé à bâtir.

Pareillement, une action peut être tout à la fois réelle et mobilière, ou réelle et immobilière. — Elle sera *réelle et mobilière*, par exemple si je revendique tel cheval déterminé, tel meuble comme m'appartenant; et elle sera *réelle et immobilière* si je revendique un immeuble comme m'appartenant, par exemple, telle maison.

Ainsi, tout droit a pour corollaire une action, c'est-à-dire le pouvoir de recourir à la justice pour la faire respecter ; et cette action est de même nature que le droit qu'elle sert à garantir.

CHAPITRE DEUXIÈME

DES MEUBLES.

Articles 527 à 536.

En combien de classes divise-t-on les meubles ?

Le Code divise les meubles en deux classes, savoir :

1° Les meubles par leur nature;

2° Les meubles par la détermination de la loi, ou, ce qui est la même chose, par l'objet auquel ils s'appliquent.

Ainsi, la loi, qui reconnaît trois classes d'immeubles, ne distingue que deux espèces de meubles. Effectivement, il ne saurait y avoir de meubles par destination; car, lorsque deux objets, l'un mobilier et l'autre immobilier, sont unis ensemble de manière à former une même chose, cette chose est évidemment un immeuble, et non pas un meuble. (Art. 527.)

Quels sont les meubles par nature ?

Sont meubles par nature, les corps qui peuvent se transporter d'un lieu à un autre, soit qu'ils se meuvent eux-mêmes, comme les animaux, soit qu'ils puissent être déplacés par une force étrangère, comme les choses inanimées.

Le Code mentionne expressément, parmi les meubles par nature, les tableaux, bacs, navires, moulins et bains sur bateaux, et généralement toutes usines non fixées par des piliers et ne faisant point partie de la maison.

Les matériaux provenant de la démolition d'un édifice, ceux assemblés pour en construire un nouveau, sont également des meubles par nature, jusqu'à ce qu'ils soient employés par l'ouvrier dans une construction. (Art. 528, 531, 532.)

Quels sont les meubles par détermination de la loi ?

Les meubles par détermination de la loi, ou par l'objet auquel ils s'appliquent, sont les droits relatifs à des choses mobilières. Tels sont :

1° L'usufruit des meubles;

2° Les obligations et actions qui ont pour objet des sommes exigibles ou des effets mobiliers;

3° Les actions ou intérêts dans les compagnies de finance, de commerce ou d'industrie, bien que le fonds social de ces compagnies comprenne des immeubles;

4° Les rentes perpétuelles ou viagères, soit sur l'État, soit sur les particuliers. (Art. 529, 530.)

Que faut-il entendre par ces mots « obligations et actions ayant pour objet des sommes exigibles ?

L'*obligation* est un lien de droit par lequel une personne est astreinte envers une autre à donner, à faire ou à ne pas faire quelque chose. La personne qui est obligée à donner ou à faire se nomme *débiteur*, et celle qui a le droit d'exiger qu'on lui donne, ou qu'on fasse pour elle quelque chose, *créancier*. On appelle *action*, comme nous l'avons dit, le moyen légal par lequel le créancier contraint le débiteur à exécuter son engagement, en le poursuivant devant les tribunaux. — Ainsi entendues, les obligations et actions devaient évidemment être rangées par la loi au nombre des meubles, lorsqu'elles ont pour objet des choses mobilières, et notamment des sommes d'argent.

Quant à l'expression de sommes *exigibles*, le Code l'emploie ici pour désigner les dettes d'argent qui doivent être remboursées tôt ou tard en capital, par opposition aux *rentes* dont le capital n'est pas remboursable.

Pourquoi les actions ou intérêts dans les compagnies sont-ils toujours des droits mobiliers ?

Dans la langue juridique, le mot *action* a deux sens. Ordinairement, il exprime le droit qui appartient au créancier de contraindre le débiteur à le payer, et c'est ainsi que nous l'avons entendu tout à l'heure. — Mais on l'emploie maintenant dans un sens très différent, pour exprimer le droit qu'ont des associés de participer aux bénéfices de la société tant qu'elle subsiste, et de retirer une part du fonds social lorsqu'elle est dissoute.

Le mot *intérêt* exprime ici la même idée. Ceux qui ont une action et ceux qui ont un intérêt dans une société sont également des associés; seulement, ils sont placés dans des conditions différentes.

On distingue, en effet, plusieurs sortes de sociétés, notamment la société *en nom collectif*, la société *en commandite* et la société *anonyme*. Dans la première, chaque associé est tenu solidairement avec ses coassociés sur tous ses biens des engagements de la société. Dans la seconde, on trouve deux catégories d'associés, les commandités qui gèrent la société et qui sont également responsables sur tous leurs biens des engagements sociaux, et et les commanditaires qui ne sont responsables que jusqu'à concurrence de leur apport. Enfin dans la société anonyme, tous les associés ne sont responsables des engagements sociaux que jusqu'à concurrence de leur apport.

Les sociétés en commandite peuvent être en commandite simple ou en commandite par actions. Quant aux sociétés anonymes, elles sont toujours par actions. Par suite, dans les commandites par actions et dans les sociétés anonymes, le droit de chaque associé aux bénéfices de la société et au fonds social porte le nom d'*action*, tandis que ce même droit porte le nom d'*intérêt* dans les sociétés en nom collectif et dans les commandites simples. — L'intérêt et l'action donnent droit également à une part dans les bénéfices de la société, et, en cas de dissolution, à une part dans le fonds social. Mais ils diffèrent en ce que le premier est incessible, et que l'action est cessible : d'où la conséquence que les associés qui ont un intérêt dans une société ne peuvent pas se retirer de la société en cédant leur droit à un tiers, que ces sociétés sont formées *intuitu personæ*, qu'elles ne peuvent comprendre qu'un petit nombre d'associés et qu'un capital restreint; tandis que le contraire a lieu pour les associés qui ont une action, c'est-à-dire pour les associés en commandite par actions ou en société anonyme.

Cela posé, nous disons que les actions ou intérêts qui appartiennent aux associés dans les compagnies de finance, de commerce ou d'industrie, constituent des droits mobiliers, alors même que le fonds social ne comprendrait que des immeubles. Effectivement, ces actions ou intérêts ne confèrent pas aux associés le droit d'exiger une part des immeubles qui dépendent de l'entreprise, mais seulement de retirer une portion des bénéfices en argent qui ont été réalisés par la société. Le fonds social appartient à la société, considérée comme un être juridique, et tant qu'elle subsiste, les associés n'y ont pas plus de droits que des héritiers n'en auraient à une succession qui ne serait pas encore ouverte. Ce n'est que lorsque la société est dissoute que les associés acquièrent un droit actuel sur le fonds social : ils peuvent alors en demander le partage, et leur droit devient immobilier, s'ils ont à partager des immeubles (1).

Qu'entend-on par rentes ?

On entend par rentes, le droit qui appartient à une personne d'exiger d'une autre personne des prestations périodiques en ar-

---

(1) Voy. Cass., 1845 ; 6 février 1860 ; 18 juin 1862 ; 29 mai 1865.

Au reste, il ne s'agit ici que des sociétés ayant un caractère commercial, auxquelles on donne ordinairement, quand elles sont très considérables, le nom de *compagnies*. Quant aux sociétés civiles, elles ne forment point des personnes morales, distinctes des associés, et les règles qu'on vient de voir ne leur sont point applicables.

gent ou en nature. — Ces prestations se nomment *arrérages ;* dans les créances ordinaires, on les appelle *revenus.*

Ainsi, la rente est une créance ; mais c'est une créance d'une nature particulière, qui diffère des créances ordinaires : — 1° en ce que le débiteur n'est tenu qu'à fournir des arrérages, sans qu'on puisse lui réclamer le capital; — 2° en ce qu'il a, à l'inverse, la faculté d'éteindre son obligation, de se racheter, en remboursant le capital, si la rente est perpétuelle.

La rente provient, soit d'une libéralité, soit d'un contrat à titre onéreux. Dans ce dernier cas, elle a lieu par l'abandon que fait le créancier d'un capital mobilier ou immobilier, à la condition de recevoir des arrérages qui en représentent la valeur..— Le contrat qui intervient alors est une rente et non pas un prêt; et cela est bien plus avantageux pour le débiteur, qui serait obligé de restituer tôt ou tard le capital, s'il l'avait emprunté ; tandis qu'il peut le conserver à perpétuité lorsqu'il l'a reçu en propriété. (Art. 530.)

Comment se divisent les rentes ?

Les rentes sont perpétuelles ou viagères. — Elles sont *perpétuelles,* lorsque le créancier peut exiger des arrérages périodiques pendant un temps indéfini, qui n'a aucune limite. Elles sont *viagères,* lorsqu'il ne peut exiger des arrérages que pendant la vie d'une personne désignée. — Les rentes, soit perpétuelles, soit viagères, sont également inexigibles, en ce sens que le créancier ne peut pas, dans les unes comme dans les autres, exiger le remboursement du capital. Mais il n'y a que les rentes perpétuelles qui soient rachetables.

Dans notre ancienne législation, on faisait une autre distinction et l'on divisait encore les rentes en rentes foncières et en rentes constituées. — La rente *foncière* s'établissait par l'aliénation d'un immeuble, moyennant une redevance périodique en argent ou en nature, qui devait être fournie, soit par l'acquéreur de l'immeuble s'il le conservait en sa possession, soit par toute autre personne qui venait à l'avoir entre ses mains. Ainsi, la redevance à fournir en compensation de l'aliénation n'était pas une charge personnelle, imposée spécialement à l'acquéreur de l'immeuble aliéné à l'exclusion de toute autre personne ; elle était une charge réelle, établie sur l'immeuble lui-même, et qui pouvait être exigée de toute personne qui en avait la détention, par le seul fait de sa détention. — Il en résultait : 1° que le détenteur pouvait se sous-

traire au payement de la redevance par un *déguerpissement*, c'est-
à-dire qu'il pouvait échapper aux poursuites en abandonnant le
fonds grevé ; 2° qu'à défaut de payement de la redevance, le créancier pouvait reprendre le fonds, et le revendiquer comme s'il
n'avait pas cessé de lui appartenir. — Par suite, la rente foncière
était rangée parmi les droits immobiliers.

La rente *constituée* s'établissait à titre onéreux par l'aliénation
d'un capital mobilier, c'est-à-dire par l'aliénation d'une somme
d'argent, moyennant une redevance qui devait être fournie par
l'acquéreur. — Il en résultait : 1° que celui-ci était personnellement tenu de fournir la redevance, et qu'on ne pouvait en réclamer le payement qu'à lui seul ou à ses héritiers ; 2° qu'à défaut
du payement de la redevance, le créancier pouvait exiger la restitution du capital de la rente. Et comme ce capital consistait en
une somme d'argent, le droit du créancier était ainsi un droit purement mobilier.

**Pourquoi les rentes foncières sont-elles rangées mainte-
nant parmi les droits mobiliers ?**

Dans notre ancienne législation, la rente foncière était, comme
on l'a vu, un droit immobilier, parce qu'elle conférait au créancier le droit de reprendre la propriété de l'immeuble aliéné, en
cas de non-payement de la redevance.

Mais, depuis le Code, la rente foncière ne confère plus au créancier le droit de reprendre l'immeuble aliéné, lorsque la redevance
périodique qui lui est due ne lui est pas fournie ; elle lui confère
seulement le droit d'exiger, dans ce cas, le remboursement du
capital représentatif de la rente. Ainsi, le débiteur de la rente est
personnellement obligé à fournir la redevance, et, en cas de non-
payement de celle-ci, à faire la restitution d'une somme égale à
la valeur de l'immeuble aliéné. Sans doute, l'aliénateur a bien,
comme tout vendeur, un privilège sur l'immeuble aliéné; mais
ce privilège n'est qu'un accessoire de sa créance, il n'en change
pas la nature, et surtout il ne lui confère pas le droit de reprendre l'immeuble, mais seulement de le faire vendre pour se faire
payer sur le prix, par préférence aux autres créanciers. En conséquence, le créancier d'une rente foncière ne peut réclamer que
des valeurs mobilières : ou la redevance, ou, à son défaut, le
remboursement du capital représentatif de la rente. Il en résulte que son droit est devenu, comme celui du créancier de

la rente constituée, un droit purement personnel et mobilier.

Quelles différences y a-t-il encore aujourd'hui entre les rentes foncières et les rentes constituées ?

Bien que ces deux sortes de rentes aient maintenant le même caractère et qu'elles confèrent également des droits personnels et mobiliers, il existe encore entre elles certaines différences dont voici les principales :

1° Les rentes foncières s'établissent par l'aliénation d'un immeuble. — Les rentes constituées s'établissent par l'aliénation d'un capital mobilier.

2° Dans les rentes foncières, les parties peuvent fixer comme elles l'entendent le taux du rachat indépendamment du montant des arrérages, parce que ces arrérages représentent le prix de l'immeuble aliéné. — Dans les rentes constituées, au contraire, le taux du rachat doit être fixé de telle manière que le montant des arrérages dus par le débiteur de la rente n'excède pas le taux légal de l'intérêt. Ainsi, lorsque la redevance à fournir est de mille francs par an, les parties ne peuvent pas convenir que la rente sera rachetable moyennant la restitution d'une somme inférieure à vingt mille francs, parce qu'alors le capital de la rente produirait plus de cinq pour cent.

3° Dans les rentes foncières, les parties peuvent convenir que la rente ne sera pas rachetable pendant trente ans. — Dans les rentes constituées, elles peuvent également convenir qu'elle ne sera pas rachetable, mais seulement pendant dix ans.

A cet égard, quelques éciaircissements sont nécessaires.

Les rentes perpétuelles, avons-nous dit, sont essentiellement rachetables, c'est-à-dire que le débiteur de la rente peut se libérer de l'obligation de servir des arrérages, si celle-ci lui paraît devenir onéreuse, en remboursant au créancier de la rente le capital qu'il en a recu. La raison qui a fait établir cette faculté de rachat au profit du débiteur est que, lorsqu'il s'agit d'une rente perpétuelle, il peut survenir avec le temps une disproportion considérable entre le taux des arrérages à la charge du débiteur, tel qu'il avait été primitivement établi, et le cours actuel des intérêts. Ainsi supposons une rente, établie moyennant un capital de 20,000 fr. Si elle a été établie à une époque où l'argent était cher, par exemple en 1871, le débiteur devra payer au moins 1,000 fr. d'arrérages. Mais, si dix ou vingt ans après, l'argent est à bon marché, 1,000 fr. d'arrérages représenteront 25 ou 30,000 fr. L'obligation du débiteur sera alors devenue onéreuse, elle sera hors de proportion avec le capital qu'il a reçu en équivalent, et c'est pourquoi on lui permet de la faire cesser.

Ainsi donc, les rentes perpétuelles sont essentiellement rachetables, afin que le débiteur de la rente ne reste pas perpétuellement sous le coup d'une obligation contractée dans un moment où l'argent était cher, ce qui rendrait sa situation intolérable, à cause précisément de la perpétuité. Mais, d'autre part, on comprend facilement que le créancier puisse exiger que le débiteur n'use pas du jour au lendemain de la faculté de rachat, autrement le contrat de constitution de rente ne serait pas sérieux. C'est pourquoi la loi lui permet de stipuler que le rachat ne pourra pas être exercé pendant un certain temps, qui ne pourra pas dépasser trente ans s'il s'agit de rente foncière, et dix ans s'il s'agit de rente constituée.

Quelles sont les diverses significations du mot meuble ?

Le mot *meuble* a plusieurs significations, qui sont déterminées par les articles 533, 534 et 535 du Code. Mais il ne faut pas faire une application trop rigoureuse de ces articles, car le législateur lui-même y a dérogé en plusieurs circonstances. Quoi qu'il en soit, ces articles établissent les distinctions suivantes :

Le mot *meuble*, employé seul, sans autre addition ni désignation, ne comprend pas l'argent comptant, les créances, les pierreries, les livres, les médailles, les instruments des sciences, des arts et métiers, le linge de corps, les chevaux, équipages, armes, les denrées et les objets de commerce.

Les mots *meubles meublants* ne comprennent que les meubles destinés à l'usage et à l'ornement des appartements. — Les tableaux et les statues qui font partie des meubles d'un appartement y sont aussi compris, mais non les collections de tableaux. Il en est de même des porcelaines : celles seulement qui font partie de la décoration d'un appartement sont comprises sous la dénomination de *meubles meublants*.

L'expression *biens meubles*, celle de *mobilier* ou *d'effets mobiliers*, comprennent généralement tout ce qui est censé meubles d'après les règles ci-dessus établies. (Art. 533, 534, 535.)

Que comprend la vente ou le don d'une maison meublée ?

La vente ou le don d'une maison *meublée* ne comprend que les meubles meublants, c'est-à-dire ceux qui sont destinés à l'usage ou à l'ornement des appartements.

La vente ou le don d'une maison, *avec tout ce qui s'y trouve*, comprend tous les biens meubles qui sont dans la maison, excepté l'argent comptant, et les obligations et actions dont les titres y sont déposés. (Art. 535, 536.)

CHAPITRE TROISIÈME

DES BIENS DANS LEURS RAPPORTS AVEC CEUX QUI LES POSSÈDENT.

Articles 537 à 543.

A qui les biens peuvent-ils appartenir ?

Les biens appartiennent, soit à des particuliers, soit à des personnes morales.

Les personnes morales n'existent qu'en vertu d'une loi qui leur confère les avantages de la personnalité. — Si, en fait, une collection d'individus avait acquis un bien, ce bien appartiendrait par indivis à chacun des acquéreurs, et non pas à la collection elle-même.

Il y a deux classes de personnes morales : 1° les personnes morales *publiques*, qui se rattachent à l'organisation politique et qui ont été établies par des lois spéciales ; 2° les personnes morales *privées*, qui se réfèrent aux intérêts des particuliers et qui existent en vertu des dispositions générales de la loi. (Art. 537.)

Quelles sont les personnes morales reconnues par des lois spéciales, ou par des dispositions générales ?

Les personnes morales reconnues par des lois spéciales sont :

1° L'État ;

2° Les départements ;

3° Les communes ;

4° Les établissements d'utilité publique, tels que les hospices, les universités, les établissements ecclésiastiques et les communautés religieuses autorisées.

Les personnes morales reconnues par des dispositions générales sont les sociétés de commerce.

Ces deux classes de personnes morales sont également capables d'avoir un patrimoine ; mais on leur applique des règles différentes.

Comment les biens sont-ils régis ?

1° Lorsqu'ils appartiennent à des particuliers, les biens sont régis par les dispositions du Code civil, qui leur permet d'en disposer comme ils l'entendent, à la seule condition de respecter les lois et règlements qui déterminent les limites du droit de propriété.

2° Lorsqu'ils appartiennent à des personnes morales privées, comme les sociétés de commerce, les biens sont régis par les dispositions du Code de commerce. — Les personnes morales privées peuvent également en disposer comme bon leur semble.

3° Lorsqu'ils appartiennent à des personnes morales publiques, les biens sont régis par des lois spéciales, dérivant du droit administratif, ainsi que par certaines règles du Code civil dont nous allons nous occuper ici. (Art. 537.)

Quels sont les biens de l'État ?

Les biens de l'État se subdivisent en trois classes, savoir : 1° les biens du domaine public ; 2° les biens du domaine privé ; 3° les biens de la liste civile.

1° Le *domaine public de l'État* comprend tous les biens qui sont affectés à l'usage commun des citoyens, ou à la défense de la nation. Tels sont : Les chemins, les routes et les rues à la charge de l'État, les fleuves et rivières navigables ou flottables, les rivages de la mer, les havres, les ports, les rades, les portes, murs, fossés, remparts des places de guerre et des forteresses (1).

Les biens du domaine public sont inaliénables et imprescriptibles tant qu'ils n'ont pas changé de destination ; et ils ne peuvent en changer qu'en vertu d'une loi.

2° Le *domaine privé de l'État* comprend des biens qui appartiennent à l'État, sans être affectés à l'usage commun des citoyens, ou à la défense de la nation. Ce sont ceux, en un mot,

---

(1) Les chemins de fer font partie du domaine public, alors même qu'ils ont été concédés à des compagnies. Conseil d'État, 8 février 1851. Cass., 15 mai 1861.

Les rivières non navigables ni flottables ne sont pas la propriété des riverains. Cass., 10 juin 1846 ; 6 mai 1861 ; 8 mars 1865.

dont la destination n'est pas incompatible avec une propriété privée. Tels sont : les lais et les relais de la mer, les biens vacants et sans maîtres, ceux des personnes qui décèdent sans laisser d'héritiers, les terrains et fortifications des anciennes places de guerre qui ont changé de destination.

Le Code range, il est vrai, ces divers biens au nombre de ceux qui composent le domaine public ; mais c'est à tort, et l'on doit décider qu'ils font partie du domaine privé, parce qu'ils sont aliénables et prescriptibles, tandis que les biens du domaine public sont, comme on l'a vu, inaliénables et imprescriptibles.

3° La *liste civile* comprend les biens qui sont affectés spécialement à l'usage du chef de l'État. — Sous le gouvernement impérial, la liste civile se composait d'une dotation annuelle de vingt-cinq millions, ainsi que de la jouissance des palais impériaux et de leur dépendance. — Sous le gouvernement actuel, le chef de l'État reçoit un traitement fixe de six cent cinquante mille francs par an, outre ses frais de représentation. (Art. 538, 539, 540, 541.)

Quels sont les biens des départements, des communes et des établissements publics ?

De même que l'État, les départements et les communes ont des biens du domaine public qui sont inaliénables et imprescriptibles, et des biens du domaine privé. — Parmi les premiers, on peut citer : pour les départements, les routes *départementales* ; et pour les communes, les chemins *vicinaux*.

Quant aux établissements publics, tels que les hospices, les universités et les congrégations religieuses, ils n'ont que des biens privés, aliénables et prescriptibles, comme ceux des simples particuliers. (Art. 542.)

Quels sont les droits qu'on peut avoir sur les biens ?

Aux termes de l'article 543, on peut avoir sur les biens, soit un droit de propriété, soit un droit d'usufruit, soit un droit de servitude ; mais cette énumération des droits réels n'est pas complète, il faut y joindre le droit de possession, les droits de gage, de privilège et d'hypothèque. Si la loi ne les a pas mentionnés ici, c'est qu'elle ne traite dans ce livre que des droits *réels principaux*, c'est-à-dire des droits qui subsistent par eux-mêmes. Les droits *réels accessoires*, tels que ceux de gage, de privilège et d'hypothèque sont, au contraire, l'accessoire d'une créance dont ils garantissent le paiement, et ils ne peuvent exister sans elle.

Une question débattue est celle de savoir si l'emphytéose constitue un droit réel ou un droit personnel. — On entend par *emphytéose*, un contrat par lequel le propriétaire d'un immeuble
cède à une autre personne, moyennant une redevance annuelle
payable à perpétuité ou pendant un long temps, le droit de
jouir de l'immeuble en maître absolu, sous la seule réserve de ne
pas le détériorer. — Suivant M. Valette, l'emphytéose ne constitue qu'un simple bail, d'une durée plus longue que les baux ordinaires, et l'emphytéote n'a, par conséquent, qu'un droit personnel. En effet, l'énumération que le Code a faite des droits
réels est essentiellement limitative. Or il n'a mentionné nulle part
l'emphythéose. (Art. 543.)

LIVRE II, TITRE II

De la propriété.

DÉCRÉTÉ LE 27 JANVIER 1804. — PROMULGUÉ LE 6 FÉVRIER.

Notre titre est loin d'embrasser tout ce qui a rapport à la propriété. Il se borne à la définir, à énoncer d'une manière générale qu'elle est limitée par des lois et règlements, et que, sauf le cas d'expropriation, elle est inviolable. — Puis, il passe immédiatement au droit d'accession, qui en dérive.

Le titre de la propriété comprend un paragraphe, qui contient les articles 544, 545 et 546 ; plus, deux chapitres. Ainsi, nous traiterons :

§ I. — De la propriété.

CHAP. I. — Du droit d'accession sur ce qui est produit par la chose.

CHAP. II. — Du droit d'accession sur ce qui s'unit et s'incorpore à la chose.

§ I. — *De la propriété.*

Quel est le fondement du droit de propriété ?

L'homme ne peut se suffire à lui-même : c'est la nature extérieure qui lui donne des vêtements et un abri contre les injures de l'air, des armes pour se défendre des animaux, des aliments pour entretenir sa vie. Dès lors, c'est un devoir pour lui de conquérir la matière, de s'en servir et de la façonner, de l'utiliser enfin, et de réaliser ainsi la grande loi du travail.

Mais ce travail serait inutile si chaque homme n'avait le droit d'en conserver les fruits. Si d'autres pouvaient lui enlever ce qu'il a péniblement acquis, que deviendrait le but de ses efforts ? Comment pourvoirait-il à l'entretien de son existence, à sa conservation et à celle des siens ? Pour que la loi morale soit remplie, il faut donc que chacun ait un droit exclusif sur les choses qu'il a conquises par ses sueurs, droit que tous seront tenus de respecter, droit perpétuel, qu'il pourra seul abdiquer ou transmettre suivant ses affections et suivant ses devoirs.

Ainsi, la propriété est de droit naturel. Elle dérive du devoir même, de cette grande loi morale, qui, suivant l'expression de Cicéron, *est innée dans notre âme*. (Attale Rambaud, Thèse de licence. — Paris, 29 janvier 1864.)

Quels sont les droits qui découlent de la propriété ?

Aux termes de l'article 544, la propriété est le droit de jouir et disposer des choses de la manière la plus absolue, pourvu qu'on n'en fasse pas un usage probibé par les lois ou par les règlements. — Mais cette définition de la propriété serait incomplète si, aux droits de jouir et de disposer, on n'ajoutait pas le droit d'user, que le législateur confond avec le droit de jouir parce qu'il y est ordinairement réuni, mais qui cependant peut exister séparément.

« Droit d'user, droit de jouir, droit de disposer, tels sont, dit M. Pellat, les droits élémentaires dont la réunion forme le droit de propriété.

User, c'est se servir de la chose, l'employer à un usage qui puisse se renouveler.

Jouir, c'est percevoir les fruits, c'est-à-dire les produits matériels de cette chose.

Disposer, c'est faire de la chose un usage définitif, qui ne se renouvellera plus, au moins pour la même personne, savoir : la transformer, la consommer, la détruire, la transmettre à un autre. »

Ces trois éléments peuvent être séparés. Ainsi, les droits d'user et de jouir peuvent appartenir à l'un, tandis que l'autre a le droit de disposer. On appelle alors le droit du premier *usufruit,* parce qu'il a l'usage et les fruits, et le droit du second *nue propriété,* parce qu'en cet état la propriété est dépouillée de ses principaux attributs. Le droit d'usage enfin peut se trouver séparé du droit de jouir ; en sorte que la propriété peut être démembrée entre trois personnes.

Mais, ordinairement, les divers attributs de la propriété se trouvent réunis et placés entre les mêmes mains. Alors la propriété existe pleine et entière et le propriétaire a sur la chose un pouvoir absolu. Il a le droit d'en retirer tout le profit dont elle est susceptible et de l'employer à tous les usages. Il peut bâtir au-dessus de son sol et fouiller au-dessous ; il peut modifier sa chose, la changer, la transmettre ou l'abandonner ; il peut enfin la négliger, la dégrader ou la détruire.

Toutefois, ce pouvoir du propriétaire sur sa chose est soumis à certaines restrictions établies par les lois ou par des règlements. (Art. 544.)

Quelles sont les restrictions imposées au droit de propriété?

Les restrictions imposées au droit de propriété dérivent, soit des lois civiles, soit des lois et règlements administratifs.

Celles qui dérivent du droit civil comprennent les servitudes naturelles et légales, édictées par les articles 640 à 686. Mais il faut observer qu'elles règlent l'exercice du droit de propriété, plutôt qu'elles ne le restreignent.

Celles qui dérivent du droit administratif ont un caractère plus marqué d'assujettissement. C'est d'abord le droit d'expropriation pour cause d'utilité publique ; puis, certaines servitudes qui ont pour objet, soit l'intérêt de la défense de l'État, soit l'intérêt de la voirie, soit l'exécution des travaux publics.

Enfin, il est une sorte de propriété qui manque d'un des caractères essentiels de la propriété, c'est-à-dire de la perpétuité, nous voulons parler de la propriété littéraire et artistique. Pendant sa vie, l'auteur, le compositeur ou l'artiste a un droit exclusif sur ses œuvres. Mais, après sa mort, ce droit n'est transmissible que pour un certain temps à ses héritiers. Quant à la propriété industrielle, elle a recouvré, en certains cas, le caractère de perpétuité ; dans d'autres cas, elle est encore temporaire (Lois des 19 juillet 1793, 5 février 1810, 8 avril 1854.)

En quoi consiste le droit d'expropriation pour cause d'utilité publique ?

En principe, nul ne peut être contraint de céder sa propriété. Mais on admet une exception dans le cas où l'utilité publique le demande, à la condition d'indemniser préalablement le propriétaire exproprié.

Les règles de l'expropriation pour cause d'utilité publique ont été établies par la loi du 3 mai 1841. — D'après cette loi, les travaux sont décrétés, suivant leur importance, par le pouvoir législatif ou par le pouvoir exécutif. En d'autres termes, l'expropriation est déclarée par une loi, ou par un décret rendu après avis du conseil d'État. Le tribunal civil prononce l'expropriation, et un jury spécial, composé de propriétaires, fixe le montant de l'indemnité.

La propriété d'une chose, soit mobilière, soit immobilière, donne droit sur tout ce qu'elle produit et sur ce qui s'y unit accessoirement, soit naturellement, soit artificiellement. — Ce droit s'appelle *droit d'accession*. (Art. 545, 546.)

CHAPITRE PREMIER

DU DROIT D'ACCESSION SUR CE QUI EST PRODUIT PAR LA CHOSE.

Articles 547 à 550.

Qu'est-ce que l'accession ?

L'accession est un effet du droit de propriété qui fait attribuer au propriétaire de la chose principale les choses accessoires qui s'y incorporent. — L'accession repose sur cette idée que les accessoires d'une chose ne font avec cette chose qu'un seul et même tout. Ainsi les fruits qui couvrent mon fonds sont une partie de ce fonds ; ainsi la pourpre ajoutée à mes vêtements ne fait qu'un seul objet avec le vêtement.

Dans les deux cas que nous venons de citer, l' accessoire appartient au propriétaire de l'objet principal, parce qu'il se confond avec cet objet ; mais la cause des deux accessions est différente. Il faut donc, avec le Code, distinguer deux sortes d'accessions : celle des fruits de la chose, celle de ce qui s'unit à la chose.

La production et l'incorporation peuvent se produire naturellement ou se réaliser par la main de l'homme. Il y a donc lieu de distinguer aussi l'accession naturelle de l'accession industrielle.

Aux termes de l'article 547, le propriétaire acquiert par accession les fruits de sa chose. Mais cette proposition manque d'exactitude. — D'abord, le propriétaire n'acquiert pas seulement les fruits, mais tous les produits de sa chose. — En second lieu, il n'acquiert pas les produits de sa chose par accession, mais par un simple développement du droit de propriété. L'accession

n'est un véritable moyen d'acquérir les fruits que pour les tiers
qui possèdent de bonne foi la chose d'autrui, et non pas pour le
propriétaire lui-même, qui, étant maître de la chose, a, par cela
même, droit à chacune de ses parties. (Art. 547.)

**Quelles différences y a-t-il entre les fruits et les produits
d'une chose ?**

Les fruits diffèrent des produits comme l'espèce du genre. On
appelle *produits*, tout ce que l'on peut tirer de la chose ou gagner
à son occasion ; et on donne le nom particulier de *fruits*, à certains produits que la chose est destinée à fournir périodiquement et sans altération de sa substance, *quidquid ex re nasci et
renasci solet.*

Ainsi, les arbres d'une forêt *qui n'ont pas été mis en coupes réglées*, les pierres d'une carrière *non ouverte* sont des produits et
non pas des fruits, parce qu'ils ne doivent pas être fournis périodiquement. — Au contraire, les bois qui ont été *mis en coupes réglées*, les pierres qui sont extraites des carrières *exploitées* sont
considérées comme des fruits, parce qu'ils se renouvellent d'une
manière périodique et régulière, parce qu'ils sont un revenu de
la chose.

Les fruits se divisent en fruits naturels, fruits industriels et
fruits civils. — Nous nous bornons à indiquer ici cette distinction, sur laquelle nous nous arrêterons davantage dans le titre
De l'usufruit.

**A quelle condition le propriétaire d'une chose en acquiert-il
les fruits ?**

Aux termes de l'article 548, les fruits produits par la chose
n'appartiennent au propriétaire qu'à la charge de rembourser
les frais des labours, travaux et semences faits par des tiers. —
C'est là une application du principe que l'on ne doit pas s'enrichir
aux dépens d'autrui.

Le droit romain ne prescrivait cette obligation au propriétaire qu'envers le possesseur de bonne foi : *exceptionis auxilio
tutus esse potest, is qui alienum fundum sua impensa bona fide con-
sevit.* Mais l'ancien droit rejeta cette distinction comme contraire
à l'équité, et le Code l'a également rejetée.

Au surplus, la règle que les fruits de la chose appartiennent
au propriétaire reçoit une exception en faveur du fermier, de
l'usufruitier et du possesseur de bonne foi. (Art. 548, 549).

Qu'est-ce que la possession ?

La possession est le fait d'avoir à sa disposition une chose appartenant à autrui et de la détenir comme sienne.

Elle comprend ainsi deux éléments, savoir : 1° la détention physique de la chose; 2° la volonté de se l'approprier. Lorsqu'on n'a pas cette volonté, on n'est pas vraiment possesseur; on est seulement détenteur.

« Posséder une chose, dit M. Pellat, c'est avoir cette chose en sa puissance : voilà le sens vulgaire du mot. Ce n'est point encore là le sens précis de ce terme en jurisprudence.

« Il faut distinguer la détention de la possession. Avoir une chose en son pouvoir peut n'être encore que la détenir : il faut l'avoir en son pouvoir comme sienne pour la posséder.

« Je *possède* une chose, quand je l'ai à ma disposition comme mienne, que j'en sois ou non propriétaire, quand même je saurais qu'un autre est propriétaire, si je ne veux pas le reconnaître pour tel.

« Je *détiens* seulement cette chose, si je n'ai pas la prétention de me conduire comme propriétaire, si je reconnais un autre comme maître. »

La possession étant le pouvoir et l'intention d'appréhender la chose, il est clair que le plus souvent elle sera unie à la propriété, car ce pouvoir d'appréhender est le fait même qui répond au droit de propriété; c'est la mise en exercice de la propriété. En cet état, la possession est utile au propriétaire, notamment par les actions possessoires qu'elle lui donne le droit d'exercer.

Mais la possession peut se trouver séparée de la propriété et former un droit distinct. Elle a, dans ce cas, des effets importants.

Quels sont les effets de la possession ?

La possession, avons-nous dit, s'acquiert par le fait et par l'intention; par le fait, c'est-à-dire par l'appréhension physique de la chose, soit par nous-même, soit par un tiers en notre nom; par l'intention, c'est-à-dire en détenant la chose en qualité de propriétaire.

Ses effets consistent :

1° A faire présumer que le possesseur est propriétaire de la chose qu'il détient. — Cette présomption repose sur cette vérité, que dans l'état normal des choses le possesseur est en même temps propriétaire.

2° A donner au possesseur les actions possessoires, au moyen desquelles il peut défendre sa possession ou se faire réintégrer dans celle qu'il a perdue. — L'origine de ces actions remonte au droit romain. Il faut remarquer qu'elles ne peuvent avoir pour objets que des immeubles ou des universalités de meubles.

La possession a deux autres effets fort importants : l'acquisition des fruits et la prescription de la propriété. Mais on doit observer que pour le premier de ces effets la bonne foi du possesseur est nécessaire, et que pour le second elle est fort importante.

En quoi consiste la possession de bonne foi ?

La possession de bonne foi a pour effet, avons-nous dit, l'acquisition des fruits de la chose possédée par celui qui la détient. Pour que cette acquisition ait lieu, le possesseur doit réunir deux conditions. Il faut : 1° qu'il ait bonne foi ; 2° que sa bonne foi s'appuie sur un titre translatif de propriété.

La bonne foi consiste dans la croyance qu'il est réellement propriétaire. Mais cette croyance ne mériterait pas d'être prise en considération si elle n'avait pas un motif raisonnable et plausible : c'est pour cela que la loi exige qu'elle repose sur un titre translatif de propriété.

On entend ici par titre translatif, tout acte qui aurait transféré la propriété au possesseur s'il était émané du véritable propriétaire. — Ainsi, la vente, l'échange, la donation, le testament, sont translatifs de propriété ; au contraire, le louage, le dépôt, le mandat, ne transfèrent jamais la propriété.

Au surplus, le possesseur de bonne foi acquiert les fruits, lors même que son titre est irrégulier. En effet, l'article 550 se borne à exiger que le possesseur *ait ignoré* les vices de son titre. Il en serait différemment s'il s'agissait, non de l'acquisition des fruits produits par la chose, mais de l'acquisition de la chose elle-même, au moyen de la prescription de dix à vingt ans. — Dans ce cas, le titre est exigé comme condition spéciale et différente de la bonne foi ; tandis que pour l'acquisition des fruits il n'est pas exigé *per se principaliter*, c'est un simple élément de bonne foi. (Art. 549, 550.)

A quel moment la bonne foi du possesseur doit-elle exister ?

Lorsqu'il s'agit de l'acquisition de la chose par la prescription de dix à vingt ans, il suffit que la bonne foi ait existé au commencement de la possession. — Mais il en est différemment lorsqu'il s'agit de l'acquisition des fruits : il faut alors que la bonne foi du possesseur existe au moment même où il les perçoit. En conséquence, si elle vient à cesser, le possesseur ne peut plus acquérir les fruits; et le propriétaire a le droit de lui réclamer ceux qu'il a perçus depuis cette époque, et même ceux qu'il a négligé de percevoir. (Art. 549, 2269.)

Comment se prouve la bonne foi?

Aux termes de l'article 2268, la bonne foi est toujours présumée, et c'est à celui qui allègue la mauvaise foi de son adversaire à la prouver. Quoiqu'il soit placé sous la rubrique de la prescription, cet article est un principe général et tout le monde est d'accord pour l'appliquer à l'acquisition des fruits par le possesseur.

On doit remarquer toutefois que c'est au possesseur à prouver qu'il possède en vertu d'un titre translatif de propriété; puisque ce n'est qu'à cette condition que la loi lui permet d'invoquer la bonne foi. Mais dès que le possesseur a justifié de ce titre, c'est à celui qui revendique contre lui à prouver qu'il avait connaissance des vices du titre ou de la fausse prétention de son vendeur. Le demandeur en revendication pourra d'ailleurs faire cette preuve de toute manière.

Pour quels motifs la loi fait-elle l'attribution des fruits au possesseur de bonne foi?

D'après le texte des Instituts, on attribuait les fruits au possesseur de bonne foi, à cause des soins qu'il avait donnés à la chose et des déboursés qu'il avait dû faire pour son entretien et sa conservation. Mais on convient généralement que ce n'est pas là le seul, ni le principal motif de cette acquisition des fruits par le possesseur.

La véritable cause de cette faveur paraît être un motif d'humanité.

On a considéré que les fruits sont faits pour être dépensés et que le possesseur les emploierait *lautius vivendo ;* que par suite, si le propriétaire avait le droit de revendiquer les fruits perçus depuis plusieurs années peut-être, le possesseur subirait une perte considérable, qu'il risquerait même de se trouver ruiné. — Il faut ajouter que le possesseur a ordinairement fourni le prix de la chose, et qu'il n'a aucune faute à se reprocher, tandis que

23

le propriétaire qui a laissé posséder sa chose par un tiers est presque toujours coupable de négligence.

Comment le possesseur de bonne foi acquiert-il les fruits?

Tant que les fruits sont attachés au sol, ils appartiennent au propriétaire. Il faut donc un fait qui, par la volonté de la loi, en transfère la propriété au possesseur. Ce fait consiste dans la perception. — Ainsi, le possesseur de bonne foi acquiert les fruits par la perception.

S'il s'agit de fruits naturels ou industriels, la perception est censée faite par le seul fait qu'ils sont séparés du sol. Il n'est pas nécessaire qu'ils aient été recueillis ou engrangés. Cette disposition était admise en droit romain et dans notre ancienne jurisprudence, et le Code l'a reproduite.

Quant aux fruits civils, on admet généralement qu'ils s'acquièrent jour par jour; car l'article 586 ne laisse pas supposer qu'ils puissent, dans aucun cas, s'acquérir par une perception réelle.

Comment cesse la bonne foi du possesseur?

Aux termes de l'article 550, le possesseur cesse d'être de bonne foi du jour où les vices du titre lui sont connus.

Il n'est donc pas besoin d'une demande en justice pour faire cesser la bonne foi : elle cessera dès que le possesseur connaîtra, d'une manière quelconque, que la chose appartient à autrui : peu importe par quel moyen il en aura connaissance.

Mais si la bonne foi peut cesser même avant une demande en justice, peut-elle durer encore après la demande formée? Nous pensons, avec M. Demolombe, que si le possesseur peut encore être de bonne foi quant au droit lui-même, il est nécessairement de mauvaise foi quant aux fruits, en ce sens qu'il serait en faute de les consommer et de ne pas les mettre en réserve. Le droit romain le jugeait ainsi.

Quoi qu'il en soit, dès que le possesseur cesse d'être de bonne foi, il est tenu de restituer les fruits avec la chose au propriétaire qui la revendique. Il est, dès ce moment, assimilé au possesseur de mauvaise foi.

Quelle est la position du possesseur de mauvaise foi?

En s'emparant de la chose d'autrui, le possesseur de mauvaise foi s'est rendu coupable d'un délit ou d'un quasi-délit. En conséquence, il est tenu de réparer le dommage qui résulte de son fait, conformément au principe posé par l'article 1382 du Code civil.

D'abord il doit restituer la chose telle qu'elle était avant sa possession, et cette obligation ne s'éteint pas par la perte arrivée fortuitement, car il en doit compte alors au propriétaire. — En outre, il doit restituer tout ce qu'il a pu tirer de la chose, fruits ou produits. Et non seulement il doit restituer les fruits qu'il a perçus, mais aussi ceux qu'il aurait dû percevoir et qu'il n'a pas perçus par négligence.

La situation du possesseur de mauvaise foi est, comme on le voit, très misérable. Toutefois le Code lui a rendu la faculté de retenir ses impenses, faculté qu'il n'avait pas, comme nous l'avons dit, en droit romain.

CHAPITRE DEUXIÈME

DU DROIT D'ACCESSION SUR CE QUI S'UNIT ET S'INCORPORE A LA CHOSE.

Articles 551 à 577.

Aux termes de l'article 551, tout ce qui s'unit et s'incorpore à la chose appartient au propriétaire par accession. — Conformément à l'ordre du Code, nous examinerons les effets de l'accession : 1° relativement aux choses immobilières; 2° relativement aux choses mobilières.

SECTION I

DE L'ACCESSION RELATIVEMENT AUX CHOSES IMMOBILIÈRES.

De quelle manière les choses immobilières peuvent-elles s'unir et s'incorporer ?

Les choses immobilières peuvent s'unir et s'incorporer de deux manières : 1° industriellement, c'est-à-dire par le fait de l'homme; 2° naturellement, c'est-à-dire sans aucun fait de l'homme.

L'accession *industrielle* a rapport aux constructions, plantations et autres ouvrages analogues.

L'accession *naturelle* a rapport aux alluvions, aux îles qui se forment dans un fleuve, aux lits des rivières et aux animaux sauvages.

Quel est le principe fondamental en matière d'accession industrielle ?

Le principe fondamental en matière d'accession industrielle des choses immobilières est que « la propriété du sol emporte celle du dessus et celle du dessous » (1).

Toutefois, la loi du 21 avril 1810 a introduit une grave exception à ce principe, relativement aux mines. — D'après cette loi, les mines d'or, d'argent, de fer, de plomb, etc., appartiennent à l'État, qui en concède l'exploitation. La concession est faite par le chef de l'État, sur l'avis du conseil d'État, soit au profit du propriétaire du sol, soit au profit d'une autre personne offrant plus de garanties pour une bonne exploitation, à charge de fournir une indemnité au propriétaire du sol. La mine concédée est alors considérée comme une propriété distincte de celle du sol. (Art. 552.)

A qui appartiennent les constructions ou autres ouvrages élevés sur un terrain ?

Par suite de la règle que la propriété du sol emporte celle du dessus et du dessous, toutes les constructions, plantations ou autres ouvrages élevés sur un terrain ou dans l'intérieur appartiennent au propriétaire du terrain, et sont présumés faits par lui, à ses frais, et avec ses matériaux.

Toutefois, il peut arriver : 1° qu'un propriétaire ait bâti sur son terrain avec les matériaux d'autrui ; 2° qu'un tiers ait bâti sur le terrain d'autrui avec ses propres matériaux. — Dans ces deux hypothèses, la construction appartient au propriétaire du terrain ; mais c'est à la charge de fournir une indemnité plus ou moins élevée, suivant les distinctions que nous allons établir. (Art. 553.)

Quelle est l'indemnité due par le propriétaire qui a bâti sur son terrain avec les matériaux d'autrui ?

Lorsqu'un propriétaire a bâti sur son terrain avec les matériaux d'autrui, il acquiert ces matériaux par accession. En conséquence, leur ancien maître ne peut pas les revendiquer, puisqu'ils n'existent plus à l'état de matériaux à cause de leur in-

(1) Cette disposition n'établit d'ailleurs qu'une présomption qui cède à la preuve contraire. Cass. 30 nov. 1853 ; 24 nov. 1869.

corporation au sol, ni demander que la construction soit détruite, afin de pouvoir les revendiquer lorsqu'ils auront été ramenés à leur état primitif. — Mais il a le droit d'exiger le payement de leur valeur, et, s'il y a lieu, en outre, des dommages-intérêts, qui seront plus ou moins élevés suivant que le propriétaire du terrain a été ou non de bonne foi.

Si le bâtiment venait à être démoli par la suite, l'ancien maître des matériaux pourrait-il les revendiquer? Quelques auteurs admettent l'affirmative : car, disent-ils, rien ne s'oppose à la revendication, lorsque les matériaux ont été ramenés à leur état primitif. — Mais cette solution est généralement repoussée. En effet, l'acquisition qui s'opère au moyen de l'accession n'est subordonnée par la loi à aucune condition résolutoire : d'où il suit qu'elle est définitive et qu'il n'y a plus à y revenir une fois qu'elle a eu lieu. (Art. 554.)

Quelle est l'indemnité due à celui qui a bâti sur le terrain d'autrui avec ses propres matériaux ?

Lorsqu'un tiers a bâti sur le terrain d'autrui avec ses propres matériaux, le propriétaire du terrain acquiert la construction par accession. Mais sera-t-il obligé de la garder et d'en payer la valeur? Et, s'il y est obligé, quel sera le montant de l'indemnité à fournir? — Pour résoudre ces difficultés, le Code fait une distinction.

Si le constructeur a été de bonne foi, c'est-à-dire s'il a cru bâtir sur son propre terrain, le propriétaire du terrain est obligé de garder la construction, en payant, à son choix, ou le montant des déboursés faits par le constructeur, ou une somme égale à la plus-value dont le fonds s'est trouvé augmenté. Le cas d'un constructeur de bonne foi se présente, par exemple, lorsque le terrain avait été légué au constructeur par un premier testament, qui est devenu sans effet par suite de la découverte d'un testament postérieur.

Si le constructeur a été de mauvaise foi, c'est-à-dire s'il n'a pas ignoré que le terrain sur lequel il bâtissait appartenait à autrui, le propriétaire du terrain est libre de garder la construction ou de contraindre le constructeur à la supprimer. — S'il veut la garder, il devra rembourser à celui-ci le prix de la main-d'œuvre et des matériaux, sans avoir égard à la plus-value. — S'il préfère la faire démolir, il aura, au contraire, le droit d'exiger lui-même une indemnité, à raison du dommage qu'elle lui a occasionné.

On voit, par là, combien la position du propriétaire du terrain est préférable, lorsque le constructeur a été de mauvaise foi. Sans doute, il ne peut garder la construction qu'à la condition de rembourser à celui-ci tous ses déboursés, lors même qu'ils n'ont pas procuré au fonds une augmentation de valeur proportionnelle. Mais il n'est pas obligé de la garder; et, s'il la fait démolir, non seulement il n'a rien à payer au constructeur, mais il peut exiger de lui une indemnité, à raison du dommage qu'elle lui a occasionné. — Il en résulte qu'il sera le maître d'imposer à celui-ci ses conditions, et qu'il pourra se faire céder la construction moyennant une faible indemnité.

Lorsque le propriétaire du terrain ne peut pas fournir au constructeur l'indemnité qu'il lui doit, on admet généralement que les juges pourront l'autoriser à payer, à la place, une rente représentant la valeur de l'indemnité. — Cette solution était admise dans notre ancienne jurisprudence et le silence du Code prouve qu'il a entendu la maintenir.

Les règles que nous venons d'énoncer relativement aux constructions sont également applicables aux plantations et autres ouvrages de même nature (1). (Art. 555.)

Quel est le principe fondamental en matière d'accession naturelle ?

Le principe fondamental en matière d'accession naturelle est celui-ci : les propriétaires des fonds riverains acquièrent par accession, sans avoir à fournir aucune indemnité, les alluvions qui s'unissent et s'incorporent à leurs fonds.

Il y a deux sortes d'alluvions : les lais et les relais.

On entend par *lais*, l'accroissement insensible que reçoit une rive par les molécules que la rivière y dépose. — On entend par *relais*, la portion du lit que les eaux laissent à sec en se retirant d'une rive pour se porter sur l'autre rive.

L'alluvion n'a pas lieu à l'égard des lacs et étangs ; le propriétaire conserve toujours le terrain que l'eau couvre, quand elle est

(1) Le droit accordé au propriétaire de demander la suppression des ouvrages faits sur sa propriété par le possesseur de mauvaise foi ne s'applique pas aux améliorations qui se sont identifiées avec le sol et n'en peuvent être séparées. En pareil cas, le possesseur aura nécessairement droit à une indemnité de plus-value. Cass., 22 août 1865.

à la hauteur de la décharge de l'étang, encore que le volume d'eau vienne à diminuer. — Réciproquement, le propriétaire de l'étang n'acquiert aucun droit sur les terres riveraines que son eau vient à couvrir dans les crues extraordinaires. (Art. 556, 557, 558.)

Le propriétaire riverain acquiert-il la partie d'un champ qui a été entraînée par les eaux vers son propre fonds ?

Non ; le propriétaire riverain n'acquiert pas la portion considérable et reconnaissable de terrain qui a été détachée d'un fonds et portée par les eaux vers son héritage, comme il acquiert les molécules qui l'accroissent insensiblement. — Le maître de la partie enlevée peut la réclamer pendant un an au moins, à partir du moment où elle a été séparée de son fonds. (Art. 559.)

A qui appartiennent les îles qui se forment dans un fleuve ou dans une rivière ?

Les îles qui se forment dans un fleuve ou dans une rivière appartiennent à l'État, si le fleuve ou la rivière sont navigables ou flottables. — Dans le cas contraire, elles appartiennent aux riverains de la manière suivante : l'île s'est-elle formée d'un seul côté, il n'y a que les propriétaires riverains de ce côté qui puissent la revendiquer ; s'est-elle formée des deux côtés, les propriétaires des deux rives y ont droit, à partir de la ligne qu'on suppose tracée au milieu de la rivière.

Il en serait différemment dans le cas où un champ se trouverait entouré par une rivière, car ce champ conserverait alors sa substance et son identité. — En conséquence, si une rivière ou un fleuve, en se formant un bras nouveau, coupe et embrasse le champ d'un propriétaire riverain et en fait une île, ce propriétaire conserve la propriété de son champ. (Art. 560, 561, 562.)

A qui appartient le lit abandonné par un fleuve ou par une rivière ?

Dans le droit romain, le lit abandonné par un fleuve ou par une rivière, et qui avait été ainsi mis à sec, appartenait aux propriétaires riverains. Dans un but d'équité, le Code a admis une solution différente, et il attribue le lit mis à sec, à titre d'indemnité, aux propriétaires des fonds nouvellement occupés, dans la proportion du terrain qui leur a été enlevé par les eaux.

Aux termes de l'article 564, les pigeons, lapins, poissons et autres animaux appartiennent au propriétaire des colombiers, garennes et étangs où ils viennent s'établir ; car il est désormais impossible de constater leur identité et de savoir à qui ils appartenaient auparavant. — Toutefois, s'ils avaient été attirés par fraude ou artifice dans la propriété d'autrui, leur précédent maître pourrait réclamer une indemnité. (Art. 563, 564.)

A qui appartiennent les fleuves et rivières ?

A cet égard, il faut établir une distinction :

Les fleuves et rivières navigables ou flottables font partie du domaine public de l'État.

En ce qui concerne les rivières non navigables, ni flottables, la doctrine et la jurisprudence ne sont pas d'accord.

Suivant la plupart des auteurs, les cours d'eau non navigables ni flottables appartiennent aux riverains, car ils ont tous les avantages qui en résultent, tels que droits d'alluvion, droit d'irrigation, droit de pêche et enfin droit aux îles qui se forment dans le lit de la rivière. — Suivant la jurisprudence, au contraire, ces cours d'eau sont des choses communes dont la propriété n'est à personne et dont l'usage appartient à tout le monde, par la raison qu'ils ne sont pas soumis à l'impôt foncier, et que les divers droits attribués aux riverains ne leur ont été accordés que comme compensation des inconvénients que présente le voisinage de l'eau.

SECTION II

DU DROIT D'ACCESSION RELATIVEMENT AUX CHOSES MOBILIÈRES.

De quelle manière les choses mobilières peuvent-elles s'unir et s'incorporer ?

Les choses mobilières peuvent s'unir et s'incorporer de trois manières : 1° par l'adjonction ; 2° par la spécification ; 3° par le mélange.

Au reste, le droit d'accession relativement aux choses mobilières est subordonné aux principes de l'équité naturelle, et les règles qui sont indiquées ici par le Code sont uniquement destinées à servir d'exemples au juge et à guider son appréciation. — Ajoutons que le principe qu'en *fait de meubles la possession vaut titre* suffira ordinairement pour déterminer l'attribution de propriété. L'acquisition par accession n'aura donc lieu, relativement aux choses mobilières, que dans le cas où le principe n'est pas applicable, c'est-à-dire lorsqu'il s'agit de choses volées ou perdues, ou de choses possédées de mauvaise foi. (Art. 565.)

Qu'est-ce que l'adjonction ?

L'adjonction est l'union de deux choses qui, bien que formant un tout, restent cependant distinctes et reconnaissables. — Ainsi, un tableau et son cadre, une bague et son diamant.

Lorsque deux choses ont été unies par adjonction de manière à former un objet unique, cet objet appartient au maître de la chose principale, à charge d'indemnité envers |le maître de la chose accessoire.

Pour distinguer la chose principale de la chose accessoire, le Code indique trois moyens, qui doivent être employés successivement l'un à défaut de l'autre.

1° On doit d'abord considérer comme chose principale celle à laquelle l'autre n'a été unie que pour l'usage, l'ornement ou le complément de la première. Ainsi : dans une bague, le diamant est la partie principale, parce que l'anneau est disposé pour son usage.

Toutefois quand la chose unie est beaucoup plus précieuse que la chose principale, le propriétaire de la chose réputée accessoire peut demander que la chose unie soit séparée pour lui être rendue, même quand il pourrait en résulter quelque dégradation de la chose à laquelle elle a été jointe. Ainsi le propriétaire de la broderie qui sert d'ornement à un vêtement peut la faire détacher, lorsqu'elle est plus précieuse que le vêtement.

2° A défaut de cette distinction, si aucune des deux choses n'a été unie à l'autre pour son usage ou pour son ornement, celle-là est réputée principale qui est la plus considérable en valeur.

3° Si les valeurs sont à peu près égales, celle-là est réputée partie principale qui est la plus considérable en volume.

S'il n'était pas possible de faire aucune de ces distinctions, il faudrait, conformément à l'article 573, autoriser la séparation des deux choses, ou déclarer le tout commun. (Art. 566, 567, 568, 569.)

Qu'est-ce que la spécification ?

La spécification est la transformation d'une matière en un objet nouveau. Ainsi, la spécification a lieu lorsqu'un bloc de marbre est changé en statue.

En principe, l'objet nouveau appartient au maître de la matière première, à la charge par lui de rembourser à l'artisan le prix de la main-d'œuvre. — Toutefois, si la main-d'œuvre était

tellement importante qu'elle surpassât de beaucoup la valeur de
la matière employée, l'industrie serait alors réputée la partie
principale, et l'ouvrier aurait le droit de retenir la chose tra-
vaillée, en remboursant le prix de la matière au propriétaire.

Notons que si l'artisan avait lui-même fourni une partie de la
matière, l'objet nouveau lui appartiendrait en commun avec la
personne qui a fourni l'autre partie, en proportion de la matière
qui lui appartenait et du prix de la main-d'œuvre. (Art. 570,
571, 572.)

En était-il de même en droit romain ?

A l'origine, les jurisconsultes romains n'étaient pas d'accord.
Suivant les Sabiniens, l'objet nouveau devait appartenir au maître de la matière ; suivant les Proculiens, au contraire, il appartenait au spécificateur. — Justinien, adoptant une opinion
mixte, décida que l'objet nouveau appartiendrait au maître de
la matière s'il pouvait revenir à son état primitif, et que, dans le
cas contraire, il appartiendrait au spécificateur.

Le Code a rejeté cette distinction et a adopté l'opinion des Sabiniens. — Il considère, en général, la forme comme un accessoire de la matière, et il attribue l'objet nouveau au maître de
la matière, à moins que, par exception, la main-d'œuvre n'ait
beaucoup plus de prix.

Qu'est-ce que le mélange ?

Le mélange est l'union de plusieurs matières, qui sont
tellement mêlées et confondues qu'il est impossible de les distinguer.

Lorsque les matières qui ont servi à le former sont d'égale valeur, l'objet mélangé appartient en commun à tous ceux qui
les ont fournies ; à moins que les matières puissent être séparées,
auquel cas on les divisera entre les différents maîtres, s'ils en
font la demande.

Si les matières fournies étaient d'inégale valeur, l'objet formé
par le mélange [appartiendra au maître] de la matière la plus
précieuse, à charge par lui de rembourser aux autres la valeur
des matières qu'ils ont fournies. (Art. 573, 574, 575.)

**Le propriétaire à l'insu duquel on a employé la matière
n'a-t-il pas un autre recours ?**

Oui ; dans tous les cas où le propriétaire dont la matière a été
employée, à son insu, à former une chose d'une autre espèce peut

réclamer la propriété de cette chose, la loi lui laisse la faculté d'abandonner cette chose et d'exiger une matière absolument pareille à celle qu'il avait, ou sa valeur (1).

En outre, il peut exiger, s'il y a lieu, des dommages-intérêts, sans préjudice des poursuites que le ministère public aurait à exercer à raison de vol ou d'abus de confiance, contre ceux qui se sont mis frauduleusement en possession de choses appartenant à autrui.

Notons que dans tous les cas où l'adjonction, la spécification et le mélange auraient eu lieu en vertu du consentement réciproque des deux parties, les règles contenues dans cette section ne seraient pas applicables. — Les droits des contractants seraient alors réglés d'après leur intention manifestée par la convention ou par les circonstances. (Art. 576, 577.)

(1) Ces expressions du Code *à l'insu du propriétaire* ne sont pas rigoureusement exactes. Quand la matière a été employée contre le gré du propriétaire, c'est comme si elle avait été employée à son insu.

LIVRE II, TITRE III

De l'usufruit, de l'usage et de l'habitation.

DÉCRÉTÉ LE 30 JANVIER 1804. — PROMULGUÉ LE 9 FÉVRIER.

Aux termes de l'article 543, on peut avoir sur les biens, soit un droit de propriété, soit un droit de jouissance, soit un droit de servitude. — Nous avons traité de la *propriété* dans le titre précédent ; nous nous occuperons ici de la *jouissance*, et, dans le titre suivant, des servitudes ou services fonciers.

De même que les servitudes proprement dites ou services fonciers, le droit de jouissance constitue un véritable démembrement de la propriété, car il asservit la chose d'autrui au profit d'une personne. C'est en ce sens qu'à Rome on lui avait donné le nom de *servitude personnelle*. Le Code n'a pas reproduit cette expression, dans la crainte qu'elle ne réveillât le souvenir des corvées de l'ancien régime.

Les droits d'user et de jouir, qui se confondent dans notre législation, peuvent être exercés, soit avec toute l'étendue qu'ils comportent, soit d'une manière restreinte. — Dans le premier cas, ils constituent le droit d'usufruit ; dans le second, ils prennent le nom de droits d'usage et d'habitation.

Nous traiterons sous ce titre :

CHAP. I. — De l'usufruit.

CHAP. II. — De l'usage et de l'habitation.

CHAPITRE PREMIER

DE L'USUFRUIT.

Articles 578 à 624.

Le chapitre de l'usufruit est divisé par le Code en trois sections, précédées d'un paragraphe qui contient les articles 578 à

581. — En conséquence, nous traiterons : 1° de la nature du droit d'usufruit; 2° des droits de l'usufruitier ; 3° des obligations de l'usufruitier ; 4° de l'extinction de l'usufruit.

§ I. — De la nature du droit d'usufruit.

Qu'est-ce que l'usufruit ?

Suivant l'article 578, l'usufruit est le droit d'user et de jouir de la chose d'autrui, comme le propriétaire lui-même, mais à la charge d'en conserver la substance.

Cette définition donne lieu à plusieurs observations.

D'abord l'usufruit est le droit de jouir des choses *dont un autre a la propriété.* — En effet, celui qui est propriétaire d'une chose peut sans doute en user et en percevoir les fruits ; mais un pareil droit se confond avec la propriété et ne constitue pas, dans notre législation, un droit distinct, un usufruit proprement dit. A Rome, on l'appelait usufruit *causal, quia causæ suæ, id est dominio, junctus est ;* par opposition à l'usufruit proprement dit, appelé usufruit *formel, quia propriam formam habet.*

L'usufruitier doit jouir de la chose *comme le propriétaire lui-même.* — Cela signifie qu'il a le droit de percevoir les fruits de la chose, comme les percevrait le propriétaire. Mais cela ne veut pas dire qu'il ait un pouvoir aussi étendu sur la chose ; car il est tenu de rendre des comptes, tandis qu'un propriétaire jouit de sa chose comme il l'entend.

L'usufruitier doit, en outre, *conserver la substance de la chose.* — Dans la langue juridique, on entend par *substance* d'une chose l'ensemble des qualités qui la constituent au point de vue de son utilité. Les expressions du Code signifient que l'usufruitier doit conserver la manière d'être de la chose, qu'il ne peut pas changer sa destination, l'approprier à un autre objet, ou à des services différents de ceux qu'elle procurait au moment de l'entrée en jouissance.

Le droit du maître de la chose dont l'usufruitier a la jouissance se nomme *nue propriété,* c'est-à-dire propriété dépouillée d'une partie de ses avantages. — Le nu-propriétaire conserve le droit de disposer : en outre, la privation qu'il subit des droits d'user et de jouir est essentiellement temporaire. (Art. 578.)

Quels sont les caractères du droit d'usufruit ?

L'usufruit est un droit réel et temporaire. — Il est un droit *réel*, car il s'exerce directement et immédiatement sur la chose, en sorte que l'usufruitier ne peut pas exiger que le nu-proprié-taire le *fasse* jouir, mais seulement qu'il le *laisse* jouir, qu'il ne mette aucun obstacle à son droit sur la chose. — En outre, l'u-sufruit est un droit essentiellement *temporaire ;* car il s'éteint à la mort de l'usufruitier, et il n'est pas transmissible à ses hé-ritiers.

Cette intransmissibilité de l'usufruit l'a fait ranger parmi les droits qui sont attachés à la personne. Elle s'explique très bien d'ailleurs par cette considération que la nue-propriété n'aurait guère de valeur si l'usufruit pouvait être établi pour une longue durée.

Quelles différences y a-t-il entre l'usufruit et le louage ?

Il y a entre l'usufruit et le louage les différences suivantes :

1° L'usufruit est un droit réel ; le louage est un droit person-nel. — Effectivement, le locataire n'a pas un droit direct sur la chose, et il ne peut en jouir que par l'intermédiaire du proprié-taire, qui se trouve personnellement obligé envers lui.

2° L'usufruit s'éteint par la mort de l'usufruitier. — Le louage est transmissible aux héritiers du locataire.

3° L'usufruit peut être établi, soit à titre gratuit, soit à titre onéreux. — Le louage ne s'établit qu'à titre onéreux.

Quelles conséquences faut-il tirer de ce que l'usufruitier a un droit réel ?

L'usufruitier ayant un droit réel, c'est-à-dire un droit direct et immédiat sur la chose, il en résulte :

1° Que si un tiers quelconque vient à le troubler dans l'exer-cice de son droit, il peut de lui-même, et sans avoir besoin de recourir au nu-propriétaire, intenter des actions pour faire ces-ser le trouble ;

2° Que si la chose constituée en usufruit diminue de valeur, il ne peut exiger du nu-propriétaire aucune compensation ;

3° Que son droit est mobilier ou immobilier, suivant que la chose constituée en usufruit est un meuble ou un immeuble.

Comment s'établit l'usufruit ?

L'usufruit s'établit de deux manières : par la loi, ou par la vo-lonté de l'homme.

Il s'établit *par la loi* notamment dans deux cas : 1° au profit des père et mère sur les biens personnels de leurs enfants âgés de moins de dix-huit ans ; 2° au profit du père ou de la mère qui succèdent à leur enfant, concurremment avec des collatéraux ordinaires de la ligne opposée à celle dont ils font partie, pour le tiers des biens qui ont été dévolus à ces collatéraux. — Pour se rendre compte de ce cas d'usufruit légal, il faut savoir que lorsqu'un défunt n'a laissé ni descendants, ni frères et sœurs, sa succession se partage en deux moitiés égales, afférentes, l'une à la ligne paternelle, l'autre à la ligne maternelle. Si les père et mère existent, chacun d'eux recueille une moitié ; si l'un d'eux est décédé, la moitié afférente à sa ligne est recueillie, à défaut d'autres ascendants, par les collatéraux ordinaires de cette ligne. Mais alors celui des père et mère qui a survécu et qui a recueilli la moitié afférente à sa ligne, a droit, en outre, à l'usufruit du tiers de la portion attribuée aux parents de l'autre ligne.

L'usufruit s'établit *par la volonté de l'homme*, soit à titre gratuit, soit à titre onéreux, par tous les faits qui sont translatifs de propriété, comme le testament, la donation, la vente, l'échange, etc. (Art. 579.)

Quelles sont les modalités dont l'usufruit est susceptible ?

L'usufruit peut être pur et simple, à terme ou sous condition.

Il est *pur et simple*, lorsque l'acte qui le constitue ne contient ni terme, ni condition. — Il commence alors de suite, pour finir à la mort de l'usufruitier.

Il est à *terme*, lorsqu'il ne doit commencer qu'à une certaine époque, *ex die*, ou lorsqu'il doit commencer de suite, mais qu'il doit finir à une certaine époque, *ad diem*, avant la mort de l'usufruitier.

Enfin, il est *sous condition*, lorsqu'il ne doit commencer que si un événement déterminé se réalise ; ou lorsqu'il doit commencer de suite mais qu'il est destiné à s'éteindre dans le cas où l'événement qui a été prévu viendrait à se réaliser. (Art. 580.)

Sur quels biens l'usufruit peut-il être établi ?

L'usufruit peut être établi sur toute espèce de biens, sur des meubles ou sur des immeubles, sur des biens corporels ou sur des créances, sur des objets particuliers ou sur des universalités. — Toutefois, lorsqu'il porte sur des choses qui se consomment par le premier usage, il cesse d'être un usufruit proprement dit, pour devenir un *quasi-usufruit*. (Art. 581.)

Quels sont les droits de l'usufruitier ?

Aux termes de l'article 582, l'usufruitier a le droit de jouir de toute espèce de fruits, soit naturels, soit industriels, soit civils, que peut produire l'objet dont il a l'usufruit. — Mais notre article est à la fois inexact et incomplet. Il est inexact, car l'usufruitier ne jouit pas des fruits, mais de la chose qui les fournit. Quant aux fruits, il en acquiert la propriété. — De plus, il est incomplet, car il ne mentionne pas les *services* ou l'*usage* que l'usufruitier peut retirer de la chose, indépendamment de la jouissance. Ainsi, l'usufruitier d'un troupeau profite non seulement du croît, du laitage ou de la laine des animaux, mais encore de leur travail.

En résumé, les expressions du Code doivent être entendues en ce sens que l'usufruitier a le droit de se servir de la chose et d'en acquérir tous les fruits.

Comment divise-t-on les fruits de la chose ?

Ainsi que nous l'avons remarqué, tout ce qui provient d'une chose est d'une façon générale un produit de la chose. Mais on appelle spécialement *produit*, ce qui provient accidentellement de la chose, ce qui est pris sur la chose de manière à la diminuer, à la détruire partiellement, et *fruit* ce qui provient de la chose en raison de sa destination, ce qui naît et renaît de la chose à certains intervalles sans en absorber la valeur. Il en résulte que les produits restent au nu-propriétaire, et que les services et les fruits appartiennent à l'usufruitier.

Il y a trois sortes de fruits : les fruits naturels, les fruits industriels et les fruits civils.

Les fruits *naturels* sont ceux que la chose produit sans aucun fait de l'homme. — Tels sont, par exemple, le croît des animaux, les fruits des arbres, le miel.

Les fruits *industriels* sont ceux que la chose produit avec le secours de l'homme. — Telles sont, par exemple, les récoltes provenant de la culture.

Les fruits *civils* sont ceux que l'on perçoit à l'occasion de la chose. — Tels sont, par exemple, les loyers d'une maison, les, intérêts d'un capital, les arrérages d'une rente, les prix des baux à ferme. (Art. 583, 584.)

Comment l'usufruitier acquiert-il les fruits ?

Il faut distinguer :

S'agit-il des fruits naturels ou industriels, l'usufruitier les acquiert par la perception dès qu'ils sont détachés ou séparés du sol, lors même qu'ils ont été détachés par suite d'un cas fortuit ou par le fait d'un tiers. En effet, l'article 585 n'attribue au propriétaire, lors de la cessation de l'usufruit, que les fruits qui sont encore pendants par branches ou par racines. — Il en était différemment en droit romain, et l'usufruitier n'acquérait les fruits qu'autant qu'il les avait perçus par lui-même ou par les siens. Sous ce rapport, il était plus maltraité que le possesseur de bonne foi qui acquérait les fruits dès l'instant où ils étaient séparés du sol. Le Code a mis sur la même ligne l'usufruitier et le possesseur de bonne foi ; ils acquièrent également les fruits dès l'instant où ils sont séparés du sol.

S'agit-il des fruits civils, l'usufruitier les acquiert jour par jour, c'est-à-dire proportionnellement à la durée de son usufruit. En d'autres termes, l'usufruitier devient créancier des fruits civils au fur et à mesure qu'ils naissent. — Ainsi, l'usufruit est-il établi sur une maison, l'usufruitier ou ses héritiers pourront exiger, lors de la cessation de l'usufruit, une valeur proportionnelle au nombre de jours écoulés depuis que le loyer actuel a commencé à courir. (Art. 585, 586.)

Pourquoi les prix de baux à ferme sont-ils rangés parmi les fruits civils ?

Dans notre ancien droit, les prix des baux à ferme étaient rangés parmi les fruits industriels, parce qu'on les considérait comme l'équivalent des récoltes perçues par le fermier. En conséquence, l'usufruitier qui avait loué les biens constitués en usufruit n'acquérait des droits au prix du bail qu'à l'époque où les récoltes étaient détachées du fonds. — Mais cet état de choses donnait lieu à de nombreux procès ; car, si l'usufruitier venait à mourir dans le cours d'une récolte commencée, il était difficile d'établir exactement quelle était la quotité des fruits perçus au moment de sa mort et dont la valeur en argent devenait revenir à ses héritiers. — Pour couper court à ces difficultés, le Code a décidé que les prix des baux à ferme seraient regardés comme des fruits civils. (Art. 586.)

A qui appartiennent les fruits pendants par branches ou par racines au moment de l'ouverture de l'usufruit ?

Aux termes de l'article 585, les fruits pendants par branches ou par racines au moment de l'ouverture de l'usufruit appartiennent à l'usufruitier. Mais cette proposition ne doit pas être prise à la lettre ; car le même article annonce le contraire dans son deuxième alinéa, en disant que les fruits pendants par branches ou par racines, lors de la cessation de l'usufruit, appartiennent au nu-propriétaire. — Il faut l'entendre en ce sens que l'usufruitier *a le droit de percevoir* les fruits pendants par branches ou par racines au moment de l'ouverture de l'usufruit; ce qui lui en fera acquérir la propriété, bien qu'il n'ait pas contribué aux frais de la récolte.

En compensation de cet avantage, la loi décide que les fruits pendants par branches ou par racines, lors de la cessation de l'usufruit, appartiennent au nu-propriétaire, sans que les héritiers de l'usufruitier puissent exiger aucune indemnité à raison des frais de labours et de semences qui ont été faits par celui-ci. Le législateur a préféré laisser à l'usufruitier et au nu-propriétaire des chances égales de gain ou de perte, plutôt que de les obliger à des comptes respectifs dont les frais auraient été souvent hors de proportion avec les intérêts engagés. Mais cette règle ne s'applique pas aux tiers qui ont fait les travaux de la récolte, ni au colon partiaire qui a cultivé les biens constitués en usufruit moyennant une part dans la récolte : l'usufruitier ou le nu-propriétaire qui recueillent les fruits doivent toujours les indemniser. (Art. 585.)

Lorsque l'usufruitier est mort après avoir vendu par avance une récolte, la vente est-elle valable ?

A cet égard, les auteurs ne sont pas d'accord.

Suivant les uns, la vente est valable, et le propriétaire est tenu de la respecter et de laisser l'acheteur percevoir la récolte. — En effet, l'usufruitier, ainsi qu'on le verra plus loin, peut contentir des baux de neuf ans : or, la vente d'une récolte à venir équivaut à un bail d'une année (1).

Mais on décide généralement, et c'est avec raison, qu'une

(1) Duranton, IV, 554. — Zachariæ II, p. 14. — Demante, II, 434 *bis*.

pareille vente est nulle, et que l'acheteur n'a pas le droit de faire la récolte. — En effet, la vente de la chose d'autrui est nulle : or, la récolte qui n'a pas encore été perçue appartient au nu-propriétaire, et par conséquent l'usufruitier n'a pas pu la vendre valablement. Quant à l'analogie que l'on cherche à établir entre la faculté de faire des baux et celle de vendre par avance les récoltes, elle n'existe pas en réalité. Effectivement, si l'on a permis à l'usufruitier de faire des baux, c'est afin de lui faciliter l'exercice de sa jouissance, qui, sans cela, serait illusoire : or, il n'y avait pas les mêmes motifs pour l'autoriser à disposer par avance des récoltes à venir (1).

L'usufruit peut-il s'établir sur des choses qui se consomment par le premier usage ?

Non ; l'usufruit proprement dit ne peut pas s'établir sur des choses qui se consomment par le premier usage, telles que le vin, le blé, les denrées, puisqu'il ne peut s'exercer sur une chose qu'à la charge d'en conserver la substance. — Toutefois, il existe pour ces sortes de choses un droit analogue à l'usufruit, qu'on appelle le *quasi-usufruit*.

Le quasi-usufruitier devient propriétaire des choses qui lui sont remises ; il a le droit de s'en servir, mais à la charge d'en rendre de pareilles quantité, qualité et valeur, ou leur estimation, à la fin de l'usufruit. (Art. 587.)

Le quasi-usufruitier a-t-il le choix de rendre l'équivalent en nature des choses qu'il a reçues, ou d'en payer l'estimation ?

Suivant quelques auteurs, il faut admettre l'affirmative, et décider que le quasi-usufruitier ou ses représentants peuvent, à leur gré : ou bien restituer des choses de même nature que celles qu'ils ont reçues, en pareilles quantité et qualité ; ou bien en fournir l'estimation à la fin de l'usufruit. — Mais une pareille solution ne paraît guère conforme à l'intention des parties.

Aussi la plupart des auteurs décident, avec raison, que l'article 587 ne donne à l'usufruitier aucune alternative, qu'il ne lui laisse aucun choix, et que les deux solutions qu'il présente s'appliquent à deux hypothèses différentes. — En effet, ou bien les choses constituées en usufruit n'ont pas été estimées au mo-

(1) Marcadé, II, 478. — Valette, *à son cours*. — Demolombe, II, 359.

ment de la constitution de l'usufruit, et alors le quasi-usufruitier ou ses représentants doivent les restituer en nature ; ou bien elles ont été estimées, et alors ils doivent en payer l'estimation. — Cette solution était adoptée dans le droit romain et dans notre ancienne législation, et il paraît vraisemblable que l'article 587 ne fait que la maintenir (1).

A quoi reconnaît-on si une chose a été constituée en usufruit ou en quasi-usufruit ?

Pour reconnaître si une chose a été constituée en usufruit ou en quasi-usufruit, il faut s'attacher à l'intention des parties. Ainsi, il y aura constitution d'usufruit lorsqu'elles sont convenues que la chose qui fait l'objet du contrat sera restituée identiquement ; et il y aura, au contraire, une constitution de quasi-usufruit si elles ont décidé qu'elle sera restituée en équivalents de même nature. — Lorsqu'elles n'ont pas exprimé formellement leur intention, on la présume d'après les circonstances. Ainsi, lorsque la chose qui fait l'objet du contrat ne se consomme pas par le premier usage, on suppose qu'elles ont entendu la constituer en usufruit ; et, si elle est au contraire de nature à être consommée par le premier usage, on suppose qu'elles ont entendu en faire l'objet d'un quasi-usufruit.

Quelles différences y a-t-il entre les choses fongibles et les choses de consommation ?

On appelle *choses fongibles*, toutes les choses qui, d'après la volonté des parties, doivent être restituées en équivalents de même nature, qualité et quantité ; et *choses de consommation*, celles qui, considérées en elles-mêmes, sont telles qu'on les consomme ordinairement par le premier usage. — Comme les parties conviennent le plus souvent que les choses qui font l'objet du contrat seront restituées en équivalents, lorsque ce sont des choses de consommation, il y a entre ces choses et les choses fongibles une certaine affinité. Cependant, il ne faut pas les confondre ; car les parties peuvent décider que la chose fournie sera restituée identiquement, bien que ce soit une chose de consommation : par exemple, elles peuvent décider que l'une d'elles recevra une certaine quantité de blé, de vin, ou de toute autre chose de consommation, à la condition de n'en faire usage

---

(1) Marcadé, II, 485. — Valette, *à son cours.* — Demante, II, 427 *bis.* — Demolombe, II, 293.

que pour la montre de son magasin. — A l'inverse, elles peuvent convenir que la chose sera restituée en équivalents, bien que ce ne soit pas une chose de consommation : par exemple, elles peuvent convenir que l'une d'elles remettra à l'autre un exemplaire de tel livre, à la condition qu'on lui restituera un autre exemplaire du même ouvrage.

Quelles différences y a-t-il entre l'usufruit proprement dit et le quasi-usufruit ?

Entre l'usufruit proprement dit et le quasi-usufruit, il existe les différences suivantes :

1° L'usufruit ne donne pas le droit de disposer de la chose, mais seulement d'en user et d'en percevoir les fruits. — La quasi-usufruit confère le droit de disposer de la chose ;

2° L'usufruitier doit restituer la chose même qu'il a reçue ; le quasi-usufruitier ne doit pas rendre les mêmes choses, mais des choses semblables ou leur valeur estimative ;

3° L'usufruit proprement dit, ayant pour objet un corps certain, c'est-à-dire une chose individuellement déterminée, l'usufruitier est libéré de son obligation de restituer si la chose vient à périr. — Le quasi-usufruit, ayant pour objet un genre, c'est-à-dire des choses non individuellement déterminées, reste toujours tenu de son obligation de restituer, parce que les choses entendues *in genere* ne périssent pas ;

4° La caution que doit fournir l'usufruitier est destinée à garantir qu'il jouira en bon père de famille ; celle que doit fournir le quasi-usufruitier garantit la restitution qu'il est tenu de faire de choses semblables à celles qu'il a reçues.

Au surplus, on pourrait, ce nous semble, se demander quel intérêt offre le quasi-usufruit établi sur des denrées. Quel est, en effet, l'avantage du quasi-usufruitier qui, recevant par exemple 100 pièces de vin, sera tenu de rendre à sa mort, c'est-à-dire à une époque qui n'est pas fixée, 100 pièces de vin de même qualité? Et puis quel rapport y a-t-il entre une pareille opération et un droit d'usufruit? Quels sont les fruits que perçoit le quasi-usufruitier? Concluons donc que le quasi-usufruit n'est pratiquement applicable qu'autant qu'il a pour objet une somme d'argent ou une créance, parce qu'alors il procure un avantage appréciable, et qu'il offre en même temps une analogie sérieuse avec l'usufruit, savoir, la perception des fruits civils.

Doit-on assimiler aux choses de consommation les choses qui ne font que se détériorer par l'usage ?

Non; les choses qui ne font que se détériorer par l'usage, comme le linge, les vêtements, les meubles meublants, ne doivent pas être assimilées aux choses de consommation. Elles font ordinairement l'objet d'un usufruit proprement dit et non point celui d'un quasi-usufruit, et elles doivent, s'il n'y a pas de convention contraire, être restituées identiquement, dans l'état où elles se trouvent lors de la cessation de l'usufruit. — Au reste, l'usufruitier n'est pas responsable de leur détérioration ou de leur perte lorsqu'elles ont eu lieu sans sa faute. (Art. 589.)

Peut-on établir un usufruit sur des rentes ?

Il faut distinguer :

En ce qui concerne les rentes perpétuelles, il n'y a aucun doute qu'on ne puisse y établir un usufruit; car l'usufruitier n'en absorbera pas toute la valeur, et il restera au nu-propriétaire la certitude d'en percevoir les arrérages après la cessation de l'usufruit.

Quant aux rentes viagères, la question est plus délicate parce qu'elles sont temporaires, et que la constitution d'usufruit ne semble laisser aucun avantage certain et appréciable au nu-propriétaire. — Dans notre ancien droit, quelques auteurs étaient d'avis que l'usufruitier n'aurait à percevoir que les intérêts des arrérages; d'autres lui laissaient tout le profit des arrérages échus pendant a durée de sa jouissance. — C'est à ce dernier parti que s'est arrêté le Code : il décide que les rentes viagères sont susceptibles d'usufruit, et que l'usufruitier n'aura rien à restituer si la rente viagère ne survit pas à son droit d'usufruit. Sans doute, une pareille constitution d'usufruit est de nature à diminuer considérablement les avantages du nu-propriétaire; mais on ne peut pas dire qu'elle lui enlève absolument tous les bénéfices de la nue propriété. Il lui reste encore la chance de percevoir les arrérages de la rente viagère, si l'usufruitier meurt avant lui.

Ce que nous disons de la rente viagère s'applique également à l'usufruit qui serait établi sur un usufruit. — L'usufruitier peut céder son droit pour un temps, et alors il ne l'aliène pas complètement; car la jouissance qu'il a cédée peut s'éteindre avant son droit d'usufruit. (Art. 588).

Peut-on établir un usufruit sur des bois ?

Oui ; on peut établir un usufruit sur des bois. — Le Code distingue d'ailleurs plusieurs espèces de bois, savoir :

1° Les pépinières, destinées à fournir des arbres pour le reboisement des forêts ;

2° Les bois taillis et les baliveaux, destinés à être coupés périodiquement ;

3° Les bois de futaie, destinés également à être coupés, mais à des périodes plus éloignées ;

4° Les bois de haute futaie, qui ne sont pas mis en coupes réglées ;

5° Les arbres fruitiers.

L'usufruitier ne peut jouir des pépinières qu'en se conformant aux usages des lieux pour le remplacement des arbres abattus.

Il ne peut jouir des bois taillis, des baliveaux et des bois de futaie qu'en se conformant, pour l'ordre des coupes, à l'aménagement, ou à l'usage constant des anciens propriétaires. — Les coupes lui sont acquises au fur et à mesure qu'elles ont lieu ; mais il ne peut réclamer aucune indemnité lorsqu'il a négligé de les faire.

Quant aux arbres fruitiers ou de haute futaie qui ne sont pas mis en coupes réglées, on ne les considère pas comme des fruits, mais comme des dépendances, comme des fractions du fonds. En conséquence, l'usufruitier ne peut s'en servir que pour l'entretien du fonds et de la manière dont s'en servirait un bon père de famille. — Ainsi, il prendra dans les bois non mis en coupes réglées des échalas pour ses vignes, et les arbres nécessaires à la construction des bâtiments ; il pourra aussi acquérir les arbres fruitiers qui ont été arrachés ou brisés par accident, mais à la charge de les remplacer par d'autres. (Art. 590, 591, 592, 593, 594.)

Peut-on établir un usufruit sur des mines ou sur des carrières ?

Oui ; on peut établir un usufruit sur des mines ou sur des carrières, mais c'est à la condition que celles-ci soient déjà en exploitation au moment de l'ouverture de l'usufruit. — Dans le cas contraire, on ne le pourrait pas.

Au reste, les dispositions du Code ont été modifiées, en ce qui concerne les mines, par la loi du 21 avril 1810. — Aux termes de cette loi, les mines ne peuvent être exploitées qu'en vertu d'une concession du conseil d'État, et les mines ainsi concédées forment une propriété immobilière distincte de la surface.

La concession d'une mine peut être accordée, soit au propriétaire de la surface, soit à un tiers, si celui-ci présente de meilleures garanties de bonne exploitation. Dans ce dernier cas, le concessionnaire doit payer une redevance annuelle au propriétaire de la surface. Il en résulte qu'il peut y avoir un usufruitier de la surface et un usufruitier de la mine.

Cela posé, si la mine était déjà en exploitation au moment de l'ouverture de l'usufruit, l'usufruitier de la surface acquerra les fruits, si elle était exploitée par le propriétaire du sol. Si elle était exploitée par un tiers, il touchera la redevance annuelle due au propriétaire. — Quant à l'usufruitier de la mine, il aura droit aux produits de la mine, mais ce sera à la charge de payer la redevance annuelle due au propriétaire du sol, si la mine était exploitée par un tiers.

Le Code décide que le trésor découvert sur le fonds constitué en usufruit appartient au nu-propriétaire. En effet, le trésor n'est pas un fruit. (Art. 598.)

L'usufruit comprend-il les accroissements de la chose ?
Il faut distinguer :

En principe, l'usufruit d'un fonds comprend les accroissements qui peuvent en être considérés comme les accessoires, tels que ceux qui résultent de l'alluvion. — Mais on ne doit pas l'étendre aux choses que le nu-propriétaire aurait acquises à l'occasion de son fonds, lorsqu'elles en sont une propriété distincte et indépendante. Ainsi, la plupart des auteurs décident que l'usufruit d'un fonds riverain ne comprend pas l'île qui s'est formée dans le lit de la rivière du côté où est situé le fonds.

Par contre, on admet généralement que si le fonds constitué en usufruit a été envahi par un fleuve ou par une rivière qui a changé de cours, l'usufruitier doit avoir la jouissance du lit abandonné, par la même raison qui en fait attribuer la propriété au maître du fonds envahi. (Art. 596.)

L'usufruitier jouit-il des servitudes attachées au fonds ?
Oui ; l'usufruitier reçoit la chose avec toutes les qualités et tous les avantages qui y sont attachés ; et, d'autre part, avec toutes les charges qui lui sont imposées. En conséquence, il peut user des servitudes actives attachées au fonds : il doit

même en user, afin d'empêcher qu'elles ne s'éteignent par le non-usage. — Par contre, l'usufruitier est tenu de supporter les servitudes passives qui grèvent le fonds dont il a la jouissance (1). (Art. 597.)

L'usufruitier peut-il affermer les biens dont il a l'usufruit ?

Oui ; l'usufruitier peut affermer les biens dont il a l'usufruit, mais seulement pour une période de neuf ans. — En outre, il a la faculté de renouveler les baux, deux ans avant leur expiration s'il s'agit de biens urbains, et trois ans avant leur expiration s'il s'agit de biens ruraux.

Si l'usufruitier a fait un bail pour une période excédant neuf années, ou s'il a renouvelé un bail avant l'époque fixée par la loi, le nu-propriétaire ne doit respecter le bail que pour les années restant à courir pour compléter la durée des neuf ans. — Ainsi, lorsque le bail a été fait pour quinze ans et que l'usufruit vient à cesser après la huitième année, le nu-propriétaire ne doit le subir que pendant une année (2).

Aux termes de l'article 595, l'usufruitier est formellement autorisé à vendre ou à céder, non pas seulement l'*exercice* de son droit, mais *son droit* d'usufruit lui-même. Cette transmission de l'usufruit n'a rien de contraire à sa nature : seulement, l'usufruitier ne peut le transmettre que dans les conditions où il le possède lui-même. — En conséquence, la durée de l'usufruit qui a été transmis ne dépassera pas celle de la vie de l'aliénateur. (Art. 595).

Quels sont les actes dont le nu-propriétaire et l'usufruitier doivent s'abstenir ?

Le nu-propriétaire est tenu de laisser jouir l'usufruitier. — S'il trouble sa jouissance d'une manière quelconque, par exemple en changeant la destination du fonds, il viole son obligation, et, par suite, il devient passible de dommages-intérêts envers lui.

(1) L'usufruitier jouit de tous les droits dont jouirait le propriétaire, de ceux de pur agrément aussi bien que des autres. Ainsi, c'est lui qui a, à l'exclusion du propriétaire, le droit de chasser et de pêcher ; ce qui présente une nouvelle différence entre l'usufruitier et le fermier. Dig. I, 9, § 5, *De usufructu*. Marcadé, II, 503.

(2) Lorsque l'usufruitier d'un immeuble le donne à bail pour plus de neuf années, ses héritiers qui refusent de ratifier le bail pour toute sa durée sont passibles de dommages-intérêts. Cass., 22 juillet 1879.

De son côté, l'usufruitier doit s'abstenir de tous les actes qui pourraient détruire, en tout ou en partie, la substance de la chose constituée en usufruit, ou qui en modifieraient la forme ou la destination. — En outre, l'article 599 lui interdit de réclamer, lors de la cessation de l'usufruit, aucune indemnité pour les dépenses d'amélioration qu'il a faites. Il peut seulement enlever les glaces, tableaux et autres ornements qu'il aurait fait placer, à charge de rétablir les lieux dans leur premier état.

Toutefois, quelques auteurs admettent que l'usufruitier a le droit d'exiger une indemnité, à raison des constructions nouvelles qu'il aurait élevées, si le propriétaire veut les garder; car, disent-ils, la loi reconnaît un droit analogue au constructeur de mauvaise foi. — Mais une pareille solution ne paraît guère admissible : d'abord, le droit romain, ainsi que notre ancien droit, décidaient que l'usufruitier ne peut réclamer d'indemnité *pour aucune espèce d'ouvrages*, et le Code se serait expliqué s'il avait entendu innover. — En second lieu, on ne peut pas assimiler l'usufruitier à un constructeur de mauvaise foi, car il n'a pas eu comme ce dernier la prétention de construire sur son terrain, et les améliorations qu'il a faites ont eu en vue l'augmentation de sa jouissance, et non pas l'augmentation de la chose elle-même. D'où il suit qu'il a dû en retirer tout le profit qu'il en attendait, et qu'ainsi le nu-propriétaire dont le fonds a été embelli ne s'enrichit pas à ses dépens. (Art. 599.)

SECTION

DES OBLIGATIONS DE L'USUFRUITIER.

Quelles sont les obligations de l'usufruitier ?

Les obligations de l'usufruitier peuvent se diviser en plusieurs catégories. Nous distinguerons : 1° celles qu'il doit accomplir avant son entrée en jouissance; 2° celles qu'il doit accomplir pendant le cours de la jouissance; 3° celles qu'il doit accomplir lors de la cessation de son usufruit; 4° enfin, celles qui incombent spécialement aux usufruitiers testamentaires.

Quelles sont les obligations de l'usufruitier avant son entrée en jouissance ?

Avant son entrée en jouissance, l'usufruitier doit :

1° Faire dresser, à ses frais, en présence du nu-propriétaire ou lui dûment appelé, un inventaire des meubles et un état des immeubles;

2° Fournir caution de jouir en bon père de famille.

L'inventaire des meubles et l'état des immeubles servent à déterminer les restitutions qu'il aura à faire à la fin de son usufruit. Faute par l'usufruitier d'avoir fait dresser ces deux actes, il sera réputé avoir reçu les immeubles en bon état. Quant aux meubles qui n'auraient pas été inventoriés, le nu-propriétaire pourra en établir la consistance par toute espèce de preuves, par témoins, et même par la commune renommée.

Au reste, on admet généralement que l'usufruitier peut être dispensé de faire inventaire, parce que cette obligation n'a pas été imposée dans un intérêt d'ordre public, mais seulement dans un intérêt privé. — Ainsi, un testateur pourra, en léguant la nue propriété à une personne et l'usufruit à une autre personne, dispenser cette dernière de l'inventaire ; seulement la dispense n'empêchera pas le nu-propriétaire de pouvoir inventorier, à ses frais, les objets constitués en usufruit. (Art. 600, 601.)

De quelle manière l'usufruitier fournit-il caution ?

Habituellement, l'usufruitier donne caution en présentant une personne solvable, qui garantit le payement de tous les dommages-intérêts qui pourraient être dus au nu-propriétaire, lors de la cessation de l'usufruit. — Mais on admet que l'usufruitier qui ne trouve pas une personne solvable pour lui servir de garantie peut la remplacer par un gage, par une hypothèque, ou par la consignation d'une somme jugée suffisante par la justice.

La caution garantit que l'usufruitier jouira en bon père de famille, c'est-à-dire qu'il jouira comme le ferait un administrateur vigilant et attentif.

L'usufruitier qui ne fournit pas caution est-il privé de son droit de jouissance ?

Non ; l'usufruitier qui ne peut fournir ni une caution, ni un gage suffisant, n'est pas dépouillé pour cela de son droit de jouissance, car il serait inique de le punir de sa pauvreté. — Seulement, afin de sauvegarder les droits du propriétaire, la loi lui retire l'exercice de sa jouissance en lui en laissant les avantages.

En conséquence, les immeubles sont affermés ; ou, si on ne

trouve pas à les affermer dans de bonnes conditions, ils sont placés sous séquestre et administrés par un gérant salarié, qui en percevra les fruits pour le compte de l'usufruitier.

Les sommes comprises dans l'usufruit sont prêtées à intérêts, ou constituées en rentes sur l'État.

Les denrées sont vendues, et le prix qui en provient est placé de la même manière.

Le prix des baux, les intérêts des sommes prêtées, les arrérages des rentes sont attribués comme fruits civils à l'usufruitier.

Le nu-propriétaire peut encore exiger que les meubles qui se détériorent par l'usage soient vendus. — Mais les juges ont le pouvoir de laisser à l'usufruitier ceux qui sont nécessaires à son usage personnel, pourvu qu'il prête serment de les représenter à la fin de l'usufruit. Cette promesse est connue sous le nom de *caution juratoire.*

Notons que le simple retard de fournir caution ne suffit pas à faire perdre à l'usufruitier l'exercice de son droit. Ce retard provient de son insolvabilité, et on ne peut pas lui en faire un reproche. Seulement le nu-propriétaire ne peut être contraint de délivrer la chose sujette au droit d'usufruit, tant que l'usufruitier n'a pas donné caution. (Art. 602, 603, 604.)

L'usufruitier peut-il être dispensé de fournir caution ?

Oui ; l'usufruitier est dispensé de fournir caution dans les trois cas suivants :

1° Lorsque son usufruit existe, en vertu de la loi, sur les biens personnels de ses enfants mineurs de dix-huit ans et non émancipés,

2° Lorsqu'il a été formellement dispensé de fournir caution par le titre constitutif de son droit d'usufruit (1) ;

3° Lorsqu'ayant lui-même donné ou vendu la nue propriété, en se réservant l'usufruit, il n'a pas fait mention de la caution à fournir. — Effectivement, on doit alors supposer qu'il a voulu

(1) Lorsque le testateur a dispensé le légataire d'usufruit de faire inventaire, la dispense ne sera pas valable, si le nu-propriétaire est un héritier réservataire du testateur et si l'usufruit paraît entamer la réserve. — Et dans le cas où la dispense sera valable, elle ne saurait empêcher le nu-propriétaire de faire lui-même un inventaire à ses frais. Marcadé, II, 509. — Demolombe, X, 473 et suiv. — Agen, 22 juin 1852. Caen, 30 avril 1855.

s'affranchir de cette charge, et que le donataire ou l'acheteur y ont consenti.

Un usufruitier dispensé de donner caution pourrait néanmoins s'y trouver contraint dans quelques cas, notamment s'il abusait de sa jouissance ou s'il tombait en faillite ou en déconfiture. (Art. 601.)

Quelles sont les obligations de l'usufruitier pendant le cours de sa jouissance ?

L'usufruitier doit, pendant le cours de sa jouissance :

1° Veiller à la garde et à la conservation des biens constitués en usufruit. En conséquence, il est tenu non seulement de s'abstenir de tous actes dommageables, mais encore d'avertir le nu-propriétaire des usurpations qui seraient commises sur le fonds ;

2° Supporter toutes les charges annuelles des fonds grevés d'usufruit, telles que les contributions ordinaires et les autres charges qui s'imputent habituellement sur les revenus. — Quant aux charges extraordinaires, telles que les contributions de guerre, le nu-propriétaire en payera le capital et l'usufruitier lui en remboursera les intérêts.

3° Faire les réparations locatives et d'entretien, qui s'imputent également sur la jouissance ;

4° Payer les frais des procès qui ne regardent que la jouissance, et supporter conjointement avec le nu-propriétaire, mais seulement pour les intérêts, les frais des procès qui concernent la pleine propriété. (Art. 605, 608, 609, 613, 614.)

Quelles sont les diverses sortes de réparations ?

Il y a trois sortes de réparations, savoir :

1° *Les réparations locatives*, qui s'appliquent aux dégradations de minime importance résultant du fait du détenteur de la chose ;

2° *Les réparations d'entretien*, qui s'appliquent à des détériorations plus graves résultant, soit de l'usage de la chose, soit de l'action du temps ;

3° *Les grosses réparations*, que la loi énumère et qui sont : les réparations des gros murs et des voûtes, le rétablissement des poutres et des couvertures entières, celui des digues et des murs de soutènement et de clôture, aussi en entier.

Les réparations locatives et d'entretien sont à la charge de l'usufruitier, mais seulement lorsqu'elles sont devenues néces-

saires pendant sa jouissance. — Quant à celles qui étaient à
faire avant cette époque, il n'est tenu de les entreprendre qu'autant qu'elles sont indispensables à la conservation de l'héritage.

Les grosses réparations, qui s'imputent ordinairement sur les
capitaux, ne sont pas supportées par l'usufruitier, à moins
qu'elles n'aient été rendues nécessaires par sa négligence à faire
à temps les réparations d'entretien. — En principe, elles demeurent à la charge du propriétaire. (Art. 605, 606.)

**L'usufruitier peut-il se dispenser de faire les réparations
d'entretien en renonçant à sa jouissance ?**

Il faut distinguer.

L'usufruitier peut, sans contredit, se faire dispenser des réparations *qui seraient à faire dans l'avenir*, en renonçant à son usufruit. Mais on n'est pas d'accord sur le point de savoir s'il peut
de même se faire dispenser de celles qui sont déjà nécessaires au
moment où il veut renoncer à sa jouissance.

Quelques auteurs admettent l'affirmative ; car, disent-ils,
l'usufruitier n'est obligé d'entretenir la chose constituée en usufruit qu'en qualité de détenteur, et son obligation doit disparaître dès qu'il a cessé de la détenir. — Mais on décide généralement la négative, et c'est avec raison. Effectivement, par le seul
fait de son entrée en jouissance, l'usufruitier a consenti tacitement à supporter les charges de l'usufruit, et dès lors il est à
cet égard personnellement obligé. Qu'il renonce pour l'avenir à
son usufruit et qu'il échappe ainsi aux obligations dont il pourrait être tenu par la suite en cette qualité, cela se conçoit :
mais sa renonciation ne peut pas le libérer des charges qui existent déjà (1).

**Comment faut-il entendre la règle que les grosses répara-
tions demeurent à la charge du propriétaire ?**

Suivant la plupart des auteurs, cette règle ne signifie pas que
le propriétaire est tenu de faire les grosses réparations : elle veut
dire simplement que l'usufruitier, qui doit supporter les réparations d'entretien, n'a pas à sa charge les grosses réparations. —
Effectivement, comme le propriétaire n'est pas tenu à autre
chose qu'à *laisser* jouir l'usufruitier, comme il n'est pas obligé
de le *faire* jouir, il serait illogique de l'obliger à faire des réparations quelconques sur son fonds.

(1) *Sic :* Marcadé, II, 519. — Demolombe, X, 573.

L'article 607 confirme cette manière de voir. — Suivant cet article, ni le propriétaire, ni l'usufruitier ne sont tenus de rebâtir ce qui est tombé de vétusté, ou ce qui a été détruit par cas fortuit. Or, notre article ne peut pas s'appliquer aux réparations d'entretien, puisqu'il est certain au contraire que l'usufruitier est tenu de les faire ; il se réfère donc nécessairement aux grosses réparations, et c'est ce qu'indique l'expression de *rebâtir* qui y est employée.

En résumé, les réparations locatives et d'entretien sont seules à la charge de l'usufruitier. — Quant aux grosses réparations, ni le propriétaire, ni l'usufruitier ne sont obligés de les faire : à cet égard, chacun d'eux peut agir suivant ses convenances (1). (Art. 607.)

Si, en fait, l'usufruitier a exécuté les grosses réparations, peut-il exiger une indemnité ?

A cet égard, il y a deux systèmes :

Suivant le premier, il faut admettre la négative. — Effectivement, puisque le propriétaire n'est pas tenu de faire les grosses réparations, il est évident que l'usufruitier ne peut pas, par son fait, mettre à sa charge une pareille obligation. C'est ce qui résulte d'ailleurs de l'article 599, suivant lequel l'usufruitier ne peut rien exiger du propriétaire pour les dépenses d'amélioration qu'il a faites, parce qu'il est présumé n'avoir agi qu'en vue d'augmenter sa jouissance. (Bugnet.)

Mais on répond : 1° Qu'en faisant les grosses réparations, l'usufruitier ne cherche pas à forcer la main au propriétaire pour lui faire supporter des frais malgré lui, puisqu'il n'agit que sous l'empire de la nécessité et pour empêcher la perte de de l'héritage ; 2° que les grosses réparations étant destinées à sauvegarder l'intérêt commun de l'usufruitier et du propriétaire, on ne doit pas les confondre avec les améliorations ou les constructions nouvelles, qui sont uniquement destinées à augmenter la jouissance de l'usufruitier ; 3° que dès lors les grosses réparations doivent être rangées parmi les *charges extraordinaires* qui, suivant l'article 609, sont imputables au propriétaire pour le capital, et à l'usufruitier pour les intérêts.

Cette solution est généralement adoptée. — Il faut en con-

(1) *Sic :* Marcadé, II, 517. — Valette, *à son cours.* — Demolombe, X, n°ˢ 581 et suiv.

clure que si l'usufruitier ne peut pas contraindre le propriétaire
à faire les grosses réparations, il peut du moins les exécuter lui-
même, à ses risques et périls, et aux frais du nu-propriétaire,
qui devra lui rembourser ses déboursés (1).

Quelle est l'obligation imposée à l'usufruitier d'un troupeau ?

L'usufruitier d'un troupeau doit, autant que possible, le
maintenir dans l'état où il l'a reçu ; et l'article 616 l'oblige à
remplacer, jusqu'à concurrence du croît, les têtes d'animaux qui
ont péri.

Mais ici se présente une difficulté. La disposition du Code s'applique-t-elle en même temps au croît passé et au croît à venir ;
ou n'est-elle applicable qu'au croît passé ?

Suivant quelques auteurs, elle regarde à la fois le croît passé
et le croît futur, le croît déjà perçu et le croît à percevoir. —
Il en résulte que les animaux qui naissent doivent être mis en
réserve, pour combler les vides qui pourraient survenir par la
suite dans le troupeau, et qu'ils n'appartiennent définitivement à
l'usufruitier que s'ils excèdent le nombre des animaux qui ont
péri au moment de la cessation de l'usufruit (2).

Mais, à notre avis, la disposition du Code ne concerne que le
croît futur, et il en résulte que les animaux qui viennent à naître sont définitivement acquis à l'usufruitier dès le moment de
leur naissance, si le troupeau est complet à ce moment-là. — Effectivement, le croît des animaux est un fruit naturel, et il est de
règle que les fruits naturels sont acquis définitivement à l'usufruitier dès l'instant de la perception, si elle a été faite régulièrement. Or, la perception a été régulière, s'il n'y avait pas de vides
à combler dans le moment où elle a eu lieu (3). (Art. 616.)

**Quelles sont les obligations de l'usufruitier, lors de la cessa-
tion de l'usufruit ?**

L'usufruitier ou ses héritiers doivent, lors de la cessation de
l'usufruit :

1° Restituer au propriétaire la chose constituée en usufruit, ou

---

(1) Voy. cependant la distinction, aussi logique qu'équitable, faite par Marcadé (II, 518). Si les réparations ont été telles que le propriétaire les aurait
certainement faites, l'usufruitier peut les répéter contre lui. Dans le cas contraire, il faut lui refuser toute action.

(2) *Sic :* Valette, *à son cours.*

(3) *Sic :* Marcadé, II, 541.

ce qui en reste, si elle a été détériorée ou détruite sans la faute de l'usufruitier. — Ainsi, lorsque le troupeau sur lequel un usufruit a été établi périt entièrement par cas fortuit, l'usufruitier doit rendre compte des cuirs. Il en est de même lorsque l'usufruit a été constitué sur un seul animal qui a péri.

2° Payer des dommages-intérêts au propriétaire, lorsque la chose constituée en usufruit a été détériorée ou détruite par sa propre faute ;

3° Restituer tous les fruits qui auraient été indûment perçus avant l'époque de leur maturité.

A la différence de l'usufruitier proprement dit, le quasi usufruitier n'est pas libéré par la perte fortuite de la chose. — Effectivement, son obligation ne consiste pas à la rendre identiquement, mais à fournir des choses de mêmes espèce, quantité et qualité. Or, les choses dues *in genere* ne sont pas susceptibles de périr comme celles qui sont individuellement déterminées. (Art. 615, 616.)

Quelles sont les charges spéciales des usufruitiers testamentaires ?

Un testateur peut léguer des biens en nue propriété à une personne, et en usufruit à une autre personne. Si la succession est grevée de dettes, les légataires d'usufruit devront y contribuer, dans certains cas, concurremment avec les légataires de la nue propriété. — Voyons dans quels cas, et pour quelle proportion, ils auront à y contribuer.

On distingue trois sortes de légataires, savoir :

1° Les légataires universels, qui sont appelés à recueillir toute la succession ;

2° Les légataires à titre universel, qui sont appelés à en recueillir une quotité, comme la moitié, le quart, ou tous les meubles, ou tous les immeubles, ou une quote-part des meubles ou des immeubles;

3° Les légataires à titre particulier dont le legs n'est ni universel ni à titre universel, et qui ne sont appelés à recueillir qu'un objet déterminé.

Les légataires universels et à titre universel doivent contribuer aux dettes et charges de la succession, parce qu'ils ont reçu une fraction de son actif et de son passif. — Les légataires particuliers, au contraire, ne contribuent pas au payement des dettes,

25

parce qu'ils ne recueillent qu'un objet déterminé. Sans doute, lorsque cet objet consiste dans un immeuble qui est grevé d'une hypothèque, ils peuvent être poursuivis à raison de la dette hypothécaire; mais, s'ils la payent, ils sont ensuite remboursés par les successeurs universels.

En conséquence de ces principes, les légataires d'un usufruit universel ou à titre universel, c'est-à-dire ceux auxquels l'usufruit d'un patrimoine ou d'une quote-part de ce patrimoine a été légué, supportent les charges de la succession concurremment avec les successeurs universels et à titre universel de la nue propriété. — Les premiers doivent payer les intérêts des dettes afférentes aux biens qu'ils recueillent, puisqu'ils en touchent les revenus; les seconds doivent payer le capital des dettes, puisqu'ils ont la nue propriété des biens. — Supposons, par exemple, qu'un testateur ait légué à *Primus* la nue propriété de ses biens et l'usufruit à *Secundus*, et que la succession soit grevée de dettes jusqu'à concurrence de 1,000 francs. *Primus* payera le capital de la dette, c'est-à-dire la somme de 1,000 francs; mais *Secundus* en fournira l'intérêt tant que durera son usufruit, c'est-à-dire qu'il payera, chaque année, une somme de 50 francs. Maintenant, si le créancier héréditaire exige le payement immédiat de sa créance, l'usufruitier et le nu-propriétaire ont trois partis à prendre : 1° Si l'usufruitier consent à payer la dette, il pourra, à la fin de son usufruit, réclamer au nu-propriétaire la somme payée, mais sans intérêts; 2° si, au contraire, c'est le nu-propriétaire qui paye la dette, il peut en demander les intérêts à l'usufruitier, tant que dure l'usufruit; 3° enfin, si le créancier n'est payé ni par l'usufruitier, ni par le nu-propriétaire, il a le droit de faire vendre les biens sujets à l'usufruit, jusqu'à concurrence de la somme nécessaire à l'acquittement de la dette.

On suit les mêmes règles en ce qui concerne l'acquittement des rentes viagères et des pensions alimentaires que le testateur aurait mis à la charge de ses légataires. — Seulement, il n'y aura alors que des arrérages à payer, et ils seront exclusivement fournis par les légataires de l'usufruit, parce qu'ils s'imputent sur la jouissance, et non pas sur le capital.

Cette contribution aux dettes des légataires d'un usufruit universel ou à titre universel n'est pas rigoureusement conforme aux principes. Effectivement, d'après les définitions du Code, le legs d'usufruit, même de tous les biens ou d'une quote-part des biens, n'est jamais, au fond, qu'un legs particulier, puisqu'il ne rentre ni dans le legs universel, ni dans le legs à titre universel, qui comprennent tous les deux des legs de propriété. Mais on a procédé ici par assimilation, en considérant comme universel ou à titre universel par son objet, le legs qui porte sur l'usufruit d'une universalité de biens ou d'une quote-part d'une universalité, et par suite on a imposé aux légataires d'un usufruit universel ou à titre universel, l'obligation de contribuer aux dettes et charges de la succession en payant les intérêts de ces dettes, dans les mêmes cas où le légataire de la propriété y contribue en en payant le capital. Dans le cas où l'usufruit, au lieu de porter sur l'universalité ou sur une quote-part de l'universalité, sera établi sur tous les meubles ou sur tous les immeubles, ou sur une quote-part des meubles ou des immeubles, on devra comparer la valeur des biens soumis à l'usufruit avec la valeur de l'ensemble du patrimoine, afin de déterminer la proportion dans laquelle l'usufruitier sera tenu de supporter les intérêts. (Art. 610, 611, 612.)

SECTION III
COMMENT L'USUFRUIT PREND FIN.

Comment finit l'usufruit ?

L'usufruit finit :

1° Par la mort de l'usufruitier ;

2° Par l'expiration du temps pour lequel il a été établi. — L'usufruit ne dépasse jamais la vie de l'usufruitier; mais il peut être établi pour une durée plus courte.

3° Par la réunion sur la même tête de l'usufruit et de la nue propriété. — C'est ce qu'on appelle la *consolidation*.

3° Par la perte totale de la chose constituée en usufruit. — Si la perte n'était que partielle, l'usufruit continuerait de subsister pour la partie qui reste.

5° Par l'abus de jouissance de l'usufruitier ;

6° Par sa renonciation volontaire;

7° Par le non-usage de son droit pendant trente ans ;

8° Par la prescription de dix à vingt ans accomplie au profit d'un tiers ;

9° Par la résolution du droit de la personne qui a constitué l'usufruit. — Ainsi, si l'usufruit d'un fonds a été cédé par celui qui n'en était propriétaire que sous une condition résolutoire, par exemple parce qu'il l'avait acquis d'un incapable, la résolution de son droit amènera la résolution du droit d'usufruit qu'il avait consenti, conformément à la maxime *resoluto jure dantis, resolvitur jus accipientis.* (Art. 617, 618, 622, 623.)

L'usufruit est-il éteint de plein droit par l'abus de jouissance de l'usufruitier ?

Non ; l'extinction de l'usufruit par suite de l'abus de jouissance de l'usufruitier n'a pas lieu de plein droit : les tribunaux ont toute latitude pour apprécier la gravité des faits ; et ils peuvent, suivant les cas, ou prononcer l'extinction pure et simple de l'usufruit, ou la subordonner au payement d'une indemnité par le propriétaire, ou ordonner que les choses grevées d'usufruit seront placées sous séquestre et administrées par un gérant.

Les créanciers de l'usufruitier ont la faculté d'intervenir dans l'instance, afin d'empêcher que l'usufruit soit déclaré éteint. Ils peuvent, dans ce but, offrir la réparation des dégradations commises, et des garanties pour l'avenir (1). (Art. 618.)

Que faut-il entendre par la perte totale de la chose grevée d'usufruit ?

Dans le droit romain, l'usufruit était éteint, non seulement lorsque la chose qui en était grevée était complètement détruite de manière à ce qu'il n'en restât plus aucune trace, mais encore lorsqu'elle avait subi des transformations telles qu'il était impossible de la faire servir à l'usage auquel elle était destinée, lors de la constitution de l'usufruit.

Le Code semble avoir adopté cette doctrine. — Effectivement, il décide que l'usufruit établi sur une maison est détruit lorsque la maison elle-même est détruite, bien que le sol et les matériaux qui faisaient partie de l'usufruit existent encore. (Art. 623, 624.)

L'usufruit peut-il renaître, lorsque la chose est rétablie dans son état primitif ?

On admet généralement la négative. Il est vrai que l'article 704 fait revivre les servitudes après qu'elles ont été éteintes: mais

(1) Lorsque l'usufruitier commet des abus de jouissance, le nu-propriétaire peut, à son choix, soit demander la déchéance de l'usufruit, soit contraindre l'usufruitier à réparer immédiatement la chose et à payer des dommages-intérêts. Cass., 10 janvier 1859.

cela tient à ce qu'elles ont un caractère d'utilité générale que n'a pas l'usufruit. La loi facilite l'établissement et le maintien des servitudes réelles, parce qu'elles servent à l'exploitation et au service des immeubles ; elle voit, au contraire, d'un mauvais œil l'établissement de l'usufruit, qui est plutôt nuisible qu'utile à l'intérêt général.

La vente de la chose grevée d'usufruit éteint-elle le droit de l'usufruitier ?

Non ; la vente de la chose grevée d'usufruit n'éteint pas le droit de l'usufruitier. Effectivement, lorsque la nue propriété et l'usufruit sont entre des mains différentes, le nu-propriétaire et l'usufruitier ne peuvent pas disposer de leur droit de manière à se nuire l'un à l'autre. — En conséquence, si l'usufruitier n'est pas intervenu dans la vente et s'il n'a pas expressément renoncé à son usufruit, l'acheteur n'acquerra que la nue propriété.

Au reste, si l'usufruitier renonçait à son droit, ses créanciers pourraient attaquer la renonciation qu'il aurait faite, en prouvant qu'elle a eu lieu en fraude de leurs droits. (Art. 621, 622.)

Quelle est la durée de l'usufruit qui n'est pas accordé à des particuliers ?

L'usufruit qui n'est pas accordé à des particuliers est celui qui a été constitué au profit d'une personne morale, tel qu'un hospice, un établissement religieux autorisé. — Comme les personnes morales ont une existence illimitée, la loi a dû fixer un terme à la durée de leur usufruit : cette durée, qui, en droit romain, était de cent ans, a été réduite par le Code à trente ans. — Ainsi, l'usufruit établi au profit d'une personne morale ne peut pas durer plus de trente ans ; mais, bien entendu, il peut être constitué pour un terme plus court, et, en outre, il doit s'éteindre immédiatement lorsque la personne morale vient à être supprimée avant l'expiration des trente ans. (Art. 619.)

Quelle est la durée de l'usufruit qui a été accordé jusqu'à ce qu'un tiers ait atteint un âge fixe ?

Lorsque l'usufruit a été constitué à terme jusqu'à ce qu'un tiers ait atteint un âge déterminé, il dure jusqu'à l'époque où le tiers aurait atteint l'âge fixé, encore que celui-ci soit mort avant le temps. — Effectivement, ce qui a été pris en considération ce n'est pas la vie du tiers, mais un certain délai. Bien entendu, si l'usufruitier meurt avant que le tiers ait atteint l'âge fixé, le droit d'usufruit s'éteint.

Lorsque l'usufruit a été constitué sur plusieurs têtes à la fois, il pourra ne s'éteindre qu'au dernier survivant, si cette condition a été établie. La durée de l'usufruit excèdera, sans doute, dans ce cas, les limites ordinaires; mais elle ne dépassera pas la vie humaine. (Art. 620.)

CHAPITRE DEUXIÈME

DE L'USAGE ET DE L'HABITATION.

Articles 625 à 636.

Qu'est-ce que l'usage et l'habitation?

L'*usage* est le droit de retirer d'une chose tous les services qu'elle peut procurer, et même une part des fruits qu'elle produit, proportionnée aux besoins de l'usager et de sa famille.

L'*habitation* est un droit d'usage appliqué aux maisons.

Chez les Romains, on avait d'abord admis que l'usager ne pourrait que se servir de la chose, sans en retirer aucun fruit. Mais on finit par lui reconnaître le droit d'exiger les fruits nécessaires à sa consommation quotidienne. — Cette doctrine a prévalu dans notre législation, et l'usage y est devenu une sorte d'usufruit restreint aux besoins de l'usager et de sa famille.

Quelles sont les personnes comprises dans la famille de l'usager?

On comprend généralement dans la famille de l'usager :

1° Son conjoint, lors même qu'il ne s'est marié que depuis la constitution de son droit d'usage ;

2° Toutes les personnes qui habitaient avec lui au moment de la constitution de l'usage ;

3° Les enfants qui sont nés depuis la constitution de l'usage ;

4° Les domestiques employés, soit par le chef de famille, soit par les personnes qui habitaient avec lui au moment de la constitution de l'usage.

L'étendue du droit d'usage est ordinairement réglée par le titre qui l'a établi. — A défaut du titre, les juges la détermineront : dans ce cas, la quantité de fruits qui avait été primitivement fixée pourra être augmentée ou diminuée dans la suite, suivant l'augmentation ou la diminution de la famille de l'usager. (Art. 628, 629, 630, 632, 633.)

Comment s'exerce le droit d'usage ?

La loi ne s'est pas expliquée formellement à cet égard ; mais les articles 630 et 635 semblent établir la distinction suivante :

Lorsque les besoins de l'usager et de sa famille n'absorbent qu'une partie des fruits, le propriétaire a la possession du fonds ; il le cultive et en perçoit les fruits, à la charge de remettre à l'usager ceux qui lui reviennent.

Au contraire, lorsque les besoins de l'usager et de sa famille absorbent la totalité des fruits, on doit lui laisser la possession du fonds, qu'il cultivera lui-même et dont il percevra les fruits. Quant au droit d'habitation, il suppose nécessairement le droit d'occuper la maison.

L'usager peut-il céder ou affermer son droit ?

Non ; à la différence de l'usufruitier, l'usager ne peut ni vendre, ni donner, ni même louer à bail son droit. L'usage est incessible, parce que les droits de l'usager sont porportionnés à ses besoins. — Par la même raison, il ne peut être ni saisi, ni vendu par les créanciers de l'usager; par suite, il ne peut pas être hypothéqué. L'usage diffère encore de l'usufruit en ce qu'il n'est jamais établi par la loi, mais seulement par la volonté de l'homme. (Art. 631, 634.)

Quelles sont les obligations de l'usager ?

L'usager doit :

1° Fournir caution, et faire dresser un inventaire des meubles et un état des immeubles sujets au droit d'usage ;

2° Jouir en bon père de famille, s'il possède le fonds et s'il en a la culture ;

3° Contribuer, en proportion de sa jouissance, aux frais de culture, aux réparations et au payement des impôts.

Comme on le voit, l'usager est tenu de toutes les obligations d'un usufruitier, mais seulement dans la mesure de son droit. (Art. 626, 627.)

Comment s'établit et s'éteint le droit d'usage ?

Aux termes de l'article 625, les droits d'usage et d'habitation s'établissent et se perdent de la même manière que l'usufruit. — Mais cet article est inexact en un point : l'usufruit s'établit par la loi ou par la volonté de l'homme, tandis que l'usage et l'habitation ne s'établissent que par la volonté de l'homme.

Observons ici que toutes les règles que nous avons appliquées à l'usage, relativement à son étendue, à la manière dont il s'exerce, aux obligations qu'il fait naître, sont également applicables à l'habitation. (Art. 625.)

L'usage des bois et forêts est-il réglé de la même manière que tout autre usage ?

Il faut distinguer :

Un particulier peut avoir sur un bois ou sur une forêt un droit d'usage établi conformément aux règles que nous venons d'indiquer.

Mais il existe aussi sur les bois et forêts un droit d'usage spécial, auquel fait allusion l'article 636, en disant que l'usage des bois et forêts est réglé par des lois particulières. — Ce droit d'usage, qui est régi par le Code forestier, art. 61 et suivants, constitue un droit réel analogue aux droits de servitude, et non pas un droit personnel. Il prend le nom. d'*affouage*, lorsqu'il consiste dans le droit de prendre du bois pour chauffage ou construction ; et de *droit de pacage* lorsqu'il consiste dans le droit de faire paître des troupeaux. (Art. 636.)

LIVRE II, TITRE IV

Des servitudes ou services fonciers.

DÉCRÉTÉ LE 31 JANVIER 1804. — PROMULGUÉ LE 10 FÉVRIER.

De même que l'usufruit, les servitudes sont des démembrements de la propriété; mais elles en diffèrent sous plusieurs rapports. — Ainsi, on ne peut les établir que sur des immeubles; tandis qu'on peut établir l'usufruit sur des meubles ou sur
des immeubles. En outre, elles sont constituées au profit des
biens, et par suite elles ont un caractère de perpétuité; tandis
que l'usufruit est constitué au profit des personnes, ce qui le
rend essentiellement temporaire.

Le titre des servitudes comprend les trois chapitres suivants,
qui sont précédés d'un paragraphe contenant les articles 637,
638 et 639. — Nous traiterons :

§ 1er. — De la nature des servitudes.

CHAP. Ier. — Des servitudes qui dérivent de la situation des
lieux.

CHAP. II. — Des servitudes établies par la loi.

CHAP. III. — Des servitudes établies par le fait de l'homme.

§ I. — De la nature des servitudes.

Qu'est-ce qu'une servitude ?

Une servitude est une charge imposée à un héritage pour l'u-
sage et l'utilité d'un autre héritage appartenant à un propriétaire
différent.

Il résulte de cette définition que l'établissement d'une servitude suppose nécessairement deux immeubles voisins, possédés
par deux maîtres différents. — Effectivement, s'ils n'étaient pas
voisins, on ne concevrait guère que l'un d'eux ait à supporter une
charge pour l'usage et l'utilité de l'autre ; et, s'ils n'étaient pas
possédés par des maîtres différents, on ne pourrait pas considérer comme une servitude les aménagements et les services que
le propriétaire aurait établis sur un de ses fonds, en vue d'aug-

menter l'utilité de l'autre. C'est ce qu'exprime la maxime romaine *Nemini res sua servit.* (Art. 637.)

Qu'entend-on par héritage ?

On entend ici par *héritage*, un immeuble par nature, c'est-à-dire un fonds de terre ou une maison. — On appelle *fonds servant*, l'immeuble qui supporte la servitude, et *fonds dominant*, celui au profit duquel elle existe. — Pour le fonds servant, la servitude est une charge imposée à toute personne qui en est ou qui en deviendra propriétaire ; pour le fonds dominant, elle est un droit réel qui profite à toute personne qui en est ou qui en deviendra propriétaire.

Ainsi, une fois que la servitude a été établie, elle continue de subsister, nonobstant toute aliénation qui serait faite des fonds servant et dominant. — Elle dure indéfiniment, tant que les fonds continuent eux-mêmes de subsister et d'appartenir à des maîtres différents, à moins que l'utilité qu'elle était destinée à procurer au fonds dominant ne disparaisse.

Pourquoi la loi déclare-t-elle que la servitude n'établit aucune prééminence d'un fonds sur un autre ?

Dans notre ancien droit, on distinguait deux classes de biens, les biens nobles et les roturiers. Les premiers jouissaient de nombreux privilèges, qui dérivaient d'une idée commune, savoir, la prééminence personnelle de ceux qui les possédaient sur les propriétaires des autres fonds. — C'est ainsi que les propriétaires des biens nobles avaient notamment le droit de chasser sur les biens roturiers, qui, à raison de cette charge, ne pouvaient pas être clos.

Ces différences furent d'abord supprimées par une loi du 26 septembre 1791, qui établit l'égalité du territoire. — Mais, afin de rassurer plus complètement l'opinion publique contre le retour des droits féodaux, les rédacteurs du Code jugèrent à propos de déclarer formellement que les servitudes étaient établies dans l'intérêt de la propriété foncière en général, et non pas en faveur de certains fonds et au détriment d'autres fonds. Pour la même raison, ils désignèrent les servitudes sous le nom de *services fonciers.* (Art. 638.)

Quelles différences y a-t-il entre les servitudes et les obligations ?

Les servitudes proprement dites, l'usufruit et les obligations font naître des droits bien différents. Effectivement, la servitude est un droit établi sur une chose au profit d'une autre chose ; l'usufruit est un droit établi sur une chose au profit d'une personne ; et enfin l'obligation est un droit établi à l'encontre d'une personne au profit d'une autre personne. — Dans l'obligation, le débiteur est personnellement obligé envers le créancier ; dans la servitude, au contraire, le propriétaire du fonds servant n'est en cause que comme détenteur de ce fonds.

Cette distinction fondamentale produit les conséquences suivantes :

1° Les obligations assujettissent le débiteur, soit à donner, soit à faire, soit à ne pas faire. — Les servitudes n'obligent jamais le propriétaire du fonds servant qu'à souffrir ou à s'abstenir : *servitus, vel in patiendo, vel in non faciendo, consistit.*

2° Les obligations sont temporaires, et elles s'éteignent notamment par le payement de la chose due. — Les servitudes sont établies à perpétuité et elles ne peuvent être anéanties qu'accidentellement, par exemple par la perte de l'un des deux fonds, ou par l'abandon que le propriétaire du fonds servant fait de son héritage.

3° Les obligations donnent lieu à une action personnelle, qui doit être portée devant le tribunal du domicile du débiteur. — Les servitudes donnent lieu à une action réelle, qui doit être portée devant le tribunal de la situation de l'immeuble grevé.

Combien y a-t-il de classes de servitudes ?

Les servitudes se divisent en trois classes, savoir :

1° Les servitudes naturelles, ou servitudes qui dérivent de la situation des lieux ;

2° Les servitudes établies par la loi ;

3° Les servitudes établies par le fait de l'homme, c'est-à-dire celles qui résultent d'une convention.

Les deux premières classes de servitudes ne présentent guère de différence entre elles, et on aurait pu sans aucun inconvénient les réunir sous la même classification. En effet, elles sont l'une et l'autre établies par la loi en nombre limité, et elles ont également en vue l'utilité générale et l'intérêt de la propriété foncière. Le seul point qui les sépare, c'est que les servitudes naturelles proviennent davantage de l'ordre naturel des choses, en sorte qu'en les établissant la loi n'a fait pour ainsi dire que confirmer ce qui existait ; tandis que les servitudes légales ont été créées d'une façon plus arbitraire, en vue de modifier l'ordre naturel des choses plutôt que de le suivre.

Quoi qu'il en soit, les servitudes naturelles et légales qui offrent entre elles une si grande ressemblance, diffèrent, au contraire, d'une façon très prononcée de la troisième classe de servitudes, c'est-à-dire des servitudes qui s'établissent par le fait de l'homme. — Ainsi, les premières s'appliquent à tous les fonds et elles déterminent d'une manière générale les rapports qui naissent du voisinage ; les secondes, au contraire, dérogent aux règles générales, et elles grèvent certains fonds de charges exceptionnelles.

En réalité, il n'y a que les servitudes établies par le fait de l'homme qui produisent un véritable assujettissement. Quant aux servitudes dites *naturelles* ou *légales*, elles sont la loi commune de la propriété, et elles ne constituent pas de véritables servitudes, mais seulement des limitations de la propriété. De là deux conséquences : 1° Si je vends un fonds sans avertir mon acquéreur des servitudes qui le grèvent, celui-ci ne pourra demander la rescision de la vente sous prétexte qu'il en a ignoré l'existence qu'autant qu'il s'agira de servitudes proprement dites, dérivant d'une convention privée ; 2° quand il s'est établi, pendant un certain temps, un état de choses contraire à celui que la loi désigne sous le nom de servitude *légale*, il n'est pas vrai de dire qu'on ait perdu cette servitude ; il faut décider qu'une servitude contraire a été acquise. (Art. 639.)

CHAPITRE PREMIER

DES SERVITUDES QUI DÉRIVENT DE LA SITUATION DES LIEUX.

Articles 640 à 648.

Quelles sont les servitudes qui dérivent de la situation des lieux ?

Les servitudes qui dérivent de la situation des lieux, et qu'on appelle plus communément servitudes naturelles, sont relatives :

1° Aux eaux;

2° Au bornage des fonds contigus;

3° A la clôture.

Quelles sont les servitudes relatives aux eaux ?

Il y a plusieurs servitudes relatives aux eaux. — Les unes ont été établies par le Code ; les autres résultent de lois postérieures.

Les servitudes établies par le Code se réfèrent :

1° Aux eaux qui découlent des fonds supérieurs sur les fonds inférieurs ;

2° Aux eaux qui proviennent des sources;

3° Aux eaux des rivières qui bordent ou qui traversent un fonds.

Les servitudes établies par des lois postérieures au Code sont celles qui résultent :

1° Des lois du 29 avril 1845 et du 11 juillet 1847, sur les irrigations;

2° De la loi du 10 juin 1854, sur le drainage.

En quoi consiste la servitude relative aux eaux qui découlent des fonds supérieurs sur les fonds inférieurs ?

Les fonds inférieurs sont assujettis à recevoir les eaux qui découlent naturellement des fonds plus élevés, comme les eaux pluviales, les eaux de source, les eaux provenant de la fonte des neiges; mais il faut que la main de l'homme n'y ait point contribué. — En conséquence, le propriétaire du fonds supérieur ne peut pas aggraver par des travaux la servitude du fonds inférieur, par exemple en traçant des sillons qui fassent affluer les eaux sur un seul point, d'où elles se précipiteraient en masse sur l'immeuble situé au-dessous. De son côté, le propriétaire du fonds inférieur ne peut pas élever de digues, ni faire d'autres ouvrages pour empêcher l'écoulement des eaux (1). (Art. 640.)

En quoi consistent les servitudes relatives aux eaux des sources ?

En principe, la source d'eau appartient exclusivement au pro-

---

(1) Le propriétaire inférieur qui reçoit sur son fonds les eaux découlant naturellement des fonds supérieurs, peut en disposer à son gré et leur donner tel écoulement qu'il juge convenable. Cass., 7 mai 1872.

priétaire du fonds sur lequel elle se trouve : il peut, à sa volonté,
la retenir sur son héritage ou la laisser écouler sur les héritages
inférieurs. — Toutefois, le droit exclusif du propriétaire de la
source, souffre deux exceptions : 1° en faveur des propriétaires
des fonds inférieurs ; 2° en faveur des communes voisines. — De
là deux sortes de servitudes.

I. *Servitude imposée au propriétaire d'une source en faveur du
propriétaire du fonds inférieur.* — L'écoulement des eaux qui
proviennent du fonds supérieur est tantôt nuisible, tantôt avantageux aux fonds inférieurs, selon la nature des eaux. — Il leur
est nuisible quand il s'agit des eaux pluviales ou des eaux qui
sont produites par la fonte des neiges : dans ce cas, le fonds inférieur qui reçoit les eaux est grevé, comme on l'a vu tout à
l'heure, d'une véritable servitude. — Au contraire, l'écoulement
des eaux est avantageux aux fonds inférieurs quand il s'agit des
eaux de source : dans ce cas, la servitude existe au profit du
fonds inférieur, et elle grève le fonds supérieur d'où les eaux
doivent descendre.

Pour que cette dernière servitude existe, il faut que le propriétaire du fonds inférieur ait acquis par titre ou par prescription le droit de recevoir les eaux de la source. — Il l'a acquis
par titre, lorsqu'il lui a été conféré au moyen d'un acte translatif de propriété : par exemple par vente, échange, donation ou
testament. Il l'a acquis par prescription, lorsqu'il a, depuis trente
ans au moins, la jouissance de la source, et que sa jouissance a
été constatée par des ouvrages apparents, destinés à faciliter la
chute et le cours de l'eau dans sa propriété.

C'est là évidemment une servitude résultant du fait de
l'homme, et non pas une servitude naturelle, bien que le Code l'ait
placée parmi ces dernières. En effet, elle n'existe pas de plein
droit, mais seulement si les propriétaires voisins ont acquis la
prise d'eau par titre ou par prescription.

Une question débattue est celle de savoir s'il est nécessaire,
pour pouvoir invoquer la prescription, d'avoir élevé des ouvrages apparents sur le fonds supérieur.

Suivant un premier système, il faut admettre l'affirmative. —
En effet, en élevant les ouvrages sur son propre héritage, le propriétaire du fonds inférieur n'a pas manifesté suffisamment la
prétention de faire un   sage constant et régulier des eaux de la

source : par suite, l'inaction du propriétaire de cette source n'implique pas la reconnaissance du droit de son voisin, et elle ne peut pas servir de base à une prescription acquisitive de la part de celui-ci. Pour qu'elle fût de nature à produire un pareil effet, il faudrait que les ouvrages destinés à amener la chute de l'eau eussent été faits sur le fonds où se trouve la source. On concevrait alors que le propriétaire de ce fonds ait dû s'y opposer, s'il voulait maintenir intact son droit de propriété sur la source.

Mais, suivant l'opinion la plus générale, il suffit que les travaux aient été faits sur le fonds inférieur, et il faut seulement qu'ils soient apparents. Effectivement, le seul fait de leur exécution suffit pour manifester de la part du propriétaire du fonds servant la prétention de faire un usage constant et régulier de la source. La question a d'ailleurs été tranchée par un argument historique qui ne laisse subsister aucun doute. Lors de la discussion survenue au sein du Tribunat, le projet du Code portait que les travaux devaient être *extérieurs :* or, c'est précisément parce que cette expression aurait pu laisser entendre qu'ils devaient être exécutés sur le fonds voisin qu'on se décida à la remplacer par ces mots « *ouvrages apparents* » (1).

II. *Servitude imposée au propriétaire d'une source en faveur des communes voisines.* — Lorsque l'eau d'une source est nécessaire aux habitants d'une commune, d'un village ou d'un hameau, le propriétaire de la source doit en laisser l'usage aux habitants, à la condition d'en recevoir une indemnité. — Mais ceux-ci sont affranchis de l'obligation de la fournir, s'ils usent de l'eau depuis plus de trente ans.

L'indemnité se calcule sur le préjudice qu'éprouve le propriétaire, et non pas sur le bénéfice que l'usage de l'eau procure à la commune.

Observons que c'est la loi elle-même qui donne aux habitants le droit de faire usage de la source, et qu'ils n'ont pas besoin d'invoquer pour cela un titre ou une prescription. — Sans doute, la prescription leur procurera un avantage : mais cet avantage consiste à être déchargés de toute indemnité, et non pas à acquérir l'usage de l'eau. (Art. 641, 642, 643.)

(1) *Sic :* Marcadé, II, 586. — Valette, *à son cours.* — Demante, II, 493 *bis.* — Cass., 16 déc. 1879.

En quoi consiste la servitude des cours d'eau qui bordent ou traversent un héritage ?

Le propriétaire dont le fonds est *bordé* par une eau courante peut en user à son passage au moyen de rigoles, de tranchées, ou de toute autre manière pour l'irrigation de son fonds. — Mais cet usage doit être modéré, et il ne lui est pas permis de changer le cours de l'eau, ni d'en retenir plus qu'il ne lui en revient, parce qu'il doit respecter les droits semblables au sien des propriétaires de la rive opposée.

Le propriétaire dont le fonds n'est pas seulement bordé mais *traversé* par un cours d'eau, peut en user à sa volonté et conduire l'eau en divers sens dans son héritage, afin d'augmenter l'irrigation ; mais ce n'est qu'à la condition de lui rendre sa direction primitive à la sortie du fonds (1).

Les deux servitudes que nous venons de mentionner ne concernent que les rivières qui ne sont ni navigables ni flottables. — Elles ne s'appliquent ni aux eaux pluviales, qui sont *res nullius* et qui deviennent la propriété du premier occupant, ni aux eaux des étangs et des canaux creusés par la main de l'homme, ni aux eaux des fleuves, rivières ou canaux navigables ou flottables, qui font partie du domaine public (2). (Art. 644.)

Quelles sont les dispositions de la loi de 1845, relative à l'irrigation ?

La loi du 29 avril 1845 autorise tout propriétaire qui a un héritage riverain et d'autres héritages non riverains, séparés par des fonds intermédiaires, à se servir des eaux dont il a le droit de disposer, pour l'irrigation de ces derniers, en les faisant passer, moyennant une juste et préalable indemnité, à travers les fonds intermédiaires.

Les propriétaires des fonds inférieurs devront recevoir les eaux qui s'écouleront des terrains ainsi arrosés, sauf l'indemnité qui pourra leur être due.

---

(1) Les droits que confère l'administration en autorisant un riverain à faire des travaux sur un cours d'eau non navigable ni flottable, ne peuvent porter atteinte aux droits des tiers ; ceux-ci peuvent toujours s'adresser aux tribunaux pour obtenir la réparation d'un préjudice souffert. Cass., 23 juil. 1879.

(2) Le Code ne s'est pas occupé des eaux thermales. Cette matière a été réglée par la loi du 14 juillet 1856, et par les décrets des 8 sept. 1856 et 28 janvier 1860.

Sont exceptés de cette servitude les maisons, cours, jardins, parcs et enclos attenant aux habitations.

Les eaux dont un propriétaire a le droit de disposer sont celles qui bordent ou qui traversent sa propriété, ou encore celles qui lui ont été concédées par le propriétaire d'une source ou qu'il a obtenues au moyen de puits artésiens.

Quelles sont les dispositions de la loi de 1847 également relative à l'irrigation ?

La loi du 22 juillet 1847 autorise tout propriétaire dont le fonds est bordé par une eau courante à appuyer les barrages, et en général tous les ouvrages nécessaires à sa prise d'eau, sur la propriété du riverain opposé, à la charge de lui fournir une juste et préalable indemnité. — Sont exceptés de cette servitude : les bâtiments, cours et jardins attenant aux habitations.

Au reste, la faculté accordée par la loi est réciproque, et il en résulte que le riverain sur le fonds duquel le barrage est réclamé peut en obtenir l'usage, en contribuant pour moitié aux frais d'établissement et d'entretien.

Quelles sont les dispositions de la loi de 1854, relative au drainage ?

On entend par *drainage*, le desséchement des terres humides au moyen de conduits souterrains, établis en pierres, en bois, en tuiles ou en poteries, et destinés à faire écouler les eaux.

La loi du 10 juin 1854 sur le drainage renferme deux dispositions importantes.

La première autorise tout propriétaire qui veut assainir son fonds par l'emploi du drainage ou par tout autre mode de desséchement, à conduire les eaux nuisibles, souterrainement ou à ciel ouvert, à travers les propriétés intermédiaires qui séparent ce fonds d'un cours d'eau ou de toute autre voie d'écoulement, à la charge de fournir aux propriétaires voisins une juste et préalable indemnité. — Sont exceptés de cette servitude : les maisons, cours, jardins, parcs et enclos attenant aux habitations.

La seconde disposition de cette loi autorise les propriétaires des fonds voisins ou traversés à se servir des travaux faits pour assainir leurs propres fonds, à la condition de supporter : 1° une part proportionnelle dans les dépenses faites pour l'établissement des ouvrages dont ils veulent profiter; 2° les dépenses résultant des modifications que l'exercice de cette faculté peut

rendre nécessaires; 3° et, pour l'avenir, une part contributive
dans l'entretien des travaux devenus communs.

**Quels sont les tribunaux compétents pour les contestations
relatives à l'usage des eaux ?**

Aux termes de l'article 645, les tribunaux civils sont compétents pour prononcer sur toute contestation relative à l'usage des
cours d'eau et des rivières qui ne sont ni navigables, ni flottables.
Lorsqu'il existe un règlement sur le cours et l'usage des eaux,
ils doivent en tenir compte. — Dans tous les cas, il leur est enjoint de concilier, autant que possible, l'intérêt de l'agriculture
avec le respect dû à la propriété.

Les lois de 1845 et de 1847 ont maintenu la compétence des
tribunaux civils en matière d'irrigation. Mais, afin de diminuer
les frais et les lenteurs du procès, la loi de 1854 a réservé aux
juges de paix la connaissance des difficultés qui s'élèveraient en
matière de drainage.

En quoi consiste la servitude de bornage ?

La servitude de bornage consiste dans l'obligation imposée aux
propriétaires de fonds contigus de contribuer aux frais de bornage. — On entend par *bornage,* l'acte par lequel des propriétaires déterminent les limites de leurs fonds, au moyen de grosses
pierres plantées en terre et appelées *bornes.*

D'après la loi du 25 mai 1838, les actions en bornage doivent
être portées devant les juges de paix, toutes les fois qu'il n'y a
pas contestation sur la propriété ; c'est-à-dire toutes les fois que
les parties sont d'accord sur les limites respectives de leurs héritages, mais que l'une d'elles, par négligence ou autrement, refuse de procéder au bornage. — Dans le cas contraire, on aura
recours aux tribunaux civils (1). (Art. 646.)

En quoi consiste la servitude de clôture ?

La servitude de clôture, qui existait dans notre ancienne législation et qui tendait à favoriser l'exercice du droit de chasse des
seigneurs, a aujourd'hui disparu de nos lois.

Sous l'empire du Code, tout propriétaire peut clore son héri-

(1) Cass., 5 février 1879 ; 26 mars 1879 ; 25 juin 1879 ; 9 juillet 1879.
Le droit d'un propriétaire de contraindre son voisin à borner leurs héritages
n'est point une servitude ; il n'y a pas là une charge imposée à l'un des fonds
au profit de l'autre fonds ; il y a tout simplement des obligations respectives
de la part des deux propriétaires voisins.

ritage, sauf à y laisser un passage s'il est grevé de la servitude de passage. — Seulement le propriétaire qui veut se clore perd son droit de parcours et de vaine pâture en proportion du terrain qu'il y soustrait. (Art. 647, 648.)

Qu'entend-on par droit de parcours et de vaine pâture ?

Le droit de *parcours* consiste dans la faculté qui est accordée aux habitants de deux communes voisines de mener paître leurs troupeaux sur le territoire l'une de l'autre, après que les foins et récoltes ont été enlevés.

Le droit de vaine pâture consiste dans le droit qui appartient réciproquement à chaque habitant d'une commune de mener paître son troupeau sur les héritages des autres habitants de la commune, après l'enlèvement des récoltes.

En définitive, il n'y a pas à proprement parler de servitude légale de clôture ; car le Code établit au contraire le droit pour tout propriétaire de se clore. Ce n'est qu'au cas où le droit de vaine pâture aurait été établi entre particuliers qu'il ferait obstacle au droit de se clore.

CHAPITRE DEUXIÈME

DES SERVITUDES ÉTABLIES PAR LA LOI.

Articles 649 à 685.

Conformément à l'ordre du Code, nous diviserons ce chapitre en cinq sections, précédées d'un paragraphe contenant les articles 649 à 652. — Ainsi nous traiterons : 1° des servitudes légales en général ; 2° du mur et du fossé mitoyen ; 3° de la distance et des ouvrages intermédiaires requis pour certaines constructions ; 4° des vues sur la propriété de son voisin ; 5° de l'égout des toits ; 6° du droit de passage.

§ I. — *Des servitudes légales en général.*

Quel est l'objet des servitudes établies par la loi ?

Les servitudes établies par loi ont tout à la fois pour objet :

1° l'utilité publique; 2° l'utilité communale; 3° l'utilité des particuliers.

Nous n'avons pas à nous occuper ici des servitudes qui se rapportent à l'utilité publique et à l'utilité communale : elles sont une dépendance du droit administratif. — Le Code se borne à dire qu'elles concernent le marche-pied le long des rivières navigables ou flottables, ainsi que la construction et la réparation des chemins ou autres ouvrages publics ou communaux; et il renvoie aux lois et règlements particuliers pour tout ce qui concerne cette espèce de servitudes.

On entend par *marche-pied*, une voie qui se trouve sur un des côtés des rivières navigables ou flottables. Le marche-pied est destiné au passage des personnes; il a une largeur de trois mètres trente-trois centimètres. De l'autre côté des rivières navigables et flottables, il y a une autre voie, appelée *chemin de halage*. — Le chemin de halage est destiné aux chevaux qu'on emploie à tirer les bateaux; il a une largeur de huit mètres.

Quant à la servitude relative à la construction ou à la réparation des chemins ou autres ouvrages publics, elle consiste dans le droit qu'ont les entrepreneurs de travaux publics de faire des fouilles et des extractions de matériaux dans les terrains des particuliers pour ces ouvrages, moyennant une indemnité.

Il existe encore un grand nombre d'autres servitudes d'utilité publique, telles que celles qui concernent l'alignement, les plantations le long des routes, etc. (Art. 649, 650.)

La loi n'établit-elle pas différentes obligations entre les propriétaires, indépendamment de toute convention ?

Oui; indépendamment de toute convention, la loi établit entre les propriétaires différentes obligations qui résultent des servitudes auxquelles leurs fonds sont assujettis. — Ces obligations sont relatives pour la plupart au mur et au fossé mitoyen, aux ouvrages intermédiaires à établir pour certaines constructions, aux vues sur la propriété du voisin, à l'égout des toits et au droit de passage. — Nous allons nous en occuper dans les sections qui suivent. (Art. 651, 652.)

SECTION I

DU MUR ET DU FOSSÉ MITOYEN.

Qu'est-ce que la mitoyenneté ?

La mitoyenneté consiste dans la copropriété d'un mur ou de toute autre clôture, placé entre deux héritages. — Ainsi, un mur est mitoyen, lorsqu'il appartient à deux voisins. Le mot *mitoyen*, composé des pronoms latins *mihi tibi*, à moi et à toi, indique cette idée de copropriété.

La mitoyenneté se rapproche beaucoup de la communauté, parce qu'elle présente également l'idée d'une chose appartenant à deux personnes; mais elle ne se confond pas complètement avec elle. — Ainsi, la communauté a lieu d'une façon accidentelle et transitoire; elle résulte, soit de l'ouverture d'une succession, soit de la dissolution d'une société; et elle cesse dès que l'un des copropriétaires demande le partage. Au contraire, la mitoyenneté constitue un état de choses normal, régulier, destiné à avoir une durée, et elle existe dans un intérêt d'utilité générale.

La mitoyennneté fait naître plusieurs sortes de servitudes, et nous aurons à nous occuper successivement :

1° Du mur mitoyen ;

2° De la maison mitoyenne ;

3° Du fossé mitoyen ;

4° De la haie mitoyenne ;

5° De la distance à observer pour les plantations d'arbres qui sont placées sur la limite du fonds voisin.

En quoi consiste la servitude de mitoyenneté du mur ?

Aux termes de l'article 661, tout propriétaire joignant un mur appartenant à son voisin a le droit d'en acquérir la copropriété, en tout ou en partie, en remboursant au maître du mur moitié de sa valeur et moitié de la valeur du sol sur lequel il est bâti (1).

Cette faculté que la loi accorde au voisin d'acquérir la mitoyenneté du mur qui joint son héritage est une grave dérogation apportée au principe de l'inviolabilité de la propriété : elle constitue une servitude pour le maître du mur, en ce qu'il est

(1) Le voisin qui veut acquérir la mitoyenneté d'un mur doit le prendre tel qu'il est, avec les servitudes qui s'y rattachent. Cass., 13 janvier 1879.

obligé de se dessaisir de son droit exclusif de propriété. — D'ailleurs, cette servitude se justifie par des considérations d'intérêt public et d'utilité générale : les propriétaires voisins sont, en effet, intéressés à éviter la construction des murs inutiles et la perte de terrain qu'ils occasionneraient.

En résumé, la mitoyenneté d'un mur peut résulter de deux causes : 1° de sa construction à frais communs par les propriétaires voisins ; 2° de l'acquisition que l'un deux a faite de la mitoyenneté, quand l'autre avait construit le mur et le possédait exclusivement.(Art. 661.)

Par quels moyens de preuve établit-on la mitoyenneté ou la non-mitoyenneté d'un mur ?

La mitoyenneté ou la non-mitoyenneté d'un mur s'établit par titre, c'est-à-dire par un acte authentique ou sous seing privé, dressé par les parties intéressées. — Cet acte doit constater que le mur a été construit à frais communs, ou que la mitoyenneté en a été acquise par celui des voisins qui n'a pas contribué à sa construction.

S'il n'existe pas de titre, on a recours à certaines présomptions établies par le Code pour y suppléer. — Mais ces présomptions peuvent être détruites elles-mêmes par des présomptions contraires tendant à faire préjuger que le mur qui sépare les deux héritages appartient exclusivement à l'un des voisins. (Art. 653.)

Quelles sont les présomptions de mitoyenneté d'un mur ?

Un mur est présumé mitoyen :

1° *S'il existe entre bâtiments,* jusqu'à l'heberge, c'est-à-dire jusqu'à la hauteur du toit le moins élevé. — Effectivement, jusqu'à ce point, le mur sert aux deux bâtiments : au-dessus de l'héberge, il ne profite, au contraire, qu'au propriétaire du bâtiment le plus élevé, et l'on ne peut guère supposer que le voisin ait voulu contribuer aux frais de la surélévation, qui ne lui est d'aucune utilité.

2° *S'il est entre cours et jardins.* — Le mur qui sépare deux cours ou deux jardins étant également utile aux deux voisins, on doit supposer qu'ils ont contribué ensemble aux frais de construction. — Pour le même motif, on admet généralement que la présomption de mitoyenneté existe non seulement pour le mur qui sépare deux cours ou deux jardins, mais aussi pour celui qui se trouve entre une cour et un jardin, et réciproquement.

3° *S'il est entre enclos, dans les champs*. — Dans les villes et campagnes, le mur qui se trouve entre bâtiments ou entre cours et jardins est présumé mitoyen, lors même que l'une des propriétés ne serait pas close. — Mais, dans les champs, le mur qui sépare deux héritages n'est réputé mitoyen que s'ils sont également clos. Toutefois, on admet que la présomption de mitoyenneté existe également si les deux propriétés ne sont closes ni l'une ni l'autre; car, dans ce cas, comme dans le précédent, il n'y a aucune raison pour attribuer la propriété du mur à l'un des voisins plutôt qu'à l'autre. (Art. 653.)

Quelles sont les présomptions de non-mitoyenneté d'un mur ?

Un mur est présumé non-mitoyen :

1° *Lorsque la sommité du mur est droite et à plomb de son parement d'un côté, et qu'elle présente de l'autre un plan incliné*. — Dans ce cas, on présume que le mur appartient exclusivement au propriétaire sur le fonds duquel il s'incline; car il supporte seul la servitude des eaux pluviales, qui aurait été supportée également par les deux voisins si le mur avait été mitoyen.

2° *Lorsqu'il y a d'un côté du mur seulement des chaperons, filets ou corbeaux*. — Dans ce cas, on présume que le mur appartient exclusivement au propriétaire du côté duquel sont le chaperon, les filets ou les corbeaux; car, si le mur était mitoyen, il présenterait des deux côtés le même aspect.

On appelle *chaperon*, la couverture du mur, qui peut être en tuiles, en ardoises, en ciment, etc. — On appelle *filets*, la partie du chaperon mise en saillie pour rejeter l'eau en avant du mur. — Les *corbeaux* sont des pierres qui ressortent d'un côté du mur, et qui sont destinées à recevoir des poutres.

Ces divers signes de non-mitoyenneté doivent, pour être efficaces, avoir été établis lors de la construction du mur (1). (Art. 654.)

Quelles sont les charges résultant de la mitoyenneté du mur ?

Le mur peut être mitoyen, soit en totalité, soit pour une partie seulement, en hauteur ou en largeur. — Quoi qu'il en soit,

---

(1) Les indices qui viennent d'être indiqués sont les seuls que la loi consacre; il ne serait pas permis de venir arbitrairement y en joindre d'autres. *En ce sens :* Marcadé, II, 604. — Aubry et Rau, II, p. 422, 4ᵉ édition. — *Contrà :* Pau, 30 mars 1863; Demolombe, *Serv.*, I, 341.

chacun des propriétaires doit contribuer aux frais d'entretien et de réparation du mur dans la proportion de ce qui lui appartient en mitoyenneté. Mais, comme ils ne sont tenus de contribuer aux frais d'entretien que *propter rem*, c'est-à-dire à cause de leur droit de copropriété, ils pourront s'en affranchir en faisant abandon de la mitoyenneté.

Par exception, la faculté de se soustraire par l'abandon aux charges de la mitoyenneté cesse : 1° lorsque le mur mitoyen soutient un bâtiment appartenant au propriétaire qui veut renoncer à la mitoyenneté ; 2° lorsque les réparations devenues nécessaires ont été occasionnées par la faute de ce même propriétaire. (Art. 655, 656.)

Quels sont les droits qui résultent de la mitoyenneté du mur ?

En principe, les copropriétaires d'un mur mitoyen ont tous les droits qui dérivent de la propriété. Seulement, ils doivent les exercer de manière à ne pas se nuire l'un à l'autre, et par suite ils ne peuvent pas faire indistinctement toute espèce de travaux sur le mur mitoyen. — Parmi ces travaux, il faut distinguer :

1° Ceux que chaque propriétaire peut faire *sans avoir besoin du consentement de l'autre*. — Ils consistent : 1° à faire bâtir contre le mur mitoyen ; 2° à y placer des poutres ou solives dans toute l'épaisseur du mur à 54 millimètres près, sans préjudice du droit qu'a le voisin de faire réduire à l'ébauchoir la poutre jusqu'à la moitié du mur, dans le cas où il voudrait lui-même en placer dans le même lieu ou y adosser une cheminée ; 3° à faire exhausser le mur mitoyen, à la charge de supporter seul les dépenses de l'exhaussement et l'entretien de la partie exhaussée, et de fournir au voisin une indemnité pour la surcharge. — Si le mur mitoyen n'est pas en état de supporter l'exhaussement, celui qui veut l'exhausser doit le faire reconstruire en entier à ses frais, en prenant l'excédant d'épaisseur sur son terrain (1).

(1) L'ébauchoir est un instrument de charpentier avec lequel on diminue la longueur de la poutre sans déplacer cette poutre.

La faculté de faire exhausser le mur mitoyen est absolue et indépendante du plus ou moins de préjudice que peuvent éprouver les autres copropriétaires, comme du plus ou moins d'intérêt que l'exhaussement peut présenter à celui

2° Ceux que l'un des propriétaires ne peut faire *qu'avec le consentement de l'autre*, ou, sur son refus, *d'après un règlement d'expert, qui déterminera les précautions à prendre pour empêcher que le nouvel ouvrage ne soit nuisible aux droits du voisin.* — Ces travaux consistent : 1° à pratiquer des enfoncements dans le corps du mur ; 2° à y appuyer des ouvrages qui seraient de nature à en compromettre l'existence ou la solidité.

3° Ceux que l'un des propriétaires ne peut faire *qu'avec le consentement de l'autre.* — Ils consistent à pratiquer dans le mur mitoyen des jours ou des vues, en quelque manière que ce soit. Le consentement des deux propriétaires est ici de rigueur ; il ne peut pas être suppléé par un règlement d'experts. (Art. 657, 658, 659, 662.)

Le voisin qui n'a pas contribué à l'exhaussement du mur peut-il acquérir la mitoyenneté de la partie exhaussée ?

Oui ; le voisin qui n'a pas voulu contribuer à l'exhaussement peut néanmoins acquérir la mitoyenneté de la partie exhaussée, en payant la moitié de la valeur du sol fourni pour l'excédant d'épaisseur, et la moitié de la dépense faite pour l'exhaussement.

Le voisin qui acquiert la mitoyenneté de la *partie exhaussée* d'un mur mitoyen est traité plus rigoureusement que celui qui acquiert la mitoyenneté d'*un mur*, puisqu'il doit fournir la moitié de ce que la construction de la partie exhaussée a coûté ; au lieu que ce dernier paye seulement la moitié de la valeur actuelle du mur. — Cette différence a pour but d'empêcher qu'un propriétaire ne laisse faire par son voisin l'exhaussement dont il a lui-même besoin, afin d'acquérir ensuite à bas prix la mitoyenneté de l'ouvrage. (Art. 660, 661.)

Dans les villes et dans les faubourgs, la servitude de mitoyenneté n'est-elle pas aggravée ?

Oui. — Dans les campagnes, la servitude de mitoyenneté consiste uniquement dans l'obligation imposée par la loi au propriétaire d'un mur qui sépare deux héritages d'en céder la copropriété à son voisin, moyennant une indemnité. — Mais, dans les villes et faubourgs, chaque propriétaire peut, en outre, contraindre son voisin à construire, à frais communs, un mur

qui veut l'opérer. Cass., 11 avril 1808. Paris, 13 juin 1864. — *Contrà :* Demolombe, *Servit.*, I, 398.

destiné à séparer leurs maisons, cours et jardins, et dont la dimension en hauteur est déterminée par la loi. (Art. 663.)

Le propriétaire voisin peut-il se soustraire à cette obligation en faisant abandon de la mitoyenneté ?

Cette question est vivement débattue :

Suivant la jurisprudence, il faut décider l'affirmative. — Effectivement, il est admis en principe qu'un propriétaire voisin peut toujours faire abandon de la mitoyenneté, afin de se soustraire aux charges qu'elle entraîne. Or, l'article 663, qui établit l'obligation de clôture dans les villes et faubourgs, n'apporte aucune dérogation à cette règle. Conséquemment, si l'un des propriétaires met son voisin en demeure d'avoir à construire un mur mitoyen à frais communs, celui-ci peut se soustraire à cette charge en faisant abandon de la moitié des parcelles de terrain sur lesquelles le mur doit être élevé (1).

Suivant la doctrine, au contraire, l'obligation de se clore que l'article 663 impose aux propriétaires des villes et faubourgs, empêche qu'ils ne puissent renoncer ainsi par avance à tout droit de mitoyenneté sur le mur à construire ou à réparer. Ainsi, le propriétaire mis en demeure par son voisin d'élever à frais communs un mur mitoyen ne pourrait pas s'en dispenser, en renonçant à tout droit de mitoyenneté sur le mur à construire, et en abandonnant la moitié du terrain nécessaire pour sa construction. — Cette opinion est conforme à nos anciennes coutumes : et elle semble également en harmonie avec le texte de la loi (2).

Qu'est-ce qu'une maison mitoyenne ?

Une maison mitoyenne est celle dont les différents étages appartiennent exclusivement à divers propriétaires.

En distribuant ainsi les différentes parties d'une maison les héritiers font un véritable partage, qui fait cesser l'indivision, et qui rend chacun d'eux exclusivement propriétaire de l'étage qui est tombé dans son lot. — De semblables partages étaient assez fréquents dans notre ancienne législation : les enfants aimaient mieux se partager la maison paternelle, plutôt que de

(1) Paris, 6 février 1879.
(2) Valette, *à son cours.*

la voir passer en des mains étrangères; mais ils sont devenus extrêmement rares aujourd'hui.

Dans quelle proportion les divers propriétaires d'une maison mitoyenne doivent-ils contribuer à son entretien?

Lorsque les titres de propriété ne règlent pas le mode des réparations et reconstructions, elles doivent être faites de la manière suivante : — Les gros murs et le toit sont à la charge de tous les propriétaires, chacun en proportion de la valeur de l'étage qui lui appartient. — Le propriétaire de chaque étage fait le plancher sur lequel il marche. — Le propriétaire du premier étage fait l'escalier qui y conduit; le propriétaire du second étage fait, à partir du premier, l'escalier qui conduit chez lui, et ainsi de suite.

La même règle doit être appliquée au **payement de l'impôt** et à l'entretien de la porte commune.

Lorsqu'on reconstruit un mur mitoyen ou une maison mitoyenne, les servitudes actives ou passives qui y étaient attachées se continuent à l'égard des nouvelles constructions, sans toutefois qu'elles puissent être aggravées, et pourvu que la reconstruction se fasse avant que les anciennes servitudes se soient éteintes par prescription. (Art. 664, 665.)

Qu'est-ce qu'un fossé mitoyen?

Le fossé mitoyen est celui qui appartient en commun aux propriétaires des héritages entre lesquels il se trouve.

La mitoyenneté d'un fossé peut résulter de deux causes : 1° De sa construction à frais communs par les propriétaires voisins; 2° de l'acquisition que l'un d'eux a faite de la mitoyenneté quand l'autre avait creusé le fossé et le possédait exclusivement.

On remarquera que la cession de la mitoyenneté d'un fossé n'est pas obligatoire, comme la cession de la mitoyenneté d'un mur. — Effectivement, si l'intérêt public demande à ce que le propriétaire d'un mur qui sépare deux héritages puisse être contraint d'en céder la copropriété, afin d'éviter les frais qu'entraînerait la construction d'un nouveau mur, il n'en est pas de même par rapport au fossé établi entre deux héritages : on ne peut pas obliger le propriétaire qui le possède exclusivement à faire abandon d'une partie de son droit au profit du voisin, parce que celui-ci peut à très peu de frais établir un nouveau fossé sur ses fonds, s'il veut les clore de cette manière.

**Comment se prouve la mitoyenneté ou la non-mitoyenneté
d'un fossé ?**

En principe, la mitoyenneté ou la non-mitoyenneté d'un fossé
se prouve par titre, c'est-à-dire par un acte sous seing privé ou
authentique qui constate que le fossé a été creusé à frais communs, ou que la mitoyenneté a été acquise par celui des deux
voisins qui n'a pas contribué à le creuser.

S'il n'existe pas de titre, on a recours à des présomptions
établies par la loi.

Aux termes de la loi des 29 juillet et 25 août 1881, qui a modifié profondément la législation du Code civil relativement aux
clôtures autres que les murs, toute clôture autre qu'un mur est
réputée mitoyenne. — Toutefois la présomption de mitoyenneté n'existe qu'autant que les deux héritages sont également
en état de clôture.

Mais la présomption de mitoyenneté tombe :

1° Lorsqu'il existe un titre établissant la propriété exclusive
de l'un des deux voisins ;

2° Lorsque l'un des deux voisins a possédé à titre de propriétaire exclusif la clôture qui sépare les deux héritages pendant
le temps requis pour la prescription. Son droit de propriété mitoyenne est alors transformé en un droit de propriété exclusive ;

3° Lorsqu'il y a une marque de non-mitoyenneté. — Pour
les fossés, il y a marque de non-mitoyenneté lorsque la levée
ou le rejet de la terre se trouve d'un seul côté du fossé. Le
fossé est alors censé appartenir exclusivement au propriétaire
du côté duquel se trouve le rejet.

On entend par *levée* un amas de pierres placé sur le bord du
fossé pour retenir l'eau ; et par *rejet*, un amas de terre provenant
du curage.

Les propriétaires mitoyens d'un fossé sont tenus de l'entretenir à frais communs. Mais, comme cette obligation ne les astreint
pas personnellement l'un envers l'autre, et qu'on ne peut la leur
imposer qu'à raison de leur qualité de copropriétaires du fossé,
chacun d'eux peut s'y soustraire en abandonnant la mitoyenneté
du fossé. (Art. 666, 667, 668, 669, modifiés par la loi de 1881.)

Qu'est-ce qu'une haie mitoyenne ?

La haie mitoyenne est celle qui appartient en commun aux
propriétaires des héritages entre lesquels elle se trouve.

La mitoyenneté d'une haie peut résulter de deux causes : 1° de sa plantation à frais communs par les propriétaires voisins ; 2° de l'acquisition que l'un d'eux a faite de la mitoyenneté, quand l'autre avait planté la haie et la possédait exclusivement.

Au reste, de même que pour le fossé, le propriétaire exclusif de la haie n'est pas obligé d'en céder la mitoyenneté.

Comment se prouve la mitoyenneté ou la non-mitoyenneté d'une haie ?

La mitoyenneté ou la non-mitoyenneté d'une haie se prouve comme on vient de le voir pour le fossé. En principe, la haie qui sépare deux héritages est réputée mitoyenne ; mais cette présomption tombe lorsqu'il existe un titre établissant la propriété exclusive de l'un des voisins, ou lorsqu'il y a prescription au profit de l'un d'eux, ou enfin lorsqu'il y a une marque de non-mitoyenneté.

La loi de 1881 a étendu ces règles à toutes les clôtures telles que palissades, treillages, etc.

Comme le fossé mitoyen, ces clôtures doivent être entretenues à frais communs ; mais le voisin peut se soustraire à cette obligation en renonçant à la mitoyenneté.

En outre, le propriétaire d'une haie mitoyenne peut la détruire jusqu'à la limite de sa propriété, à la charge de construire un mur sur cette limite. Le copropriétaire d'un fossé mitoyen a la même faculté, si le fossé ne sert qu'à la clôture. (Art. 666 à 670, modifiés par la loi de 1881.)

Les arbres qui se trouvent placés dans une haie mitoyenne sont-ils également mitoyens ?

Oui, les arbres qui se trouvent placés dans une haie mitoyenne sont mitoyens comme la haie elle-même, alors même qu'ils seraient plus rapprochés de l'un des voisins que de l'autre, ou même tout entiers de son côté : chaque voisin a droit à la moitié de leurs fruits. — Seulement, comme les arbres mitoyens peuvent causer des dommages aux héritages qui les entourent, la loi permet à chaque voisin de les faire abattre ; tandis que la haie mitoyenne ne peut être arrachée que de leur consentement mutuel.

Les arbres plantés sur la ligne séparative de deux héritages sont également mitoyens. (Loi du 29 juillet 1881.)

Le propriétaire d'un terrain peut-il y planter des arbres à quelque distance que ce soit du fonds voisin ?

Non, le propriétaire d'un terrain ne peut y planter des arbres ou des haies vives, qui peuvent projeter leur ombre sur l'héritage d'autrui et en épuiser le sol, si ce n'est à une certaine distance du fonds voisin, conformément aux règlements et aux usages locaux. — Cette restriction au droit de propriété a été établie, comme on le voit, dans l'intérêt commun des fonds contigus, afin d'empêcher que les arbres qui sont plantés sur un fonds ne causent quelque dommage au fonds voisin. Elle constitue un service foncier plutôt qu'une servitude proprement dite ; elle n'est pas seulement imposée à un fonds au profit d'un autre fonds, mais elle implique l'idée d'une réciprocité ; les fonds voisins sont réciproquement fonds servant et fonds dominant, les uns par rapport aux autres.

Aux termes de l'article 671 du Code civil, à défaut de règlements et d'usages, les arbres devaient être plantés à la distance de 2 mètres quand il s'agit d'arbres de haute tige, et de 50 centimètres s'il s'agit d'arbres de basse tige. — La loi du 29 juillet 1881 a apporté également des modifications en cette matière. Au lieu de s'en référer, comme le faisait le Code, à la distinction entre les arbres de haute tige et de basse tige, elle se préoccupe de la hauteur de l'arbre et elle décide qu'un arbre peut être planté à une distance de 50 centimètres de l'héritage voisin, à la condition d'être maintenu à une hauteur ne dépassant pas deux mètres, quelle que soit l'essence de l'arbre.

La distance légale doit être calculée depuis le centre de l'arbre jusqu'à la ligne séparative des deux propriétés.

Le droit d'avoir des arbres à une distance moindre, ou l'obligation de les éloigner davantage, constituerait une servitude conventionnelle. Il en serait de même du droit de conserver des branchages au-dessus du fonds voisin.

On peut exiger que les arbres plantés à une distance moindre que le minimum légal soient arrachés, à moins que le voisin n'ait acquis le droit de les maintenir par titre, — par destination du père de famille, ou par prescription de trente ans.

Dans ce dernier cas, si les arbres plantés à une distance prohibée meurent, ou s'ils sont coupés et arrachés, le voisin ne peut les remplacer qu'en observant la distance légale. C'est ainsi que les propriétaires riverains des bois ou forêts, soumis ou non au régime forestier, ne peuvent faire arracher ou élaguer les arbres plantés sur la lisière de leurs fonds qui ont plus de trente ans, sauf à eux à se prévaloir du droit commun après la coupe ou l'abattage de ces arbres, la prescription ne devant s'appliquer qu'à ce qui a été possédé, et la perpétuité n'étant pas d'ailleurs de l'essence, mais seulement de la nature d'une servitude prédiale. Art. 671, modifié par la loi de 1881).

Le propriétaire du fonds voisin a-t-il le droit de faire couper les branches des arbres qui avancent sur son héritage ?

Oui; quand le propriétaire du fonds voisin ne peut pas faire arracher les arbres plantés à une distance trop rapprochée à cause de la prescription, il conserve néanmoins le droit d'exiger que les branches qui avancent sur son héritage soient coupées ; si ce sont les racines qui avancent sur son héritage, il a le droit de les couper lui-même.

S'il ne fait pas couper les branches qui avancent sur son fonds, il contracte par là même l'obligation d'y laisser passer le propriétaire des arbres qui veut en récolter les fruits. (Art. 672.)

SECTION II

DE LA DISTANCE ET DES OUVRAGES INTERMÉDIAIRES REQUIS POUR CERTAINES CONSTRUCTIONS.

Certains ouvrages ne sont-ils pas assujettis à des règlements particuliers ?

Oui; certains ouvrages ne peuvent être faits qu'à la condition, soit d'observer la distance prescrite par les règlements et usages, soit d'exécuter les travaux prescrits par les mêmes règlements et usages pour éviter de nuire au voisin. — A défaut de règlements ou d'usages, on fera déterminer par des experts quelles sont les précautions à prendre pour que les ouvrages ne soient pas nuisibles.

Quels sont les ouvrages qui sont assujettis à des précautions spéciales ?

Ces sortes d'ouvrages sont en général déterminés par les règlements ou par l'usage des lieux. — Toutefois, le Code en indique quelques-uns. Ils consistent :

1° A creuser un puits ou une fosse d'aisances près d'un mur mitoyen ou non ;

2° A y construire une cheminée ou âtre, forge, four ou fourneau ;

3° A y adosser une étable ;

4° A établir contre ce mur un magasin de sel ou amas de matières corrosives.

Tous ces ouvrages ne peuvent être faits qu'à la condition d'observer les distances, ou de faire les travaux intermédiaires prescrits par les règlements ou par l'usage. (Art. 674.)

Faut-il observer les mêmes précautions lorsqu'on construit ces sortes d'ouvrages près d'un mur qui vous appartient ?

Il faut distinguer.

Si les prescriptions de la loi ont été édictées dans un intérêt d'utilité publique, par exemple pour prévenir les incendies, elles seront obligatoires, alors même que les ouvrages sont construits près d'un mur qui vous appartient.

Au contraire, lorsque les prescriptions de la loi n'ont eu en vue que l'intérêt particulier, elles ne sont obligatoires que si on construit près du mur d'autrui.

Au surplus, lors même que les dispositions réglementaires relatives aux distances ou aux précautions à prendre ont été observées, le voisin a encore le droit de former une demande en dommages-intérêts, si, en fait, les ouvrages construits lui ont causé un préjudice. — Effectivement, l'observation des dispositions prescrites par la loi a uniquement pour effet de permettre l'établissement des ouvrages dangereux, mais elle laisse subsister dans toute sa rigueur la règle que toute personne qui a causé par son fait un préjudice à autrui est tenu de le réparer.

Le propriétaire qui a construit depuis trente ans au moins des ouvrages nuisibles a-t-il le droit de les conserver ?

Oui ; le propriétaire qui a construit depuis trente ans au moins des ouvrages nuisibles, sans observer les règlements, a le droit de les conserver en l'état où ils sont, pourvu toutefois qu'ils ne puissent nuire qu'à l'intérêt privé. — S'ils étaient de nature à porter atteinte.à la sécurité publique, on pourrait les faire démolir, quel que soit le temps écoulé depuis leur construction,

SECTION III

DES VUES SUR LA PROPRIÉTÉ DE SON VOISIN.

Qu'entend-on par jours et par vues ?

On peut avoir sur la propriété de son voisin soit des jours, soit des vues proprement dites.

On entend par *jours*, les ouvertures fermées avec un verre dormant, c'est-à-dire avec un verre entouré d'un châssis immobile. On entend par *vues*, les ouvertures fermées avec des fenêtres ouvrantes. — Ainsi, les *jours* ne font que donner passage à la lumière ; tandis que les *vues* permettent encore de regarder chez le voisin.

Les vues proprement dites se subdivisent, à leur tour, en vues obliques et en vues droites.

Les vues *obliques* sont celles qui se trouvent placées de telle manière qu'on est obligé de se tourner à droite ou à gauche pour apercevoir la propriété de son voisin. — Les vues *droites* sont celles qui permettent de la voir de face.

En résumé, la servitude de vues fait naître, suivant les distances, des prohibitions plus ou moins graves. — Ces prohibitions consistent tantôt à ne pouvoir établir aucune ouverture quelle qu'elle soit, tantôt à ne pouvoir établir que des jours à verre dormant, tantôt à ne pouvoir établir que des vues obliques. Quant aux vues droites, on ne peut les établir qu'à une certaine distance.

Quelles sont les distances prescrites pour établir, soit des jours, soit des vues droites ou obliques ?

A cet égard, il faut observer les distinctions suivantes :

1° *Si le mur est mitoyen*, les copropriétaires ne peuvent en modifier l'état que de leur consentement mutuel.— En conséquence, l'un d'eux ne peut pas, de sa propre autorité, y pratiquer aucune ouverture ni fenêtre, pas même des jours à verre dormant (1).

_____
(1) Cette défense cesse d'exister lorsqu'à la suite de la démolition de l'une des maisons, le fonds sur lequel elle était bâtie est incorporé à la voie publique. Cass., 1ᵉʳ juillet 1879.

27

2° *Si le mur, sans être mitoyen, se trouve placé sur la limite de deux héritages*, on ne peut y pratiquer que des jours à verre dormant, qui doivent être garnis d'un treillis de fer, à mailles d'un décimètre d'ouverture au plus. — En outre, les jours doivent être établis à la hauteur de 2^m,60 au-dessus du plancher, s'ils sont au rez-de-chaussée; et à la hauteur de 1^m,90, s'ils sont pratiqués dans les étages supérieurs.

3° *Si le mur est à la distance de* 0^m,60 (ou 2 pieds) *du fonds voisin*, on peut y établir des vues ou fenêtres ouvrantes, mais seulement des vues obliques qui ne permettent pas de voir de face.

4° *Enfin si le mur est à la distance de* 1^m,90 (ou 6 pieds) *du fonds voisin*, on peut y établir toute espèce de jours et de vues (1). (Art. 675, 676, 677, 678, 679.)

Comment calcule-t-on la distance?

Pour les vues *obliques*, la distance se compte depuis le bord de la fenêtre la plus rapprochée jusqu'à la ligne de séparation. — Pour les vues *droites*, elle se compte depuis le parement extérieur du mur où l'ouverture se fait; et, s'il y a des balcons ou d'autres saillies, depuis leur ligne extérieure jusqu'au point où commence l'héritage voisin.

Lorsqu'il existe un mur mitoyen entre le bâtiment où les vues sont établies et l'héritage voisin, on calcule la distance du parement extérieur du bâtiment *jusqu'au milieu* du mur mitoyen. — Effectivement, comme ce mur appartient tout à la fois au propriétaire du bâtiment et au propriétaire de l'héritage voisin, il est rationnel de placer au milieu du mur le point où commence cet héritage.

Au reste, le droit de faire boucher les jours ou les vues qui n'ont pas été établis à la distance prescrite appartient, non seulement au propriétaire contigu, mais à tous les propriétaires voisins qui se trouvent au-dessous de l'héritage contigu. Chaque propriétaire voisin peut, d'ailleurs, exercer séparément son action. (Art. 680.)

Les distances légales sont-elles toujours obligatoires?

Non; par exception, les distances légales cessent d'être obligatoires:

(1) Jugé qu'une porte ouverte dans un bâtiment pour l'exercice d'un droit de passage n'est pas comprise dans les prohibitions de l'article 678. Cass., 28 juin 1865.

1° Lorsque le bâtiment éclairé est séparé de l'héritage voisin par un chemin public ou par une rue. — Tout le monde admet que, dans ce cas, on peut pratiquer des jours ou des vues à quelque distance que ce soit des fonds voisins. Il en était ainsi dans notre ancien droit, et rien ne fait supposer que le Code ait voulu innover (1).

2° Lorsque le bâtiment éclairé est séparé du onds voisin par un mur assez élevé pour empêcher qu'on ne puisse voir celui-ci, ou y jeter quelque chose. — Mais il faut remarquer que les distances légales redeviendraient obligatoires si le mur intermédiaire était abattu, même après trente ans; car on ne peut pas acquérir par prescription une vue qu'on n'a pas possédée.

Les distances légales doivent-elles être observées lorsque les jours sont établis sur un simple mur ᴅᴇ clôture ?

Lorsque les jours ou les vues sont établis *sur un bâtiment*, il est certain que les distances légales doivent toujours être observées, sans qu'il y ait à distinguer si le bâtiment est situé à la ville ou à la campagne; car la loi ne fait pas de distinction. — Mais on s'est demandé si les distances légales étaient également obligatoires, lorsque les ouvertures se trouvent établies *dans un simple mur de clôture.*

Suivant un premier système, l'obligation d'observer les distances légales pour les jours ou pour les vues à établir ne concerne pas les simples murs de clôture, puisque le Code ne la mentionne expressément que par rapport aux ouvertures qui éclairent les bâtiments. — Et cela se conçoit facilement : car les fenêtres d'un bâtiment gênent continuellement le propriétaire de l'héritage voisin, tandis que les jours pratiqués dans un simple mur de clôture servent trop rarement à la vue pour avoir les mêmes inconvénients (2).

Suivant le second système, cette obligation d'observer les distances s'applique aux simples murs de clôture, tout aussi bien qu'aux murs de bâtiment, parce que le Code ne fait aucune distinction entre les uns et les autres. Sans doute, il ne mentionne que les ouvertures qui éclairent les bâtiments ; mais cela

(1) *Sic:* Desgodets (*Cout.* de Paris, art. 202). — Toullier, III, 528. — Demo-ombe (*Serv.*, II, 566). — Marcadé, II, 632. — Cass., 27 août 1849. 1ᵉʳ, juillet 1861.

(2 Bon···ier et Roustain, sur l'art. 680.

tient uniquement à ce qu'il s'est placé dans les cas les plus ordinaires (1).

Peut-on acquérir par prescription un droit de vue ?

Oui ; lorsque les jours ou les vues placés à des distances trop rapprochées ont été établis depuis plus de trente ans, le propriétaire du bâtiment éclairé acquiert un droit de vue, qui devient une véritable servitude pour les voisins. Il en résulte : — 1° que ceux-ci ne peuvent plus l'obliger à faire boucher les jours ou les vues de son bâtiment ; — 2° qu'ils ont même, suivant une opinion généralement adoptée, perdu le droit d'élever des constructions intermédiaires qui seraient de nature à intercepter les jours ou les vues.

Effectivement, le propriétaire qui a établi des ouvertures depuis plus de trente ans peut invoquer une double prescription : d'une part, une prescription libératoire, en vertu de laquelle il s'est libéré de la servitude *passive* qui l'obligeait à ne pas établir sur son bâtiment des jours ou des vues à des distances trop rapprochées ; d'autre part, une prescription *acquisitive*, en vertu de laquelle il a acquis le droit de conserver les ouvertures établies sur son bâtiment et d'en faire usage, sans que personne puisse nuire à cet usage ou le diminuer, en faisant élever des constructions intermédiaires (2).

Le voisin qui acquiert la mitoyenneté d'un mur peut-il faire boucher les jours ou les vues qui s'y trouvent ?

Il faut distinguer.

Si celui qui possédait exclusivement le mur avant qu'il fût devenu mitoyen y avait pratiqué des vues, le voisin qui acquiert la mitoyenneté peut évidemment les faire boucher, si elles n'ont pas été établies depuis plus de trente ans. — Effectivement, comme on ne peut pas établir *des vues* dans un mur qui sépare deux héritages, le voisin pourrait faire boucher celles qui ont été pratiquées, alors même que le mur ne serait pas devenu mitoyen.

Quant à savoir s'il a également le droit de faire boucher les *ouvertures à verre dormant* et garnies d'un treillis, qui ont été pratiquées dans le mur alors qu'il n'était pas mitoyen, c'est là

(1) Valette, *à son cours.* — Marcadé, II, 632. — Demante, II, 533 *bis.* — Lyon, 4 nov. 1864.
(2) Valette, *à son cours.* — Marcadé, II, 634.

une question débattue. — Suivant les uns, il peut les faire boucher, parce qu'un mur mitoyen n'est pas, en général, destiné à recevoir des ouvertures. — Mais on décide généralement qu'il faut lui refuser ce droit. En effet, de ce que le Code a prohibé des ouvertures *à faire* dans un mur mitoyen, il ne s'ensuit pas qu'il ait voulu prohiber également les ouvertures *déjà faites* au moment où le mur est devenu mitoyen (1).

SECTION IV
DE L'ÉGOUT DES TOITS.

En quoi consiste la servitude d'égout ?

Comme on l'a vu précédemment, les fonds inférieurs ne sont obligés de recevoir les eaux qui descendent des fonds supérieurs qu'à la condition que celles-ci en descendent naturellement et sans que la main de l'homme y ait contribué. Par suite, ils ne sont pas obligés de recevoir celles qui proviennent des toits, puisqu'elles sont amenées artificiellement.

En conséquence, le propriétaire qui construit un bâtiment à l'extrémité de son terrain doit établir ses toits de manière à ce que les eaux pluviales s'écoulent sur son terrain ou sur la voie publique, et ne se répandent pas sur le fonds du voisin. (Art. 681.)

Cette obligation constitue-t-elle une véritable servitude ?

Non ; l'obligation de faire descendre les eaux des toits sur son terrain n'est pas une servitude ; car cette obligation ne fait que consacrer la liberté du fonds voisin. — Il y aurait, au contraire, une servitude si le maître du bâtiment avait acquis, soit par titre, soit par prescription, le droit de faire descendre les eaux de son toit sur la propriété voisine.

SECTION V
DU DROIT DE PASSAGE.

En quoi consiste la servitude de passage ?

La servitude de passage consiste dans le droit qui appartient à tout propriétaire dont le fonds est *enclavé* et n'a aucune issue ou qu'une issue insuffisante sur la voie publique pour l'exploi-

(1) Le fait de posséder un hangar tantôt ouvert, tantôt fermé, ne constitue pas la servitude de vue. Cass., 13 janvier 1879.

tation, *soit agricole, soit industrielle* de son fonds, de réclamer un passage sur les fonds de ses voisins, moyennant une indemnité proportionnée au dommage qu'il leur cause.

Comme on le voit, cette servitude a été établie dans un but d'utilité générale, afin que les fonds enclavés ne demeurent par abandonnés et incultes (1). (Art. 682, modifié par la loi des 29 juillet et 25 août 1881.)

De quel côté le passage doit-il être pris ?

En principe, le passage doit être pris du côté où le trajet est le plus court du fonds enclavé à la voie publique. Cependant, si le trajet le plus court présentait des obstacles, ou s'il était plus dommageable pour le propriétaire qui le subit, le passage devrait être pris d'un autre côté.

Si l'enclave provient de la division d'un fonds par suite d'une vente, d'un échange, d'un partage ou de tout autre contrat, le passage ne peut être établi que sur les terrains qui ont fait l'objet de ces contrats.

Au surplus, la servitude de passage s'éteint lorsque l'enclave vient à cesser d'une manière quelconque. (Art. 683, 684).

Le droit de passage est-il susceptible de s'éteindre par prescription?

Non, le droit de passage ne s'éteint pas par prescription : le propriétaire du fonds enclavé peut toujours le réclamer, alors même qu'il aurait laissé écouler plus de trente ans sans exploiter son fonds. — Mais il peut, à l'inverse, lorsqu'il a passé pendant trente ans sur le fonds voisin, déterminer la partie de ce fond sur laquelle la servitude sera désormais définitivement exercée, il peut également se libérer par prescription de son indemnité envers le propriétaire du fonds servant. (Art. 685; loi de 1881).

CHAPITRE TROISIÈME

DES SERVITUDES ÉTABLIES PAR LE FAIT DE L'HOMME.

Articles 686 à 710.

Le Code divise ce chapitre en quatre sections, qui traitent :

---

(1) Le propriétaire d'une carrière enclavée a droit au passage légal sur les fonds voisins. Cass., 1879.

1° des diverses espèces de servitudes qui peuvent être établies sur les biens ; 2° de la manière dont s'établissent les servitudes ; 3° des droits du propriétaire du fonds dominant ; 4° de la manière dont s'éteignent les servitudes.

SECTION I

DES DIVERSES ESPÈCES DE SERVITUDES QUI PEUVENT ÊTRE ÉTABLIES SUR LES BIENS.

Qu'entend-on par servitudes établies par le fait de l'homme ?

On entend par servitudes établies par le fait de l'homme, des servitudes qui résultent de la volonté des propriétaires voisins, et non pas des dispositions de la loi. Ces servitudes sont constituées, soit par testament, soit par convention. — Quelques-unes peuvent, en outre, s'établir par prescription ou par destination du père de famille.

La convention est l'accord de deux personnes, en vue de donner naissance à un droit. Si la convention a pour but de faire naître une obligation de personne à personne, elle prend spécialement le nom de *contrat*. Au contraire, elle reste une *convention proprement dite*, lorsqu'elle tend à établir un droit sur une chose.

Les servitudes résultant du fait de l'homme sont les seules qui constituent de véritables restrictions au droit de propriété, des dérogations au droit ordinaire et normal de la propriété foncière. Elles sont par conséquent illimitées, à la différence des servitudes naturelles et légales, qui forment le droit commun de la propriété, et qui par cela même sont déterminées d'une manière précise par la loi.

Les propriétaires voisins peuvent-ils établir sur leurs fonds toute espèce de servitudes ?

Oui ; les propriétaires voisins peuvent établir sur leurs fonds toute espèce de servitudes, pourvu, dit le Code, qu'elles ne soient pas contraires à l'ordre public, et qu'elles ne soient imposées *ni à la personne, ni en faveur de la personne,* mais seulement à un fond et pour un fonds.

Ces expressions veulent dire que les conventions passées entre propriétaires voisins ne feraient pas naître des servitudes si l'un d'eux s'obligeait personnellement à faire quelque-chose en faveur du fonds voisin, ou si, à l'inverse, il se réservait d'exercer sûr le fonds voisin certaines prestations. — Dans le premier cas, la convention ferait naître une obligation personnelle ; dans le second cas, un droit d'usage ou d'usufruit.

Il faut ajouter qu'on ne pourrait pas établir de pareils droits à perpétuité, au profit ou à la charge des propriétaires successifs d'un fonds ; car on retomberait alors dans le régime féodal que le Code a voulu proscrire, et où les propriétaires des domaines seigneuriaux pouvaient exercer certaines prestations sur les fonds roturiers, ou exiger des propriétaires de ces fonds des services personnels. — Ainsi, lorsqu'un propriétaire accorde à son voisin le droit de chasser sur son fonds, il n'y a pas dans ce fait de servitude établie, mais un simple droit d'usage, d'une nature spéciale. Et ce droit d'usage ne peut pas être constitué pour une durée plus longue que la vie du bénéficiaire. A plus forte raison, ne pourrait-on pas l'établir *à perpétuité* au profit de tous les propriétaires successifs d'un fonds voisin (1). (Art. 686.)

Comment se divisent les servitudes établies par le fait de l'homme ?

Les servitudes établies par le fait de l'homme se divisent en trois classes. Elles sont :

1° Urbaines ou rurales ;

2° Continues ou discontinues ;

3° Apparentes ou non apparentes.

Les servitudes *urbaines* sont celles qui ont été établies pour l'usage des bâtiments : telles sont les servitudes d'égout et de vue. — Les servitudes *rurales* sont celles qui ont été établies pour l'usage des fonds de terre : telle est la servitude de passage.

Les servitudes *continues* sont celles dont l'usage peut être continuel, sans avoir besoin du fait actuel de l'homme : telles sont les servitudes d'égout et de vue. — Les servitudes *discontinues* sont celles qui ont besoin du fait actuel de l'homme pour être exercées : telle est la servitude de puiser de l'eau (2).

Les servitudes *apparentes* sont celles qui se reconnaissent à des signes extérieurs, tels qu'une porte, une fenêtre. — Les servitu-

(1) Cass., 4 janvier 1860 ; 13 décembre 1869.

(2) La servitude d'égout des eaux ménagères ou d'évier ayant besoin pour être exercée du fait actuel de l'homme est une servitude discontinue. Cass., 19 juin 1865 ; 14 février 1872.

des *non apparentes* sont celles qui ne sont révélées par aucun signe extérieur, comme la servitude de ne pas bâtir.

Sous un autre rapport, on divise encore les servitudes en *positives* ou *négatives*, suivant qu'elles permettent au propriétaire du fonds dominant de faire certains actes sur le fonds servant, ou qu'elles obligent le propriétaire de ce fonds à s'abstenir de certains actes qu'il aurait pu faire suivant le droit commun. (Art. 687, 688, 689.)

Les classifications que nous venons de voir ont-elles toutes la même importance ?

Non ; il n'y a que la classification des servitudes en servitudes apparentes et non apparentes, continues et discontinues qui ait quelque importance pratique ; à cause que les servitudes continues et apparentes peuvent seules, comme nous allons le voir, s'établir par prescription et par destination du père de famille.

Au reste, ces diverses classifications ne s'excluent pas les unes les autres. Ainsi, les servitudes peuvent être en même temps : continues et apparentes, comme la servitude de vue ; continues et non apparentes, comme la servitude consistant à amener les eaux d'une source sur le fonds voisin par des canaux souterrains ; urbaines, continues et apparentes, etc.

SECTION II
COMMENT S'ÉTABLISSENT LES SERVITUDES.

Comment s'établissent les servitudes ?

Les servitudes peuvent s'établir de trois manières : 1° par titre, c'est-à-dire par une convention ou par un testament; 2° par prescription; 3° par destination du père de famille.

Lorsque la servitude est établie par titre il y a intérêt à distinguer si c'est par convention ou par testament. En effet, la convention ne transfère la servitude par rapport aux tiers qu'autant que l'acte qui la constate a été transcrit au bureau du conservateur des hypothèques. Si l'immeuble grevé était donné ou vendu avant que la transcription de l'acte constitutif de servitude n'ait été faite, celle-ci ne serait pas opposable au tiers acquéreur qui aurait lui-même fait transcrire son acte d'acquisition. C'est ce qui résulte de la loi du 25 mars 1855.

Les servitudes peuvent toutes s'établir par titre. — Par contre, elles ne peuvent s'établir par prescription qu'autant qu'elles sont continues et apparentes, et par destination du père de famille qu'autant qu'elles sont au moins apparentes (1). (Art. 690, 691, 692.)

Pourquoi n'y a-t-il que les servitudes continues et apparentes qui puissent s'établir par prescription ?

Pour acquérir une chose par la prescription, il ne suffit pas de l'avoir possédée pendant un certain temps : il faut, en outre, que la possession ait eu certaines qualités, et notamment qu'elle ait été publique et qu'elle ait porté une atteinte grave au droit du *dominus*. Si la possession réunit ces deux qualités, l'inaction du maître, sa négligence à la faire cesser, impliquent la reconnaissance du droit du possesseur, et ce droit devient inattaquable lorsque la possession a duré un certain temps.

En conséquence de ces principes, on a décidé que la prescription était inapplicable : 1° aux servitudes non apparentes, parce qu'elles n'ont pas été possédées publiquement ; 2° aux servitudes *discontinues*, parce qu'en les exerçant le voisin n'a pas porté une atteinte grave et permanente au droit du propriétaire du fonds servant. S'il les a supportées, c'est par tolérance, et non pas parce qu'il reconnaissait à son voisin le droit de les exercer.

Quel est le laps de temps nécessaire pour acquérir des servitudes par prescription ?

Dans notre ancienne législation, on n'était pas d'accord sur le laps de temps qui était nécessaire pour l'acquisition des servitudes par la prescription. Certaines coutumes exigeaient une possession immémoriale, qui était de cent ans ; d'autres se contentaient d'une possession temporaire plus ou moins longue. — Pour faire cesser cette divergence, les rédacteurs du Code décidèrent que les servitudes continues et apparentes pourraient s'acquérir par une possession de trente ans.

Quant à la question de savoir si les servitudes continues et apparentes pourraient être acquises également, conformément à l'article 2265, par une possession de dix à vingt ans, au profit d'un possesseur qui aurait juste titre et bonne foi, elle est controversée. — Dans un premier système, soutenu par MM. Marcadé

(1) Toutefois, cette règle reçoit exception lorsqu'il existe un commencement de preuve par écrit, ou lorsque le titre a été détruit par force majeure. Cass., 16 décembre 1863 ; 2 juillet 1879.

et Demolombe et admis par la jurisprudence, on décide qu'il faut s'en tenir exclusivement à la prescription de trente ans, puisque c'est la seule prescription à laquelle l'article 690 ait fait allusion. Mais on admet plus généralement que les expressions de l'article 690 n'ont pas le sens restrictif qu'on leur attribue. Le Code, voulant rejeter la règle des coutumes de Paris et d'Orléans, qui disait : *pas de servitude sans titre*, a entendu exprimer que les servitudes pourraient être acquises par la prescription. S'il n'a énoncé spécialement que la prescription de trente ans, c'est parce qu'elle est celle de droit commun. Il n'a pas eu la pensée d'exclure les autres prescriptions dans les cas où elles sont applicables. Ce dernier système a été soutenu par M. Valette. (Art. 690.)

Qu'entend-on par destination du père de famille ?

On entend par destination du père de famille, une certaine disposition au moyen de laquelle le propriétaire de deux fonds a établi un service sur l'un d'eux au profit de l'autre.

Tant que les deux fonds continuent d'appartenir à la même personne, le service établi sur l'un d'eux ne constitue point une servitude ; car on ne peut pas établir de servitude sur sa propre chose. Mais il devient tel dès que les deux fonds ont été séparés pour une cause quelconque et qu'ils appartiennent à des propriétaires différents, pourvu qu'il soit de nature à constituer une servitude continue et apparente.

La séparation des fonds a lieu de plusieurs manières. — Ainsi, elle peut résulter d'une vente ou d'une donation, par laquelle le père de famille aurait disposé de l'un des deux fonds, ou même des deux fonds en même temps au profit de personnes différentes. Souvent aussi elle s'opérera au décès du père de famille par le partage de ses biens et leur attribution aux divers héritiers. Ainsi le propriétaire de deux fonds contigus élève sur l'un d'eux une construction joignant immédiatement le fonds voisin et y établit des vues. S'il vend l'un des deux fonds, ou s'il meurt et que chacun des fonds passe en des mains différentes, le service qu'il avait établi sur l'un d'eux au profit de l'autre, se changera en une servitude de vue.

En résumé, le voisin qui prétend avoir droit à une servitude en raison d'une destination du père de famille doit prouver : 1° que les fonds qui sont actuellement séparés ont appartenu autrefois à la même personne ; 2° que le service qui existe sur l'un d'eux au profit de l'autre a été établi par la personne qui les possédait tous les deux en même temps.

Il pourra faire cette double preuve, soit par titres, soit par témoins, soit même par de simples présomptions. (Art. 693.)

Quelles sont les servitudes qui peuvent s'établir par destination du père de famille ?

Suivant l'article 692, il n'y a que les servitudes continues et apparentes qui puissent s'établir par destination du père de famille. Mais l'article 694 décide que les servitudes qui sont simplement apparentes peuvent également s'établir de cette manière.

Plusieurs interprétations ont été proposées pour concilier ces deux articles. — Quelques auteurs ont vu un oubli dans la disposition de l'article 694 qui n'exige pas la continuité. — D'autres ont supposé que l'article 692 devait se référer à l'établissement des servitudes, et l'article 694 à leur rétablissement. Mais ces opinions n'ont pas prévalu, et l'on explique généralement de la manière suivante la contradiction que semblent présenter nos deux articles.

En principe, tout acquéreur ou héritier qui reçoit une chose est présumé la recevoir avec les charges apparentes qui la grèvent, lorsqu'il n'a pas fait insérer dans l'acte des réserves contraires à ces charges. — Supposons maintenant qu'un père de famille, propriétaire de deux fonds voisins, établisse sur l'un d'eux un service destiné à augmenter l'utilité de l'autre, et qu'il vienne ensuite à décéder : après sa mort, les fonds passent aux mains de deux héritiers différents. De là deux hypothèses :

Ou bien le voisin qui prétend exercer une servitude représente l'acte de partage qui constate la séparation des fonds, et établit que cet acte ne contient aucune réserve contraire à la servitude ; dans ce cas, le silence du titre prouve que la servitude a été maintenue lors de la séparation des fonds, pourvu qu'elle soit simplement apparente. — Effectivement, l'héritier qui a reçu le fonds grevé dans son lot a dû connaître la servitude, puisqu'elle était apparente : et, comme il n'a fait insérer dans l'acte de partage aucune réserve contraire à son maintien, il faut en conclure qu'il a consenti à la supporter. C'est là l'hypothèse prévue par l'article 694.

Ou bien, au contraire, le voisin qui prétend exercer une servitude n'est pas en mesure de représenter l'acte de partage et d'éta-

blir qu'il ne contient aucune réserve contraire à la servitude :
dans ce cas, on ne peut présumer son maintien que si elle est tout
à la fois continue et apparente. — Effectivement, à défaut d'autre
fait, il faut que la servitude soit continue pour qu'on puisse présumer qu'elle avait été acceptée tacitement par l'héritier qui a
reçu dans son lot le fonds grevé ; car, autrement, il aurait pu la
supporter par simple tolérance. C'est là l'hyp othèse prévue par
l'article 692.

Ainsi, les articles 694 et 692 ne sont pas inconciliables, parce
qu'ils se réfèrent à des hypothèses différentes : le premier, au cas
où l'acte de partage est repr ésenté ; le second, au cas où il ne
l'est pas (1).

Le titre constitutif de la servitude peut-il être remplacé ?

Oui ; lorsque le titre constitutif de la servitude est perdu ou
détruit, le propriétaire du fonds dominant peut le faire remplacer
par un autre titre qu'on appelle titre *récognitif*, et qui renferme
la reconnaissance de la servitude par le propriétaire du fonds
servant.

Quand on établit une servitude, on est censé accorder tout ce
qui est nécessaire pour en user. — Ainsi, la servitude de puiser
de l'eau à la fontaine d'autrui emporte nécessairement le droit de
passage. (Art. 695, 696.)

SECTION III

DES DROITS DU PROPRIÉTAIRE AUQUEL LA SERVITUDE EST DUE.

**Quels sont les droits et les obligations du propriétaire du
fonds dominant ?**

Lorsque la servitude a été constituée par un titre, les droits du
propriétaire du fonds dominant sont ordinairement réglés par le
titre. — Si les clauses du titre ne sont pas assez explicites, ou si
la servitude a été établie par prescription ou par destination du
père de famille, ses droits et ses obligations sont déterminés
par les règles suivantes .

En principe, le propriétaire du fonds dominant a le droit de
faire, même sur le fonds servant, tous les ouvrages nécessaires
pour l'exercice et pour la conservation de son droit de servitude.

(1) *Sic.* Demolombe (*Serv.*, II, 821). — Cass., 17 nov. 1847; 30 nov. 1853 ;
7 avril 1833 ; 27 mars 1866.

C'est là une conséquence du principe cité plus haut, que celui qui établit une servitude sur son fonds est censé accorder tout ce qui est nécessaire pour en user. — Au surplus, les ouvrages que fait le propriétaire du fonds dominant sont à ses frais. ·

En ce qui concerne les obligations du propriétaire du fonds dominant, elles consistent en ce qu'il ne peut faire ni dans son fonds, ni dans le fonds servant aucun changement qui soit de nature à aggraver la servitude. Il doit en user ainsi qu'il a été réglé par le titre qui a établi la servitude, ou, si elle a été acquise par prescription, dans les limites de sa possession. — Toutefois, on admet généralement qu'il pourrait être autorisé à changer le mode d'exercice de la servitude, si celui qui avait été fixé à l'origine était devenu trop incommode, pourvu que ce changement ne soit pas de nature à causer un préjudice au propriétaire du fonds servant (1). Art. 697, 698, 702.)

Quelles sont les obligations du propriétaire du fonds servant ?

Le propriétaire du fonds servant ne peut rien faire qui soit de nature à diminuer, ou même à modifier l'usage de la servitude. Ainsi, il ne peut ni changer l'état des lieux, ni transporter l'exercice de la servitude dans un endroit différent de celui où elle a été primitivement assignée. — Toutefois, si cette assignation lui était devenue plus onéreuse, ou si elle l'empêchait de faire à son fonds des réparations avantageuses, il pourrait offrir au propriétaire du fonds dominant un endroit aussi commode pour l'exercice de ses droits, et celui-ci ne pourrait pas le refuser.

Au surplus, le propriétaire du fonds servant peut toujours s'affranchir des charges de la servitude en abandonnant son fonds, alors même qu'il serait chargé par le titre constitutif de la servitude de faire tous les ouvrages nécessaires à son exercice ; car il n'est tenu de les faire que *propter rem*, c'est-à-dire à cause du fonds qu'il détient. (Art. 699, 701.)

Que devient la servitude, lorsque le fonds dominant est partagé entre plusieurs propriétaires ?

En principe, lorsque le fonds dominant vient à être partagé

(1) Une servitude établie par titre ne peut être aggravée. Ainsi, on ne peut transformer une servitude de passage à pied en une servitude de passage avec voitures.
En matière de servitudes, la présomption est toujours pour la liberté du fonds. Chambéry, 17 janvier 1879.

entre plusieurs propriétaires, la condition du fonds servant ne doit pas en être aggravée. — Toutefois, elle pourra être exercée d'une manière différente, suivant qu'elle consiste en un fait indivisible ou en un fait divisible.

Si elle consiste *en un fait indivisible*, elle est due en totalité pour chaque lot du fonds partagé. — Par exemple, si elle consiste en un droit de passage, les différents propriétaires des parties divisées du fonds dominant pourront tous en user de la même manière que leur auteur en usait. Mais ils devront passer par le même endroit, afin de ne pas aggraver la condition du fonds assujetti.

Si elle consiste *en un fait divisible*, elle n'est due que partiellement pour chaque lot du fonds partagé. — Par exemple, si elle consiste dans le droit de puiser cent litres d'eau par jour et que le fonds dominant soit divisé entre quatre héritiers, chacun d'eux ne pourra puiser que vingt-cinq litres d'eau par jour.

On observera que si le fonds servan tvient à être partagé, cette division ne peut en rien modifier ni amoindrir les conditions du fonds dominant (1). (Art. 700.)

SECTION IV

COMMENT S'ÉTEIGNENT LES SERVITUDES.

Comment s'éteignent les servitudes ?

Les servitudes s'éteignent :

1° Par l'impossibilité d'en user ;

2° Par la confusion ;

3° Par le non-usage pendant trente ans ;

4° Par la renonciation du propriétaire du fonds dominant ;

5° Par la résolution du droit du constituant, lorsqu'elle a eu lieu pour une cause antérieure à l'établissement de la servitude. — Ainsi un fonds ayant été donné sous la condition d'accomplir certaines charges, le donataire a consenti à l'établissement d'une servitude sur ce fonds au profit d'un fonds voisin. Plus tard, la donation est résolue pour cause d'inexécution des charges et l'immeuble donné retourne au donateur. La servitude qui y avait été établie est alors résolue elle-même. (Art. 703, 705, 706.)

(1) Marcadé, II, 667. — Aix, 18 nov. 1854.

L'impossibilité d'en user éteint-elle toujours les servitudes?
Il faut distinguer.

L'impossibilité d'en user éteint les servitudes, lorsqu'il devient *pour toujours* impossible de les exercer. — Ainsi, la servitude de passage s'éteint d'une manière définitive, lorsque le fonds servant est exproprié pour cause d'utilité publique.

Mais il en est différemment, lorsque l'impossibilité de les exercer *n'est que momentanée*. Dans ce cas, l'exercice de la servitude est seul interrompu; mais la servitude elle-même continue de subsister, et elle reprend son cours dès que l'obstacle qui la paralysait a cessé d'exister. — Toutefois, il faut remarquer que le défaut d'exercice de la servitude finirait par amener l'extinction de la servitude elle-même par l'effet du *non-usage,* s'il se prolongeait pendant trente ans. (Art. 704.)

Les servitudes qui se sont éteintes par confusion peuvent-elles revivre ?

Non; les servitudes qui se sont éteintes par confusion, c'est-à-dire par la réunion dans la même main du fonds dominant et du fonds servant, ne peuvent pas revivre; en sorte que si les fonds venaient à être séparés de nouveau, la servitude ne reparaîtrait pas, ou, du moins, si elle reparaissait, ce serait en vertu d'une nouvelle cause.

Toutefois si la cause qui a amené la confusion venait à être anéantie rétroactivement, par exemple, si l'acquisition qui avait réuni les deux fonds était déclarée nulle pour cause de dol, d'erreur ou de violence, la servitude renaîtrait telle qu'elle était auparavant entre les deux héritages, conformément à la maxime *cessante causâ, cessat effectus.* (Art. 705.)

Le non-usage éteint-il toutes les servitudes ?

Oui; le non-usage pendant trente ans éteint toute espèce de servitudes. — Le législateur s'est donc montré plus favorable à l'extinction des servitudes qu'à leur acquisition, puisqu'il n'y a que les servitudes continues et apparentes qui puissent s'acquérir par prescription.

Les trente ans de non-usage commencent à courir du jour où le propriétaire du fonds dominant a cessé de jouir de la servitude, lorsqu'il s'agit de servitudes discontinues; et du jour où il a été fait un acte contraire à la servitude, lorsqu'il s'agit de servitudes continues. (Art. 706, 707.)

Le non-usage éteint-il la servitude alors même qu'il est involontaire ?

La loi ne s'est pas expliquée à cet égard. — Quelques auteurs décident la négative ; car, disent-ils, le non-usage n'est une cause d'extinction de la servitude que s'il est de nature à faire présumer la renonciation volontaire du propriétaire du fonds dominant : or, tel n'est pas le cas lorsqu'il est involontaire.

Mais cette opinion est généralement rejetée, et c'est avec raison. D'abord, la loi ne fait aucune distinction entre le non-usage volontaire et celui qui est forcé. En outre, l'article 70? établit formellement que l'impossibilité d'user de la servitude est une cause d'extinction. Enfin, il est de règle que la prescription n'est jamais suspendue par des obstacles de fait ; car, autrement, elle deviendrait trop souvent illusoire.

Peut-on prescrire le mode d'exercice de la servitude ?

Oui ; on peut prescrire le mode d'exercice de la servitude, c'est-à-dire la manière de l'exercer, comme la servitude elle-même. — Ainsi, lorsqu'un propriétaire a le droit de prendre cent litres d'eau par jour à la source du voisin et qu'il n'en a pris que cinquante pendant trente ans, la servitude est en partie détruite par le non-usage, ou plutôt elle ne peut plus être exercée de la même façon.

Quelquefois, il arrive que l'extinction du mode d'exercice de la servitude entraîne, par voie de conséquence, l'extinction de la servitude elle-même. — C'est ce qui aurait lieu, par exemple, si le propriétaire qui a le droit de puiser de l'eau à une source s'était servi pendant trente ans des eaux d'une autre source. Dans ce cas, la servitude serait éteinte ; car elle aurait cessé par l'effet du non-usage à l'égard de la première source, et elle ne se serait pas établie par rapport à la seconde, qui, étant une servitude discontinue, ne peut pas être établie par prescription.

Au reste, lorsque le fonds dominant appartient par indivis à plusieurs maîtres, il suffit, pour conserver la servitude, qu'elle soit exercée par l'un d'eux. — Pareillement, si, parmi les propriétaires du fonds dominant, il s'en trouve un contre lequel la prescription n'ait pas pu courir, par exemple à cause de sa minorité il aura conservé le droit de tous les autres. Art. 708, 709 et 710.

TABLE DES MATIÈRES

TITRE VII

De la paternité et de la filiation.

TITRE VIII

De l'adoption et de la tutelle officieuse.

TITRE IX

De la puissance paternelle.

TITRE X

De la minorité, de la tutelle et de l'émancipation.

TITRE XI

De la majorité, de l'interdiction et du conseil judiciaire.

TABLE DES MATIÈRES.

LIVRE DEUXIÈME

DES BIENS

TITRE I

De la distinction des biens.

Chap. I. — Des immeubles...... 327
Chap. II. — Des meubles...... 334
Chap. III. — Des biens par rapport à ceux qui les possèdent........ 342

TITRE II

De la propriété.

§   I. — De la propriété...... 346
Chap. I. — Du droit d'accession sur les produits de la chose...... 349
Chap. II. — Du droit d'accession sur ce qui s'unit à la chose...... 355
De l'accession des choses immobilières...... 355
De l'accession des choses mobilières...... 360

TITRE III

De l'usufruit, de l'usage et de l'habitation.

Chap. . — De l'usufruit...... 364
Des droits de l'usufruitier...... 368
Des obligations de l'usufruitier...... 378
De l'extinction de l'usufruit...... 387
Chap. II. — De l'usage et de l'habitation...... 390

TITRE IV

Des servitudes.

§   I. — Des servitudes...... 393
Chap. I. — Des servitudes qui dérivent de la situation des lieux.... 396
Chap. II. — Des servitudes légales...... 403
Du mur et du fossé mitoyen...... 405
Des ouvrages requis pour certaines constructions...... 415
Des vues...... 417
De l'égout des toits...... 421
Du droit de passage...... 421

FIN DE LA TABLE DES MATIÈRES.

www.ingramcontent.com/pod-product-compliance
Lightning Source LLC
Chambersburg PA
CBHW060529220326
41599CB00022B/3475